시편
노우트

下

시편
노우트

개정판 下

석진우 엮어 지음

말·글빛냄

머리말

> 하나님이여, 우리를 긍휼히 여기시고, 우리를 축복하소서.
> 그 얼굴을 빛내시며 우리 곁에 오소서(67[1]).

　시편은 우리들에게 가장 친밀한 하나님 찬미의 책입니다. 구약시인의 간절한 기도와 찬미 그리고 깊은 탄식이 활짝 피어나 아름답고 찬란한 화원으로 우리를 안내합니다. 이 찬란한 진리의 보고로 여러분과 함께 여행하고자 여기에 졸서「시편 노우트」를 상재(上梓)합니다. 지난 20년간의 기도가 이루어진 것을 감사하며 소리 높여 찬양합니다.

　저의 시편에로의 경도는 이제 20여 년 전으로 거슬러 올라갑니다. 인생을 걸고 뛰던 모든 일이 완전한 실패로 바닥에 떨어지고 인격도 신앙생활도 모두 잘못되어 경제적, 사회적, 인격적, 신앙적으로 파산해 모든 것을 잃고, 바람 부는 허허 벌판에 내팽개쳐져 기력을 잃은 채 멍하니 하늘만 바라보고 있던 어느 날 세미한 소리 속삭입니다.

　　“그래도 하나님은 사랑이시다. 시편 속에서 위로 받으라.”

　그날부터 나는 정신을 차려 시편을 한 편 한 편 읽어 갔습니다. 시편 속에는 이스라엘의 하나님께 대한 찬미와 기도 그리고 탄식이 있을 뿐 아니라, 나 같이 버림받고 처참한 곤궁 중에서 도리어 찬송이 나오는 오아시스가 있었습니다. 이스라엘 민족에 대한 하나님의 말씀이, 구원에 대한 응답이 가득 담겨 있었습니다. 시편은 구약성서의 꽃이며 신약을 향한 교량이며, 아니 그대로 그 안에 그리스도 찬양이 들어 있습니다. 나는 시인의 기도를 내 기도로, 찬송을 내 찬송으로 만들어 가게 됐습니다.

1996년에 첫 시편 주해서 「시편 공부」를 출판했을 때 고 노평구 선생님께서 내게 그간 인생의 밑창까지 떨어지는 경험을 했으니 이제 글을 좀 쓸 수 있을 것이라고 말씀하시며 앞으로 계속해서 150편 전부의 강해가 완성되면 참으로 큰 일이 된다고 격려해 주시어, 그때 나는 하나님 앞에 이 완성을 나의 인생의 목표로 다시 삼았으며, 하루하루, 한 편 두 편 읽은 것이 10년 만에 전부에 이르렀습니다. 이것은 오로지 주 하나님의 인도에 의한 것이지 본인이 한 것이 아님을 고백하며 주님께 감사와 찬미를 드립니다. 주님께서는 지상의 모든 부와 명예를 바스러뜨려 없이하시고, 참으로 가장 좋은 것을 내게 주셨음을 깊이 감사하며 높이 찬송합니다.

시편 공부를 하면서 가장 어려웠던 것은 히브리어의 부족입니다. 그래서 시인의 깊은 참뜻을 잘못 전하지 않을까 늘 고민했으며, 학문상의 어려운 문제는 주로 세계적인 성서학자 세키네 마사오(關根正雄) 교수의 의견에 따랐습니다. 책 이름을 「시편 노우트」라 한 것은 이러한 점을 생각해서 저자가 시편을 루터를 비롯해서 關根正雄 교수, A.Weizer 등 여러 선각자, 학자들의 주해서를 공부한 노트(note)라는 뜻으로 채택했습니다. 특히 關根正雄 교수의 주해서에서는 그 신앙적인 뜻과 학문적인 문제를, Weizer의 시편 강해서에서는 시의 제의적인 해설과 높은 찬송을 배웠으며, 원문의 히브리어 자체의 뜻에 대해서는 이병렬 교수의 시편 주해서 「오늘을 사는 지혜」에서 배웠습니다. 특별한 감사를 드립니다.

한국 교회에서 구약성서 중 시편이 가장 많이 읽히고 있으며 많은 위로와 힘을 우리들에게 주고 있는 것을 생각할 때, 그 깊은 뜻을, 시편 시인의 기도를 찬미를 안다는 것은 이 이상 없는 귀한 일이라 생각하여 출판을 결심했습니다.

저자가 시편공부를 하면서 그간 여러 성서 연구 잡지에 투고한 것과 또 성서연구회에서 강의한 것을 모두 모아서 다시 가필과 교정을 하여 「시편노우트」 상, 하 두 권으로 정리했습니다. 현대의 학문적인 시편연구 특히 문학 유형의 문제 등은 關根正雄 교수의 결론만 따서 인용했으며, 깊은 내용은 덮어 두었습니다. 한 가지 특기한다면 저자가 시편을 가장 잘 읽는 것은, 시인의 심정에 돌아가 함께 기도하고 찬미하며, 함께 탄식하는 것이라 생각되어 가능한 한 시인의 심경에 가까이 가고자 노력한 점입니다. 이 작은 책이 한국교회의 여러 형제자매가 시편을 깊이 읽고 이해하는 데 도움이 된다면 이 이상의 기쁨이 없겠습니다.

끝으로 이 책자를 내기 위해 10년이라는 장기간에 걸쳐 끊임없이 교정을 보아주신 박찬운님에게 깊은 감사를 드리며 출판의 기쁨을 나누고자 합니다. 아울러 타자의 수고를 해준 이미경양과 정은숙양에게 감사하고, 출판을 적극적으로 도와준 가처와 3남매, 경제적인 후원을 해준 동생 석진강 변호사에게 감사합니다. 그리고 책의 출판을 기꺼이 맡아주신 도서출판 성실문화의 이정훈 목사님께 심심한 사의를 표합니다. 이 출판을 오래 기다리며 늘 기도와 격려를 아끼지 않은 청주에 계신 이요한 선생과 기쁨을 나누고 싶습니다.

초판이 여러분의 사랑 속에 매진되었습니다.

여러 교회에서의 기쁜 소식이 저자를 감동과 감사에로 이끌어갑니다. 또한 근래에 여러 신학대학 학생들로부터 중판 문의가 있어 이에 개정판을 출판하게 되었습니다. 개정판에서는 초판의 교정과 정정을 했으며 부족한 곳을 보완했습니다. 따라서 책의 부피가 50면 정도 늘어났습니다.

19세기 이후 시편의 연구가 유럽 학자들에 의해 활발하게 진행되었으며 시편을 「종교적 서정시」 즉 문학작품으로 보게 되었고, 그 후 20세기 이후는 양식사(樣式史)적인, 유형사적인 연구가 행해져 왔고, 시편을 문학유형에 따라 정리하는 경향이 강해졌습니다. 우리 한국에서는 아직 그런 연구가 거의 없는 듯 합니다. 앞으로 시간이 허락한다면 그 분야를 공부하여 좀 더 충실한 신편주해를 쓸 수 있기를 염원합니다.

이번 제2판을 내는 데 특별히 관심을 갖으시고 쾌히 출판을 맡아주신 「말글빛냄」 출판사의 박승규 사장님께 깊은 감사를 드립니다.

2007년 10월

석 진 우

1. 공부한 문헌

Artur Weiser ： The Psalms

Martin Luther ： Luther's Works - Psalms

關根正雄　：詩篇註解

高橋三郞　：ダビデの歌

內村鑑三　：聖書註解全集(詩篇)

岩畏 直　：聖書講解雙書(詩篇)

한국천주교중앙협회의 : 구약성서새번역 - 시편

이병렬　：오늘을 사는 지혜 - 시편

2. 註解書

H. Gunkel ： The Psalms

M.E.J. Kissane, The Book of Psalms, Ⅰ 1953, Ⅱ 1954

W.R. Taylor & W.S. McCullough,　　　The book of Psalms
　　　　　　　　　　　　　　　　(The Interpreter's Bible, 1955)

H.J. Kraus, Psalmen, 1958-60

W.O.E. Oesterley, The Psalms, 1962

M. Dahood, Psalms, Ⅰ 1966, Ⅱ 1968

B. Duhm, Die Psalmen, 1922

R. Kittel, Die Psalmen, 1929

정진경

원로 목사 / 기독교 대한성결교회 전 총회장

　1996년도에 석진우 선생은 「시편공부(총50편)」라는 시편 강해서를 펴냈다. 그때 추천의 글을 썼던 것이 벌써 10년이라는 세월이 흘렀다. 그런데 이번에 시편 150편 전체를 사역하고 주해한 방대한 시편 강해서를 「시편노우트」(상,하)라는 서명으로 펴내게 된 것을 참으로 놀랍고 기쁘게 생각한다. 저자의 15년간의 노고와 학문적 전진을 우리는 이 책에서 볼 수 있다. 문체가 아름답고 시로서의 표현이 부드럽다. 특히 세계적인 대학자들의 시편 주해를 깊이 탐독하여 자기 것으로 재 표현한 것은 인상 깊다.

　시편은 우리 한국 교회에서 가장 많이 읽히는 구약성서 중의 하나이다. 시편은 그리스도를 모든 것의 전부라 묘사한 그리스도로 가득 차 있는 책이다.

　시편은 이스라엘 민족이 하나님을 찬양한 책이다.

　"여호와의 이름에 합당한 영광을 돌리며 거룩한 옷을 입고 여호와께 경배할지어다" 라고 노래한 그대로다(시편 29^2).

　시편은 인간의 영혼이 하나님을 찬양하는 솔직한 표현이다. 이는 이 책의 중요 내용이 찬양과 기도 그리고 예배임을 암시한다. 이는 이스라엘 민족의 하나님에 대한 응답이 찬미 또는 탄식으로 표현되어 있다.

　시편에 관하여 말하기를 저명한 성서학자들은 우리의 기도가 시편의 말씀으로 되어 갈 때 가장 좋은 기도가 된다고 말한다. 기도는 믿는 자의 호흡이며 하나님 아버지와 주 그리스도와의 교제라고 말한다. 따라서 시편의 말씀이 우리의 기도가 되고 찬양이 될 때 가장 아름다운 것이 되는 것이다.

따라서 우리의 신앙서적으로 매우 중요한 성 문서이다. 이런 시점에서 「시편 노우트」는 우리의 공부에 많은 힘이 된다고 생각한다. 특히 성경을 바르게 공부하고자 하는 젊은 학도와 교역자에게 이 책을 추천하고자 한다. 아울러 석진우 선생이 지금 몰두하고 있는 로마서 연구도 빛을 보아 간행되기를 진심으로 기대하고 있다.

2006. 1.

추천의 글

유 희 세

전 고려대학 교수 / 전 성서강좌 주필

석진우 형이 시편 150편 전부의 사역(私譯)과 석의(釋義)를 완성하여 상, 하 두 권으로 나누어 900페이지에 가까운 대작을 동시에 간행하게 되었습니다. 너무 너무 놀라운 기적! 하늘에 계신 우리 아버지 하나님께서 하나님의 우편에 계신 하나님의 아들 예수 그리스도의 이름으로 보내주실 성령만이 하실 수 있는 기적입니다(요한복음 14[20]).

이병렬 교수의 신앙 저작 중에 시편 연구 '테힐림'이 「오늘을 사는 지혜」라는 책 이름으로 나의 서재에 있고, 석진우 형의 '테힐림' 연구가 「시편 공부(상)」이란 책이름으로 나의 서재에 나란히 있습니다.

이병렬 교수가 편집 책임이신 격월간인 전도 잡지 「성서세계」가 이미 104호에 이르렀고, 그 잡지에 석진우 형의 '로마서 공부'가 계속 투고되어 투고 회수가 41회에 이르렀습니다. 이미 20권을 넘는 이병렬 교수의 방대한 신앙 저술과 격월로 찾아오는 「성서세계」에서 애독자들은 도처에서 이병렬 교수에 의한 성서 원문의 '사역과 석의'를 즐길 수가 있습니다.

석진우 형은 시편 전체에 걸쳐서 '사역과 석의'를 시도하였는데 그것이 얼마나 진리에 가까울까? 형이 참고한 서적의 권위가 형의 사역과 석의의 권위를 암시하지만 무엇보다도 형이 일본의 학사원(한국의 학술원에 해당) 회원이신 고 關根正雄 교수의 사역과 석의에 깊이 감화를 받았다는 사실입니다. 일본의 학사원에는 기독교학의 학사의 자리가 오직 하나뿐이랍니다.

그 자리를 무교회주의자인 關根正雄 교수가 홀로 종신 차지하고 있었습니다. 그토록 關根正雄 교수의 학문의 수준이 높았고 넓었다는 증거입니다. 나는 關根正雄 선생께 들은 말씀이 있습니다. : "석진우 형이 우리 주일 집회에 와서 말씀한 일이 있는데 실로 유익한 간증이었습니다"라고. 그런고로 나는 석진우 형에 의한 「시편 노우트」를 진심으로 추천할 수 있다고 믿습니다.

석진우 형의 「시편 노우트」 발간을 누구보다도 더 반가워할 사람은 고 노평구 선생일 것입니다.

노평구 선생의 신앙 전집 16권 중에 시편이 없습니다. 그렇기 때문에 선생은 석진우 형에게 특히 시편 연구를 기대하신 것이 아닐까요. 「시편 노우트」의 간행을 노선생이 특히 반가워하고, 기대하실 이유를 알 듯 합니다.

20세기 독일의 저명한 신약성경 학자 슈니-빈트 교수는 기도할 때 항상 시편의 말씀으로 기도했다고 합니다. 한국의 기독교계에 「시편 노우트」가 보급되어 기독교인들이 그 애독자가 될 때, 우리도 슈니-빈트 교수와 같은 기도 생활을 경험할 수 있을 것입니다. 이병렬 교수의 시편 연구 「테힐림」은 석진우 형의 「시편 노우트」의 역할을 보장해 줄 것입니다.

과연 예수의 십자가 위에서의 기도의 한 마디 "나의 하나님, 나의 하나님, 어찌하여 나를 버리셨나이까"는 시편 22편 1절의 말씀이었습니다. 슈니-빈트 교수의 저서 「구약성경과 신약성경의 하나의 사신(使信)」이 關根正雄 선생과 선생의 제자와 공동으로 일본어로 번역이 되어 있습니다. 여기서 구약과 신약이 하나의 사신(使信)이라는 증언이 매우 중요합니다.

13

예수의 말씀 마태복음 5장 20절.

[17]내가 율법이나 선지자나[=구약 성경] 폐하러 온 줄로 생각지 말라. 폐하러 온 것이 아니요 완전케 하려 함이다. [18]진실로 너희에게 이르노니 천지가 없어지기 전에 율법의 일점일획도 결코 없어지지 아니하고 다 이루리라. [19]그러므로 누구든지 이 계명 중의 지극히 작은 것 하나라도 버리고 또 그같이 사람을 가르치는 자는 천국에서 지극히 작다 일컬음을 받을 것이요 누구든지 이를 행하여 가르치는 자는 천국에서 크다 일컬음을 받으리라. [20]내가 너희에게 이르나니 너희 의가 서기관과 바리새인보다 더 낫지 못하면 결코 천국에 들어가지 못하리라.

　나는 이「시편 노우트」의 간행을 성령에 의한 기적이라고 하였습니다. 그것은 인간의 능력으로 할 수 없는 기적이었기 때문입니다. 한국에 오늘 석진우 형에 의하여 이처럼 완벽에 가까운 「시편 노우트」가 탄생한 것입니다. 찬송가 403, '어찌 찬양 안할까'를 부를 따름입니다.

2006.　2.

이 병 렬

원로 장로 / 성서세계 주필

　요즘 우리는 진정으로 성서학자를 기다리고 있다. 이는 신학자는 많은데 성서학자, 성서본문을 제대로 해석하는 학자가 드물기 때문이다. 바로 이런 때 주옥같은 「시편 노우트」책이 나와 얼마나 감사한지 모르겠다. 저자 석진우 선생은 때묻지 않은 평신도 성서학자다. 1996년도에 펴낸 「시편공부(상50편)」을 보아서 알 수 있다. 이번에 펴낸 「시편 노우트」는 두 번째 책으로 하권에 속한다. 참으로 주옥같은 글들이 살아 움직이는 시편 강해의 책이다. 저자의 겸손으로 제목이 「시편 노우트」이지만 내용은 시편의 원정신을 살린 시편연구서라고 볼 수 있다. 그런데도 본문 해석이 부드럽고 원어에 충실하며 누구나 읽는데 지루함을 주지 않는다. 시편은 신앙인 필수의 책이다. 유다교나 기독교 공히 애독하며 예배 시 사용하는 기도서이기도 하다. 그래서 부제가 "테힐림"이다. 노래로 기도하는 책이라는 뜻이다.

　이토록 귀한 책을 석진우 선생께서 전 역량을 기울여 두 번째 책을 펴냈다. 더구나 A.바이저의 시편과 일본의 세계적인 구약학자 關根正雄 교수의 시편을 두루 섭렵하시고 그동안 쌓인 경륜과 노련한 통찰력으로 쓰신 책이다. 읽으면 영혼이 뜨거워지고 무한한 감동을 준다. 성서 공부와 연구로 인생의 원숙미를 맞이한 석진우 선생은 로마서 연구가이시기도 하다. 격월간지 「성서세계」에 로마서를 연재하고 있는데 독자들로부터 뜨거운 호응을 얻고 있다. 석진우 선생은 문필가의 집안 출신이다. 누님 되시는 석진영 여사는 찬송가 작사 시인이시며 미국의 교포 사회에서 일생을 복음전도와 교포의 복지를 위해서 수고하신 분이다. 미국의 교민 크리스천들에게 선망의 감동을 주신 분으로도 유명하다.

이번 하나님의 은혜로 「시편 노우트」 상·하권이 나오게 된 것을 기쁘게 생각한다. 석진우 선생의 신앙의 결실과 피와 땀이 이 책 속에 숨어 있음을 독자들은 발견할 수 있을 것이다. 문체가 부드럽고 쉽게 해석하였기 때문에 누구나 쉽게 접할 수 있으며 감동을 받으리라 믿는다.

끝으로 이토록 귀중한 시편을 펴내신 석진우 선생께 감사를 드린다. 많은 크리스천과 성서를 깊이 있게 공부하고 싶은 분들에게 이 책을 권하고 싶다. 노년기에 접어든 석진우 선생께 더 좋은 연구서를 기대하며 더욱 건승하심을 빈다. 그리고 삼가 이 시편의 책이 한국교회에 많은 신앙적 공헌이 있기를 빈다. 샬롬

2005. 11.

차례

73편 | 가까우신 하느님

아삽의 노래

1 하나님은 마음이 정직한 사람에게[1] 역시 은혜로우시며,
  야웨는 마음이 정결한 사람에 대하여 긍휼하시다.

2 나는 거의 넘어질 뻔하였고
  나의 발걸음은 막 미끄러질 뻔했다.

3 왜냐하면 나는 악한 자[2]의 행복한 것을 보고,
  불의를 행하는 자를 시샘하였기 때문이다.

4 왜냐하면 그들에게는 고뇌도 없고
  건강하며 살쪄서 윤기까지 흐른다.

5 세상 사람들이 지는 무거운 짐도 없고
  다른 사람들처럼 고통당하는 일도 없다.

6 그러므로 오만은 그들의 목걸이요
  폭력이 그들의 옷과 같이 그들을 덮는다.

7 그 눈은 지방(脂肪) 때문에 튀어나오고
  그 마음은 나쁜 계획으로 하나 가득하다.[3]

8 그들은 남을 비웃으며 악의에 찬 말을 거만하게 말한다.

9 그들은 그의 입을 하늘에 두고
  그 혀로는 땅을 휘젓고 다닌다.

10 그러므로 백성은 그들에게 의지하며
  그 말들을 그대로 받아들인다.[4]

---

1) 이스라엘에 대하여 - 原文
2) 거만한 자 - 공동번역
3) 그들의 죄는 지방(脂肪) 속에 나타나며, 그의 마음에 생각하는 것이 넘쳐 나오고 있다.
  - A. Weiser 역
4) 그러므로 그들은 백성 사이에서 크게 받아들여져, 사람들은 그 말들을 물과 같이 들이킨다.
  - A. Weiser

11 그들은 말한다. '하나님은 어떻게 알 수 있을까,

　　가장 높으신 분인들 다 알 수 있으랴?' 하고.

12 보라, 이들은 악한 자들이다.

　　언제나 행복하고 재산은 늘어만 간다.

13 나는 헛되이 내 마음을 깨끗하게 하고,

　　죄를 짓지 않고 내 손을 씻었던 것이다.

14 실로 나는 종일토록 괴로움을 받으며,

　　아침마다 징벌을 받고 있다.

15 만일 나도 그들과 같은 말을 한다면,

　　당신의 아들들의 세상을 오도하는 것이 될 것이다.

16 나는 이것을 이해하고자 깊이 생각해 보았으나

　　그것은 너무나 어려운 문제로 생각되었다.[5]

17 하나님의 오의(奧義)에 들어가서,

　　그들의 마지막이 무엇인가를 깨닫기까지는.[6]

18 실로 당신은 그들을 미끄러운 곳에 두시며[7]

　　그들을 멸망으로 떨어지게 하신다.

19 그들은 갑자기 멸망당하고

　　공포에 싸여 소멸하고 만 것이다.

20 아침에 눈뜰 때에 꿈이 사라져 없어지고,

　　본 것을 사람들이 경시하듯이,

21 나의 마음이 아프고

---

5) 그러나 내 눈에는 고통이었다. - A.Weiser역

6) 그러나 마침내, 하나님의 성소에 들어가서야 악한 자들의 종말이 어떻게 되리라는 것을 깨닫게
　되었습니다. - 표준새번역

7) 위험한 곳에 두시며 -關根역

가슴 속에서 내가 번민하였을 때,

22 나는 깨달음 없는 어리석은 자,

당신의 어전에서 짐승과 같았다.

23 그런데도 불구하고 나는 항상 당신과 함께 있었으며

당신은 나의 오른손을 강하게 잡아주십니다.

24 당신의 계획 따라 나를 인도해 주시고,

그 후 나를 영광에 참여시켜 주십니다.

25 나에게 있어 당신 이외에 하늘에는 아무도 없고

땅에서는 당신을 떠나서 내가 흠모하는 자가 없다.

26 나의 몸과 마음은 쇠약해집니다.

그러나 하나님은 언제까지나 나의 바위,

나의 생명이십니다.

27 실로 보소서, 당신을 멀리하는 자는 멸망하고

당신에게서 떠나는 자를 모두 당신은 멸망시키신다.

28 그러나 나는 하나님께 가까움을 기뻐하며,

주님이신 야ㅎ웨에게 신뢰하며,

그 모든 이루신 일을 전파하렵니다.

이 시는 악인의 번영과 행복에 비유해서 올바르게 살고자 하는 시인에게 나날이 닥치는 마음의 고뇌로 회의에 빠져 신앙이 흔들려 하나님까지도 부정하려 할 때에, 어떤 하나님의 계시에 접하여 하나님 안에서 참 행복을 알게 된 경험을 노래한 것이다. 욥기에 필적한 것으로서 이 시인이 그 경험 후 신앙적으로 매우 높고 깊어져서 학자들의 격찬을 받고 있다. '그는 특별한 종류의 종교적형(宗敎的型), 아니 그의 시대와 많은 시대를 뛰어넘는 종교

적 현상'(Kittel)이라 말하며, A.Weiser는 '구약에 있어서의 신앙의 싸움에 주어진 가장 완숙한 결실 중에서 73편은 제1의 지위를 점한다. 그것은 욥기에 필적할 영혼의 싸움에 대한 강력한 증언이다'고 까지 극찬하고 있다. 우리들은 이 시인의 고투와 그 신앙을 배움으로써 우리의 신앙을 생각해 보기로 한다.

이 시의 구성은 주제를 따라서 보면 다음과 같다.

1, 2절은 이 시가 문제로 하는 근본명제(根本命題)를 명시하며, 그것과 같은 선상에 있는 말미(末尾)와 함께 전체에 대한 확고한 틀을 형성하고 있다. 그 틀 안에서 시인의 영혼의 고투가 행해진다. 3-12절은 악인의 행복에 자신이 걸려 넘어질 뻔한 것을 말한다. 13-16절은 자기 자신의 불행과 의심에 대해 말한다. 17절에서 전기(轉機)가 나타난다. 그래서 시인에게 새로운 시야가 열린다. 17-22절은 악인에 관한 것, 23-26절에서는 자신과 하나님과의 관계를 회고하는 것이다. 27, 28절은 결언으로써 시의 틀을 형성하고 있다.

자 그러면 처음부터 본문을 따라 보기로 한다.

1절. 시인은 시의 첫 절에서 자신이 모든 의심에 대항하여 확고한 대지 위에 굳게 서 있음을 묘사하고 있다. 그것은 하나님은 역시 마음이 정직한 사람에게 은혜로우시다는 것이다. 또한 마음이 정결한 사람에게 긍휼하시다는 결론이다. 시인은 23절 이하에서 말하는 신앙 '그러나 나는 항상 당신과 함께 있으며, 당신은 나의 오른손을 강하게 잡아주십니다'라고, 하나님 가슴 안에 뛰어드는 강한 신앙이 이미 1절에서 들려온다. '마음이 정직한 사람'의 원문은 '이스라엘'이다. 따라서 원문대로 읽는 사람도 많다. 그럴 경우는 '참 이스라엘', 이스라엘 중 하나님에게 충실한 바른 사람을 의미한다고 본다. 그러나 다음의 '마음이 정결한 자'라는 병행구로 보아 많은 사람이 '마음이 정적한 자'라 읽고 있는 듯하다.

2절. '걸려 넘어질 뻔 했다', '미끄러질 뻔 했다'는 것은 신앙에서 떨어져 나가고 하나님을 떠날 뻔 했다는 것이다. 거의 그렇게 될 뻔 했다는 것은 겨우 겨우 신앙에 머물렀다는 것이다. 여기에 시인의 신앙의 싸움이 나타나 있다. 회의에 빠져 신앙을 잃을 지경에서도 결코 자신이 그 잡은 손을 놓지 않고 하나님께 매달려 가고자 하는 것, 이것은 신앙의 결단이며 신앙이 회의에 빠졌을 때, 하나님이 안 보일 때에 이곳을 탈출하는 비결인 듯하다(죄인의 괴수인 나도 이러한 경험을 한 바 있다. 그리하여 하나님의 인자하신 손이 강하게 나를 잡아끌어 주셨다).

3절. 시인은 '시샘하였다'고 말한다. 이 질투, 시샘함은 부러워하는 것 이상인 마음의 상태로서 자신의 상태를 혐오하고 거부함을 의미한다. 그리고 이는 하나님에게 충실하고 경건히 사는 것의 거부를 뜻하며 바로 하나님께 대한 반항과 통한다. 시인은 그때의 자신의 마음의 상태를 솔직하게 고백한다. 다음에 그 원인이 된 악인들의 행복에 대하여 말한다.

4, 5절. 완전히 외견상의 행복과 편의를 말한다. 그러나 시인은 그들의 가려진 내면을 보지 않고 자신에게 거부되어 있는 부귀, 행복, 건강 등 세상적인 것만 보고 있다. 악인의 의젓한 모습에 수수께끼를 느꼈던 것이다.

6절. 그리고 시인의 머리에 떠오르는 것은 악인의 태도와 세상적인 성공이다. 그들은 오만과 폭력을 몸의 장식이나 의복같이 몸에 달고 전시한다. 그들의 내심(內心)과 외견의 태도, 행동과의 모순을 전혀 마음에 두지 않는 것이 시인에게는 수수께끼가 되어 그의 마음을 괴롭힌다.

7절. 외모에 나타난 피둥피둥하고 유들유들한 악인의 모습을 일반적으로 표현하고 있다.

8, 9절. 여기서 7절이 일반적으로 암시한 것을 내용적으로 설명한다. 그들

은 남을 비웃으며 악의에 찬 말을 거침없이 내뱉는다. 호언장담하는 세인의 모습을 그리고 있다.

9절의 입을 하늘에 두고 그 혀로는 땅을 휘젓고 다닌다는 것은 천상의 일, 지상의 일에 대해 결정적인 의견을 말한다는 뜻도 되고 입을 천지간에 크게 연다는 뜻도 된다(關根正雄). 요컨대 대언장담(大言壯談)한다는 뜻이다. 그리고 그 말을 목마른 자가 물을 마시듯 잘 받아들인다는 뜻인 듯하다 (10절).

11절. 오만한 자의 마음을 잘 표현한 말이다. 그들은 하나님의 능력까지도 제한하려고 한다. 이것이 하나님 없는 자의 마음이다.

12절. 악한 자, 세상적으로 능란한 자의 특징을 잘 표현하고 있다. 즉 그들은 세상적으로 늘 행복하며 재산은 늘어만 간다. 여기서 또 다시 시인은 '이러한 일이 생기는 것은 어찌됨인가, 하나님은 진실로 계신가?' 하는 신앙의 문제의식을 엿보인다.

13-16절. 신앙의 고뇌

시인이 자신의 고난에 생각이 미쳤을 때 그것과 대조되는 악인의 운명의 형편이 그를 괴롭혔으며, 이것이 원인이 되어 생긴 마음의 고심과 긴장의 전모를 처음으로 분명히 한다.

13절. 하나님 앞에서의 사양 없는 솔직성은 참을래야 참을 수 없는 마음에서 발하는 것으로, 어느 점 하나님께 강하게 묻는 것이며 이것이 동시에 진리가 그를 자기 자신으로부터 해방시키는 길이다(A. Weiser).

14, 15절. 그는 마음과 행위의 정결을 위해 노력하였고 분명한 성과를 구했으나 아무 소득이 없었다. 그뿐 아니라 한 고뇌가 하루종일 그를 괴롭혔다. 그것은 시인에게는 하나님의 벌로 느껴졌다. 무엇 때문인가, 그것에 대하여 그의 신앙은 대답이 없다. 그런데 결정적인 위기 가운데 있을 때 힘을

잃은 신앙이란 무엇인가? 정말로 뜻이 없다, 무익하지 않은가? 시인은 이 최후의 의문에서 벗어나지 못했다. 그는 열렬히 구한 하나님과 인격적인 신앙의 교제관계를 끊을 지경이 되었다. 즉 그는 악인으로부터 들어 알고 있는 같은 생각으로 밀려가는 것이다. 그러나 그래도 최후의 한 걸음을 멈추게 한 것이 있었다. 즉 믿는 형제들(당신의 아들들) 사이에 있는 진실이다. 하나님이 보이지 않는 순간에도 그는 적어도 믿는 친구사이에서의 교제와 진실을 배반할 수 없었다.

16절. 신도의 집회(당신의 아들들)는 그에게 하나님을 제시하는 것이며, 신비한 힘으로 시인을 배신에서 구출해 낸다. 물론 시인에게 있어 신앙의 교제의 지원이 그를 절망의 구렁에 떨어지는 것을 구출했다고 해서 그것이 하나님의 문제의 완전한 해결은 되지 않는다. 의심은 여전히 마음에 남고 그를 괴롭힌다. 결국 그 해결을 하나님 측에서 제시해야 진실로 해결되는 것이다.

17-26절. 회전(回轉)

17, 18절. 시인이 다시 신앙의 길에 이르는 것은 하나님을 만나서, '하나님의 오의(奧義)에 접하여서' 비로소 얻는 것으로 말하고 있다. 그것은 아마도 성전에서의 체험 또는 하나님의 현현을 만나 깨우침을 받은 것이다. 신앙은 역시 주시는 은혜이며 우리에게는 없는 것이다. 시인이 새로운 신앙의 인식에 도달한 것은 자신의 생각이나 처참한 고뇌에 의한 것이 아니다. 그것은 악인에게 내려지는 심판에 있어서 하나님의 계시와 의로운 자에 대한 구원을 통해서였다. 시인의 눈에 화려하게 보였던 악인의 행복이 이제는 다른 빛으로 조명되어 나타나는 것이다. 그들의 마지막을 보고 그들의 생명에 무엇이 남는가 하는 것을 보는 것이다. 심판과 죽음을 배경으로 하여 보면 생명은 다른 양상을 띤다. 악인의 이 세상에 있어서의 생활의 외견

(外見)이 궁극적이고 결정적인 것은 결코 아니다. 그들의 생명은 부동의 대지 위에 있지 않고 그들은 하나님에 의해 미끄러운 곳에 놓여져 있는 것이다. 파멸 직전에 놓여져 있는 것이다.

19-21절. 악인에 대하여 하나님의 힘이 발휘되자 그들의 존재는 급격히 붕괴한다. 그때 화려했던 악인의 본질은 소멸하고, 이제까지 인간의 눈에 화려하게 보이던 행복은 하나님의 현실 앞에서 두려워 떨며 무로 돌아가고 만다. 그들의 생명은 깨어나서 웃으며 회상하는 꿈과 같은 것이라는 비유는 눈에 보이는 것을 경시하는 시인의 마음을 잘 나타냈다. 부귀영화는 한낱 춘몽으로 삽시간에 사라져 간다. 시인의 가치관은 여기서 급격히 회전하고 만다. 이제 그는 하나님과 세상의 일들의 의미를 자기중심적인 사고(思考)의 좁은 틀에 가두어 두지 않는다. 그가 하나님을 만남으로 체험한 하나님의 진실(23절)에서 모든 현실을 이해하고 평가하고자 한다. 그것은 사람의 내적 근원을 향한 전환을 의미한다. 눈에 보이는 것만으로 판단하지 않고 하나님의 보이지 않는 현실을 의지하고 믿는 것이다. 이것이 신앙이며, 우리의 튼튼한 토대가 된다. 이 인간의 자연적인 사고방식에서 이탈한 자기를 초월하는 힘은 심각한 마음의 동요를 겪지 않고서는 생기지 않는다. 이는 자기와의 싸움을 행해 본 사람은 할 수 있다. 시인은 이 신앙을 심혈을 기울여 고투함으로써 얻은 것이다. 이제 시인은 의혹과 마음의 고뇌를 극복한 것이다. 아니 더욱 적절한 표현을 한다면 하나님에 의해 그는 파쇄(破碎)된 것이다.

22절. 시인은 이제 자신의 착오와 어리석음을 깨닫고 자신이 '깨달음 없는 짐승'과 같이 생각된다. 짐승과의 대비는 그의 이전의 감각적이고 표면적인 태도를 의미한다. 그의 지금의 신앙으로 사물을 보는 관점과는 완전히 다른 것이었다. 시인은 완전히 새로운 각도에서 사물을 보며, 자기의 치부를 숨김없이 말한다. 참다운 신앙은 모름지기 성실과 진실 중에 존재한다. 멸망으로 끝나는 악인의 종말을 엿보는 시인의 소극적인 태도보다는 그의 적극적인 신앙인식이 중요한 것이다. 그는 이것을 하나님을 만남으로 얻었다고 고백한다.

23절. '그런데도 불구하고' 이제 시인은 신앙을 자기 힘에 의하지 않고, 하나님께서 강하게 잡아 주시므로 항상 하나님과 함께 있다는 확신을 얻은 것이다. 악인의 외견상의 행복에 비하여 시인은 살아계신 하나님과의 교제에 의해 참 행복을 얻은 것이다. 인생이 수수께끼 같은데도 불구하고, 아니 그럴수록 눈에 비치는 것에 대항하여 확고히 하나님께 밀착하는 신앙의 모험을 이 시는 전형적으로 표현하고 있다. 시인은 보지 않고 믿는 신앙인으로서 말하고 있다. 시인에게 있어 신앙이란 사람이 혼자서는 더 이상 못가는 곳에 하나님께 잡혀서 또는 안겨서 간다는 확신을 가지고 하나님과 영속적인 생명관계를 굳게 유지하는 것이다. 지성이나 재화로 얻을 수 있는 확신이 아니다. 뿌리 깊은 생명의 확신이다. 즉 하나님과의 교제로서 보이지 않는 원천에서 발하는 불멸의 생명력에 근거를 갖는 것이다. 시인은 '오른손을 잡는' 분이 하나님인 것을 인식하고 있다. 참 신앙의 길을 걷는 것은 자신의 힘에 의한 것이 아니다. 시인의 인생은 관능과는 다른 토대 위에 새로이 놓여진 것이다.

24절. 여기서는 역사하시는 하나님의 힘을 묘사하고 있다. '당신의 계획 따라 나를 인도해 주신다' 라는 표현에는 아기다운 솔직한 깊은 겸손이 표현되어 있다. 악인의 오만과는 아주 대조적이다. 그는 완전하고 안전하게 인도되고 있다는 확신을 최고의 시의 형식으로 표현하고 있다. 그가 하나님의 힘을 느끼든 안 느끼든 하나님은 어두움을 헤치고 넘어서 나를 안전한 목적지인 당신의 영광에까지 인도하여 주신다고 고백한다. '하나님의 의(義)'에 관한 논의를 사상이나 이론으로 해결할 수는 없다. 그에게 지금도 수수께끼는 수수께끼로서 남을 수 있다. 그러나 그에게는 인생에 있어 전혀 예측할 수 없고 이해할 수 없을 때도 하나님은 아주 가까이 함께 계시며, 그 결과 모든 것이 합동하여 선을 이루게 하여 주실 것을 생생하게 확신하는 것이다. 시인은 숨은 하나님을 믿는 만족을 배운 것이다. 그곳에 그의 미래의 희망이 죽음까지도 초월하여 구축되고 있다. 사후에 하나님과의 교제가 완성될 것을 믿고 있다. 이리하여 신앙은 인생에게 감추어진 영광을 향하여 가며, 이 세상의 고난은 잠시 잠깐이요 장차 분명해질 이 영광에 족히 비할 바가 못 된다는 것을 알고 있다(로마서 8^{18}). 죽음조차도 이 희망에 제한을 가할 수가 없다. 하나님이 영원히 계시므로 신앙은 죽음을 극복한다. 하나님은 이 영광을 보증하시며 하나님과의 산 교제야말로 이 불멸의 승리에 충만한 확신을 주는 기반이다. 시인은 '어떻게 하여서'라는 질문을 하고 있지 않다. 그는 하나님의 오의(奧義)를 그대로 오의로 하며, 하나님이 아직 닫고 계신 문을 두려워하지 않고 구태여 그것을 돌파하고자 하지 않는 것이다. 이것이 그의 신앙의 특색이다(A. Weiser).

25절. 25절은 찬미의 시며 시인이 하나님과 함께 하는 기쁨을 최상의 것으로 고백하고 있다. 신앙의 확신과 행복의 극치는 미래의 영광 그것보다도 그 이상으로 하나님과 지금 생명의 일치를 유지하는 기쁨에 있다. 그것은 전 생명을 충만시키는 유일한 보물이다. 그것은 딴 재물과 비교하여 제일 나은 것이라는 뜻이 아니다. 루터의 '나는 당신을 소유한다면 천지에 아무것도 구하지 않으리'라는 번역은 아주 적절한 듯하다. 자신에게 있어 일체를 의미하는 하나님과의 교제 앞에서는 천상의 환희마저도 그 빛을 잃어

버리는 것이다. 이 사귐 앞에서는 자기중심적인 행복을 구하는 일체의 활동은 소멸하고 만다.

26절. 26절은 이러한 신앙에 의한 고뇌의 극복을 설명하고 있다. 이때에 시인의 신앙은 완전히 이 세상의 사물을 크게 뛰어 넘고 있다. 비록 시인의 신체나 심령이 쇠약해간다 해도 어떠한 고난이 그에게 닥쳐온다 해도 그는 신앙의 힘에 의해 받쳐져 있다. 절대 자기 기만에 떨어지지 않고 최후의 경우라도 절대 파괴되지 않는 생명의 실질을 갖는다. 하나님은 언제나 시인의 바위요, 생명이 되어 주신다고 확신을 갖고 있다. 그것은 지상의 모든 것을 초월한 별종의 생명이다.

27, 28절. 시인은 끝으로 다시 한번 전체를 총괄한다. 인생의 수수께끼가 혹 아직 남아있다 해도 하나님의 현현의 체험 중에 받은 확신을 이제는 누구도 빼앗지 못한다. 즉 하나님으로부터 떨어진 생은 지나가며 멸망에 이른다. 그러나 하나님 가까이 있는 것은 생명과 행복을 의미한다. 그것은 밖으로 나타나는 생명이 아니고 내적인 생명이다. 하나님 안에 있는 자는 생명 안에 있는 것이다. 시인은 하나님과의 교제 안에서 생명의 높은 차원에로 발전해 가는데, 그와 반대로 악인의 종말은 내적 생명의 상실로서 그 영혼이 죽어가는 것이다. 이렇게 하여 지금의 현세의 기준과 한계를 넘어 새로운 궁극적 의미와 가치를 주는 새로운 시야가 열린 것이다. 이것이 하나님의 현실이다. 그리하여 그의 싸움과 의심은 승리와 행복에로 전진한다. 그 기쁨을 시인은 회중 앞에서 고백한다고 한다.

74편 | 백성의 탄식

아삽의 마스킬의 노래

1 야훼여, 어찌하여 당신은 우리를 영원히 저버리고,

　당신의 분노가 당신 목장의 양을 향하여 타오르십니까?

2 상기하소서, 당신이 옛적부터 마련하시어

　당신 소유의 지파로 구원하신

　당신이 거처로 삼으신 시온 산을!

3 당신 발길을 들어 옮기어 영원한 폐허(廢墟)로 향하게 하소서.

　적은 당신의 성소의 모든 것을 파괴하였습니다.

4 당신의 적이 성소 한가운데서 소리질러대고,

　수백의 표지를 세웠습니다.

5 그들은 나무 잎을 떠는 자 같이 때려눕히며,

　도끼로 무성한 나무를 베듯이 하였습니다.

6 그들은 문들을 모조리 타파하고,

　큰 도끼와 손도끼로 때려 부수었습니다.

7 당신의 성전을 불로 태우고

　당신 이름의 거처를 심하게 더럽혔습니다.

8 저들은 마음속으로 이르기를

　'전부 없애버리자, 땅에 있는 모든 성소를 불살라버리자!' 라고.

9 우리의 증표를 이제는 볼 수 없고 더 이상 없으며,

　그것이 언제까지인지 아는 이도 저희 가운데 없습니다.

10 야훼여, 원수는 언제까지 조소의 말을 합니까.

　적은 영원히 당신의 이름을 더럽히나이까.

11 어찌하여 당신 손을 움츠리십니까.

　당신 오른손을 품안에 품고 계십니까.

12 그러나 야훼웨여, 당신은 예로부터 우리의 왕,

세상 한가운데에 구원을 이루시는 분!

13 당신은 힘으로써 바다를 가르며,

물 위에서 용들의 머리들을 부수셨습니다.

14 당신은 레비야단의 머리를 깨뜨려

바다의 상어들에게 먹이로 주셨습니다.

15 당신은 샘과 개울을 터뜨리시고,

물 많은 강들을 말리셨습니다.

16 낮은 당신의 것, 밤도 당신의 것,

당신은 별과 해를 세우셨습니다.

17 당신은 땅의 경계를 모두 정하시고,

당신은 여름과 겨울을 만드셨습니다.

18 야훼웨여, 이 일을 상기하소서,

적이 당신을 조소하며,

우둔한 백성이 당신 이름을 업신여깁니다.

19 당신께 가르침 받는 자를 야수에게 넘겨주지 마소서.

당신께 속하는 가난한 자의 생명을 영원히 잊지 마소서.

20 당신의 계약을 돌아보소서.

도시는 암흑으로, 시골은 폭력(暴力)으로 가득 찼습니다.

21 짓밟힌 자가 수치를 느끼지 않게 하소서.

가난한 자와 불쌍한 자가 당신 이름을 찬양하게 하소서.

22 야훼웨여, 일어나시어 당신의 일을 관철하소서.

우둔한 자들이 종일 당신을 헐뜯는 것을 생각하소서.

23 당신 적들의 외침을 잊지 마소서.

당신의 원수가 끊임없이 일으키는 소동을 잊지 마소서.

이 성전 파괴에 대한 탄식의 노래에는 다른 탄식의 노래에 비하여 구체적인 필법을 엿볼 수 있다. 그러나 이 탄식의 대상이 과연 BC 587년의 바벨론 군에 의한 성전 파괴를 말하는 것인지, 그렇지 않으면 BC 168년의 안티오쿠스 4세의 성전 모독 사건인지 분명하게 정할 수 없다. 대체로 전자를 지지하는 학자가 많다.

또한 '개인 탄식의 노래'는 시편 중에 그 수가 많으나, 이 시와 같이 전체가 '민족의 탄식의 노래'는 시편 중에는 극히 수가 적다.

이 시는 텍스트(text)가 대단히 훼손되어 있으므로 세밀한 점에서 불분명한 곳이 많다. 학자에 따라서는 이런 곳을 아주 번역치 않고 뛰어 넘는 분들도 있다. 본인은 이런 곳은 關根 선생의 의견에 따랐다. 처음부터 읽어보기로 한다.

1-3절. 처음 1-3절 전반까지는 탄식의 노래의 최초의 부분을 형성하는 호소이며, 구원을 호소하는 절규이다. '목장의 양', '사업의 지파' 등은 하나님께 선택된 백성 또는 교단(敎團)을 말하고 있다. 최후는 '시온'이 나오는데 시인에게 있어서 최대의 관심은 오랫동안 선민의 본거지였던 예루살렘의 완전한 황폐이다. 하나님은 예루살렘의 멸망과 함께 이 땅을 떠나신 것을 전제로 하고 있다. 그러나 이 시에서는 하나님이 재건된 성전에 돌아오는 것이 아니고, 영원한 폐허에 고난과 실망 중의 회중에게 다시 돌아오실 것을 기원하고 있다.

이전에는 구원을 가져다주시는 하나님의 존재를 증거하는 모든 것이, 지금은 잔인하고 모독적인 파괴와 거룩하신 하나님에 대한 모독을 회상시키는 비통한 폐허이다. 그것은 기도하는 회중에게 하나님이 파국 이후 그들을 저버리셨다는 것을 굴욕적으로 인식시킨다.

4-11절. 3절 후반에서 11절까지는 탄식이다. 여기서는 '적', '우리들' 그리고 '당신으로서 하나님'이 나온다. 4절의 '수백의 표지'라는 것은 군기(軍旗)와 같은 것을 가리키는 듯하다(關根).

9절의 '증표'는 제의적인 구원의 증표인 듯하다. 성전이 없는 현상에서 보이는 구원의 증표는 모두 빼앗겼으며, '예언자'도 하나님의 의사를 전해주는 자를 말하기보다는 구원의 보증을 해주는 사람을 말하고 있는 듯하다. 9절은 하나님으로부터 단절된 상황을 인상 깊게 서술하고 있다.

12-17절. 일반적으로 개인의 탄식의 노래에서는 하나님께 청허(聽許)되는 것의 확신이 말씀되는 경우가 많으며, 신뢰나 찬미가 상당히 적극적으로 나오는 경우가 많으나, 민족의 탄식의 노래에서는 이러한 적극적인 요소는 전체로서 후퇴되고 있다. 민족의 탄식의 원인이 되는 것은 일반적으로 정치적인 괴로운 현황이며, 그 해결의 전망은 어두운 경우가 많기 때문이다. 그런데 이 74편에서는 특수한 경우를 나타내고 있다. 그것은 12-17절이 삽입되어 있으며 여기서는 구체적인 정치적 상황을 떠나서 창조자이신 하나님의 문제가 중심이 되어 있기 때문이다. 12절에서 신뢰의 고백을 하고 13-17절에서는 찬미로서 이것을 확대하고 있다. 정치적 상황의 알 수 없는 곤경 중에서 예언자의 종말론의 경우와는 달리 역으로 시인은 창조의 세계의 처음을 상기하고 있다. 거기서는 창조자이신 하나님이 하나님께 적대하는 힘을 쳐부숴 이기시는 것을 상기하며, 여기에 이 세계에 대한 최후의 희망의 근거를 찾아내는 듯이 보인다. 즉 외견상의 모든 것이 파괴되었고, 우리의 눈에는 하나님의 계시와 구원의 희망이 보이지 않으나 그럼에도 파괴되지 않는 것을 왕이시며 세계의 창조자이신 주 하나님의 찬미 안에 발견한다.

12-17절의 부분을 제외하고, 이 시는 현실 세계에는 거의 절망하고 있으

며, 하나님께 버림받은 상태가 쉬 끝난다고는 생각하지 않고 있다. 이는 '영원히'라는 말이 1, 10, 19절에 되풀이하여 쓰이고 있으며, '왜', '언제까지'라는 탄식의 술어가 쓰이고 있는 것으로 알 수 있다. 그러므로 12-17절의 삽입이 이 시의 큰 특색을 나타내고 있으며, 정치적 문제의 성서적 해결을 이곳에 보이고 있다.

18-23절. 18-23절은 간구하는 부분이다. 보통 개인의 탄식의 노래의 경우에는 '청원이 청허(聽許)된다는 확신'의 노래가 나오는데, 이 시에서는 그것이 없다. 시인은 이전보다 한층 더 강력하게 졸라댄다(이곳은 원문의 훼손이 심한 곳이다).

75편 | 하나님은 심판 주

이 시는 비교적 짧은 것이나 학자들 간에 그 해석이 구구하며 일정치 않은 어려운 시이다. 그 경향을 대관하면 제의적 배경에서 해석하고자 하는 학자(Movinkel)와, 이 시를 예배문으로 읽는 학자(Gunkel)와, 이 시는 예배적 배경에서 해석할 것이 아니라 시인이 이 지상에서 악인의 존재에 고뇌하면서 하나님의 심판과 구원에 대한 시인의 신앙을 말한 것(關根正雄)이라고 주장하는 해석 등이다.

처음부터 절을 따라 읽어본다.

> **성가대의 지휘자에게, '멸하지 마소서' 식으로, 아삽의 노래**
>
> 1 야훼여, 우리는 당신께 감사합니다.
>   지극히 가까운 자여, 그 이름을 감사합니다.
>   당신의 기적적인 성업을 이야기하면서.

우리는 당신께 감사합니다. 당신의 이름을 감사합니다. 시인은 먼저 하나님께 감사와 찬송을 드린다. 여기서 시인의 신앙태도를 읽을 수 있다. 또한 이것을 제의의 행사 중에서 신도들이 방금 행한 예배의 장면으로 읽을 수도 있다. 회중(신도들)은 하나님의 기이한 구원의 성업을 들으며 위대한 하나님으로부터 받은 감동과 구원에 대한 감사를 찬미로써 고백하고 있다.

> 2 '내가 때를 잡으면 나는 올바르게 심판하리라.

3 땅과 그 위에 사는 모든 자가 흔들릴 때에,
　나는 땅의 기둥을 단단히 했다.' 셀라
4 거만한 자들에게 내가 말했다, '거만하게 굴지 말라.'고
　악인들에게 말한다, '뿔을 쳐들지 말라,
5 너희 뿔을 위로 쳐들지 말라,
　바위이신 하나님께 무례하게 말하지 말라.'고

이 곳은 회중에게 고해진 하나님의 말씀이다. 때가 차면 하나님께서는 심판의 자리에 앉으사 세상을 심판하신다. 하나님은 만물의 주이시다. 하나님이 견고한 토대 위에 만드신 세계질서는 만일 전 세계가 동요하더라도 하나님의 손에서 떨어지는 일이 없다. 하나님의 심판은 반드시 행해지며 의로운 심판을 하신다. 세상에서 거만한 자를 낮추신다. 여기서는 '거만'이라는 것이 중심적으로 말씀되고 있는데 주목하여야 한다. 4절의 '악인'이란 '거만한 자'를 말하며 특히 하나님께 거만한 자를 말한다. 그뿐이랴 하나님 대신 인간이 주인이 되어 무엇인가 한다는 모든 행위, 자기주장은 하나님이 그 뿔을 반드시 낮추신다.

6 높이는 일이 동쪽에서도 서쪽에서도,
　사막에서도 산악에서도 오지 아니한다.
7 오직 하나님만이 심판자,
　그분께서 이 사람은 낮추시고 저 사람은 높이신다.

하나님은 세상의 사건들의 파도위에 부동의 바위같이 높이 솟아 계시다. 인간들이 희망(높이는 일)이 동쪽에서 혹은 서쪽에서, 아니 사막에서 혹은 산악지대에서 오는가 하고 찾아도 헛일이요, 오직 하나님만이 심판주시며 구세주시다. 도리어 하나님께 모든 것을 일임하고 진지하게 하나님만 의지하는 것이 중요하다. 하나님의 심판은 인간의 작은 판단과 모든 계산을 넘어 행하신다. 하나님의 심판은 하나님의 생각과 방책이 인간과 비교하여 천지의 차이가 있듯이 인간의 생각을 초월하는 것이다. 그것은 하나님의 영원한 오의(奧義)이다. 어떤 자는 낮추어지고 또 어떤 자는 하나님에 의해 높여진다.

> 8 실로 야하웨의 손에 잔이 들려있으며,
> 꿀을 잘 섞은 술이 거품일고 있다.
> 야하웨께서 거기에서 부으신다.
> 땅의 모든 악인들은 그 술을 찌꺼기까지 마셔야 하리라.

여기서 말하는 잔(杯)은 예레미야 이래의 '하나님의 분노의 잔'을 상징한다(예레미야 25¹⁵, 이사야 51¹⁷, 스가랴 12²). 그러나 8절의 '분노의 잔'에는 새로운 빛을 던지는 것이 있다(關根正雄). 그 잔에는 잘 조미된 술이 있다는 것이며, 여기 조미료로서 꿀을 썼다는 것이다. 즉 노여움과 모순되는 구원이 암시되어 있으며, 쓴 잔 안에 달콤함이 강조되어 있다. 이는 시 전체를 이해하는데 중요한 것이다. 하나님의 심판에 의한 의의 수행 중에 구원이 포함되어 있다. 즉 심판이 구원을 제외하는 것은 아니라는 것이다. 이 분노의 잔이 돌려진다는 것이다.

9 그러나 나는 영원히 기뻐하며,
   야곱의 하나님께 찬송하리라.
10 내가 악인들의 뿔을 모두 꺾으며,
   의인의 뿔은 들어 높이리라.

9, 10절은 최후의 결론이다. 하나님의 심판이 총체적으로 구원을 포함한다는 것을 말한 시인은 의로운 자에 대하여 하나님이 가까우신 것과 그 구원을 확신하여 야곱의 하나님께 찬미를 바친다(9절). 10절은 하나님의 신탁의 인용으로 읽을 수 있다. 악인의 뿔은 꺾이나, 의인의 뿔은 하나님에 의해 높임을 받는다고.

76 편 | 평화와 심판

이 시에는 예언자 정신이 풍겨지고 있다. 그 찬미의 가락은 노래의 대상에 잘 부합되는 듯하다. 이 시는 또한 시편 제46편과 유사하다고 많은 주해자가 말하고 있다.

이 시의 성립과 의의에 대해서는 학자에 따라 견해가 다르며, 대별하여역사적 배경을 주로 한 해석과 종말론적인 배경을 생각하는 것과 제의적배경을 주로 하는 것 등 세 가지가 있다. 그러한 학문적인 문제는 학자들께맡기고 처음부터 본문을 읽어 보기로 한다.

지휘자에게, 현악기와 더불어, 아삽의 시, 노래

제1부 회고(1-6절)

1 야^하웨는 유다에 알려지시고,
   그 이름 이스라엘 중에 위대하시네.
2 살렘에 그 장막이,
   시온에 그 거처가 마련되었네.

하나님은 유다에게 알려지시고, 그 이름은 선민 이스라엘 중에 드높다. 그의 장막은 '평화'를 뜻하는 '살렘'에 설치되었다. 그는 시온에 좌정하신다.

시인은 다윗시대의 중요한 전승을 염두에 두고 하나님을 찬양하고 있다. 하나님의 행동을 전면에 냄으로써 시 전체에 찬미의 성격을 부여한다. 동시에 예루살렘의 옛 이름 '살렘'과 히브리어 '샬롬'(평화)이 유사한 울림을주며, 하나님의 거처가 평화의 도시인 것을 표시한다.

3 거기에서 활과 불화살을,
　방패와 칼과 무기를 그분께서 부수셨네. 셀라
4 당신은 두려우신 분,
　영원한 산들보다 드높으시도다.
5 심장이 강한 용사들도 포로가 되고,
　그 강력한 팔은 힘을 잃어 쳐지고,
　그들은 영원한 잠에 떨어지나이다.
6 야곱의 하나님이여, 당신의 호령에 전차도 말도 멈추어
　꼼짝 못하나이다.

그곳에서 하나님은 활과 화살을 꺾으시며 방패와 칼을 부수신다. 모든 무기를 폐하신다. 그리고 전쟁을 폐지하실 것이다. 하나님은 두려우신 분, 영원한 산들도 그 앞에 부복하는 위대하신 분이시다.

시인은 다윗시대의 예루살렘 부근의 싸움에서 적을 괴멸한 것을 대조시켜 강력한 효과를 낸다. 그것이 평화의 나라 즉 하나님 나라의 도래의 개시를 뜻하는 듯하다. 이와 같이 시인은 구체적인 역사적 사건을 일반적인 형식을 취하여 모름지기 하나님과의 관계로서 서술하고 있다(4절 참조).

6절은 출애굽기 15장의 홍해 탈출의 전승을 인용한 듯하다. 하나님의 무서운 힘 안에 하나님의 영광이 나타나며 또한 증명한다.

제2부 전망(7-12절)
7 당신은 경외로우신 분,

> 그 진노의 위력에
> 누가 당신 앞에 서있으리까?

　하나님은 인간의 무력에 대해 두렵고 굉장한 힘을 보이신다. '누가 당신의 진노 앞에 설 수 있으리까?' 라는 시인의 외침에 옷깃을 여밀 뿐이다.

　이 사상은 1부에서 계속되는 것으로 2부에서는 하나님의 심판의 크기를 제시하는 제목이다. 하나님의 심판은 하나님의 영광의 계시와 동일하게 구원을 실현하는 요인이 되고 있다. 또한 이것이 축제의 의식에 있어서의 대상이다(A. Weiser).

> 8　당신이 하늘로부터 심판을 선포하시니,
> 　　땅이 놀라 숨을 죽였습니다,
> 9　야훼께서 세상의 가난한 자들을 모두 구원하시려고
> 　　심판하시기 위하여 일어나실 때. 셀라

　하나님이 지상에서 압박당하는 자, 가난한 자들의 권리회복을 해 주신다는 심판의 사상을 말하고 있다. 이는 구원해 주시는 하나님의 사랑이라는 구약의 신앙 본래의 특색이 심판의 위협적인 뇌성을 통하여 일광과 같이 빛나고 있다. 두려움과 신뢰가 하나가 되어 전개된다. 하나님이 심판을 위해 일어나실 때에 고통 받는 자를 도우시는 하나님 앞에 땅은 떨며 침묵하는 것이다.

10 실로 인간의 분노도 당신을 찬송하며,
    죽음을 면한 자는 당신을 송축할 것입니다.

전절에서 하나님의 압도적인 광대의 모습을 보이고 있다. 인간은 하나님께 반항하는 경우에도 그 위력에 놀라 본의 아니게 하나님의 능력의 증인이 되는 것이다. 그 격분한 마음도 하나님을 찬양하지 않을 수 없게 된다. 그래서 하나님에 의해서 죽음에서 해방된 자는 심판에서 구원해 주신 하나님께 감사의 찬미를 올린다. 이와 같이 하나님의 심판은 하나님이 유다와 이스라엘에게 알려질 뿐 아니라 전 세계에서 숭앙되는 결과를 가져온다.

11 너희 하나님께 서원하고 그 서약을 이행하라.
    그분 주위에 있는 모든 이들이여,
    두려움이신 그분께 예물을 바쳐라.
12 그분께서 제후들의 교만을 꺾으시며
    세상 왕들에게 경외로우신 분이시다.

전 세계에 대해 서원과 예물을 가지고 경외로우신 하나님을 공경하라는 요구가 만인을 향해 발하여진다. 이것에 관한 최후의 경고의 근거를 12절에 가져옴으로서 이 시의 결미를 맺는다. 여기서 인간의 자랑과 힘을 능가하는 위력과 두려움을 가지신 하나님이라는 기조를 다시 한번 강하게 진술한다.

77편 | 하나님의 성업

이 시는 1-10절과 11-20절의 두 부분으로 나누어진다. 1-10절은 개인의 탄식의 노래이고, 11절 이하는 찬미의 요소가 강하다. 그러나 내용상 한 시로 보는 것이 많은 학자들의 견해다. 내용상 10절이 전환점이다. '그때에 내가 말했다'는 말이 바로 전환을 알리고 있다. 시인은 계속해서 '지존자의 오른팔이 변해버리신 것이 바로 나의 아픔이다'라고 그 내용을 설명한다. 여기서 전환이라 함은 시의 전반에서 하나님이 얼굴을 감추신 것을 탄식하여서, 하나님은 그 손을 변하게 하시어 이제 이스라엘을 긍휼히 보시지 않는다고 생각했던 것을 여기서 잘못이라고 깨닫고 11절 이하에서 새로운 역사의 회고를 하는 것으로 보는 것이다. 또한 우리는 시인이 전반에서 하나님을 3인칭으로 말했던 것을 후반에서 2인칭으로 부르는 데에서도 상황의 변화를 볼 수 있다.

이 시의 배경으로서 북이스라엘(15절)을 생각하는 학자도 있으나, 하나님이 얼굴을 감추고 계시다는 상황은 포수(捕囚)시대가 맞는 듯하다.

1절부터 읽어본다.

성가대의 지휘자에게, 여두둔[8]의 가락에 맞추어, 아삽의 노래

1 내가 소리 높여 하나님께 부르짖습니다.
  내가 소리 높여 하나님께 부르짖습니다, 내게 귀 기울이시라고.
2 곤고의 날에 내가 주님을 찾았습니다.
  지칠 줄 모르고 밤새도록 내손을 내밀었습니다.

---

8) 여두둔은 아삽과 함께 역대상 25장 1절 등에 나오는 다윗시대의 가수. 시편의 시대에는 그것에 연유한 노래의 가락이 있었던 것 같다.

그러나 내 영혼은 위로받지 못했습니다.
3 하나님을 생각하며 신음하고,
   깊이 생각함으로써 내 영이 쇠하여집니다.(셀라)
4 당신께서 내 눈꺼풀을 누르시니,
   내 마음 산란해져 말할 힘도 없습니다.

'나에게 귀를 기울이시라고' 즉 내 소리를 들으시라고 외친다는 뜻이다.
이는 현실로서는 들어주지 않는다는 안타까운 사정이 전반의 중심문제
이다.

2절의 '곤고의 날'이란 곤고의 때를 말하는 것으로 시인은 밤낮으로 하나
님을 울부짖어 찾았으며 기도했다는 뜻이다. 시인이 하나님의 임재를 구하
는 것이 자신의 고뇌라 말한다. 하나님이 대답해 주시지 않기 때문이다. 이
어서 '내 영혼은 위로받지 못했다'는 것은 시인이 하나님과의 관계에 있어
그의 영혼의 절망적인 신음을 말하는 것이다. 그것이 3절 이하에서 분명해
진다.

4절의 '눈꺼풀을 누른다'는 것은 눈을 개안한 상태에서 누른다는 것으로
시인의 불면상태를 말한다. 시인은 잠을 못자는 밤에 불안에 시달리면서
하나님을 찾았으나 무익했고, 이제 말씀조차 들리지 않는다고 탄식한다.

5 나는 옛날을 생각하고
   지난 세월의 일을 회상합니다.

6 밤새 마음속으로 되새기고,
　　내 영은 생각하고 생각하여 찾아 구합니다.
7 주께서 영영 버리시나이까,
　　더 이상 긍휼을 베풀지 않으시렵니까,
8 그 은혜는 영구히 사라지고
　　당신의 말씀이 영원히 그치렵니까,
9 하나님은 은혜 베푸시는 것을 잊으시고,
　　분노하심으로 그 자애를 거두셨나이까. 셀라

　　시인은 지난날과 오늘날의 이것저것을 고민하는 중에 하나님의 은혜는 끝나고 하나님은 침묵하신 것이 아닌가하고 고뇌함에 이른다. 시인의 고뇌는 시인 개인의 것이 아니며 동포전체에 관계되는 것이었다. 또는 하나님 자신과 관계되는 것이었다. 하나님이 얼굴을 감추시고 그 은혜와 긍휼을 가져가시고 이제 이스라엘에게는 말씀을 하지 않으신다. 영구히 그렇게 된 것인가, 이것이 시인의 고뇌의 원인이 된 문제였다. 한번 하나님을 안 자가 하나님을 잃는 것보다 더 큰 고통은 없다. 그리고 하나님을 안다는 것은 은혜의 하나님을 아는 것이며, 이것이 하나님의 분노를 당하여 우리는 하나님을 잃게 되는 것이다. 어떻게 하나님과의 친교 중에 있을 수 있는가, 이것이 시인의 문제이며 이스라엘의 문제이고 또한 우리의 문제이다(關根正雄). 이 문제의 해결의 실마리를 우리는 10절의 전환으로 읽을 수 있다.

10 그래서 내가 말했나이다 : 지존자의 오른팔이

변해버리신 것이 바로 나의 아픔이라고.

10절의 배후에는 여기까지를 총괄하여서 하나님의 손이 변하고 마음이 변하셨다는 시인의 절망적 인식이 있다. 즉 분명히 말해서 불신앙이 전제되고 있다. 시인은 절망의 밑바닥에 가라앉아서 처음으로 자신이 인간의 척도로서 하나님을 재고 있는 것에 눈뜬다. 이것이 바로 하나님을 잊은 것이며, 하나님을 하나님으로 여기지 않는 불신앙인 것에 눈뜬다. 하나님이 이스라엘을 버린 것이 아니고, 이스라엘이 하나님을 버리고서 제멋대로 버림 받았다고 생각하고 있는 것이다. 하나님은 하나님인 이상 그 마음이 변할 리 없으며, 그 손이 변하여 무력하게 될 리 없다. 그렇게 생각한 것이 하나님을 잊은 것이며, 하나님을 모독하는 일인 것이다. 하나님은 이스라엘에게 어떻게 보이든 이스라엘의 하나님이신 것에 변함이 없다. 비록 포수(捕囚)시대가 되고 외모의 모든 것이 변해버렸다 해도 그것으로서 하나님이 변했다는 것은 있을 수 없다. 이스라엘이 그렇게 생각함으로서 하나님과의 관계를 자기 측에서 망치고 만 것이다.

11 나는 주님의 성업을 생각하고
   당신의 전날의 영묘한 성업을 회상합니다.
12 당신의 모든 성업을 되새기고
   당신이 하신 일들을 묵상합니다.
13 하나님이여, 당신의 길은 거룩합니다.
   어떤 신이 주님처럼 크리이까.

14 당신은 기이한 일을 행하시는 하나님,
　백성들 사이에 당신의 권능을 나타내셨습니다.
15 당신 팔로서 당신 백성,
　야곱과 요셉의 아들들을 구원하셨습니다. 셀라

　시인은 11절 이하에서 새로이 하나님을 당신이라는 2인칭으로 부르고, 주로 과거 역사의 회상을 하면서 전능하신 하나님의 성업을 재발견하고자 한다. 이 후반에 있어서 하나님의 절대적 주권, 거룩, 성업의 불가사의가 되풀이 되는 것은 시인이 얻은 해결의 깊이와 정당성을 보인다. 시인을 둘러싼 현실은 변하지 않았을지 모른다. 그러나 그가 하나님이 하나님이신 것을 앎으로써 시인의 문제는 이제 해결의 실마리를 얻은 것이다. 시인이 후반에서 하나님의 길은 인간이 모두 알 수 있는 것이 아니고, 하나님의 역사에 있어서의 성업은 일면 수수께끼이며 그 발자국은 아는 자가 없다(19절)고 고백해도 그것은 문제가 없다. 전반과 후반은 역사를 보는 기조가 완전히 바뀌고 있는 것이다.

16 하나님이여, 큰물들이 당신을 뵈었습니다.
　물들이 당신을 보고 벌벌 떨었으며
　바다 속 깊은 물도 떨었습니다.
17 구름은 물을 퍼붓고 먹구름은 천둥을 칩니다.
　당신의 화살도 휘날리나이다.
18 당신의 우레는 차(車)와 같이 울리며,

> 번개가 세계를 비추자 땅이 떨며 흔들렸습니다.
>
> 19 당신의 대로는 바다를 지나가고,
>
> 당신의 길은 큰 물 안에도 있습니다.
>
> 그러나 당신의 발자국을 아는 이는 없습니다.
>
> 20 당신은 그 백성을 양떼처럼
>
> 아론과 모세의 손에 의해 인도하셨습니다.

15절까지 역사에 있어서의 하나님의 성업을 주로 하여 말한 시인은 16절부터 창조의 세계에 눈을 돌려서 하나님의 위대한 업적을 칭송한다. 16절에서 직접 원시의 바다가 창조신에게 정복되었음을 말하며 17절에서는 자연계에 있어서의 하나님의 현현(顯現)을 묘사한다. 이곳에서 화살이란 18절의 번개를 말한다. 18절의 차는 에스겔서 10장 2, 6절, 3장 13절 등과 관련되며 하나님의 현현 때에 부수되는 현상을 가리킨다. 19절에서 다시 역사의 세계에 돌아가서 홍해의 기적을 말하며 다음 20절은 모세시대의 광야의 행진과 관계된다.

시인은 하나님의 성업 앞에 두려움으로 서 있는 모습이다. 그러나 20절의 '양떼처럼 백성을 인도하셨다' 는 하나님은 역시 은혜의 하나님이시며, 시인은 이 은혜의 하나님을 고백하여 신앙으로서 모든 문제를 해결하였음을 고백한다.

78편 | 선 택

아삽의 마스킬의 시

1 내 백성아, 내 가르침을 듣고,
   내 입의 말에 귀를 기울여라.
2 내가 입을 열어 격언을 말하며,
   옛날부터 내려오는 수수께끼를 말하리라.
3 우리가 들어서 아는 바를
   우리 조상들이 우리에게 들려준 바를
4 우리는 자손들에게 숨기지 않고
   후대를 위하여 말하여 주리라,
   야훼의 영예와 그 능력을,
   그리고 이루신 기적들을.
5 그분은 증거를 야곱 안에 세우시고,
   가르침을 이스라엘에 놓았다.
   그것은 후손들에게 고하도록
   우리의 조상들에게 명령하신 것이다.
6 후대에 태어날 아들들이 그것을 알며,
   일어서서 그들의 아들들에게 전하며,
7 그들이 모두 야훼를 신뢰하며,
   하나님의 업적을 잊지 않으며
   그 계명(誡命)을 지키기 위하여,
8 또 그들의 조상들 같이
   배반하고 거역하는 무리가 되지 않고,
   마음을 확고히 하지 않는 무리,

그 심령이 하나님께 불충한 자가 되지 않기 위하여.

9 에브라임의 자손들은 활(弓)로서 무장하고 있었으나
전투의 날에 도망쳤다.

10 그들은 하나님의 계약을 지키지 않았으며,
그 율법에 따라 걷는 것을 거부했다.

11 그들은 그 분의 위업들을 잊어버렸고,
보여 주신 기적을 잊었도다.

12 그분은 이집트의 땅 소안 평야에서
그 조상들 앞에서 이적을 행하고,

13 바다를 가르시어 그들을 건너가게 하고
물을 둑처럼 서게 하셨다.

14 낮에는 구름으로 인도하고,
밤에는 불빛으로 그들을 인도하셨다.

15 사막에서 바위를 쪼개어
큰 깊은 샘에서처럼 물을 마시게 하셨다.

16 돌덩이에서 냇물이 솟게 하여
강처럼 물이 흘러내리게 하셨다.

17 그러나 그들은 되풀이하여 그분께 죄짓고,
사막에서 지존하신 분께 반항하였다.

18 그들은 마음속으로 하나님을 시험하며,
자기 욕심 따라 식물을 요구했다.

19 하나님을 거슬러 말했다,
하나님께서는 광야에다 상을 차려낼 수 있으랴?

20 보라, 하나님이 바위를 치시니,

물이 흘러나오고,

시냇물이 넘쳐흘렀지만,

빵까지 주실 수 있으랴,

당신 백성에게 고기를 장만하실 수 있으랴?

21 이에 야훼께서 들으시어 격노하시니,

불은 야곱을 향하여 타오르고,

분노가 이스라엘을 향해 솟아올랐다.

22 그들이 야훼를 믿지 않고

그분의 도우심을 신뢰하지 않았기 때문이다.

23 그래서 그분께서는 위의 구름에 명하시어

하늘의 문들을 열어,

24 그들 위에 만나를 비처럼 내려 먹게 하시고,

하늘의 양식을 그들에게 주셨다.

25 천사들의 빵을 모두가 먹었다.

하나님은 그들에게 배불리 먹을 식량을 내려주셨다.

26 그분께서 동풍을 불게 하시고

남풍을 당신 힘으로 불어 보냈다.

27 그들 위에 먼지처럼 고기를,

바다의 모래처럼 날짐승을 내리셨다.

28 당신의 진영 한가운데,

당신의 거처 둘레에 떨어지게 하셨다.

29 그들이 실컷 먹고 배불렀다.

그분께서는 그들의 욕망을 채워주셨다.

30 그 식물이 아직 입에 있는데

그들은 욕심을 버리지 않았다.

31 그래서 야훼의 진노가 그들을 향해 발해서

그 중의 지도자들을 죽이고,

이스라엘의 젊은이들을 거꾸러뜨렸다.

32 이 모든 것에도 불구하고 그들은 여전히 죄짓고

그분의 기적들을 믿지 않았다.

33 이에 그분께서는 그들의 날수를 공허하게 하고,

그들의 햇수를 공포 속에 보내게 하셨다.

34 하나님이 그들을 진멸하실 때에

그들은 그분을 찾고,

회개하여 하나님을 찾았다.

35 야훼가 그들의 바위이시며,

지존하신 하나님께서 그들의 구원자이심을 생각했다.

36 그러나 그들은 입으로 그분께 아첨하고

혀로 그분께 거짓말을 하였다.

37 그들의 마음은 그분께 확고하지 않고,

그 계약에 신실하지 않았다.

38 그러나 그분께서는 자비로우심이 넘쳐

죄를 사하여 주시고 멸망시키지 않으셨다.

자주 그 분노를 터뜨리지 아니하고

화를 참고 또 참으셨다.

39 그들이 한낱 고깃덩어리임을,

가면 돌아오지 못하는 바람임을 기억하셨다.

40 저들이 사막에서 얼마나 그분께 반역하였던가?

광야에서 얼마나 그의 마음을 아프게 해드렸던가?

41 그들은 계속해서 하나님을 시험하고

　　이스라엘의 거룩하신 분을 슬프게 했다.

42 그분의 손을,

　　적으로부터 자기들을 구원해주신 그날을 기억하지 않았다.

43 하나님께서 이집트에서 여러 표적을 보이시고,

　　소안 평야에서 기적을 보이셨는데.

44 하나님은 저들의 강들을 피로 바꾸시어,

　　저들은 시냇물을 마시지 못했다.

45 저들에게 해충들을 보내어 물게 하셨고,

　　개구리 떼를 보내시어 망하게 했다.

46 저들의 수확을 메뚜기 떼에게,

　　소출을 누리 떼에게 내주셨다.

47 저들의 포도를 우박으로 때리고,

　　무화과나무를 서리로 죽이셨다.

48 저들의 가축을 우박에,

　　양떼를 번개에게 넘기셨다.

49 저들에게 당신의 분노의 열기를 보내시고,

　　분노와 고뇌와 재앙의 천사들을 보내셨다.

50 당신 분노의 길을 터놓으신 것이니,

　　저들의 목숨을 죽음에서 건져내지 아니하시고

　　생명을 염병에 붙이셨다.

51 그분께서 이집트의 모든 맏아들을 죽이고,

　　함의 천막에서 힘의 첫 열매를 치셨다.

52 그분께서는 당신 백성을 양떼처럼 이끌어내시어
　가축 떼처럼 사막에서 인도하셨다.

53 그들을 안전하게 이끄시니 무서워하지 않았으나,
　적들은 바다가 뒤덮어버렸다.

54 그들을 당신의 거룩한 영토로,
　당신 오른팔이 얻어내신 이 산으로 데려오셨다.

55 그들 앞에서 민족들을 쫓아내어
　제비뽑아 그 땅을 그들의 유산으로 하시고
　이스라엘의 지파들을 장막에서 살게 하셨다.

56 그러나 그들은 지존하신 하나님을
　시험하고 그분께 반항하며
　그분의 법도를 지키지 않았다.

57 그들의 조상들처럼 배신하고 배반하여
　뒤틀린 활처럼 쓸모없는 것이 됐다.

58 그들은 산당을 만들어 그분을 화나게 하고,
　우상으로 그분의 분노를 일으켰다.

59 하나님께서 들으시고 격노하여
　이스라엘을 아주 버리셨다.

60 실로의 거처를 버리고,
　사람들 사이에 치셨던 장막을 버리셨다.

61 그 요새를 노획 당하는 대로 내버려
　광휘(光輝)있는 궤를 적의 손에 넘겼다.

62 그 백성을 칼에다 넘기고
　당신 유산에 격노하심을 부어넣었다.

63 그들의 청년들을 불이 삼켜버리고,

　처녀들은 기쁨을 빼앗기고,

64 사제들은 칼에 쓰러지고,

　과부들은 탄식조차 하지 못했다.

65 그러나 주님께서는 잠자던 사람처럼,

　술 취한 용사처럼 깨어나셨다.

66 그리고 당신 적들을 물리치고

　그들에게 영원한 수치를 안겨주셨다.

67 하나님은 요셉의 장막을 저버리고

　에브라임 지파를 뽑지 않고,

68 유다 지파를 선택하여 시온 산을 사랑하셨다.

69 하나님은 그 성소를 하늘처럼 세우고,

　영원히 굳게 세우신 땅처럼 지으셨다.

70 하나님은 그의 종 다윗을 선택하고,

　그를 양우리에서 끌어내어,

71 젖을 주는 어미양의 곁에서 끌어내어,

　당신 백성을,

　그 유산 이스라엘을 구원하는 자로 했다.

72 다윗은 온전한 마음으로 그들을 다스리고,

　현명한 손으로 그들을 이끌었다.

이 시는 시편 150편 중에서도 가장 장편의 시의 하나이다. 문학유형에서 보아도 독자적인 것이다. 따라서 보통의 어떤 유형에도 들어가지 않는다. 요소(要素)는 지혜의 시, 찬미의 시, 감사의 노래 등이 혼재하고 있으나, 전

체는 역사의 시라고 말할 수 있다.(Klaus, 關根正雄)

이 시의 성립연대(成立年代)에 관해서는 여러 설이 있다. 왕국분열 이전으로 보는 사람, 북왕국 멸망 이전 설, 남왕국 멸망 이전 설, 포수기(捕囚期) 이후 설 등등이다. 우리의 입장은 이 시의 뜻을 먼저 밝힌 후에 말하고자 한다.(장편시이므로 공부하기 힘드나 차분히 읽어가길 요망합니다. 여기서는 關根正雄 선생의 의견에 따라 공부하기로 합니다.)

먼저 이 시의 구성과 문제(問題)의 소재를 생각해보자. 그 구성은 1-8절이 서론, 9-64절이 북이스라엘의 죄와 불신의 역사, 65-72절이 유다, 시온, 다윗의 선택의 서술로 되어 있다. 그중 9-64절에서 43-51절은 2차적 추가로 보인다. 그 이유는 43절의 처음에 히브리어의 관계사(關係詞)가 있으므로 설명적인 주해가 시작됨을 시사하고 있고, 더욱이 이곳에서 '저들'은 그 전후의 '그들'과는 다른 이집트인을 말하는 것이며, 출애굽의 역사가 상세히 그려져 있다. 그런데 이미 12절에 출애굽의 기사가 있고 그 후에 광야의 역사가 기술되고 있는데, 이곳 43절 이하에서 재차 출애굽 시대의 서술로 돌아가는 것은 이상하다. 이 부분을 제거하면 연속성이 명확하게 된다. 즉 42절에서 52절에 연결하는 편이 흐름이 좋다. 그리고 남은 부분은 서론을 제하고 대부분이 북이스라엘의 서술이며, 유다에 대한 서술은 최후의 몇 절에 불과하다. 현저한 불균형을 느낀다. 전체가 꽁지 잘린 새처럼 느껴진다. 그 이유에 대해서는 먼저 이 시의 내용에 대하여 생각해 본 후에 검토키로 한다.

이 시의 서론 부분이 시인이 동시대(同時代) 사람들에게 호소하며, 그들이 역사의 교훈을 배워 신앙에 확고히 설 것을 바라고 있는 것은 이 시 이해의 출발점으로 되어 있다. 3, 4절에서 '우리'라고 말하는 것은 이스라엘과 유다족의 자손을 말하는 것이다. 그런데 그것에 계속되는 북이스라엘의 긴 역사의 서술에 있어서 전술한 바와 같이 전적으로 죄와 불신의 역사가 묘사되고 있는데, 그것에 반해서 최후의 유다의 서술에 있어서는 단지 하나님의 선택 사실만이 강조되어, 요셉 지파와 에브라임 지파가 내버려지고 유다 지파가 선택되었다는 것만 언급되어 있다. 여기서 이 시의 성립연대를 가장 오래된 것으로 생각하여 왕조가 남북 양 왕조로 분열되지 않은 시대를 상정(想定)하는 사람이라도 어찌해서 다윗, 솔로몬의 시대가 사실(事實)로서 전혀 묘사되지 않고, 다만 다윗과 유다 및 시온의 선택만이 묘사되었나 하는 것을 설명하여야 한다. 왜냐하면 후술하는 바와 같이 북이스라엘의 역사를 서술할 때에 심각하게 죄를 다루던 시인이 다윗과 솔로몬 시대의 역사를 죄와 불신이 면제된 역사로서 보았다고는 생각할 수 없기 때문이다. 그렇다면 시인은 왜 남유다왕국에 대해서는 다만 하나님의 선택만을 서술하고, 이것만을 북이스라엘의 죄와 대비하여 강조하였을까. 이것은 명백한 의도를 가지고 행해졌다고 생각된다.

이 시의 본론(本論)은 역사적 서술의 형식을 취하고 있으나, 이 시의 본질은 사상시이며, 시인은 역사의 서술을 통하여 자기의 신앙, 사상을 말하고 있다고 생각할 수 있다. 서론에서 시인이 민족의 역사를 수수께끼라고 말하고 있는(2절) 것이 바로 그것이다. 구약에서는 사상을 역사서술의 형식으로 말하고 있는 경우가 많은데 78편이 바로 그 현저한 예이다. 이렇게 해석함으로써 이 시가 어째서 남왕국의 선택을 가지고 펜을 놓았는가 하는 것의 이유를 알 수 있다. 즉 이 시는 사상시인 것이 분명해진다. 그렇다면 이 시의 중심점인 사상, 신앙은 어떠한 것일까? 그것은 한 말로 한다면 인간 쪽에서 본다면 선민이라 할지라도 깊이 죄와 불신에 유혹되어, 도저히 구원될 수 없는 것이며 혹시 선민에게 희망이 있다고 한다면, 그것은 하나님이 선택했다는 사실에 고착하여 새로이 시작하는 방법 이외에 길이 없다는 것이다. 이와 같이 새로 출발해도 끊임없이 죄와 불신에 떨어진다. 이 심각한 사실을 무시한다고는 생각되지 않는다. 다윗과 솔로몬의 시대만을 생각해도 이 결론은 면할 수가 없다. 그럼에도 시인은 군이 선택의 원점으로 돌아가 그곳에서부터 출발할 것을 요구하고 있다. 죄와 불신이 현실의 역사에 있어서는 불가피하다는 것을 알면서 군이 선택의 원점에 고착하고, 그곳에만 자신의 민족의 역사에 희망이 있다는 것을 믿고, 그 사실을 역사의 수수께끼라고 말하고 있는 듯이 생각된다. 그러면 절을 따라 읽어보기로 한다.

1-8절은 서론인데 처음부터 지혜의 교사(教師)의 자세가 돋보인다(표제의 마스킬은 32^1 참조, 아삽은 73^1 참조). '가르침'이라 번역한 말은 원래는 '율법-토라'라는 말인데, 지혜의 교사는 '나의 율법'이라고 사용하여 그의 가르침을 말하고 있다(잠언 3^1 참조). 이곳 서론에서는 역사의 교훈을 전술한 바와 같이 하나님의 깊은 수수께끼로서 대대(代代)로 전할 것을 요구하고 있고, 그 표현방법은 일반적인 부분이 많다.

4절 후반에는 찬미의 노래, 감사의 노래의 선율이 보인다. 마지막 매듭인 7, 8절은 본론에 잘 상응(相應)하는 대단히 적절한 표현으로서, 하나님에 대한 신뢰를 권하며, 특히 신앙에 있어 마음을 확고히 하지 않는 자가 죄짓는 것을 경고하고 있다.

9-11절. 9절 이하에서 북이스라엘에 대해서 말하고 있는데, 그 첫머리의 9절은 여러 가지로 문제가 되고 있다. 9절부터 새로이 본론이 시작한다고 보지 않는 사람은 여기에서 돌연히 '에브라임의 자손'이 나와서 그 앞의 '조상'과 연결이 되지 않는다고 하며, 이 부분을 후대의 가필로 본다. 확실히 9절은 10절 이하와의 연결이 매끄럽지 않다. 그러나 9절 이하에서 긴 북이스

라엘에 대한 서술이 시작한다고 보면 9절에서 최초로 북이스라엘에 대해 문제가 되는 것을 돌연히 내놓고 있는 것도 이유는 된다. 즉 9절은 67절과 상응하며, 그 사이에 북이스라엘에 대한 긴 서술이 끼어 있다고 볼 수 있다. 이 때 이 9절이 구체적으로 어떠한 역사적 사건을 염두에 두고 있는가 문제가 된다. 이것을 사무엘상 4장의 사건으로 보는 자, 이것을 사울왕의 길보아에 있어서의 패전을 말한다고 보는 자, 북이스라엘의 721년의 멸망이라 취하는 자, 이 '에브라임인'은 후의 사마리아인의 조상으로 되며, 그 불신을 책망하고 있다고 보는 등 여러 가지가 있다. 그러나 우리들은 이 시가 역사의 형태를 빌린 사상시라고 생각하므로, 9절은 특히 구체적으로 어떤 사건을 말한다기보다는, 본론의 처음에 북이스라엘이 하나님의 전쟁을 처음부터 포기한 것을 비난하고, 그것이 67절에서 하나님이 북이스라엘을 버리셨다는 것과 대응한다고 해독하고 싶다.

10절에서 '계약과 율법'이 나오는 것은 신명기적이며, 신명기적 역사가가 계약과 율법의 관점에서 역사를 보고 있으므로, 이 시를 신명기의 관념에서 해석하고자 하는 사람이 많다. 그러나 이 시의 신앙과 사상은 통상(通常)의 신명기 관념보다는 훨씬 깊다. 이 시의 최후에 나오는 예루살렘의 선택도 단순한 신명기적인 예루살렘 중심주의 이상의 것으로 생각된다. 계약과 율법 외에, 특히 '선택'이라는 신명기적인 신학 용어(用語)가 이 시의 중심에 있다. 그러나 선민(選民)의 죄에 대한 날카로운 지적과 완전히 일방적인 선택의 은혜의 명확한 강조는 이 시의 작가가 신명기 사상 이상으로 문제를 깊이 보고 있음을 보이고 있다.

12-16절. 12절의 '소안'은 나일강의 델타 지구에 있는 '다니스'일 것이라고 말하나, '출애굽기'의 전승에는 나오지 않는다. 이 부분은 모세의 시기의 주된 구원의 기적들, 즉 홍해에서의 탈출과 광야에서의 인도와 구원의

일들에 유래된 것들이다. 하나님의 백성은 전적으로 구원의 행위에 의해서 그 생존이 달려 있었다.

17-33절. 그런데 이들 명백한 하나님 은혜의 증거에도 불구하고, 하나님의 능력을 그 몸에 경험한 자들 사이에서 죄의 힘을 이기지 못하고, 불안하게 되어 신앙이 약해지고, 하나님께 반항하고, 지칠줄 모르는 욕망에서 점점 더 강한 증거를 구하므로, 결국 하나님의 진노를 도발한 것은 기이하게 느껴진다. 18절의 '하나님을 시험하며'라는 문제이다. 아직 하나님의 기적이나 은혜를 모르는 자의 불신은 말하자면 단순하며, 그저 하나님을 믿지 않는다는 것이다. 그러나 한 번 하나님의 기적과 은혜를 알고도 그 하나님에게 전적인 신뢰를 바치지 않고, 의심하면서 자신의 욕심에 끌리어 하나님을 이용하려고 하는 죄를 여기서는 하나님을 시험하려고 한다고 말하는 것 같다. 19, 20절은 하나님의 기적을 한 번 본 후에 다시 욕심에 끌려 더욱 큰 은혜를 요구한다는 것이다. 받는 은혜에 감사하고 은혜를 주신 하나님을 신뢰한다는 것은 쉬운 일은 아닌 듯하다. 이것은 우리가 신앙 안에 인간적인 욕구를 혼합해서는 안 된다는 것이다.

결국 하나님은 인간의 욕망을 채워주시는데 그 호의가 결코 인간의 회개의 마음을 불러일으키지 않고, 더욱더 큰 욕망을 촉진시켜, 인간이 멸망하는 결과가 되는 것을 보이고 있다. 이와 같이 하나님의 은혜와 심판은 서로 접하고 있는 것이다.

32-42절. 그리하여 하나님은 진노하실 뿐 아니라 백성 중 우수한 자들을 광야에서 죽게 했다. 남은 자들은 그래도 믿지 않았으나, 하나님은 그들을 공포 속에 몰아넣은 결과 그들은 한 번 회개하고 하나님을 찾았든가, 속죄주이신 하나님을 생각하게 되었다(33-35절). 시인은 이와 같이 이스라엘 사람의 회개에 대하여 말하면서, 곧 그 회개가 입술뿐인 하나님에 대한 아첨

이며, 마음은 참으로 하나님을 속이고 있었다고 말한다. 그것은 그들의 신앙심이 하나님을 향하여 고착되지 않았기 때문이며, 하나님의 변치 않는 계약의 은혜를 그들이 믿지 않았다는 것이다(36-37절). 여기서 시인은 신앙 그 자체에 달라붙어 있는 불신앙의 죄를 예리하게 지적하고 있다. 더욱 여기서 주목해야 함은 그러한 불신앙에도 불구하고, 하나님은 이스라엘 사람들의 육의 약함을 생각하고 그 분노를 모두 터뜨려 버리시지 않고, 광야에서 이스라엘을 진멸하시지는 않았다고 쓰여 있다(38절 이하). 사람 쪽의 신앙은 움직이는 것이며, 그것이 조건이 되어 사람의 구원이 결정되는 것이 아니라는 신약의 하나님의 의(義)의 복음이 숨겨있다고 말할 수 있다.

43-51절이 2차적으로 기입된 것으로 보인다는 것은 먼저 말한 바와 같다.

52-64절. 52절부터 새로이 애굽 탈출, 광야에서의 여행을 마치고 가나안 땅에 들어간 후의 북의 족속에 대하여 그 우상숭배 죄라는 관점에서 말하고 있다. 54절의 '산'이라는 것은, 가나안 땅이 전부가 산지였으므로 이렇게 말한 것이다. 60절의 '실로의 거처'는 블레셋 인에게 파괴당한 실로의 성소를 말하는 것이다(예레미야 7^{12}, 26^6). 61절은 하나님의 궤를 블레셋 인에게 빼앗긴 고사(古事)를 말하는 듯하다. 62-64절은 전체가 전쟁에 관해 말하는 것이다. 63절은 탄식인데 일정한 의식적인 표현인 듯하다.

65-72절. 최후의 단락이며, 여기서부터 하나님의 전혀 새로운 행동이 시작되는 것은 65절의 표현에서 알 수 있다. '잠자던 사람', '술 취한 용사'가 새로이 깨어나 일을 시작한다는 뜻이다. 67, 68절은 사건의 순서에 의하지 않고, 일의 본질에 의해서 북 지파의 버려진 것을 유다 지파의 선택과 대비하여 말하고 있다. 69절은 그 말투가 솔로몬의 성전 건설을 가리키는 듯이 보이나, 이 시 전체의 서술이 객관적인 역사의 서술이 아니므로, 자세한 배

경을 확정하는 것은 곤란하다. 70절 이하는 끝까지 다윗에 관한 것이며, 하나님의 선택이 예상외로 양치는 소년에게 내려간 것을 말한다. 선택의 절대성이 이 시의 최후의 신앙이지만, 시인이 다윗 이후를 완전히 무시하고 있는 것은 도리어 구약의 역사가 그 자신으로서는 구체적인 해결을 얻지 못했던 것을 암시(暗示)하고 있다.

  마지막으로 이 시의 성립연대는 이 시를 사상시로 보는 우리에게는 중요한 문제가 아닐뿐더러, 또한 정확히 말하기는 힘드나, 사상, 용어 등으로 보아서 포수기(捕囚期) 후의 것으로 추정한다(關根正雄).

79편 | 민족의 탄식의 노래

아삽의 노래

1 야훼여, 다른 나라들이 당신의 유산(遺産)에 침범하여,
  당신의 거룩한 궁전을 더럽히고
  예루살렘을 폐허로 만들었습니다.
2 그들은 당신의 종들의 시체를
  하늘의 새들에게 먹이로 내주고
  성도(聖徒)의 살은 들짐승들에게 주었습니다.
3 그들의 피를 물처럼
  예루살렘 주변에 쏟아 부었건만,
  묻어줄 사람조차 없었습니다.
4 우리는 이웃 사람들의 모욕거리가 되고,
  주위 사람들에게 비웃음과 놀림감이 되었습니다.
5 야훼여, 언제까지입니까,
  당신의 분노는 영구히 계속되며,
  당신의 진노가 불처럼 타오를 것입니까?
6 당신의 분노를 당신을 알지 못하는 민족들에게 부으시며,
  당신의 이름을 부르지 않는 나라들 위에 쏟아 부으소서.
7 저들이 야곱을 집어삼키고
  그 사는 곳을 파괴했기 때문입니다.
8 선조들의 죄를 마음에 두지 마시고,
  당신의 자비가 조속히 우리에게 향하게 하소서.
  우리들은 지쳐 있습니다.
9 우리 구원의 하나님이시여,
  당신 이름의 영광을 위하여 우리를 도우시며,

당신 이름을 위하여 우리를 구원하시며,

우리의 죄를 사하여 주소서.

10 어찌하여 이방인들은 말합니까,

'저들의 하나님은 어디 있느냐?' 라고.

당신 종들의 흘린 피의 보응(報應)을

우리 눈앞에서 이방인들에게 보이소서.

11 포로된 자의 탄식이 당신께 까지 이르게 하시고,

당신 팔의 힘에 의하여 죽음에 처한 이들을 살펴주소서.

12 우리 이웃들이 당신께 끼친 모욕을

7배로 하여 그들의 품에 보복하여 주소서, 주여!

13 그러나 우리는 당신의 백성, 목장의 양떼,

우리는 영원히 당신께 감사하며,

대대로 당신의 영광을 찬양하리이다.

　이 시의 역사적 배경에 대해서는 여기에 직접 성전의 소멸에 대한 언급이 없고, 또 백성이 포로가 된 이야기도 없으므로 BC 587년의 예루살렘의 멸망을 배경으로 보지 않고, 마카베 시대의 안티오쿠스 에피파네스에 의한 성전 모독을 생각하는 사람도 있다. 그러나 최근에는 역시 옛날부터 통설이 되어 왔듯이 이 시의 배경을 BC 587년의 직후가 아니고, 그때부터 좀 시간이 경과한 포수(捕囚)시대를 생각하는 경향이 많다. 예루살렘에 대한 하나님의 심판은 이미 오래 계속되고 있으며(5절), 선조의 죄가 하나님의 분노를 일으킨 것(8절)도 포수 시대에 잘 들어맞는다. 587년 직후에 성립한 시가 아니면, 예루살렘의 멸망의 사건을 상세히 말하지 않는 이유도 이해된다.

예루살렘이 폐허 상태인 것과(1절) '포로된 자의 탄식'이라는 표현도 포수 시대에 부합된다.

이 시는 시편 중에서 비교적 적은 '민족 탄식의 노래'라는 문학유형에 속하며, 이 유형(類型)의 요소를 전형적으로 보이고 있다. 1-4절은 탄식, 5-11절은 백성의 소원, 13절은 구원의 확신과 감사의 서약으로 이루어지고 있다. 절을 따라 읽어본다.

1-4절 탄식

1절의 '야훼여'라는 부름(호소)이 최초부터 탄식의 노래의 특색을 보인다. 이 호칭은 '백성의 소원'의 부분에서도 최초로 나온다(5절). 또한 그 부분의 끝에서 '주여'의 형태로 나온다(12절). 이 되풀이 되는 호소는 시인의 기도가 절실함을 나타낸다. 또 하나의 특색은 2인칭의 '당신'이라는 말씀이 일관하고 있다는 것이다.

시인은 '야훼여!'라고 절실한 호소를 한 후에 계속하여 다른 민족들이 '당신의 유산을 침범하며, 당신의 거룩한 궁전을 더럽힌다'고 호소한다. '당신의'라고 쓴 말에 주의를 요한다. 시인은 자신의 문제를 호소하고 있는 것이 아니고, 하나님 앞에 하나님의 문제를 호소하고 있는 것이다. 여기서 구약의 하나님 중심의 신앙이 잘 나타나고 있다. 특히 민족의 탄식의 노래에 있어서 취급되는 것은 주로 정치적인 사건이며, 민족 전체에 관련되는 문제인데, 시인은 그것을 하나님의 이름에 관련된 것으로 말하고 있는 것이다.

2, 3절에서 '당신의 종들, 당신의 성도'라 말한 것도 같은 취지로 하나님의 관여를 환기시키기 위한 호소인 것이다. 고대에 있어서는 장사(葬事)는 대단히 중요하게 생각되었으며, 그 시체가 매장되지 않고 새나 짐승의 먹이가 되는 것은 죽은 사람에 대한 최악의 조치였었다. 장사되지 않고 땅에

흘려진 피는 아벨의 경우가 보이고 있듯이 하나님에 의한 보복을 구하여 마지않는다.

5-12절부터 '민족 탄식의 노래'의 제 2부인 소원이 시작된다. 1절과 동일하게 '야훼웨여'로서 이다. 그것에 계속되는 '언제까지입니까'라는 호소형식은 탄식의 노래에 있어서 탄식에서 소원으로 전환할 때에 잘 쓰이는 말이다. 탄식하며 호소하는 현황이 언제까지 계속되는가, 빨리 변하게 하여 주십시오, 라는 뜻이다. 그러나 1-4절까지의 사태는 다름 아닌 하나님의 분노의 결과라고 시인은 단정한다(5절). 불행의 큰 파도가 동포 위에 덮쳐오는 순간에도 여하튼 또한 하나님께 이르는 길이 열려있음을 믿는 그들은, 이러한 상황 중에도 구원해 주시는 유일한 하나님께 고착한다. 그리하여 그들은 만신창이 된 몸을 이끌고, 하나님께 나감을 허락받고, 하나님을 신뢰하여 자신들의 불안과 격렬한 노여움과 어찌할 수 없는 무력감을 고백하고, 하나님께 긍휼과 구원을 간구한다. 이것은 참으로 사소한 일이 아니다.

8절은 '선조들의 죄를 마음에 두지 마시고'라 하는데, 이것은 지금의 포수의 운명은 포수전의 죄에 대한 심판으로서 임한 것이다, 라고 말하는 것이다. 그러나 우리(이스라엘) 전체가 하나님 앞에 가련해지고, 쇠약해져 있음을 고백하고 하나님의 긍휼이 이 곤궁에 앞서 올 것을 기도한다. 긍휼이 선행하는 곳에 죄인의 구원의 근거가 있다. 죄가 용서되는 것은, 사람 편에 죄를 용서받을 이유가 있는 것이 아니고, 하나님이 우선 죄를 용서하시고자 하기 때문이다. 즉 죄의 용서의 근거는 하나님 편에 있다.

9절은 8절과 같은 내용을 다른 관점에서 말하고 있다. 하나님이 '구원의 하나님'이 되고, 죄를 속량함은 사람을 위함에 앞서, 하나님 자신의 이름의 영광을 위해서라고 노래한다.

10절에서 '저들의 하나님은 어디 있느냐'라고 하며 저주하는 것은, 무엇보다 하나님의 치욕이 되는 것이다. 이는 그들의 하나님의 무력을 비웃고 있는 것이다. 그러므로 10절 후반에서 복수를 구하는 기도가 나오는 것이다. 이것이 12절에서 되풀이되고 있다. 우리들은 여기서 구약의 한계를 본다.

13절. 구원의 확신과 감사

13절은 민족의 탄식의 노래의 최후의 부분이며, 지금까지 말하여 온 하나님에의 기도가 청허(聽許)된 것을 확신하고, 하나님께 감사할 것을 맹세하고 있다.

탄식의 노래가 이러한 확신과 감사를 가지고 끝나는 것은 의미가 깊다. 탄식의 노래는 이에 이스라엘의 감사가 깊은 탄식을 통과하여 용솟음쳐 나온 모습을 잘 나타내고 있다.

80편 | 이스라엘의 회복

이 시는 문학유형으로서는 민족의 탄식의 노래이다. 최초의 호소에 찬미의 노래가락이 나오는데 이 종류의 노래에 많이 보인다. 민족의 탄식의 노래는 구체적인 국난(國難)을 만나 만들어지는 것으로, 이 시에 있어서는 제2절 처음에 '에브라임, 베냐민, 므낫세'에 대하여 언급하고 있으므로 그 역사적 배경이 문제가 된다. 여러 설이 있으나 대체로 성립연대를 북왕국 몰락전후로 생각하는 것 같다(A. Weiser). 또한 이 시를 앗시리아의 침공에 결부시키는 70인역의 표제도 고려의 가치가 있다(열왕기하 15¹⁹ 참조).

상술한 부족이 특히 적의 침공을 받은 것으로 생각된다. 도시들은 파괴되고, 약탈당하고(12-13절, 16절), 적과 이웃들이 소유권 다툼을 하고(6절), 파멸이 가까움을 두려워하고 있다(16절).

처음부터 절을 따라 읽어본다.

성가대의 지휘자에게, '증거의 백합'⁹⁾식으로, 아삽의 노래

1 이스라엘의 목자시여, 귀를 기울여 주소서,
  요셉을 양떼처럼 인도하시는 분이시여,
  계루빔의 위에 정좌하시는 분이시여,
  빛을 발하여 주소서.¹⁰⁾

2 에브라임, 베냐민, 므낫세 앞에
  당신의 권능을 불러일으켜 우리를 도우러 오소서.

3 야훼여, 우리를 돌이키시고 주의 얼굴빛을 비춰 우리를 구원하소서.

---

9) 표제의 '증거의 백합식으로'라는 것은 음악상의 술어인 듯하다.
10) 나타나 주소서 - A. Weiser역

1-3절은 호소와 소원이다. 이곳에는 찬미의 가락이 짙다. 1절의 '이스라엘'은 12지파연합의 명칭으로서의 뜻이 깊다. '요셉'은 2절과의 관련으로 북방제족에의 관심을 표현한다. 3절의 '우리를 돌이키시고, 주의 얼굴빛을 비춰 우리를 구원하소서'는 누구(疊句)이고 7절 및 19절에 되풀이되고 있고, 사상적으로 이 시의 중심을 이룬다. '돌이키시다'는 뜻은 '다시 세우신다'라고도 할 수 있으며, 종교연합의 회복을 구체적으로 생각하고 있는 것이다. '우리를 구원하소서'와 함께 외적 회복뿐 아니라 내적 회복까지를 뜻하며, 이 시는 신앙의 회복을 중심문제로 하고 있다.

> 4 만군의 야훼웨여,
> 언제까지 노여워하시렵니까?
> 당신의 백성의 기도에도 불구하고.
> 5 당신은 우리들에게 눈물의 빵을 먹게 하시고,
> 눈물을 가득히 마시게 하셨습니다.
> 6 우리를 이웃들의 싸움거리로 만드시어,
> 우리 적들이 저들끼리 비웃었습니다.
> 7 만군의 야훼웨여, 우리를 돌이키시고,
> 주의 얼굴빛을 비춰 우리를 구원하소서.

4-7절은 탄식이며, 탄식의 노래의 특색인 '언제까지'라는 말이 처음부터 나온다. 또한 4절의 '백성의 기도'는 바로 탄식의 기도이며, 진노하신 하나님께 탄식하며 구원을 간구하고 있다. 바로 이것이 이스라엘의 신앙이다.

8 당신은 포도나무를 이집트에서 이식시키시고,

　민족들을 추방하여 그것을 심으셨습니다.

9 당신은 그것을 위하여 대지를 열었으므로,

　포도나무는 뿌리를 내리어 땅을 채웠습니다.

10 산들은 그 그늘로 덮이고,

　하나님의 백향목들이 그 가지로 덮였습니다.[11]

11 당신은 그 가지를 바다까지,

　그 햇순들을 큰 강까지 이르게 했습니다.

12 어찌하여 당신은 그 울타리를 부수시고,

　길 가는 사람에게 그 열매를 따게 하십니까.

13 숲의 멧돼지가 먹어치우고, 들짐승이 뜯어먹습니다.

14 만군의 야ㅎ웨여, 제발 돌아오소서.

　하늘로부터 굽어 살피시고, 이 포도나무를 돌보아 주소서.

　이 단락은 역사적 회고의 시점에서 본 현재의 서술이다. 호세아(10¹), 예레미야(2²¹)에서 포도나무의 비유로서 이스라엘을 묘사하고 있다. 8절은 물론 이스라엘 민족의 출애굽과 가나안 침입을 말하는 것인데, 이스라엘이 이집트에서 하나님의 사랑하시는 포도나무로 발견되어, 이것이 가나안 땅에 이식되었다고 말한다. 11절은 지중해(바다)에서 유프라테스 강에 미친 다윗시대의 판도를 안중에 두고 말하고 있는 것은 확실하다. 이것에 대하여 12, 13절은 앗시리아에 조공을 바치는 신세가 된 히스기야 시대의 상황을 말하고 있는 듯하다. 14절의 '하나님이여 돌아오소서' 라는 것은 하나님

---

11) 드높은 백향목도 그 줄기로 감겼습니다.- 關根譯

이 노하시어 얼굴을 돌리고 계시는 현황에서 하나님 측에서 돌이켜서 돌아오시기를 기도하고 있다.

> 15 오른손에 담아 주소서, 당신의 오른손이 심으신 자를,
>   그리고 당신 위해 키우신 아들을.
> 16 타오르는 불로서 이것을 태운 자가
>   당신의 위협으로서 멸망하도록(원하오며).
> 17 당신의 손이 당신 우편에 서있는 사람을 보호하며,
>   당신 자신을 위하여 키운 인자 위에 놓여지도록.
> 18 우리는 당신에게서 떨어져나가지 않을 것입니다.
>   우리를 살리시어, 당신 이름을 부르게 하소서.
> 19 만군의 야ᄒᆞ웨여, 우리를 돌이키시고
>   주의 얼굴빛을 비춰 우리를 구원하소서.

14절 2행부터 19절까지는 재차 소원이다. 여기에서는 전술한 포도나무 이야기가 나오며 15절 처음으로 계속되는 것으로 볼 수 있다. 또한 15절 2행의 '아들'은 이스라엘을 가리킨다고도 해석할 수 있으나(A. Weiser), 왕은 하나님의 아들로 여겨졌으므로 여기서는 왕을 뜻하는 것으로 취한다(關根正雄).

16절은 앗시리아 인에게 향해진 말인 것이 확실시된다. 18절은 이 시 전체의 연관에서 읽을 때 히스기야의 종교개혁에 의해서 이스라엘의 전통이 회복되었다는 배경에서 해석될 수 있다. 하나님이 이스라엘을 돌아보시었다는 것에 이스라엘의 하나님께 대한 충성이 대응된다.

81 편 | 순 종(順從)

이 시는 이스라엘의 축제 때 불려진 예언적 훈계의 시다. 꽤 오래된 시대의 것으로 추정되며, 후기 유대교의 전승은 이 시를 초막절에 관계되는 것으로 말하고 있다. 이것이 가을의 대축제의 예배문의 일부로 인정된다고 하는데 그것은 연초 첫 달에 뿔나팔(角笛)을 분다는 습관이 기술되고 있기 때문이다. 레위기 23장 24절, 민수기 29장 1절에 의하면 뿔나팔은 신년의 도래를 장엄하게 고하기 위해 쓰여졌다고 한다(3절). 또 이 시의 끝 부분에서 구원과 수확의 축복 약속이 있는 것도 상술한 가정의 근거가 된다. 5절에서 요셉의 이름이 거명되고 있는데 그것은 북 이스라엘의 포수(捕囚) 이전의 전승인 것을 나타낸다고 볼 수 있다.

본문을 절에 따라 읽어본다.

> **성가대의 지휘자에게, 깃딧[12]에 맞추어. 아삽의 노래**
>
> 1 우리의 힘이신 야훼웨를 향하여 즐거이 노래하며,
>   야곱의 하나님을 향하여 소리 높여 노래하여라.
> 2 노랫소리 올리며 북을 쳐라.
>   고운 가락 내는 비파와 수금을 타라.
> 3 초승달에, 만월에, 우리의 축제날에
>   나팔을 불어라.
> 4 이것이 이스라엘의 규칙이요,
>   야곱의 하나님의 법규이다.
> 5 하나님이 이집트의 땅에서 나오실 때에

---

12) 음악용어

이것을 요셉 중에 법으로서 세우셨다.

나는 전에 모르던 말씀을 들었다.

1-5절 2행까지는 찬미의 노래이다. 5절 3항 이하는 예언자를 통하여 하나님이 말씀하는 형식을 취하고 있다. 그러나 이것이 하나의 예배문을 이루고 있어서 전체로서 한 시를 형성하고 있는 것이다. 1-5절의 찬미는 계약 공동체가 환성과 노랫소리 그리고 악기로서 일대축전을 거행할 것을 촉구하고 있다.

이는 실로 2주간 이상에 미치는 대축전의 서막에 해당된다(1-3절). 이러한 축제는 하나님의 거룩한 율법과 계명과 질서로서 구원의 역사를 증거하기 위하여 정하신 것이다. 구원의 역사의 뜻도 또한 하나님의 증거로서 충만하다. 5절 3행에서 국면이 일변한다. '나는 전에 모르던 말씀'이라는 것은 하나님의 말씀을 뜻한다.

6 내가 네 어깨에서 무거운 짐을 제거하고,

네 손이 무거운 광주리로부터 벗어났다.

7 곤경 중에 네가 외칠 때에, 나는 너를 구원했고,

천둥 구름 속에서 네게 대답했다.

므리바의 물터에서 너를 시험하였다. 셀라

6절은 이집트에 있어서의 이스라엘의 고역을 말한다. '광주리'는 건축자

재를 운반하는 기구를 말한다. 7절은 이스라엘의 백성의 절규에 하나님이 응답하시어 그들의 고역에서 구원하셨다는 뜻이다. '천둥 구름 속에서 네게 대답했다'는 것은 시내에서의 계시를 말하는 듯하다. '므리바의 물터'에 대하여 출애굽기 17장 7절에서는 이스라엘이 하나님을 시험한 것으로 되어 있다. 그러므로 Gunkel은 '너는 나를 시험했다'고 개독하고 있다. 그러나 민수기에서는 므리바·가데스에서 하나님이 율법을 주시고 이스라엘의 결단을 촉구하셨다는 전승이 있으므로(민수기 20^{13}, 27^{14} 등) 여기서는 그것을 말하는 것이라는 견해가 강하다(A. Weiser). 이렇게 여러 가지 전승을 그대로 인용하고 있는 것도 이 시가 후대의 시인 것을 나타낸다.

> 8 내 백성아, 들어라 내가 네게 증언하려 한다.
>   이스라엘이여, 네가 나에게 청종하도록 절실히 소망한다.
> 9 네게 다른 신이 있어선 아니되며,
>   너는 이방신을 경배해선 아니된다.
> 10 나는 너를 이집트 땅에서 이끌어낸
>   너의 하나님, 야훼웨이다.
>   네 입을 한껏 벌려라, 내가 채워주리라.

8절 이하는 예언자적 설교의 중심이며, 9절은 분명히 10계중의 제1계명이다. 8절은 시내 산 또는 므리바·가데스에서 하나님이 계명을 주신 때를 말하고 있다. 율법은 이스라엘에 대한 하나님의 증언이다. 이스라엘이 하나님께 청종하는가, 어떤가를 시험하고, 그것을 알기 위한 것이었다. 이것이 총체적으로 성서에 있어서의 계명의 의의이다(關根正雄). 그것에 의해서 하나님께 의로 여겨지는 것이 아니고, 신앙이 있는가 없는가를 그것에 의해서 시험하시는 것이다. 다음 10절의 '네 입을 한껏 벌려라…' 는 곳은 널리 하나님의 은혜(물질적인 것을 포함해서)를 말하는 것인 듯하다. 이 10절의 끝까지가 시내 산 또는 가데스에 있어서의 하나님의 말씀이다.

> 11 그러나 내 백성은 내 말을 듣지 않았고,
>   이스라엘은 나를 따르지 않았다.
> 12 그래서 내가 그들을 마음이 완고한 채 내버려두었다,
>   저들이 원하는 대로 걸어가도록.

그런데 이스라엘은 하나님에게 순종치 않고 그 마음이 완고한 채로 걸어갔다고 말한다. '마음이 완고하다' 는 낱말은 여기와 신명기 29장 18절 이외에는 예레미야에만 나온다. 이 시가 신명기와 예레미야의 영향 하에 있는 것을 생각하게 한다. 시인은 여기서 지금까지의 이스라엘의 역사는 하나님에 대한 배반의 역사였다고 보고 있다.

> 13 제발 내 백성이 내 말을 듣고,
>   이스라엘이 내 길을 걷기를 절실히 소망한다.
> 14 그렇게 하면 내가 속히 그들의 적을 멸하고,
>   그들의 적들에게 내 손을 들어 쳤을 것이다.
> 15 야하웨를 미워하는 자들도 그들에게 아첨하리.
>   그들의 때는 영원히 계속될 것이다.

16 내가 그들을 밀의 가장 좋은 것으로 먹이고,
바위의 꿀로 그들을 포만하게 하리라.

13절 이하는 이 예언자적 설교의 결론이다. 14절에서 이 시의 구체적 배경으로서 '적'이 나온다. 여기서 적이 이스라엘에게 육박하고 있는 듯이 쓰고 있지 않으므로 이 시기는 포수기(捕囚期) 내지 포수기 후의 시대를 배경으로 하는 것으로 생각된다. 15절의 '야훼를 미워하는 자'도 그러한 이교의 백성을 말한다. 이스라엘이 하나님께 청종할 때에 그들도 이스라엘의 하나님께 아첨하리라 말한다. 15절 후반의 '그들의 때'는 이스라엘의 구원의 때이다. 이 특색 있는 시는 위에 말한 우리의 이해에 의하면 하나님의 구원이 형식적인 예배나, 단순히 형식상 이스라엘에 속한다는 것으로써 주어지지 않고, 마음으로부터 하나님께 청종하는 것으로써 주어지는 것을 포수기후의 곤란(困難)한 시대에 예배문의 형식으로 말한 것이다. 그 중심에는 제1계명이 서 있다. 하나님께 청종하는 것, 하나님을 하나님으로 대접하는 것, 그곳에 성서 신앙이 있고 그곳에 참다운 구원이 있다.

82편 | 하나님의 심판

이 시는 대단히 특색 있는 것으로서, 야훼 하나님 아래에 신들이 있고, 인간의 세계를 직접 지배하는 것은 그들이라는 것을 전제로 하고 있다. 이 시가 우리 앞에 전개하는 광경은 격조 높은 시적 감격과 강한 종교적 힘의 약동이다. 그 첫 장면은 하늘에서의 심판의 광경이다. 그곳에서 하나님은 자신보다 신분이 낮은 신들에게 책임을 묻는 것인데, 그것은 그들이 인간을 심판하는 자로서의 책임을 다하지 못하고, 공정을 기하지 않고 악인의 편을 들음으로써 세계의 도덕적 질서가 근저에서 흔들렸기 때문이다. 이런 생각은 신화에 그 뿌리를 가진 것으로, 원래의 다신교적(多神敎的)인 성격을 제거하여 야훼 종교의 제의에 들어온 것이다(시편 58편 참조). 이 시에 있어서도 신들이 하늘에서 공평을 결한 심판을 행하기 때문에 지상에 불안정한 상태가 생긴 책임이 있다고 말하고 있다. 지상의 사건에 대한 원형을 하늘에서 본다는 생각은 고대 종교사상에 광범위하게 퍼져있었다. 그리고 역사적으로 고찰할 때에 이스라엘 민족이 가나안 침입 후에 가나안의 원주민들 및 인접민족의 신들과의 대결이 있었던 것은 사실이며, 처음의 다신교적인 성격은 이들 신들을 야훼의 가신(家臣)으로서, 종자(從者)로서 격하하는 것으로서 극복했다. 그리하여 이스라엘 민족은 유일신과 그 의(義)를 믿는 신앙을 세웠다.

본문을 처음부터 읽어본다.

아삽의 시

1 하나님은 신들의 모임에서 일어서시고,
   신들 가운데서 심판을 하신다.

시는 당당한 광경으로 시작된다. 하나님이 천상의 신들 모임의 한 복판에 서시어 이들 천상의 신분 낮은 신들에 대한 심판을 행하신다. 그 광경이 우주적인 의미를 갖는 문제에 관계됨을 보인다. 1절 '하나님'이라 번역한 원어는 '에-ㄹ'라는 단어로서 가나안의 신들의 배경을 직접 생각하게 하는 말이다. '신들의 모임'의 광경은 구약의 욥기(1, 2장), 열왕기상(22장) 등에서도 엿보인다. 여기서 지배하고 있는 생각은 전술한 바와 같이 신화적인 생각이다.

> 2 너희는 언제까지 불의하게 심판하며
>   악인들의 편을 드느냐. 셀라

예언자적인 질책의 말씀으로써 격한 어조로 하나님의 질책이 집합한 신들 위에 떨어진다. 그들의 불공평한 심판과 악인을 편듦으로써 지상의 불의가 생긴다고 질책하시며 하나님은 이제 방관하시지 않겠다고 하신다. 하나님의 의는 하늘에 있어서도 모든 자가 따라야 할 근본 질서이다.

> 3 약한 자와 고아의 권리를 지키고,
>   가난한 자와 가련한 자를 바르게 취급하라.
> 4 약한 자와 불쌍한 자를 구하고
>   악인들의 손으로부터 구출하라'.

3, 4절은 바른 심판을 하라는 경고다. 여기서 구약성서에 있어서의 '의' 라는 것은 추상적이며, 합법성 같은 것이 아닌 극히 구체적인 세상의 가난한 자, 약한 자에 대한 구원이라는 것을 단적으로 표현하고 있다. 분명히 말해서 의는 약자에 대한 구원이며 사랑이다.

> 5 그들은 알지 못하고 깨닫지 못하며
> 어둠 속을 헤맨다.
> 땅의 모든 기초가 흔들린다.

5절은 6, 7절에서 내려지는 하나님의 선고의 이유로 볼 수 있다. 이것은 질책받는 신들의 상태를 말하고 있다. 하나님은 의롭게 심판하라고(3, 4절) 말씀하시는데 신들은 그 의미를 깨닫지 못한다고 말한다. 그래서 여전히 암흑 속을 헤맨다고 한다. 이에 따라 지상의 도덕적 질서의 기초가 흔들린다. 세계의 근본이 잘못되어 있다고 시인은 말한다.

> 6 내가 말했다 : 너희는 신들이며,
> 모두 지고한 자의 아들들이다.
> 7 그러나 너희는 사람들처럼 죽으리라,
> 너희는 대관들처럼 몰락하리라.

지고하신 하나님의 뜻을 모르며, 따라서 참다운 영의 세계를 모르며, 육과 자연의 세계만을 사는 신들에 대한 하나님의 선고이다. 그것은 신들도, 또한 그 지배를 받고 있는 인간도 결국 죽을 수밖에 없다는 것이다. 신들이 몰락하지 않을 수 없는 것은 천상의 세계에서 추방된다는 신화적 표상에 연결되는 듯하다(이사야 14^{12}).

> 8 야훼여, 일어나시어 세상을 심판하소서,
>   당신은 모든 민족들을 지배하실 분이시므로.

8절은 1절에 상응하는 이 시의 틀이다. 여기서 시인 자신이 처음으로 결정적인 발언을 하는 것으로 우리는 볼 수 있다(關根正雄). 신들이라는 중간적인 존재에 의해 지배되는 이 세상과 인간의 현상에 참을 수 없어 시인은 야훼 자신이 직접 모든 민족을 지배하시고, 세상을 심판하여 주실 것을 외치고 있다. 이러한 직접적인 하나님의 현현(顯現)을 이스라엘은 시내에서 체험했고, 예언자들을 통해 알았다. 그런데 가나안에 정착이후 생활을 통하여 원주민의 영향을 받아 신들의 지배를 받는데 이르렀다. 신앙적인 죽음에 처하게 됐다고 말할 수 있다. 거기서 이 시인의 8절 같은 필사적인 외침이 나왔던 것이다. 일체의 신적(이교적)인 것이 제거되고 하나님 자신이 지배하시는 곳에 참 생명이 있고, 참 역사가 있다. 그러므로 역사는 구제사에 연결된다. 이러한 이스라엘인의 절실한 간구에 대하여 하나님은 최후로 아들을 보내시어, 참 심판이 무엇이며, 참 용서가 무엇인가를 인류에게 보이셨다.

83 편 | 사면의 적

이 시는 문학유형으로 말하면 민족의 탄식의 노래이다. 이 시의 해석으로서 이전에는 여기에 나오는 여러 민족들의 이름을 따라서 역사적 배경을 생각하는 사람이 많았다. 그러나 그 설들이 일치하지 않고 역대하 20장으로 이것을 기원전 9세기의 사건으로 생각하는 사람, 역대하 26장 6절로 기원전 8세기로 생각하는 사람, 느헤미야의 성벽건축 때의 사건으로 상상하는 사람 등등 여러 가지다. 그러나 이것들은 모두 이 시에 나오는 모든 민족 전부에 들어맞지는 않는다. 따라서 A.Weiser는 실제 역사의 배경을 생각하지 않고 제의적 상황을 상정해 이 시를 읽고 있다. 이 A.Weiser를 따라서 공부하기로 한다.

이 시에 열거된 여러 민족이 과연 같은 시대에 있었던가 하는 것부터 문제이다. 더욱이 하나님과 그 백성에 대한 적의 현실적인 출병은 고사하고, 이러한 계획조차 말하여지고 있지 않으며, 또한 이스라엘 쪽의 구체적인 방어도 보이지 않으므로 순수한 역사적 설명은 포기할 수밖에 없다. 도리어 제의의 국면에서 해석을 고려하는 것이 좋을 듯하다. 즉 하나님의 백성이 여러 적들, 옛날부터 지금에 이르는 반대자를 상응(相應)의 의식으로써 하나님의 심판에 일임했던 것이다. 이렇게 하나님의 적을 저주하는 것은 실로 구제사의 전승의 여러 곳에 뿌리를 내리고 있는 행위였다. 역으로 야_하웨 하나님께 충실한 공동체의 축복도 의식을 근거로 하고 있다. 이것은 주지의 사실이다. 이러한 견지에서 이 시를 읽어 보기로 한다.

아삽의 노래

1 야하웨여, 침묵지 마십시오.

입을 다물고 침묵지 마소서, 하나님.
2 왜냐하면 보소서, 당신의 적들이 소란을 피우고,
당신을 미워하는 자들이 머리를 치켜듭니다.

1절에서 '침묵지 마소서'라는 호소와 2절에서는 그 이유를 말하고 있다. 여기서는 하나님의 도우심을 간구하고 있는 것이 정치적 차원에서 뿐 아니라, 하나님 자신에게 관계된 문제인 것을 인정할 수 있다. 즉 하나님의 적이 하등 벌 받지 않고(5절) 그 백성(3-4절)과 그 나라에 반항하여 일어서도 좋은가 하는 물음이 나타나 있다.

3 그들은 당신의 백성을 거슬러 음모를 꾸미고,
당신의 보호받는 자에 대하여 공모하여
4 말합니다. '자, 저들을 멸망시켜 나라가 되지 못하게 하자.
이스라엘의 이름이 다시는 기억되지 않도록'이라고.
5 그들은 한 마음으로 음모하고
당신에게 대적하는 동맹을 맺습니다.

이 순간에 이스라엘의 민족공동체는 자기 자신의 일과 하나님의 일이 하나인 것을 깨닫고, 자신들의 모든 적을 일치하여 하나님께 반항하는 동맹으로 간주하고 있다. 그것은 정치적 역사적 상황의 여러 상이한 것들을 평균화하여 대처하고자 한다. 신앙의 간략화에 근거하는 고찰법이다.

6 에돔의 천막들과 이스마엘인들,

　모압과 하갈인들,

7 그발과 암몬과 아말렉,

　블레셋과 드로의 주민들도 함께.

8 앗시리아까지 그들과 합세하여

　롯의 후손들에게 팔을 뻗쳐 도웁니다. 셀라

　남동의 광야에서 가나안지방 토지에 침입하여 온 이스라엘의 존재를 위협한 것이 인근의 여러 민족인 것은 널리 알려진 사실이다. 그런데 남서의 블레셋인과 북의 드로, 더욱이 이들 소국의 세력의 배후에 있는 대국 앗시리아의 이름이 거명되고 바벨에 대한 간구가 행해졌다는 이유에서 이 시의 성립의 연대를 기원전 9~7세기로 가정하는 것은 이유가 있는 듯하다. 아람의 이름이 보이지 않는 것은 어떠한 정치적 배려에 의한 것인지 확실한 것은 모른다.

9 미디안에게(하신 것)처럼 그들에게 하소서,

　키손 강에서 시스라와 야빈에게(하신 것)처럼.

10 그들은 엔돌에서 전멸하여

　땅의 거름이 되었습니다.

11 그들의 수령들을 오렙과 스엡처럼 만드소서,

　그들의 제후들을 세바와 살무나처럼 하소서.

12 그들은 말하기를 '우리가 야ㅎ웨의 목장을

우리의 것으로 하자' 하고.

13 나의 하나님,

그들을 바람에 굴러가는 엉겅퀴와 쭉정이처럼 만드소서,

14 숲을 태우는 불길처럼,

산들을 사르는 불꽃처럼,

15 그렇게 당신의 태풍으로 그들을 뒤쫓고

당신의 폭풍으로 그들을 놀라게 하소서.

이 시의 제2부에 해당되는 이곳은 먼저 사사기의 전통에 따라서 적에 대한 저주의 말이 보인다. 그리고 하나님의 백성에 대한 구원의 역사가 어느 정도 되풀이 된다. 비유의 형식에는 저주 문에 붙어 다니는 주술행동의 여운이 인정된다. 그러나 구약성서에 있어서는 하나님의 유일한 권능과 병행해서 어떠한 행동이나 말씀이 주술적(呪術的)인 힘을 발휘하지는 않았다 (A.Weiser). 지난날의 저주는 소원이 되었다. 그리하여 주술이 바뀌어 하나님의 행동이 현실적으로 되어, 하나님의 구제사에 있어서의 구원의 행위가 현실적인 것이 되고, 그것에 의해서 하나님은 적에게 자신의 힘을 보이는 것이 된다. 역사상에서 힘을 발휘하는 하나님은 동시에 또한 자연을 지배하는 하나님이며 불과 우레, 폭풍 등을 적의 반항에 대해 내리시어 심판하신다(중동지구에 대한 고대사를 잘 모르는 입장에서 이 시의 주해를 쓰는 것을 용서하소서—필자).

16 그들의 얼굴을 수치로 가득 채우소서.

그들이 주님의 이름을 찾도록.

17 그들이 내내 부끄러워하고 떨고 놀라
   얼굴을 붉히며 멸망하게 해 주십시오.

18 야훼의 이름을 가지시는 당신만이
   온 땅을 지배하시는 지고하신 분이심을
   그들이 알게 해 주십시오.

그런데 이 시의 끝 부분에서 독특하고 의미심장한 빛이, 짓밟힌 백성의 입에서 나오는 저주의 말에 비친다. 최후의 결정권을 가지는 것은 인간의 복수심이 아니고, 하나님의 은혜의 힘이다. 하나님의 적들도 수치를 당하여 하나님을 구하도록, 그들도 회개하여 하나님께 향하여 하나님의 현현의 모습에 접하여 그의 능력과 영광을 인정하도록 기도한다.

84편 | 만군의 야하웨여, 당신의 거처는 어찌 그리 사랑스러운지요

하나님 앞에 나오는 기쁨을 실로 아름답게 부른 이 시는 시편 중에서 우리의 마음을 강하게 끄는 시이다. 이것을 우리들의 그리스도에 대한 사모(思慕), 하나님 앞에 서는 날의 동경으로 대치하면 그대로 우리의 시가 될 듯하다. 또한 이 시는 예루살렘에 계신 하나님을 찬미할 뿐 아니라, 하나님의 궁전을 찬미하는 것이므로 유형적으로는 '시온의 노래'라 불리운다. 그 기조(基調)는 찬미이다. 아마도 초막절 때에 지방에서 예루살렘으로 순례(巡禮)하는 사람의 마음을 노래한 것으로 매우 가치가 있다. 기름부음 받은 자, 즉 왕에 대한 언급(9절)도 그것에 부합한다. 이것은 또한 구약성서에 있어서 하나님의 집에 대한 애착과 제의(祭儀)에 나타난 경건한 마음을 생생하게 전하고 있다. 10절에 의하면 시의 작자는 이교의 땅에 거주하는 자인 듯하다.

처음부터 다시 읽어 보기로 한다.

성가대의 지휘자에게, 깃딧에 맞추어 부르는 노래, 고라 자손의 시

1, 2 만군의 야하웨여, 당신의 거처가 어찌 그리 사랑스러운지요.
　　내 영혼이 주의 궁전 뜰을 그리워 사모하여 수척해집니다
　　내 마음도 몸도 살아계신 하나님께 기쁨을 노래합니다.

시인은 성전을 보고 기쁜 행복의 절규를 발한다. 장엄하고 화려한 건축물에서 받는 강렬한 인상뿐 아니라 그것보다도 감사와 사모에 의한 기쁨이 훨씬 강하여 하나님께 바치는 노랫소리가 울려 퍼진다. 그는 예배에 참여

할 수 있도록 하나님께서 허락하심을 느끼고 있다. 이곳을 '사랑스러운지요'라고 번역한 학자가 많다(關根正雄, A.Weiser 등).

궁전 뜰이라 번역한 말은 전정(前庭)을 말한다. 여기는 일반 신도들이 들어갈 수 있는 곳이다. 그런데도 이 시인은 야ㅎ웨의 전정(前庭)을 사모하고 그리워하여 몸이 수척해지고 야위었다고 한다. 하나님을 흠모하는 깊은 생명의 소리를 우리는 듣는다. 그러므로 성전에서 하나님 가까이 있다는 것을 완전히 체험한 순간 그의 몸도 마음도 온통 환희로 휩싸인다. 여기에 육체적 공간적인 것과 정신적 영혼적인 것이 융합된 모습을 그리고 있다.

> 3 참새는 당신의 제단 곁에 제 집을 찾으며,
> 제비도 새끼를 누일 둥지를 발견했습니다.
> 만군의 야ㅎ웨여, 나의 왕, 나의 하나님이여.

골똘한 신앙과 생명이 흘러넘치는 아주 섬세한 마음의 움직임을 비유로써 표현한다. 시인의 기분은 마치 새끼를 누일 자리를 찾아 헤매다 마침내 안식처를 찾은 새와 같은 것이다. 끊임없이 간구하여 마지않는 그의 영혼은 성전에서 야ㅎ웨의 제단 곁에 안식처를 찾은 것이다. 그의 영혼은 이제 둥지 안의 새들처럼 하나님의 수호 안에 안전하다고 느끼고 있다. 그런데 '나의 왕, 나의 하나님'이라 부르는 소리 안에는 그에게 동시에 인간과 하나님 사이에 존재하는 절대 없앨 수 없는 거리가 있음을 명시하고 있는 것이다(A.Weiser). 신앙에는 바로 이 양면이 있는 것이다.

4, 5 행복하여라, 당신의 집에 살며, 영원히 당신을 찬양하는 자는. 셀라

　　행복하여라, 당신을 힘으로 삼으며

　　그 마음이 순례의 도상에 있는 자는.[13]

　　시인은 전 인격을 기울여 하나님 찬미를 하며, 하나님 집에 사는 제사(祭
司)들을 부러워하는 마음을 4절에 노래하나 곧 5절에서 순례에 있어서의
행복한 경험을 일반적으로 노래한다. 그리하여 순례를 통하여 하나님 곁에
서 새로운 힘을 경험한 모든 사람들과 함께 찬송코자 한다.

6 그들이 '눈물 골짜기'를 지나갈지라도 이른 비가 덮듯이

　　그들은 그곳을 샘들이 터져 나오는 곳으로 만들고

　　축복으로 만듭니다.[14]

　　6절의 "바카의 골짜기"라는 곳이 어디 있는지 확실치 않다. 이 말을 '눈물
골짜기'라고 읽는 분도 꽤 많은데 이렇게 읽는 것은 무리라고 한다(關根).
이 바카의 골짜기는 예루살렘에 가는 도중에 있는 황량한 계곡인 듯하다.
시인은 하나님을 뵈옵는 때가 가까움을 생각하고 황량한 그곳이 그대로 은

---

13) 그 피난처가 당신 곁에 있는 자에게 행복있으라,

　　그 마음에는 신뢰가 충만하다 - 關根正雄 역(譯)

14) 그들은 바카 골짜기를 지나가도 그곳을 샘 있는 곳으로 만들며,

　　이른 비는 축복을 가지고 그곳을 덮습니다 - 關根正雄 역(譯)

혜의 물이 흐르는 곳이 된다고 한다. 이것은 널리 인생행로에 있어서의 신
앙인의 경험의 비유이다. 마치 긴 여름의 가뭄 끝에 이른 비가 옴으로써 어
려움이 해소되듯이 불가능한 것 같은 것이 가능케 되며, 고난은 기쁨이 되
고 고생은 환성으로 변하고 새 생명이 생기듯이.

> **7** 그들은 힘에서 힘에로 전진하며
>   시온에서 하나님을 우러러 보는 것입니다.[15]

마음에 하나님을 모시고 앙망하는 자는 힘을 얻고 또 얻는다. 일반 사람
들이 지치는 곳에서 그들은 보이지 않는 날개에 싸여 하늘높이 올라간다.
시인은 이사야서 40장 29절에서 표현하고 있는 불멸의 말씀을 체험한 것
이다.

'피곤한 자에게는 능력을 주시며, 무능한 자에는 힘을 더하시나니 소년
이라도 피곤하며 곤비하며 장정이라도 넘어지며 자빠지되, 오직 여호와를
앙망하는 자는 새 힘을 얻으리니 독수리의 날개 치며 올라감 같으니라' (이
사야 40[29-31])

> **8,9** 만군의 야훼웨여, 나의 기도를 들어 주십시오.
>   야곱의 하나님이여, 귀를 기울여 주십시오.

---

15) 그들은 힘을 얻고 더 얻으며 올라가서,
   시온에서 하나님을 우러러 뵐 것입니다 - 표준새번역

하나님이여, 우리의 방패를 보살피시고
당신이 기름 부으신 자의 얼굴을 보아 주십시오. 셀라

이 기쁨과 감사가 충만한 회고에 계속해서 시인은 기도를 드리고 있다.
하나님이 이 순례자들과 왕을 위하여 귀를 기울이는 은혜를 주시도록 기원
한다. 시인이 자기 개인의 외면적인 행복을 구하지 않고 왕을 위하여 조국
을 위하여 기도하는 것은 주목을 요한다. 그는 조국에 대해 민족에 대해 한
공동체로서 깊은 애정을 가지고 있다.

10 실로 당신의 뜰 안에 있는 하루가 다른 곳의 천 날 보다 낫습니다.
　　나는 악인의 장막에 삶보다는
　　하나님의 집 문지기로 있는 것이 더 좋습니다.

여기서 우리는 시인의 하나님 동경의 절실한 마음을 읽을 수 있다. 특히
시인이 이방의 땅에 살고 있기 때문에 민족에 대한 사랑, 하나님 동경이 심
화된 듯하다. 시인은 오로지 하나님의 은혜를 갈구하는 마음으로 차 있다.

11,12 진실로 야훼는 태양과 방패, 주는 은혜와 영예를 내려주시며,
　　흠 없이 사는 사람들에게 좋은 것을 아낌없이 내려주십니다.
　　만군의 야훼여, 당신께 신뢰하는 사람에게 복이 있습니다.

11절 이하는 마무리 부분이며 성전을 떠나서 다시 일상생활로 돌아가는 때의 시인의 마음을 말하고 있는 듯하다. 하나님을 태양에 비유하는 것은 고대 동방의 예와 통한다. 하나님의 강한 은혜를 태양에 비하는 것이다. 시인은 하나님을 방패라 말한다. 하나님 곁에서 자신의 위험과 공격에서 지켜지고 있음을 느낀다. 그것을 가지고 이제 고향에 돌아가려고 하는 것이다. 하나님의 은혜 위에 자신의 희망을 연결시킨다. 하나님의 은혜와 그가 향하고 있는 하나님의 영광으로 차고 넘치고 있다.

이 시의 중심은 예루살렘의 성전이다. 시인은 그곳에서 제일 강하게 하나님의 현재(顯在)에 접한 듯하며, 그 은혜에 충만되고 있다. 우리들은 참다운 성전이며 참다운 기름부음 받은 자이신 그리스도에 있어서 하나님의 넘치는 은혜를 알며, 나날이 이 은혜에 살 것을 허용받고 있음을 깊이 감사하는 바이다.

85편 | 위로와 희망

이 시에는 예배문의 성격이 있다. 1-7절은 회중(會衆)에 의해 낭송된 듯하다. 이것에 대해 8절 이하는 한 목소리가 발언하고 있다. 장면은 아마도 제의 중에 회중이 소원의 예배를 행하고 있는 듯하다. 찬미로 고백을 하면서 회중의 눈길은 먼저 과거의 대사건으로 쏠린다. 하나님이 야곱의 운명을 돌이켜 백성의 죄를 용서한(1-3절) 때의 일이다. 그것에 계속되는 것은 심한 고난 중에서의 소원이다(4-7절). 기도에 모인 회중 중에서 누군가가(아마도 예언자) 앞으로 나와서 하나님이 이들의 기도에 대하여 응답하시고자 하는 것에 귀를 기울인다. 그는 돌연히 신비에 찬 하나님의 음성을 듣는다. 그것은 백성에게 '구원이 있으라'고 고한다. 이 예언자는 영감이 충만하여 찬란한 말로서 하나님의 구원의 약속을 고한다. 이렇게 시인이 이 시에 쏟고 있는 긴장감은 제의의 생생한 극적인 체험에서 나오는 것으로서, 이 시에 표현되고 있는 신앙의 현실이 긴장감에 싸인다(A. Weiser).

이 시는 일상적으로 바빌론 포수 생활에서 귀환한 후 얼마 되지 않은 시기의 민족상황을 배경으로 해서 해석되고 있다. 즉 제2이사야가 영감을 받고 이를 말하고, 모든 죄를 용서하는 하나님의 은혜로 해석했던 이스라엘의 운명의 대전환이 과거에 있다는 것이다. 그러나 포수에서 해방된 때의 최초의 기쁨은 그 후의 여러 고통스러운 경험에 의해 희미해졌다. 외국의 지배는 바빌론에서 페르시아로 옮겨졌을 뿐이었다. 현재의 고난의 중압 하에 사람들은 지난날에 있어서의 하나님의 크신 성업을 회상하여 마음을 가다듬고 위로를 얻었다. 그 일은 장래의 구원의 성취를 보증하는 것으로 여겼다. 그러나 이 시의 시대사적 해석은 1절 후반을 포수로부터의 해방에 결합시킬 경우에만 성립된다. 그것은 결코 정확하지 못하며, 후대의 사람이 그렇게 해석을 붙인 것 같다. 이 시는 도리어 가을축제(12절)의 축하의식의 전승에 의하는 것으로 이해하는 것이 좋을 듯하다. 이렇게 해석한다면 이

시는 포수이전에 성립한 것으로 볼 수 있다.

자 본문을 절을 따라 읽어 보기로 한다.

지휘자에게, 고라의 후손[16]의 노래

1 야ᄒᆞ웨여, 당신은 당신 나라에 은혜를 베푸시고,
   야곱의 운명을 되돌리셨습니다.
2 당신은 백성의 죄를 사하시고
   그들의 모든 잘못을 덮어 주셨습니다.
3 당신의 격분을 말끔히 거두시고
   당신 분노의 열기를 돌리셨습니다.

시의 첫 머리인 1-3절에서 회중의 기도는 자신들과 그 하나님과 관계되는 과거사를 회고한다. 그러나 그들의 눈은 외면적인 역사의 경과만을 처다보는 것은 아니다. 또한 인간적인 사건이 면전에 나오는 것도 아니다. 한 번 다시 기도하면서 하나님의 성업을 현재의 것으로 하면, 신앙은 분노를 버리고 죄를 사하여 주시어 하나님의 은혜를 증거하신다. 그리하여 그 백성의 '운명'을 좋은 방향으로 돌리어 은혜가 그의 의를 선행하도록 하신다. 그리하여 부동의 신앙을 찾아서 감사와 찬미가 강하게 솟아난다. 이렇게 하여 계속되는 절은 소원에 대한 신앙의 기초가 되어있다. 여기서 확고히 그 눈을 하나님께 쏟고 있는 회중은 현재의 고난 중에서도 찬미를 계속한다. 그들은 하나님과 만나 은혜를 받음으로써 기도를 드릴 수 있는 것이다.

---

16) '고라의 후손'은 포수후의 제2성전의 수위이고, 후에는 합창단의 이름이 되었음.

그렇게 함으로써 그들의 기도가 구원의 전승에 확고히 뿌리내리는 신앙의 뒷받침을 얻는다.

> 4 우리를 다시 일으키소서, 우리의 구원의 하나님이여.
>   우리에 대한 노여움을 푸소서.
> 5 당신은 끝끝내 우리에게 진노하시렵니까.
>   당신 분노를 대대로 뻗치시렵니까.
> 6 당신의 백성이 당신을 기뻐하도록,
>   다시 우리를 살리지 않으시렵니까.
> 7 야훼여, 우리에게 당신의 자애를 보이시고,
>   당신의 구원을 우리에게 베푸소서.

하나님의 은혜에 대한 신앙적인 회고에서 노여움이 전환되는 것을 소원하는 것은 좀 급격하지만, 그것은 마음속에서 돌연히 일어난 것이 아니다. 백성의 현실이 그들의 구원에 대한 기대에 미치지 못했던 실망은, 회중이 변함없이 하나님이 진노하고 계신 것을 느끼는 이유였다. 그러나 그러한 사태 때문에 결코 은혜가 충만한 하나님에 대한 신앙고백이 약해지는 일은 없고, 더욱 포기하는 일은 없다. 왜냐하면 우리의 신앙이 순수한 경우에는 그 눈은 2, 3절과 같이 하나님께 집중되며, 이런 경우 인간은 스스로 가지는 신앙에서 하나님의 은혜를 받기 때문이다. 그런데 그의 눈이 자신을 에워싼 지상의 현실에 향하면, 하나님의 현실과 인간의 현실과의 거리를 느끼게 된다. 이 시의 처음부분에서의 긴장감은 '역사적으로' 과거와 현재의 차이로서 설명될 수 있다. 그것은 하나님이냐, 사람이냐, 과연 어느 쪽의 현실인가에 따라서 제의의 면에 분명하게 나타난다. 고통스러운 지상의 현실은 우리의 마음을 둔화하며 냉각시킨다. 또한 거기서는 하나님에의 거리가 느껴지며, 하나님의 압력 하에 있는 회중은 하나님이 진노에서 돌이켜 은혜와 구원을 백성에게 보내시도록 기구하며, 백성이 다시 하나님을 기뻐할 수 있도록 기도한다. 고난 중에서 신앙은 시험을 받는다.

8 나는 하나님이 말씀하는 것을 들으리라.
주께서는 분명 평화를 말씀하신다,
그들이 우매함에 떨어지지 않도록.

이제 모인 회중에서 한 목소리가 올라간다. 그와 회중은 함께 긴장하여 하나님의 응답에 귀를 기울인다. 돌연히 그는 한 음성을 듣는다. 그것은 주님이신가, 그렇다 주께서 말씀하신다. 그는 분명히 한 말씀, '구원이 있으라'를 듣는다. 이제 백성은 대망하던 하나님의 대답을 듣는다. 그들은 '어리석게 되어' 하나님의 구원을 의심하는 위험으로 달리고 있었던 것이다. 이때에 하나님 자신이 말씀으로써 간섭하신다. 그들은 하나님과 상봉할 마음을 갖는다.

9 정녕, 그분을 경외하는 이들에겐 구원이 가깝고,
우리 땅에는 영광이 머무르리라.

그러나 이 예언자는 그 이상 고할 것이 있다. 즉 구원은 참으로 가깝고, 하나님의 영광은 '땅에 충만할 것'이라는 말이다(이사야 6³ 참조). 하나님이 현현하시고, 그 영광 중에 있다는 현실은 새로운 구원의 시대가 도래한다는 결정적인 사실이다. 이 시대는 신년의 축제 중에 하나님 현현에 의해 시작되는 것이다.

> 10 자애와 진실이 서로 만나고,
>   정의와 평화가 입맞추리라.
> 11 진실이 땅에서 돋아나고,
>   정의가 하늘에서 굽어보리라.

시인은 구원을 영적인 면에서 한층 더 감격하여 서술하고 있다. 이 이외의 고대 오리엔트의 제의에 있어서는 자연의 여러 힘이 구원의 사상을 정하나, 이 시는 하나님의 사랑과 진실의 영적인 힘, 정의와 평화가 인격화되어, 하나님이 왕림하실 때에 사자나 종자(從者)가 되어서 종말의 때를 준비하는 것으로 본다. 하늘과 땅이 서로 한 장면에서 만난다. 태양이 하늘에서, 돋아나는 생명을 땅에서 끌어내듯이, 하나님의 '의'는 인간의 진실과 신앙을 깨어나게 한다. 하나님은 하늘에서 땅을 향하여 몸을 기울이시고, 땅은 하늘을 향하여 몸을 들어 하나님께 향한다.

> 12 야훼께서 복을 베푸시고,
>   우리 땅은 그 열매를 내어주리라.

구원의 희망의 근거는 모름지기 은혜에 있다 - '하나님께서 좋은 것을 베푸신다'. 하나님은 우리가 하나님의 진노라고 느끼는 심연에 다리를 놓으시는 분이시다. 하나님의 나라에서는 지상의 축복도 없어서는 안 된다. 하나님의 나라는 자연과 도덕적 질서를 우주 전반에 미치는 일체로서 종합한다.

**13 정의가 그분 앞에 걸어 나가고,
주께서 걷는 곳에 구원이 있으리라.**

시의 결미도 하나님의 현현을 다시 한번 사건의 중심에 놓고 있다. 하나님이 구원의 새벽을 향하여 걸어 나오신다. 그때에 의가 하나님 앞에 걸어나오고, 구원이 하나님이 가시는 길을 따라 간다. 이 하나님의 현현을 대망하는 신앙은 시련을 받기도 하나 모든 경험을 넘어서 고난의 한가운데를 통과하여 전적으로 하나님께 의뢰하는 희망에로 진행한다.

86편 | 가난한 자

　이 시는 개인의 탄식 유형에 속하는 시다. 그런데 이 시가 유사한 시에 통하는 곳이 많고 일관된 사상의 흐름이 결하여 있다고 하여 이를 단순히 고대의 문장들을 정리한, 특색이 없는 것이라 평하는 것은 잘못된 것이다. 도리어 이 개인의 탄식의 노래의 특색은 그 독창성에 있는 것이 아니고, 그 형식과 사상이 유형적(類型的)이며 보편타당한 점에 있으며, 그것은 제의(祭儀)와 관련에서 설명된다는 A.Weiser의 견해에 따라서 읽어보기로 한다. 도리어 우리들은 예배식문(禮拜式文)을 의식한 문체에 주목해야 한다. 그것은 시인의 개인적인 소원을 공동체의 제의와 그곳에서 쓰이는 언어사상의 틀에 맞추고 있다. 따라서 이 시의 성립연대라든지 시인의 고경(苦境) 등은 확실히 알 수 없다. 그 사상과 주제의 특이성은 이 시가 속하는 제의의 틀에서 설명될 수 있다. 대체로 그것은 소원(1-7절)과 찬미(8-11절), 감사(12-14절)가 전체로서 하나로 정리되어 있는데, 이는 감사의 노래의 양식에 따른 것이라 설명된다. 그곳에 있어서는 시인이 소원하고, 그것이 청허(聽許)되어진 전 과정이 개인의 구원의 경험에 대한 증거로서 신앙공동체의 제의와 그 구제의 의미를 묻는 큰 틀 안에 짜여 있다. 14-17절은 감사의 노래에다 탄식과 소원이 계속되고 있는 점이 이 시의 특색으로 되어있다. 그것은 새로운, 이제까지 언급하지 않은 고난을 대상으로 하고 있다.

　자 그러면 본문을 절을 따라 보기로 한다.

다윗의 기도

1　야ʰ웨여, 귀를 기울이시어 내게 응답하소서.
　　왜냐하면 나는 가련하고 가난하므로.

2 내 영혼을 지켜주소서.

　나는 당신께 충실한 자이므로.

　당신께 신뢰하는 당신 종을 구하소서.

3 주여, 나를 불쌍히 여기소서.

　왜냐하면 나는 온종일 당신께 부르짖고 있으므로.

4 당신 종의 영혼을 기쁘게 하소서.

　주여, 당신은 어지시고 기꺼이 용서하시는 분,

5 당신을 부르는 모든 이에게 풍부한

　자애를 베푸시기 때문입니다.

6 주여, 내 기도에 귀 기울이시고

　내 애원하는 소리를 들으소서.

7 곤고의 날에 내가 당신께 부르짖습니다.

　당신께선 내게 응답해 주시므로.

1-7절은 시의 도입부이며, 구원을 바라는 소원과 그 소원이 청허(聽許)되는 것으로 시작된다. 대단히 길게 되어 있으나 탄식의 노래의 문체로서 보편적인 표현을 쓰고 있다. 먼저 소원의 여러 가지 이유가 시인 자신에 의해서 열거되고(1-4절 '왜냐하면, 나는'을 주목할 것) 뒤이어 5절부터 하나님께 청허(聽許)되는 이유가 나온다('왜냐하면, 당신은'을 주목). 이는 대단히 자연스러우며 심리적으로 이해하기 쉽다. 이 형식은 결코 지엽적인 문제가 아니고, 하나님을 구하는 시인의 고양된 마음이 드디어 하나님을 발견하는 신뢰에 이르는 길을 잘 표현하고 있다. 시인은 의롭게 되기 위해서는 바로 하나님의 가르침과 구원이 필요한 것을 분명히 알고 있다. 시인은 소원의

제일 중요한 곳(5, 15절)에 있어서 찬미의 형식으로서 구제사의 제의전승에 유래하는 '하나님의 자기계시'의 중요한 내용을 채용하고 있다. 즉 시인은 하나님의 은혜와 자비에 전폭의 신뢰를 하고 있다.

8 주여, 신들 중에 당신과 같은 이는 없으며,
  당신의 업적과 같은 것은 없습니다.
9 당신께서 만드신 모든 민족들이 와서,
  주여, 당신 앞에 엎드려
  당신 이름에 영광 드립니다.
10 왜냐하면 당신은 위대하시며 기적을 행하십니다.
   당신만이 하나님이시므로.
11 야훼여, 당신의 길을 나에게 가르치소서.
   내가 당신의 진실 안에 걸을 것입니다.
   마음을 하나로 하여 당신의 이름을 경외케 하소서.

8-11절의 근본사상은 개인적인 상황에 근거한 것은 아니다. 이것은 시인이 참가한 축제의 광범위한 사상에서 발해지고 있다. 하나님, 창조자, 제 백성과 그 역사의 주, 모든 신들 위에 계시며 한없이 거룩하시고 기적을 행하시는 위대한 분, 홀로 하나님의 이름에 합당한 분, 모든 백성에게서 찬미 받으실 분, 이것이 바로 찬미의 노래에 결집된 제의 내용의 실질이다. 그 찬미의 노래의 배후에 있는 제의의 체험이 시인 개인의 신앙심에 새로운 의미를 부여한다. 시인은 한 인간으로서 위대하신 하나님 앞에 선다. 그때에 실은 하나님의 위대하심에 접하여 비로소 자신이 미치지 못함을 완전히 깨닫

고, 오로지 소원하는 자로서 소망을 가지고 하나님께 접근한다. 참다운 길, 주님의 길을 하나님께서 가르쳐주시고, 자신이 진실과 진리 중에 걸을 수 있는 힘을 주시길 간구한다. 인생의 지혜의 처음이며 끝이신 하나님을 경외하는 것이 시인의 소망이다.

12 주 나의 하나님, 내 마음을 다하여 당신을 찬송하며
   영원토록 당신 이름에 영광을 드립니다.
13 내게 대한 당신의 자애가 크시옵고,
   내 영혼을 음부의 바닥에서 구출하셨기 때문입니다.

시인은 마음과 뜻을 다하여 하나님을 찬송하고, 하나님께 영광을 돌리고 있다. 그것은 시인이 전적으로 하나님의 구원에 의뢰하고 있음을 깨닫고, 하나님의 은혜에 대한 무한한 감사가 용솟음치고 있다. 이 은혜가 그를 음부의 바닥에서 구출해낸 것이다.

14 하나님이여, 오만한 자들이 나를 거슬러 일어나고,
   포악한 자들의 무리가 내 목숨을 노립니다.
   그들은 눈앞에 당신을 두지 아니합니다.
15 그러나 주여, 당신께서는 자비로우시며 너그러우시고,
   분노를 더디 하시고 자애와 진실이 충만합니다.
16 나에게 얼굴을 돌리시고 불쌍히 여기소서.
   당신의 힘을 당신 종에게 베푸시고,

당신 여종의 자식을 구원하소서.
17 당신 은혜의 징표를 내게 나타내소서.
나를 미워하는 자들이 그것을 보고 부끄러워하리이다.
야훼여, 나를 도우시고 위로하시는
분은 당신이기 때문입니다.

14절 이하는 다시 새로운 탄식이 시작된다. 여기서는 시의 전반에서 직접 나오지 않는 적이 나오며, 이것이 문제의 중심에 있다. 시인의 생명이 강폭한 적에 의해 위협받고 있는 불안에 싸여있다. 특히 그들은 하나님을 안중에 두지 않는 불신의 무리다. 그러나 시인은 자신의 경험을 통해서 하나님의 '은혜와 진실'을 신뢰하므로 하나님의 자비와 긍휼을 기구하며, 하나님의 힘을 주실 것을 믿는다. 그리하여 하나님의 은혜의 징표가 나타나 이것을 본 적들이 스스로 사라져 갈 것을 간구한다. 시인은 격분이나 복수의 감정을 갖지 않으면서, 이제부터의 모든 것을 하나님께 위임하는 마음의 자세를 갖는다. 우리는 위대한 시인의 신앙을 읽을 수 있다.

87편 | 나의 샘은 모두 당신 안에

이 시는 매우 특색있는 시인데, 원문에 대단히 어려움이 있으며, 특히 현존하는 텍스트대로는 줄거리가 통하지 않는 점이 있어 학자에 따라 여러 가지 절의 위치 변경이 행해져 여러 형태의 해설이 나오고 있다. 따라서 초보자로서는 다루기 어려운 시다. 그러므로 關根 선생의 의견에 따라서 읽어 보기로 한다. 이것은 Dafood의 원문의 읽는 법에 따른 것으로서 한 곳 6절을 3절의 다음으로 위치변경을 하는 것으로 전체의 의미를 분명히 하는 것이다. 이 시의 배경으로서는 에스라, 느헤미야에 의한 강제집주(强制集住)와 이에 따른 주민등록을 생각할 수 있다.

이 시는 문학유형으로서는 시온의 노래이며, 시온을 찬미하고 있다. 특히 이는 영적인 의미로서 시온에 대해 노래하고 있는 것이 특색이다. 7절의 '노래하는 사람', '춤추는 사람'으로서 구체적인 제의의 배경을 생각하며 노래하면서 시온으로 행진하는 것을 상정(想定)한 듯하다.

절을 따라 읽어 보기로 한다.

> **고라의 자손의 노래, 시**
>
> 1 거룩한 산위에 세워진 도성이여[17],
> 2 야곱의 모든 거처들보다 더
>   야ᴴ웨는 너를 사랑하시네, 시온의 문이여.

이는 시온에 대한 찬미다. 시인은 생각에 잠겨 예루살렘의 언덕 위에 서

---

17) 그 터전이 성산에 있음이여 - 개역

서 바라본다. 널리 퍼지고 있는 축제의 기분에 젖어서 그가 바라보며 생각하는 것은 하나님의 거룩한 도성 예루살렘을 찬미하는 것이다. 그는 눈앞에 펼쳐지는 장엄한 건축물에 눈을 쏟는다. 전지(全地)의 모든 성소보다 야하웨께서 사랑하시는 시온성을 생각한다. 옛날부터의 전통에 확고히 보존되고 선명하게 전승된 것이 이제 시인의 영혼 앞에 나타난다. 지고하신 야하웨께서 예루살렘의 성소를 세우셨다. 그러므로 하나님의 사랑은 이스라엘의 다른 도성을 넘어서 특히 이 하나님의 도성에 쏠린다. 이곳에서 자신들의 터전을 떠나지 않으시는 하나님의 사랑을 확인한다.

> 3 하나님의 도성이여, 야하웨는 너희 중에서
>   영광스러운 일들이 일컬어지네.
> 6 야하웨는 뭇 백성을 등록하시고
>   '이 사람은 저 곳에서 태어났다'고 기록하신다. 셀라

3절은 독립된 절이며, 하나님의 도성이 하나님의 도성인 것은 그 안에서 하나님이 귀중한 것을 말씀하는데 있다. 하나님의 말씀이야말로 하나님의 도성의 기초이다. 생각에 잠겨있는 시인은 성스러운 기도 때에 하나님께서 보이시고 말씀한 것을 마치 예언자가 백성에게 고하듯이 하나님의 도성에게 전한다. 그의 눈은 장대한 광경을 보며, 그의 귀는 놀라운 것을 듣는다(3절).

6절은 하나님의 말씀을 보통 이야기 형식으로 도입하고 있다. 이것은 전후관계로 보아 4절 앞에, 3절 다음에 놓는 것이 본래의 위치인 듯하다. 시인은 천상의 하나님께서 민족들의 표를 내걸고 그 고향의 나라에 의해서 정

리하시는 모습을 본다. 이 광경은 고대 오리엔트에 널리 퍼지고 있던 신년 축제에 근거하는 신화적 이야기에 기원을 갖는다(A. Weiser). 구약성서에서도 이러한 야훼께서 산자들을 기록하는 생명의 책 이야기가 나온다(출애굽기 32^{32}, 이사야 4^3, 시편 69^{29}). 여기서도 하나님께서 자신을 경배하는 자들을 셈하시는 것이다. 유력한 나라들에서도 꽤 많은 수치가 된다. 옛날에 이스라엘의 적까지도 하나님을 경배하는 사람들에 들어간다.

> 4 나는 라합과 바벨론을
>   나를 고백하는 자 안에 셈한다.
>   그리고 보라, 그곳에 블레셋과 두로와 구스도 있다.
>   '그들은 그곳에서 탄생한 자들이다'.

이곳에서 '라합'이란 이집트를 말하는 것이다(이사야 30^7 참조). 최초에 이집트와 바벨론 즉 바빌로니아를 말하는 것은 이집트와 신바빌로니아가 전일 이스라엘을 대단히 괴롭혔던 민족이며, 그곳에서도 야훼를 믿는 자가 나온 것을 강조하는 의미일 것이다. 블레셋과 두로에 관해서 뿐 아니라 먼 에티오피아에 대해서까지 말하고 있는 것은 전 지상에 야훼 신앙자가 있는 것을 말하고 싶은 것이다.

> 5 그러나 시온에 대하여 말씀하신다,
>   '이 사람도 저 사람도 그곳에서 태어났다'고.
>   지고하신 분께서 몸소 이를 굳게 세우신다.

5절의 '이 사람도 저 사람도 시온에서 태어났다' 라는 것은 여러 외국태생자들이 강제집주에 의해 예루살렘에서 살게 되었다는 역사적 배경을 말하며, 그것을 영적의미로 말하고 있는 것으로 취하고 싶다. 즉 여러 외국태생의 야_訳웨 신앙자는 한편 지상의 국적으로서는 각각 나라를 가지고 있으면서도, 그 참 신생은 시온에서 행해졌으며 소위 2중 국적자이다. '모두가 시온에서 탄생했다' 고 하는 것은 영적인 의미로 취할 수밖에 없다. 이 시온은 하나님께서 몸소 만드셨다고 찬미한다.

> **7** 노래하는 자도 춤추는 자도 말한다.
> '나의 모든 샘이 당신 안에 있다' 고.

시인이 하나님에게서 들은 말씀을 고하는 것에 메아리치듯이 이번에는 성전에 모인 회중이 춤추며 '나의 모든 샘이 당신 안에 있다' 고 노래한다. 이곳 하나님의 집에는 기쁨, 감사, 신뢰가 넘치는 샘이 용출하고 있다. 시온의 하나님에 대한 신앙 중에 전 세계의 하나님의 백성을 하나의 큰 가족으로서 묶는 보이지 않는 힘의 근원이 있다. 시인은 순례자의 신앙고백에서, 하나님의 큰 구원의 계획에 대한 회중의 아멘을 듣는다. 그 계획은 이스라엘의 역사 중에 나타나고 실천되는 것이라고.

88 편 | 죽음의 나라에 가까이

노래. 고라[18] 자손의 노래, 에스라사람 헤만[19]의 마스킬,[20]
마할랏르안놋[21]에 맞추어 부르기 위하여, 성가대의 지휘자에게

1 야훼, 내 구원의 하나님이여,

　나는 낮 동안 당신께 부르짖고

　밤에도 당신 앞에 있습니다.

2 내 기도가 당신 앞에 이르게 하시고,

　내 탄식 소리에 귀를 기울여 주소서.

3 왜냐하면, 내 영혼은 고뇌에 휩싸이고,

　내 생명은 음부의 문턱에 다다랐기 때문입니다.

4 나는 무덤으로 내려가는 자로 헤아려지고,

　기운이 진한 사람처럼 되었습니다.

5 나의 잠자리는 죽은 자들 사이에 있으며,

　살해된 자들처럼 무덤에 놓였습니다.

　당신은 이미 그들을 마음쓰지 아니합니다.

　그들은 당신의 손길에서 떨어져 나갔습니다.

6 당신은 나를 깊은 구렁 속에,

　어둡고 깊숙한 곳에 집어넣으셨습니다.

7 당신의 분노는 내 위에 무겁고,

　당신의 모든 파도들로 저를 짓누르십니다. 셀라

8 당신께서 내 벗들을 내게서 멀리하시고,

　나를 그들에게 혐오거리로 만드시니,

　나는 갇혀서 밖으로 빠져나갈 수 없이 되었습니다.

9 나의 눈은 고통으로 침침해지고,

　나는 온종일 당신을 부르며

당신께 나의 두 손을 펴듭니다.

10 당신은 죽은 사람에게 기적을 베푸시렵니까?
　 망령이 일어나 당신을 찬송하겠습니까? 셀라

11 당신의 자애가 무덤에서 말씀되며,
　 멸망의 나락(奈落)에서 당신의 성실이 일컬어지겠습니까?

12 어두운 곳에서 당신의 기적이,
　 망각의 나라에서 당신의 정의가 알려지겠습니까?

13 그러나 야훼웨여, 내가 당신께 부르짖고,
　 아침에 나의 기도가 당신께 다다를 것입니다.

14 야훼웨여, 어찌하여 저의 영혼을 버리시고,
　 당신 얼굴을 내게서 감추십니까?

15 나는 고뇌에 찼으며,
　 젊어서부터 죽도록 고생했습니다.
　 당신의 두려움을 짊어진 채 어쩔 줄 모릅니다.

16 당신의 분노가 내 위로 지나가고,
　 주의 무서운 공격이 나를 파멸시켰습니다.

17 그것들이 날마다 홍수처럼 나를 에워쌌으며,
　 사방에서 나를 둘러쌌습니다.

18 당신은 나에게서 벗과 동포를 떼어놓으셨으니,
　 오직 어둠만이 나의 친구입니다.

---

18), 20) 고라, 마스킬은 시편42편 주해 참조
19) 헤만은 열왕기상 5장 11절, 역대상 2장 6절 참조
21) 마할랏르안놋은 악기 또는 노래의 박자인 듯하나 분명치 않다.

이 시는 개인의 탄식의 노래의 하나이다. 그러나 일반적인 개인의 탄식의 노래에서는 하나님께 대한 호소, 탄원이 서술되고 계속하여 구원에 대한 소원이 진술된다. 그런데 이 시에서는 탄식과 소원이 분명히 나누어지지 않고 혼합된 소원이 세 번 되풀이되고 있다. 대체로 보면 1-9a절, 9b-13절, 14-18절로 나누어진다. 탄식과 소원이 큰 파도의 물결과 같이 되풀이되는 것이다.

이 시인은 젊어서부터 고뇌에 싸여 있으며(15절) 죽도록 고생했다. 그 탄식에는 위로나 희망의 빛은 한 가닥도 비취지 않는다. 하나님의 눈이 이해할 수 없는 불행의 마스크를 통해 위협하듯이 응시하는 듯하며, 그의 모든 기도가 하나님의 침묵을 만나 공허하게 울린다. 그런 때에는 우리의 신앙도 그 곳에 빠져들기 쉽다. 이러한 욥기의 시라고도 할 수 있는 것이 욥기와 더불어 시편에 올라 있는 것은 큰 의미가 있다. 이 의인의 탄식은 위로 받지 못하고 사라져 간다. 그리하여 시인은 구원을 바라는 소원조차 하지 못하게 되어있다. 소원을 밑바닥에 깔고 있는 시인의 탄식은 최후까지 어떠한 광명도 보지 못하고 도리어 암흑이 증가할 뿐이며, 시인의 생각은 최후로 절망 속에 끝나고 있다. 어떤 학자는 이 시를 '전 시편 중에 가장 슬픈 시'라고 말하고 있다. 그것은 고뇌의 뒤에 숨으신 하나님을 찾고자 하는 몸부림이다.

처음부터 다시 본문을 살펴보면, 시인은 되풀이하여 자신의 기도에 대하여 말한다(1, 2, 9, 13절). 하나님께 부르짖으며, 자신의 탄식소리에 귀를 기울여 주시길 기도한다는 내용의 되풀이다. 그의 기도의 괴로움—그가 위로 받지 못하는 제일 깊은 이유가 거기에 있다—에도 불구하고 시인은 하나님을 떠나지 않고 하나님께 매달리고 있다. 그러나 그 이외의 고통이 그것에 가중되고 있는 것이다, 신체의 쇠약(9절, 15절), 그를 침묵시키고 어찌할 바를 모르게 한 무서운 체험(15, 16절), 죽음과 음부를 앞에 하고 떨리는 불안, 이러한 것이 그의 생각에서 떠나지 않는다(10, 12절). 친구에게 버림받고, 아마도 병 때문에 혐오되어서 멀리 버려진 사람의 고독(8, 18절), 그 결과 그는 마치 감옥에 갇히고 도망갈 수 없는 사람 같이 생각된다(8절). 그의 고투는 도를 넘어서 3절에 오면 혹독한 시련이 된다. 마치 큰 파도가 그를 삼키려는 듯한 중에서 시인은 이해할 수 없는 하나님의 진노가 자신에게 향해져 있다고 생각하기 때문이다(7, 14, 16-17절).

 시인에게는 죄의 문제가 없는 것이 도리어 이 시의 특색이며 욥기의 문제에 이 시를 접근시킨다. 대체로 많은 탄식의 노래에서는 죄의 고백을 통하여 문제해결의 단서를 잡는다. 죄의 용서를 통해서 하나님께 나간다. 그런데 이 시인의 경우에는 이것도 봉합되고 있는 것이다. 그는 오로지 탄식하면서, 또한 물음을 발하면서 숨어계신 하나님을 구하여 어두움 속에서 절규할 뿐이다. 하나님은 여전히 그에게는 절대의 수수께끼, 접근할 수 없는 비밀로 되어있다. 그는 하나님과의 교제를 필요로 하며 간구하나 찾지 못한다. 하나님을 상실한 시인, 그러나 그는 자신이 절규하고 있는 상대가 자신의 구원의 하나님인 것을 확실히 알고 있다(1절). 그리하여 나의 하나님, 나의 하나님 부르면서, 떨리는 손으로 그것에 매달린다. 그런데 지난날의 신앙의 경험과 희망의 불꽃은 두려운 고난의 현실 중에서 그 소리도 들리지 않은 채 시인은 파도에 휩쓸려 빠져가는 사람같이 현재의 죽음의 불안 중에 꺼져간다. 마지막 18절에서 시인은 하나님이 자신에게서 친구를 떼어 놓으셨다고 탄식한다. 그리하여 어두운 죽음 같은 세상이 이제 시인에게 남겨진 유일한 친구라고 말한다. 또한 '나의 친한 벗은' 이라고 말한 시인은 그 다음의 말을 잇지 못하고, 다만 최후로 자신의 기분을 '암흑' 이라는 한 말에 맡겼는지 모르겠다(關根正雄). 여하튼 이 시의 시인이 깊은 절망에 빠져 있는 것은 사실이다. 복음의 참 빛이 임하기 전에 구약의 사람들은 다른 민족에서 볼 수 없을 정도로 어두운 곳에 떨어졌던 것이다. 그들은 어떤 이유를 알 수 없는 격렬한 하나님의 진노 밑에서 절망하였던 것이다. 우리들도 하나님의 참 빛에 쏘여서 도리어 이러한 절망을 경험한다. 이 절망을 희망으로 바꾸며, 흑암을 광명으로 전환하는 데는 전 인류에 향해진 하나님의 진노를 홀로 그 몸에 지시고 죽음을 통과하여 부활하신 그리스도에 의하는 길밖에 없다.

89편 | 다윗 왕국의 선택과 파기

에스라사람 에단의 마스킬의 노래

1 내가 야훼의 자애를 영원히 노래하리라.

　내 입으로 당신의 진실을 대대로 전하리라.

2 진정 나는 생각하였다. 자애는 영원히 세워지고,

　하늘에 당신의 진실이 굳건히 선다고.

3 나는 내가 선택한 자와 계약을 맺고,

　나의 종 다윗에게 맹세하였다.

4 나는 영원토록 네 자손을 굳건히 하고,

　너의 왕위를 대대로 세우리라. 셀라

5 야훼여, 하늘이 당신의 기적을 찬송하며,

　거룩한 자의 무리도 당신의 진실을 찬송합니다.

6 진정 구름위에서 누가 주님과 비길 수 있으며,

　신들의 아들 중에 누가 주님과 비슷하리이까.

7 거룩한 자의 회중에서 심히 두려우신 하나님,

　주위의 모든 자에게 두려움을 주시는 분.

8 야훼 만군의 하나님이여,

　누가 당신같이 강하리이까.

　당신의 성실이 당신 주위에 있습니다.

9 당신께선 오만한 바다를 다스리시고,

　그 파도들이 솟구칠 때 그것을 진정시킵니다.

10 당신은 라합을 격파하여 죽은 자 같이 만드시고,

　강력한 팔로 당신의 원수들을 흩으셨습니다.

11 하늘은 당신의 것, 땅도 당신의 것,

　세계와 그 안에 차 있는 것은 당신이 구축하셨습니다.

12 북녘과 남녘 당신이 이것을 만드셨습니다.

　다볼과 헤르몬이 당신의 이름을 환호합니다.

13 당신의 팔에는 능력이 있으며,

　당신 손에는 힘이 있으며, 오른손은 높이 들었습니다.

14 정의와 공정이 당신 보좌를 받들고,

　자애와 진실이 당신 앞장서 갑니다.

15 축제의 함성을 외칠 줄 아는 백성은 복이 있습니다.

　야훼웨여, 그들은 당신 얼굴의 빛 속에 걷습니다.

16 그들은 하루종일 당신 이름을 기뻐하며,

　당신 정의에 의해 높여집니다.

17 진정, 당신은 그들의 힘의 영광이시며,

　당신 은혜로 그들의 뿔이 쳐들립니다.

18 우리의 방패는 야훼웨의 것,

　우리의 왕은 이스라엘의 거룩하신 분의 것.

19 그 때에 당신께서는 환상 중에 나타나시어,

　당신의 성도에게 말씀하셨다.

　'내가 돕는 힘을 한 용자(勇者)에게 주고,

　백성 중에서 한 젊은이를 선택했다.

20 내가 나의 종 다윗을 찾아내고,

　그에게 나의 거룩한 기름을 부었다' 고

21 나의 손이 그를 붙잡아 견고케 하고,

　나의 팔도 그를 굳세게 하리라.

22 적이 그를 덮치지 못하고,

　어떤 악한도 그를 누르지 못하리라.

23 내가 그의 면전에서 적들을 쫓아버리고,
　　그를 미워하는 자들을 때려 부수리라.

24 나의 진실과 자애가 그와 함께 있고,
　　나의 이름으로 그의 뿔이 쳐들리리라,

25 내가 그의 손을 바다 위에,
　　그의 오른손을 강 위에 놓으리라.

26 그는 나를 불러 '당신은 나의 아버지,
　　나의 하나님, 내 구원의 반석입니다' 하리라.

27 나도 그를 맏아들로 삼아서,
　　세상 왕들 중에 가장 높은 자로 삼겠다.

28 내가 영원토록 그에게 내 자애를 보존하여,
　　내 계약을 그를 위하여 변경하지 않으리라.

29 내가 그의 후손을 언제까지나 지지하고
　　그의 왕좌를 하늘의 날수와 같이 하리라.

30 그의 자손들이 내 율법을 저버리거나,
　　내 계명을 따라 걷지 아니하면,

31 내 규범을 더럽히고,
　　내 계명을 지키지 않는 때에는

32 내가 지팡이로써 그들의 죄를 벌하고,
　　그들의 잘못을 매로 벌하리라.

33 그러나 그들에 대한 나의 자애를 거두지 않고,
　　내 진실을 깨는 일 없으리라.

34 나는 내 계약을 더럽히지 아니하며,
　　내 입술의 말씀을 바꾸지 않으리라.

35 나는 내 거룩함을 걸고 이 한 가지를 맹세했다,

'나는 결코 다윗을 속이지 않으리라'.

36 그의 자손을 영원히 존속시키고,

그의 왕좌는 태양처럼 내 앞에 있으리라.

37 영원히 있는 달과 같이,

구름 사이의 신실한 증인처럼 변하지 않으리라. 셀라

38 그러나 당신은 당신의 기름부음 받은 자를

버리시고 물리치시며 진노하셨습니다.

39 당신 종과 맺으신 계약을 파기하시고,

그의 왕관을 땅에 던져 더럽히셨습니다.

40 그의 성벽들을 모두 헐어 버리시고,

그의 요새들을 폐허로 만드셨습니다.

41 그곳을 지나는 사람마다 약탈하고,

그는 이웃들에게 조소거리가 되었습니다.

42 당신은 그의 적들의 오른팔을 높이시고,

그의 원수들을 모두 기쁘게 하셨습니다.

43 당신은 그의 칼날의 방향을 적 앞에서 돌리시고

전투 중에 그를 일으켜 세우지 않으셨습니다.

44 당신은 그의 영광을 끝내시고,

그의 지위를 땅에 던져버리셨습니다.

45 그의 젊은 날들을 짧게 하시고

그를 수치로 뒤덮으셨습니다. 셀라

46 야훼여, 언제까지입니까.

당신은 영영 숨으십니까.

당신은 진노가 불같이 타오르십니까.

47 나의 일 수가(내 인생이) 얼마 아니되는 것을 돌보아 주소서.

당신은 모든 인간을 얼마나 헛되이 창조하셨는지요.

48 살아서 죽음을 보지 않는 사람이 있겠습니까.

음부의 손으로부터 그 몸을 구출할 수 있는 자가 있겠습니까.

49 주여, 당신께서 진실을 가지고 다윗에게 맹세하신,

전일의 당신의 은혜는 어디로 갔습니까.

50 주여, 당신 종들의 치욕을 기억하소서.

나는 모든 백성의 비난을 가슴에 지고 있습니다.

51 야훼여, 당신의 적은 저주하며,

당신의 기름부음 받은 자의 발자취를 비방합니다.

52 야훼는 영원히 찬미 받으소서.

아멘 아멘.

이 긴 시편의 구성은 보는 관점에 따라 여러 가지가 제시되고 있다. 또한 52절은 본래 이 시에 속하지 않는다. 시편 3권(73-89편)의 마무리 구절이다. 학자들은 대체로 3부로 분류하고 있다. 1-18절은 하나님에 대한 찬미이다. 하늘의 군세(5-6절)와 땅의 회중(15-16절)의 찬미와 환호 속에 하나님께서 현현하신다. 하나님의 계약과 다윗에 대한 약속(3-4절)이 줄거리로서 강조되고 있다. 이곳은 찬미의 노래의 요소가 강하다.

19-37절은 다윗왕국에 대해 하나님의 신탁이 상세히 기술되고 있다. 이곳은 나단의 예언(사무엘하 7장)의 근본사상과 어떤 관계가 있다고 關根 선생은 말하고 있다.

38-51절은 다윗왕국의 몰락에 대한 탄식의 노래이다. 그런데 역사에 있어 다윗왕국의 파기는 결정적으로는 기원전 587년에 예루살렘의 멸망으로 실현되었으므로 이 시의 제작은 587년 이후로 볼 수 있다.

처음부터 내용을 고찰해 본다.

표제의 '에단'에 대해서는 열왕기상 4장 31절, 역대기상 2장 6절을 참조 바란다.

1부는 1-18절이다. 1절은 서문으로 보인다. 하나님 찬미로서 이 시를 시작하고 있다. 하나님의 본질인 자애와 진실을 드높이 노래하고 있다. 그리고 그 '자애는 영원히 세워지고'라는 것이 1부와 2부(19-37절)에서 구체적으로 전개되고 있으며, 그것이 38절에 가서 '그러나 당신은' 하고 사상의 흐름을 반전시키고 있다. 그러므로 2절의 '진정 나는 생각했다'가 '그러나 당신은'과 상대되는 것이다. 또한 2절 전반에 나오는 '은혜(자애)'가 3절 이하에서 다윗에 대한 은혜(자애)로서 전개되고 있다. 5절 이하에서는 2절 후반의 '진실'에 대해 말하고 있다. 9절의 '오만한 바다', 10절의 '라합'은 하나님이 우주창조 때에 원시의 바다(심연)와 그곳에 사는 괴물(라합)을 정복하셨다는 질서정립의 신화를 표상한다. 12절의 '다볼'은 팔레스타인 중부의 산, '헤르몬'은 북녘의 산이다. 12절의 '북'과 '남'은 헤르몬과 다볼에 교차하는 법적 대응이다. 17절의 '뿔'은 위광의 상징이다. 19절 이하는 다윗에 대한 약속이 신탁형식으로 부연하여 이야기되고 있다. 여기서 '한 용자'와 '한 젊은이'는 바로 20절의 다윗이며, 그 후 대대의 왕들은 '다윗'에 포함된다. 25절의 '바다', '강'을 어떤 주해자들은 다윗왕국의 영토의 경계를 말하는 것으로 취하여, 예(例)하면 '바다'는 지중해, '강'은 유프라테스와 나일의 양강을 말하는 것으로 한다. 그러나 9절로 미루어 볼 때 도리어 신화적 표상이 배후에 있다고 보고 싶다(關根正雄). 왕을 하나님의 대리자로

하고, 세계질서의 유지자로 하는 것이다. 37절의 '증인' 이라는 것은 무지개를 뜻하는 듯하다(창세기 9^{12} 이하).

38절 이하는 3부인데, 41절 등은 예루살렘의 멸망시의 상황과 통한다. 45절의 전반은 구체적인 왕의 단명을 말하기보다는 왕국자체가 얼마 안가서 끝난 것을 말하는 것이다. 47절, 48절 개인의 탄식의 노래에서 자주 보이는 주제이다.

1부와 2부에서 하나님의 다윗에 대한 약속은 변하지 않는다는 것을 말한 시인이 3부에서는 이것과 전적으로 모순되는 현실을 솔직하게 호소하고 있는데 이 시인의 신앙이 있다. 하나님의 약속이 변하지 않는 것을 믿으면서, 하나님의 진노의 현실도 그는 부정할 수 없었다. 하나님의 약속의 전제가 있었기에 더욱 망국이 참으로 하나님의 역사에 관계되는 문제로서, 신앙의 문제로서 시인에게 받아들여진 것이다. 그러나 시인이 동시에 끝까지 믿고자 한 하나님의 은혜와 진노의 모순은 구약에서는 끝까지 해결불가능한 일로 끝난 것이다.

90편 | 영원하신 하나님

하나님의 사람 모세의 기도

1 주여, 주님은 대대로 우리의 버팀목(支柱)이셨습니다.

2 산들이 생기기 전에, 땅과 세계가 생기기 전에

　영원부터 영원까지 당신은 하나님이십니다.

3 주께서 사람을 티끌로 돌아가게 하시고,

　말씀하신다 '인자야 돌아가라' 고.

4 실로 주의 목전(目前)에는 천년도 지나간 어제 같고,

　밤의 한 때와 같습니다.

5 주께서 저희를 홍수처럼 쓸어 가십니다.

　그들은 아침녘의 잠과 같고, 스러져가는 풀과 같습니다.

6 아침에는 돋아나서 꽃을 피우나

　저녁에는 시들어 말라버립니다.

7 실로 우리들은 당신의 노여움에 소멸되며,

　당신의 분 내심에 놀랍니다.

8 주께서 우리 죄를 당신 앞에 놓으시니,

　우리들의 숨은 죄를 주의 얼굴빛에 내놓으십니다.

9 참으로 우리의 모든 날이 당신의 분노 중에 사라지며,

　우리의 평생이 한숨처럼 사그라집니다.

10 우리의 연수가 칠십이요 강건하면 팔십이라도,

　그 자랑은 수고와 허무뿐이요,

　빠르게 지나가고 날아갑니다.

11 누가 주의 분노의 힘을 알며

　누가 주의 진노의 무게를 깨닫겠습니까.

12 우리에게 우리의 날 계수함을 가르쳐 주셔서

지혜의 마음을 얻게 해 주십시오.

13 야훼여, 돌아와 주십시오. 언제까지입니까?

　　주의 종들을 위로해 주십시오.

14 아침에 당신의 은혜로써 만족하게 하시며,

　　우리가 평생의 날에 기뻐하고 즐거워하게 하소서.

15 주께서 우리를 괴롭게 하신 날 수만큼,

　　우리가 재난을 경험한 햇수만큼, 우리에게 즐거움을 주십시오.

16 주의 종들에게 당신께서 하신 일을 드러내 주시고,

　　그 자손에게, 주의 영광을 나타내 주십시오.

17 주 우리 하나님의 자애를 우리에게 베푸시고,

　　우리 손의 행사를 틀림없게 하소서.

　　우리 손으로 하는 일이 다 이루게 하소서.

　우리는 시편 90편에서 격조 높은 사상과 가락을 읽을 수 있다. '영원과 무상(無常)'이라는 관점에서 '하나님과 사람'이라는 문제가 대담하고 성실하게 다루어지고 있다. 그리고 신앙의 가차 없는 진지성을 가지고 깊이 추구하고 있으므로 이 시 중의 말들이 우리를 사로잡는다. 시인은 고령의 경험 많은 사람인 듯하며 인생을 회고하면서 하나님의 영원성을 배경으로 그 본질에 파고들고 있다. 동시에 그는 인생의 무상함을 직시하며 생(生)의 현실성에 대한 인간의 부정(否定)에서 하나님 자신에게 뿌리박은 신뢰로 인도한다.

　이 시는 표제에 '하나님의 사람 모세의 기도'로 되어 있는데 이는 후대의 편집자가 하나님의 영원성을 힘차게 노래한 것에 대해 존경과 외경(畏敬)

의 마음을 표현하기 위해 민족 최대의 인물의 것으로 표시한 듯하다. 시 전체에 신뢰라는 기조가 흐르고 있는데 우선 1절에서 강력하게 튀어나오고 있다. 2-6절은 하나님의 영원성과 인간의 무상을 대비하고 있다. 7-12절은 인간의 의지와 하나님의 의지의 대립이라는 견지에서 전개한다. 13-17절은 하나님의 은혜와 도움을 간구하는 기도로서 이 시를 맺고 있다.

자, 그러면 처음부터 다시 보겠다.

1절. '주여, 주님은 대대로 우리의 버팀목이셨습니다' 라고 시 전체를 관통하는 기본사상이 주제로 나오고 있다. 형식으로 보면 회고이며 과거의 전통 모두가 하나님 신뢰로서 포괄된다. 지난 나날을 회고하는 것은 역사가 진행하는 중에서 그 정지점(靜止点)이신 하나님을 되풀이하여 쳐다봄으로써 하나님 안에 지주(支柱)를 찾았다는 것이다. 신앙의 긴 전통 안에 조상들과 함께 서 있다는 의식은 매우 중요한 것이며 이는 바로 현재 그리고 미래에도 하나님 신뢰를 가질 수 있다는 용기를 준다. 인생의 무상이라는 충격적 사실을 직시하면서 시인은 그들의 조부들과 신앙을 공유하며 그곳에 확실한 지주를 발견한다.

'주여' 라는 첫마디에 이 모든 신뢰가 포함되어 있는 듯하다. 하나님의 엄위(嚴威), 우주만물의 통치자로서의 존칭이다. 이 전능자가 우리의 가장 신뢰할 수 있는 세세대대에 걸친 지주가 되었다는 것이다. 우리의 피난처이며 우리의 보호자가 되었다는 것이다. 하나님의 범할 수 없는 신성을 주창함과 동시에 그의 사랑과 친근을 알고 있는 시인은 그의 모든 것을 던져 죄까지도 용서를 구해 그의 가슴 안으로 뛰어든다.

2-6절. 하나님의 영원성과 인간의 무상

2절 이하에서 그 중심이 하나님으로 되어 있는 것에 주의를 요한다. 이것이 이 시의 사상과 출발점이며 중심이다. 동시에 분명한 것은 '인간의 무상'이라는 의식이 세상적인 비관론의 염세주의(厭世主義)에서 유래하는 것이 아니고, 하나님의 영원성이라는 사상에서 방향이 잡혀져 있다. 이 사상을 2-3절과 4-6절에 되풀이하여 말하므로 강렬한 인상을 주고 있다.

2절. 창세기를 연상시키는 문체로서 시인은 하나님의 영원성을 두려움과 놀라움으로 표현한다. 인간에게 무조건적인 경외심과 놀라움을 주는 세계 창조의 신화적 표현으로 전개한다. '산들이 생기기 전, 땅과 세계가 생기기 전에' 하나님은 계셨으며 또한 하나님은 현재도 계시고 영구한 미래에도 계실 것이라고 말한다. 하나님은 과거도 없고 미래도 없고 시간과 공간의 제한을 넘어 계시는 분이다. 그러나 하나님의 존재는 시간적인 유구만을 가지고 있는 것이 아니다. '당신은 하나님이십니다'라는 것은 동시에 무한의 강대한 힘과 시간성을 극복하는 현재성을 의미한다.

3, 4절. '사람을 티끌로 돌아가게 하신다'란 흙의 티끌에서 나온 것을 티끌로 돌아가게 하신다는 뜻이다(창세기 3[19]). 인류의 생사를 주관하시는 하나님의 한 말씀으로써 인간의 생명은 끝나는 것이다. 영원한 하나님의 힘에 비하여 인간은 얼마나 무력하고 허무한가! 인간은 하나님에게 시선을 돌림으로써 처음으로 우리의 무상을 완전히 이해한다.

하나님의 현재성을 확신하고 하나님의 영원성을 말하고자하는 사람의 시도는 필연적으로 모든 인간적인 것의 허무함과 왜소함을 다시 인식시키는 것이 된다. 천년이라는 긴 시간의 구분은 회고하기도 어려운 것인데 하나님께서 보면 지나간 어제 같고 한 밤의 경점 같다. 이런 척도에서 볼 때 인생 전체는 얼마나 보잘것없는 것인가!

5, 6절. 약하고 오만한 인간을 보라, 하나님이 만약 하루아침에 홍수를 내어 그들을 뒤덮어 버리면 그들은 흔적 없이 소멸된다. 또 사람을 무엇에다 비할까, 그는 이스라엘의 산지에 봄비를 만난 싹트는 청초(靑草)와 같다. 아침에 돋아 자라나 저녁에는 시들어 말라버린다. 하나님의 영존에 비하여

인생의 덧없음은 말로 다할 수 없다. 여기서 시인이 묘사하는 것은 어두운 비관론이 아니고 단순하고 냉정한 현실주의이다. 그는 사물을 있는 그대로 보는 것이다. 사물을 하나님의 빛에 비추어 보는 것이다. 우리가 시선을 하나님께 돌릴 때 인생의 현실에 눈이 열려 냉정한 성실성을 갖게 된다.

7-9절. 이러한 하나님 앞에 세워진 인간의 문제를 하나님의 분노와 인간의 죄에서 본다. 하나님의 분노를 추상적으로 논할 수는 없다. 하나님의 분노가 우리들에게 구체적으로 던져질 때 실감되는 것이다. 시인은 그 분노 앞에 소멸되며 놀란다고 말한다. 전후의 관련에서 아는 바와 같이 사람은 죽음에 직면했을 때 가장 깊이 그것을 실감한다. 이러한 하나님의 분노의 반영(反映)으로서 시인은 사람의 죄를 안다. 하나님의 가차 없는 심판 앞에 설 때 인간의 생의 내적 공허와 무(無)가 명백히 된다. 그리하여 우리들로 하여금 우리들의 죄와 부정에 견디어 내지 못하게 하신다. 여기서 '주님 앞에', '주님의 얼굴빛 가운데' 라는 것은 깊은 죄의식을 뜻한다. 우리들은 한 걸음 더 나가 십자가의 빛 아래서 죄 사함을 받은 것을 알 때 처음으로 죄가 무엇인지 깨닫게 된다. 9절에서도 하나님의 분노와 사람의 죽음을 실감하고 있다.

10-12절. 10절은 유명한 구절로서 우리에게 익히 알려져 있으며 이는 또한 우리의 인생 체험에서 실감하는 바이다. 다음으로 9절까지에서 죽음과 하나님의 분노에 관해 말한 시인이 11절에서 실은 하나님의 분노의 무게를 사람은 충분히 알지 못한다고 한 것은 중요하다. 하나님의 분노의 반영으로서 알 수 있는 사람의 죄는 하나님께서 지적하지 않으면 모른다. 거기에 인간은 하나님의 분노를 안다 하면서도 참으로는 그것을 모른다는 인간의 모순된 모습이 나타난다.

하나님은 우리들이 무엇인지 아신다. 그 일생이 70에 불과한 세상에 있어서의 나그네다. 강건하면 80세에 달할 수도 있으나 우리가 자랑으로 삼을 수 있는 것은 다만 근로와 비애뿐이다. 세월은 신속히 지나가며 마치 날아가는 새와도 같다. 우리는 하나님과 힘으로 다툴 수 있는 동배(同輩)가 아니다(10절). 그 누가 사람으로서 주의 노하심의 힘을 알 수 있으며, 그 위엄에 상응한 분노를 알 수 있으랴. 우리는 곧 분쇄될 뿐이다. 아아 하나님, 주는 그렇듯 강하시고 우리는 이렇듯 약한 자이므로 원하옵기는 우리에게 우리의 나날을 깨닫게 하시고, 우리가 교만하여 하나님께 대항하거나 그 노하심을 초래하는 일 없게 하시고, 당신의 뜻에 복종하는 마음을 얻게 하소서.

13-17절. 13절 이하는 기도이다. 기도도 앞서 본 부분과 같은 방향으로 향하고 있다. 인간은 자기 스스로 생의 방향을 변경할 수 없으며 하나님의 은혜와 도움이 필요하다고 한 12절과 같은 신앙태도로 은혜와 자비를 호소하고 구한다. 물론 죄의 용서를 직접 말하고 있지 않으나 '야훼웨여, 돌아와 주소서'라는 말씀 중에 하나님이 죄를 간과하시고 한 번 다시 은혜 중에 놓아 주소서라고 표현하고 있다. '언제까지이십니까'라는 간절한 기도에서 하나님께 완전히 의지하고 있는 모습을 인식할 수 있다(A. Weiser).

주여, 우리들의 참회소리에 귀를 기울이시어 우리에 대한 주의 성의(聖意)를 바꾸심으로써 우리들을 다시 주의 은혜 중에 받으소서(13절). 원하옵기는 아침에 주의 인자로서 우리의 주린 마음을 배부르게 하시고, 우리들이 세상을 끝마치기까지 우리로 하여금 환희의 소리를 올리게 하소서(14절). 우리들의 징계의 날은 길었습니다. 우리들의 편달의 날은 오래되었습니다. 원하옵기는 우리가 받은 고통과 재난에 따라서 이를 고치심에 합당한 희락(喜樂)을 우리들의 마음에 내려주소서(15절). 그리하여 주의 은혜의 행적을 우리에게 보이시고, 우리로 하여금 이것을 우리 자손에게 전하게 하시며, 그들도 주의 광위(光威)를 우러러 보게 하시고 야훼웨의 은혜의 기억을 길이 우리들 이스라엘 중에 머물게 하소서(16절). 우리들은 간절히 원합니다. 우리가 행하는 주의 성업을 확고하게 하시옵기를 거듭 원합니다. 우리를 구원하시어 우리들이 주 위해 한 우리들의 사업을 견고케 하시옵기를. 주께서 우리들에게 맡기신 주의 사업 위해 주의 긍휼을 우리들 위에 내려주옵소서(17절)(內村監三).

　주옥같은 글이며 불굴의 기도이다. 15절은 과거의 비운, 불행에 비교해서 같은 분량만큼의 희락을 달라는 것이 아니다. 시인은 이 세상의 고난, 재화가 사람의 죄와 깊이 관련되며 하나님의 분노와 관련된다고 알고 있다. 하나님을 믿는 자의 생애에도 많은 실패가 있으며, 많은 불행이 있다. 우리들은 그 뒤에 하나님의 분노를 실감한다. 신앙인에 있어서도 이것이 인생의 실상이다. 그러나 믿는 자는 분노의 하나님이 그 분노를 중지하고 은혜의 하나님으로 우리들을 돌보아 주실 것을 간구할 수 있다. 이 전환은 전적인 기적이며 주판(珠板)으로 헤아릴 수 없다. 자신의 분노를 넘어서 우리를 긍휼히 여기시는 하나님의 절대적 사랑인 것이다. 십자가의 신앙이란 하나님의 분노의 깊은 속을 넘어서 하나님의 은혜를 믿는 것이다. 우리들은 15절의 아주 구체적인 표현 속에 이 시인의 긴 세월 동안의 신앙적 고투(苦鬪)가 눈물로써 말씀되어 있음을 느낀다.

　끝으로 17절의 마지막 부분에 같은 말이 되풀이 되고 있는데 이 되풀이는 히브리 시문(詩文)의 문체적 특색이며 강조의 의도를 나타낸다(關根正雄).

91편 | 하나님의 보호

이 시는 11, 12절이 예수의 광야의 시험 때에 인용되어 있고(마태복음 4^6 누가복음 $4^{10,11}$), 그래서 유명한 시이다. 특히 하나님 신뢰가 무엇인가를 고전적으로 표현하고 있으며 우리의 마음을 파고드는 것이 있다. 시인은 하나님께 피난처를 얻어 하나님께 보호받는 자의 행복을 노래하고 있다. 그러나 적극적으로 악과 싸우고, 악인과 대결하는 모습은 없다. 그런 점에서 볼 때 시인은 가난한 자, 온유한 자, 짓눌린 자의 무리의 한 사람으로 보는 것이 타당하다(H.Gunkel). 그렇게 보면 이 시는 비교적 후대의 것으로 추정된다. 좌우간 개인적인 강한 신뢰를 표명한 시이며, 형식적으로는 사람에게 교사하는 것으로 되어 있어 교훈시로 분류되고 있다.

전체로써 둘로 구분되며, 1-13절은 교훈시의 형식을 취한 신뢰의 노래이며, 14-16절은 이것을 뒷받침하는 신탁(神託)의 인용이다. 1, 2절은 전체의 주제(主題)이며 3절 이하는 그 이유를 설명하는 형식으로 하나님의 보호를 여러 가지 경우와 비유를 들어 말하고 있다.

성가대의 지휘자에게, 수금에 맞추어, 다윗의 노래

1 지고(至高)한 자의 보호 안에 있는 자,
   전능자의 그늘에 숨는 자,
2 그 사람은 야ʰᵃ웨를 향하여 말한다.
   '나의 피난처, 나의 요새, 내가 의지하는 나의 하나님이여' 라고.[22]

---

22) 그 사람은 야하웨를 향하여 말하라 -關根 譯

1, 2절에 시 전체의 기조음이 울려 퍼지고 있다. 하나님을 신뢰하고 고백하면서 가호를 구하는 자에게 하나님의 보호가 보증된다. 올바른 하나님 신뢰가 헛되이 되는 일은 결코 없다. 하나님의 인격을 전폭적으로 믿고 '나의 피난처, 나의 요새인 내 하나님을 신뢰한다'고 말하는 자는 확실히 이미 지고한 자의 품속에 있으며, 전능한 하나님의 그늘 속에 평안히 그 몸을 놓고 있는 것이다. 이 1, 2절의 기본 사상은 전형적으로 구약성서적이다. 믿는 하나님의 보호가 현실로 나타나는 것에 신앙의 기본적 관심이 걸려 있다. 하나님을 신뢰하는 시인이 인생의 모든 곤궁과 위험 중에서 구원되고 보호되며 힘을 주시는 지고자의 힘을 스스로 느끼고 있다. 이러한 하나님의 가호 하에 평안히 쉬고 있는 모습을 그리고 있다. 이 신뢰는 독특한 깊이와 넓이를 가지고 있는데, 그것은 인간이 경외심(敬畏心)을 가지고만 그 이름을 부를 수 있는 지고한 하나님을 '내 하나님'이라 부를 수 있도록 허용된 새 생명관계에 놓여진 것을 실감하고 있다.

2절의 모두(冒頭)는 원문에서는 '나는 말한다'라고 되어 있어 1절과 연결이 잘 안 된다. 그래서 1절의 처음에 '복스러워라'라는 자구를 넣어 2절은 1절과 독립된 것으로 보는 사람도 있으나 별 근거가 없는 듯하며, 關根역에서는 명령형으로 읽어 '말하라'로 하고 있으며 A. Weiser 등은 '그는 말할 것이다'라고 3인칭으로 읽고 있다. 본문상 어려운 곳이다.

> **3** 진실로 그는 너를 사냥꾼의 올무와 멸망의 구덩이에서
> 구출하신다.[23]

---

23) 죽을 질병에서 너를 구출하신다 - 영역RSV, 개역 및 새표준번역

질병으로 하는 것이 말의 연결상 부적합하므로 많은 사람들이 '멸망의 구덩이'라고 개역하고 있다.

> 4 그는 그의 깃으로 너를 덮어 주시고
> 너는 그 날개 밑에 피난처를 얻는다.
> 그의 진실이 방패와 손방패가 될 것이다.

여기서 '손방패'라 번역한 말의 어원은 불분명하며 여기 밖에는 없는 말이라 한다(關根正雄). 좌우간 전투시 적의 창이나 화살, 칼 등을 막는 방패를 말하며 하나님이 방패와 같이 그를 의지하는 자를 보호해 주신다는 뜻이다. 하나님은 무한 진실한 분이시다.

> 5 너는 밤에 찾아드는 공포를 두려워하지 않고,
> 낮에 날아드는 화살을 무서워하지 않을 것이다.
> 6 흑암을 틈타서 퍼지는 염병과
> 백주에 덮치는 맹렬한 병액도 두려워하지 않는다.

신앙과 불신앙의 차이는 '너는 두려워하지 않는다'라는 단순한 말로써 명확하게 표현된다. 두려워하지 않는 신앙과 대조적으로 불신앙을 시인은 몸서리치는 두려운 힘이라 말한다. 밤의 위험과 낮의 위험을 두 번 말하고 있다. '밤의 두려운 것'이란 지난 시대의 민간신앙에서 밤에 오싹하는 불안을 느끼게 했던 초인간적 힘을 말하는 것인 듯하며 이런 불길한 불안은 현대인에게도 있다. '낮에 날아드는 화살'도 역시 악마의 괴력의 무서운 힘을 말하는 것으로, 이것은 6절과의 관련에서 태양의 광선으로 해석하는 학자가 많다. 이 시는 이러한 민간신앙적인 생각을 취하여 악령을 인격화함으로써 위험한 병액을 인상 깊게 무섭게 느끼게 한다. 이렇게 우리를 둘러싸는 무서운 힘을 두려워하는 입장을 배경으로 하여 하나님을 신뢰함으로써 얻는 대담함이 더욱 돋보이게 된다. 위험이 크면 클수록 신앙은 절대적인 것으로 떠오른다.

7 비록 천 명이 네 옆에 쓰러지고, 만 명이 네 오른쪽에 쓰러질지라도
   재앙이 네게는 미치지 못할 것이다.
8 오직 너는 네 눈으로 자세히 볼 것이다.
   악인이 보응을 받는 것을 보게 될 것이다.

'비록 천 명이 네 옆에 쓰러지고, 만 명이 네 오른편에 쓰러질지라도 재앙이 네게는 미치지 못할 것이다'라는 말씀은 자주 인용되는 유명한 말씀으로서 신앙은 보다 높은 경지로 오른다. 이 비유는 살육의 파멸의 현장에서 희생자가 좌우에 즐비하게 일어날지라도 그만은 견디어 낸다는 것이다. 시인은 현실적인 모든 환난 근심을 버리고 신앙만에 의해 대담하게 최후의 고봉을 기어오르고 있음을 연상케 한다. 인간적으로는 있을 수 없는 것이 신앙의 영역에서는 생기곤 한다. 그것은 참으로 하나님의 기적인 것이다. 이 신앙은 구원하시는 하나님만을 쳐다보는 것이다. 그렇게 함으로써 여타의 모든 환경, 조건은 뒤로 버릴 수 있는 것이다. 여기에 신앙만이 갖는 위

대함이 있다. 이러한 신뢰는 증명할 수도 없고 마음대로 불러일으킬 수도
없다. 기적이 실현됨으로써 비로소 신앙의 바른 힘이 증명된다. 따라서 시
인은 '너는 네 눈으로 볼 것이다'고 시사하고 있다.

> 9 너에게는 야훼가 너의 피난처이시며,
>   너는 지고한 자를 너의 거처로 삼았으므로
> 10 네게는 어떤 재앙도 내리지 않을 것이며,
>   고뇌는 너의 막사에 근접하지 않을 것이다.

대담한 신앙적 고양상태에서 시인은 처음의 말씀에로 되돌아간다. 즉 1,
2절에서는 일반적인 말로써 대화자에 대한 원망(願望)과 요구를 말한 것이
나 이제 여기서는 '너는 지고한 자를 너의 거처로 삼았다'라고 단호한 주장
을 하며, 확실한 표현을 하고 있다. 그러므로 10절의 재해도 고뇌도 미치지
않는다는 약속이 자연히 나오고 있다.

> 11 그가 천사들에게 명하셔서
>   너의 모든 길에서 너를 지키게 하실 것이다.
> 12 그들이 너를 손으로 들어
>   너의 발이 돌에 부딪히지 않도록 할 것이다.

여기서 친숙하고 따뜻한 비유가 시인의 신앙을 밀고 나가는 것을 느낀다.

하나님의 기적적인 도움이 약속된다. 천사들이 그를 어린이 취급하듯 주의 깊게 안아 넘기어 팔레스타인의 돌 많은 길에서 발 다치지 않게 한다. 그와 같이 그의 신앙은 하나님의 품속에 안기어 안전하게 보호되고 있다는 자각 하에 닥쳐오는 위험에 번민하지 않고 전진한다. 광야의 시험에서 유혹자의 입에서 이 구절이 나왔을 때에 예수는 '너의 주 하나님을 시험치 말라' 고 말씀하여 그 유혹을 물리치신 것은 유명하다. 하나님 신뢰라는 것은 인간이 자기재량으로 마음대로 쓸 수 있는 것이 아니며, 도리어 인간이 곤궁에 처했을 때에 곤궁과 함께 하나님이 주시는 신앙이다(A. Weiser). 이러한 수호천사의 사상은 후기(後期) 유대교 문학에 많고 신약시대에도 있다. 따라서 이 시의 제작 연대는 후기 유대교 시대의 것으로 추정된다. 대체로 예언자나 시편의 신앙은 하나님과의 직접적인 관계를 강조하는 것이 큰 특색이다(關根正雄).

13 네가 사자와 독사를 짓밟고, 젊은 사자와 큰 뱀을 밟으리라.

이곳에서는 여행의 비유가 계속되는 것으로 생각된다. 유다에는 사자나 독사가 있었던 것으로 안다. 따라서 여행은 위험한 것이었다. 여기서는 시인의 감정이 고양되어 천사에 의한 수호이상으로 하나님의 힘에 의해 그러한 것들을 짓밟는다고 한다. 이와 같은 것이 신약에도 있다(누가복음 10[19], 마가복음 16[18] 참조). 이러한 사상의 배경에는 고대 오리엔트에 널리 퍼져 있던 제의적 신화에서 승리의 상징으로서 괴물을 짓밟으며 사자나 뱀을 죽이는 신이라는 표상이 생각되고 이러한 신상을 부적으로 가지고 있었던 모양이다.

14 그가 나를 떠나지 않으므로[24]

내가 그를 구원한다.

그가 나의 이름을 알고 있으므로 나는 그를 지킨다.

15 그가 나를 부를 때에, 나는 그에게 대답하며,

고난의 때에 그와 함께 있으며,

그를 건져주고 영화롭게 하겠다.

16 내가 장수(長壽)로써 그를 만족케 하며,

나의 구원을 보이리라.

2부는 하나님의 약속의 말씀이다. 따라서 형식상으로도 1부와 완전히 구분된다. 내용에 있어서 이제까지 인간의 말로써 이야기된 것이 여기서는 하나님 자신의 말씀으로써 1인칭을 사용하여 강조되고 있다. 14절의 '내 이름을 안다'는 것에도 사랑의 요소가 담겨 있다(창세기 4¹ 등). 즉 이 시인과 하나님의 관계가 대단히 밀접함을 나타내고 있다. 15절은 이러한 교제는 기도로써 하나님께 부르짖으면 하나님은 응답하시고 그를 영화롭게 해 주신다고 약속하신다. 16절은 하나님의 넘치는 축복의 약속은 보이는 외적인 것은 물론 우리의 궁극적 목적인 구원까지 확약하시는 것으로 우리를 높이 높이 끌어 올리는 것으로 시를 맺고 있다. 물론 그리스도 안에 있는 하나님 신뢰에서는 더욱 한 발자국 나가 우리가 대담한 신앙을 가지고 생각한 것과는 다른 결정을 하나님이 우리에게 하실 때에조차도 하나님의 의지에 몸을 맡기는 것이다.

---

24) 마음을 쏟아 부음으로 - 關根 譯

92편 | 하나님을 고백하는 아름다움

　이 시는 표제에 의하면 유대교 후기에 안식일 예배에 쓰인 듯하다. 그러나 일반적으로 표제는 후일에 붙인 것으로 시의 내용과는 관계가 없다.

　이 시는 감사의 노래에다 지혜의 시의 요소를 가미한 찬미의 노래이다. 형식적으로 보면 도입부인 1-4절은 찬미의 노래의 변용(變容)이라 할 수 있다.

　4절 처음의 '실로'라 번역한 말은 '왜냐하면'이라 할 수 있는 말로 이 말은 찬미의 노래의 본론(5절 이하)에 넘어가는 다리의 역할을 한다. 전체로 보아 감사와 찬미가 하나로 되어 있으며 여기에 지혜의 시의 요소가 섞이어 있다. 이 시를 내용적으로 따져 보면 시에 일관해 있는 것은 악인의 존재와 하나님의 의의 문제이다. 이런 점으로 미루어 볼 때 이 시는 후대의 것으로 추정된다.

　본문을 처음부터 읽어본다.

시, 안식일을 위한 노래

1　참 아름답도다! 야훼웨를 찬송하며,
　　지고한 자의 이름을 노래하며,
2　아침에 당신의 자애를,
　　밤마다 당신의 성실을 고하여 알리고,
3　십현금과 수금에 맞추고,
　　비파 가락에 맞춤이.
4　실로 당신은 그 행사로서 나를
　　기쁘게 하셨으며,
　　나는 당신 손의 업적을 환호합니다.

이곳은 찬미의 도입부이며, 기도하는 사람들이 축제의 기쁜 기분에 잠겨 있음을 느낄 수 있다. 주 야훼에 대한 찬송과 찬미가 울려 퍼지며, 시인은 하나님의 자애와 성실에 감사하며 이를 고백하여 알린다.

1절의 '아름답다'고 번역한 말은 '좋다' '굉장하다' 등 여러 뜻이 있으며 루터는 '훌륭하다'는 뜻으로 읽고 있다. 이는 하나님의 영광을 생생하게 느낀 인간의 심미적 요소와 윤리적·종교적 요소가 하나가 되어 느끼는 감정을 말한다. 하나님 자신이 기도하는 사람 안에 각성시키는 하나님에 대한 기쁨을 말한다.

3절과 같이 악기를 언급하는 것은 찬미의 노래에 흔히 있다. 여하튼 시편의 찬미는 개개의 사건에 대한 감사가 아니고, 하나님의 성업 일반을 공동으로 찬미하는 것을 중심으로 하고 있다. 이와 같이 자신을 떠나서 하나님을 찬미하는 것이 신앙의 가장 순수한 모습이다(주기도문 참조).

시인이 이러한 신앙의 긍정상태에 이르기까지의 영혼의 투쟁을 노래한 것이 4절 이하의 본론이다.

5 야훼여, 당신의 업적은 얼마나 위대하며,
　당신의 생각은 얼마나 깊습니까.
6 미욱한 사람은 알지 못하고,
　미련한 자는 이를 깨닫지 못합니다.

하나님과의 만남은 단순히 시인의 감정을 고양시킬 뿐 아니라, 깊은 사색에 들어가 하나님의 계시의 위대와 그 의의를 알게 하며, 찬미와 더불어 기쁨으로 이를 고백케 한다. 하나님을 아는 것은 인간에게만 허용된다. 그것은 엄숙한 때에 하나님이 인간에게 주시는 큰 선물이다. 미욱한 자는 이것을 모르고 지나가고 미련한 자는 이를 깨닫지 못한다.

> 7 악인들이 풀처럼 돋아나고,
>   악을 행하는 자는 모두 피어날지라도
>   그들은 영원한 멸망으로 정해져 있습니다.
> 8 그러나 당신은 영원히 높이 계십니다.

악인들이 아무리 무성하고 꽃필지라도 그것은 하나님의 정한 바에 의해서 멸망으로 끝난다. 영원히 높이 계실 분은 하나님이시다. 그것을 가르침 받은 시인은 신앙으로써 하나님을 찬양한다(4, 5절).

> 9 정녕 야ᄒᆞ웨여, 보소서 당신의 원수들이,
>   정녕 당신의 원수들이 사라집니다.
> 10 그러나 당신께서는 들소처럼 저의 뿔을 쳐드시고,
>   싱싱한 기름을 저에게 부으셨나이다.
> 11 나의 눈은 내 적들을 바라보며,
>   나의 귀는 나를 거역하는 악한들에 대하여 들었나이다.

9절의 '사라집니다' 라는 동사는 미래형을 쓰고 있다. 그러나 10절에서는 '하나님은 나의 뿔을 쳐드셨다, 기름을 나에게 부으셨다' 고 잘라 말하고 있

다. 뿔은 힘의 상징이며, 기름은 은혜를 가리키고 있다. 11절은 악인에 대하여 말하고 있다. 그러나 구체적으로 무엇을 보고, 들었는지는 명언하지 않는다. 그들의 몰락을 보고 들었다는 뜻인 듯하다. 이제 시인에게 있어서는 하나님 안에서 모든 것이 해결된 상태이므로 악인에 대해 더 말할 필요가 없어진 것이다.

12 의로운 사람은 야자수처럼 가지를 내고,
　　레바논의 백향목처럼 자라리라.
13 그들은 야_하웨의 집에 심어지며,
　　우리 하나님의 앞뜰에서 자라난다.
14 연령이 들어도 열매를 맺으며,
　　수액이 많아 싱싱하리라.
15 야_하웨의 올바르심을 알리고,
　　나의 바위에는 불의가 없다고 말한다.

12절의 '야자수', '레바논의 백향목'은 그 대단한 성장상태를 의로운 사람의 비유로 쓰고 있다. 13절에 그들이 하나님의 집에 심어지고, 하나님의 앞뜰에서 자라나는 나무에 비교됨은 놀랍다. 이것으로서 하나님 안에서 완전한 평안을 얻으며, 구원을 얻고 있는 의인의 모습을 잘 묘사하고 있다. 시인은 악한 자에 대하여 완전한 승리를 이미 얻고 있는 것이다. 왜냐하면 그는 하나님과 함께 있으며, 하나님 안에 있기 때문이다. 그리고 이제 늘어가도 하나님 안에서 힘이 넘칠 것을 확신하고 있다(14절). 그리고 최후로 '하나님은 올바르시다'는 것, 하나님께는 '불의가 없다'는 것을 선전한다고

말한다. 이 15절에는 '신의론(神義論)'이 있다고 Gunkel은 말하고 있다. 그러나 시인은 여기서 사상으로서의 신의론을 말하고 있는 것은 아니며, 악인의 존재에 괴로움을 당한 긴 고투 끝에 하나님의 은혜에 의해서 하나님 안에 설 수 있게 되어서, 현실이 어떠하든 하나님은 의롭다고 고백한 것이다. 어떠한 때에도 하나님을 의롭다 하는 것 그것이 신구약성서를 일관하는 신앙의 기조이다(關根正雄). 이 시인은 악인에 대립해서 자신의 의를 주장하는 것은 아니다. 그러한 의는 상대적인 의에 참여하고, 하나님의 의에서 이 악인의 멸망을 보고 있는 것이다. 하나님을 의롭다 함으로써 이러한 절대적인 의에 참여하고 있는 것이다.

93편 | 왕이신 하나님

이 시는 '야훼 즉위식의 노래'로 알려져 있다. 1절의 '야훼께서 왕이 되셨다'고 하는 도입부가 그것을 말하고 있다. 즉위식의 기원은 이스라엘이 아니고 메소포타미아에 있다. 아마도 바빌로니아적 기원까지 소급되는 듯하다. 거기서 신(神) 마르둑은 매년의 신년제에서 원시의 혼돈의 큰 물(바다)을 정복하여 왕위에 오르는 것으로 된다.

바빌로니아에서는 신년제(新年祭)에서 신(神) 마르둑의 즉위가 세계창조 때에 그가 혼돈의 힘과 대결해서 승리했던 것과 합쳐져 경축된 듯하다. 이 것과 비슷한 제의가 이스라엘에도 있지 않았나 하는 것이 Mowinckel의 주장이다. 이 시편과 바빌로니아 문서가 유사한 것은 사실이나, 시 전체로 보아서 찬미의 문체에 의한 이 시는 구약성서의 신앙의 전형적인 특색을 가지고 있다. 야훼의 즉위와 함께 오는 하나님 나라에 대한 희망과 영원의 하나님 지배라는 사상에 있어서 창조와 종말의 강력한 결합은 구약성서의 토양에서 성장한 하나님 신앙의 난숙한 결실(結實)이라 하겠다. 즉 '야훼의 즉위식의 노래'에 있어서 현저한 것은 세상 종말에 있어서의 새로운 야훼의 왕국의 도래가 찬미되어 있는 것이다. 여기서 예언자적, 종말적 신앙을 읽을 수 있다.

이 시는 박력 있는 언어와 찬미의 소리가 우렁차게 솟아오르고 있다. 신화적 사고와 비유의 여운이 남아 있기는 하나, 그것은 하나님의 위광에 대한 강한 감명에 압도되어 있다.

본문을 처음부터 읽어본다.

---

1 야훼께서 왕이 되셨다.

139

그는 존엄으로 옷 입으셨다.
야훼는 권능의 띠를 두르셨다.
세계가 굳게 세워져 흔들리지 않는다.
2 당신의 어좌는 예로부터 굳게 세워지고,
당신께서는 영원히 하나님이십니다.

'야훼께서 왕이 되셨다'는 것은 종말적인 신앙의 고백이다. 포수 후(捕囚後)의 정치적으로 무력한 이스라엘의 백성이 세상 끝인 종말에 하나님의 완전한 지배를 대망하고, 그것을 믿어 오래된 '즉위식의 노래'의 형식을 본떠서 말하고 있다. 위엄을 옷 입고, 권능의 띠 띠었다는 것도 그러한 현상과 대비할 때 잘 이해된다. '세계가 굳게 세워져 흔들리지 않는다'는 것은 하나님의 창조의 성업을 말하는 것이다. 혼돈의 세계에 질서를 세워, 땅을 견고히 물위에 세웠다는 것이다.

그것에 계속되는 2절의 '당신의 어좌는 예로부터 굳게 세워졌다'라고 하는 것도 Gunkel은, 세상 처음부터 그러했다는 것이므로, 세상 끝을 예상하고 있다고 본다. 이러한 해석은 구약에 있어서 처음과 종말은 대응한다는 견해가 있는 것을 전제로 말하고 있는 것이다.

3 야훼여, 큰물이 요동치고, 큰물이 그 소리를 높입니다.
큰물이 파도칩니다.
4 넘쳐흐르는 큰물의 소요 위에, 바다의 큰 파도의 위력 위에,
높이 계신 야훼는 영광에 빛납니다.

　시인은 하나님의 숭고하심을 찬미하기 위하여 먼저 한 강력한 비유를 가지고 온다(3절). 물거품을 내며 큰물이 밀려온다는 비유는 태고의 혼돈과 신들과의 싸움에 관한 신화적 표상에서 취해진 것이다. 예(例)하면 바빌로니아의 신년제 신화에서 마르둑은 원시의 큰물로 표현되는 괴물과의 싸움에서 승리했다고 전해져 오며, 또 구약성서에 있어서도 야훼의 승리로서 여운을 남기고 있다(시편 104^7). 시인은 야훼의 이 싸움에 대하여 약간의 암시를 하는데 그쳐서, 신화 자체가 그에게 있어 본래의 의미를 갖는 듯한 인상을 주지 않고자 의도적으로 회피하고 있다. 그는 원시(原始)의 큰물의 소용돌이를 종말의 그것에 대비한다. 이와 같이 신화적 표상인 큰물의 위력을 말하나 하나님의 영광이 그것을 훨씬 넘는다는 것을 말하기 위해 예로서 인용한 것에 불과하다. 하나님의 영광은 찬양되지만 하나님의 모습 그 자체는 물론 언급되지 않는다(4절). 그것은 인간의 말로서 표현할 수 있는 것이 아닌 절대의 거룩이기 때문이다. 4절까지 서술된 것은 하나님의 처음과 종말에 있어서의 지배를 찬미한 것이며, 이 세계가 운명적인 무의미한 힘에 의해서 지배되는 것이 아니고, 하나님이 세계를 지배하고 계심을 말하고 있다. 그 점을 5절에서 하나님의 증언이라는 표현으로서 더욱 분명히 하고 있다. 하나님은 이 세계에 대한 자신의 의사를 이미 증거하고 계시며 그 내용은 하나님의 거룩이다. 그러므로 거룩함이 하나님의 집에 영원히 어울리나이다 하고 이 시를 맺고 있다.

94편 | 심판은 의를 향하여

이 '보복(報復)의 시'는 상이한 두 부분으로 구분된다. 1-11절은 악인에 대한 보복을 하나님께 기도한다. 이것은 보통 구약에 있어서의 '복수의 기도'라 하여 별로 평판이 좋지 않은 것이다. 그러나 이 '복수'가 이 시 전체에 있어서 어떠한 뜻을 갖는가를 생각하지 않고 단순히 신약의 사랑과 대비하여 구약의 한계라고만 하는 것은 옳지 않다.

12-23절은 악인에 의한 적대시와 유혹에 대하여 하나님이 시인에게 주시는 도움과 위로를 노래하는 감사의 시다. 그 중 12-15절은 하나님의 훈육을 받는 사람에 대한 축복의 말씀과 경건한 회중을 받치고 있는 하나님의 의에 대한 신뢰로서 되어있다. 이것이 1부와 2부를 연결하는 가교의 역할을 하는 것으로 본다.

자, 본문을 처음부터 읽어본다.

> 1 복수의 하나님, 야훼웨여,
>   복수의 하나님, 나타나소서.
> 2 세계의 심판자시여, 일어나소서.
>   거만한 자들에게 그 행실 따라 갚으소서
> 3 야훼웨여, 언제까지 악인들이,
>   언제까지 악인들이 기뻐 뛰리이까.

'세계의 심판자'이신 하나님께 일어나시어 보복을 위해 나타나시라고, 시인은 기도한다. 이 기도에 오랫동안 누르고 있던 정당한 분노가 터져 나오고 있다. 시인은 이제 악인들의 간악한 행동에 대하여 더 이상 방관할 수 없게 된 것이다. 하나님의 의에 대한 시인의 신앙이 근저로부터 뒤흔들리어져 시인은 이제 하나님의 보복을 간구하는 수밖에 없이 된 것이다. 정의로운 분노의 정열적인 분출을 느낄 수 있다.

4 그들은 터무니없이 뻔뻔스럽게 말하며 뽐내나이다.
　나쁜 짓 하는 모든 자가 자랑하고 까부나이다.
5 야훼여, 그들은 당신의 백성을 짓밟고
　당신의 사업(嗣業)을 억누르나이다.
6 과부와 이방인을 살해하고
　고아들을 학살하나이다.
7 그들이 말한다, '야훼는 보지 않으신다,
　야곱의 하나님은 깨닫지 못한다'고.

　백성에게 있는 하나님의 질서를 악인들이 짓밟고, 죄 없는 과부와 고아들을 학대하고 냉혹하게 박해하며, 어리석게도 하나님은 그러한 악에 대하여 모르신다고 말하며 거만을 떠는 것에 대해 시인은 예언자처럼 이를 힐책한다.

8 백성중의 미욱한 자들아, 깨달아라,
　미련한 자들아, 언제 알아들으려느냐.
9 귀를 심으신 분께서 듣지 못하신단 말이냐.
　눈을 만드신 분께서 보지 못하신단 말이냐.

10 민족들을 징계하시는 분께서 벌하지 않으신단 말이냐.

　사람을 가르치시는 분께서 모르실 까닭이 없다.

11 야ㅎ웨는 사람의 생각을 아시며,

　사람이 입김에 불과한 것을 아신다.

　실제로는 그들 자신이 맹목이며 '미욱한 자'이며, 하나님을 진지하게 생각하고 있지 않다. 창조자는 피조물 이상의 존재이며, 그들 이상의 것을 할 수 있는 것이다. 하나님은 모든 민족의 지배자이시며, 인간의 스승으로서 그들의 책임을 물을 권리와 힘을 가지고 있다. 지혜문학의 형식과 말씀에 관련이 있다. 이 하나님의 임재 앞에 모든 인간은 침묵하며 그의 앞에 모든 인간적인 사고는 '무'와 같다. 그러므로 하나님 없는 자는 자신들에게 내려지는 하나님의 판결을 알아차려야 한다고 시인은 말한다.

12 야ㅎ웨에게 징계 받는 자에게 행복 있으라,

　당신의 법으로 가르침 받는 자에게.

13 환난의 날에도 평안이 주어지며,

　드디어 악인을 위해서는 멸망의 구덩이가 파진다.

14 야ㅎ웨는 그 백성을 물리치지 않으시며 그 사업(嗣業)을

　버리시지 않기 때문이다.

15 판결은 반드시 정의를 따를 것이니,

　마음이 정직한 사람이 모두 정의를 따를 것이다.[25]

11절까지와 12절 이하의 관계에 대하여 다시 생각해 본다. 14절의 '백성', '사업(嗣業)'은 5절에 있는 말씀이며 서로 관련이 있다. 그러나 제일 깊은 관련은 10절과 12절 간에 있다(關根正雄). 이 양절에 '징계한다', '가르친다'는 등 두 동사가 공통이다. 이것을 실마리로 하여 11절까지와 12절 이하의 관계를 볼 수 있다. 이 시의 중심문제가 바로 거기에 있는 듯하다. 11절까지에서 하나님이 땅을 심판하시며, 악한 자를 멸망시키는 것을 일반적으로 기구한 시인은 후반(12절 이하)에서는 문제를 자신에게 집중시켜 완전히 새로운 시야에 서 있다.

이 점에서 이 시를 두 시로 보는 견해에 어떤 진리가 있다. 그러나 도리어 그곳에 깊은 내면적 연관이 있다고 생각된다. 그것은 10절에서 민족을 징계하시는 분, 사람을 가르치시는 분으로서 하나님을 적에게 향하고 계신 분으로 생각하고 있던 시인이 문득 깨닫고 보니, 이러한 악인의 문제로 고뇌하고 있는 자신이야말로 하나님께 징계받고 있는 자요, 하나님께 가르침을 받고 있는 자라는 것을 깨달은 것이다. 이 일은 이 시인에게 있어 신앙의 대전환이었다. 이 신앙의 전환에 의해 시인은 이제 있는 상태 그대로 하나님 앞에 평안을 얻고, 문제의 해결을 얻게 된 것이다. 13절에 있듯이 환난의 날은 지금도 계속되고 있다. 그것은 악한 자가 멸망되는 최후까지 계속될 것이다. 그러나 시인 개인은 이제 이미 평안을 얻고 있다는 것이다. 그러한 의미로서 하나님의 백성은 구원을 받고 있는 것이다(14절). 그러나 최후의 해결은 마지막 때이다(15절). 마음이 정직한 사람이 모두 정의를 따를 때이다.

---

25) 심판은 의를 향한다.
   마음이 정직한 사람은 모두
   주님께 따르기 때문이다.-A. Weiser역

16 누가 나를 위하여 악한을 거슬러 일어서리요.

　　누가 나를 위하여 나쁜 짓 하는 자들을 거슬러 맞서리요.

17 야훼께서 내게 도움을 주시지 아니하셨다면,

　　내 영혼은 벌써 침묵의 나라에 누웠으리라.

18 '내 다리가 휘청거린다'고 생각했을 때에는

　　언제나 야훼여, 당신의 자애가 나를 받쳐주셨나이다.

19 내 속에 수많은 걱정들이 쌓일 때

　　당신의 위로들이 내 영혼을 기쁘게 했나이다.

20 규칙을 무시하고 불법을 행하는 권좌의 자리에 있는 자가

　　당신과 어울릴 수 있으리이까.

21 그들은 의로운 자의 생명을 엿보며,

　　부당하게 죄 없는 자의 피를 흘린다.

22 그러나 야훼는 나의 산성이요,

　　내 하나님은 나의 피난의 바위가 되셨다.

23 그들의 죄악에 따라 그들에게 갚으시고,

　　그 악의 연고로 그들을 멸망시키시리라,

　　우리 하나님 야훼는 그들을 멸망시키시리라.

　　지금 악인에게 거슬러 일어서는 자, 시인을 위하여 악인과 싸워주는 사람은 없다(16절). 그러나 하나님은 지금 이미 도와주신다. 그 도움(구원)이 없었다면 시인은 절망하여 하나님과의 교제가 없는 죽음의 나라(침묵의 나라)에 떨어졌을 것이다(17절). 그러나 시인이 인생행로의 도상에서 신앙문제로 고뇌하고, 절망에 처했을 때 하나님의 사랑이 기적적으로 그에게 알

려져서, 지금 받고 있는 은혜 중에 사는 자가 되었다(18절). 19절도 같은 신앙을 노래하고 있다. 번민과 고난이 있는 그 안에서 하나님께 매달릴 때에 하나님의 위로가 충만해져서 그러한 번민과 고난도 문제가 아니 되는 것이 신앙의 현실이다.

시인은 이와 같이 하나님의 위로, 하나님과의 친교가 모든 것이라는 것을 안 것이다. 악한 자에게 무엇이 있다고 해도 이 인생 최후 최대의 은혜는 없다. 20절은 이것을 말한다. 그들은 의로운 자를 괴롭힌다. 그러나 시인은 하나님께 피난하는 것을 배웠다. 하나님이 산성이며 그곳에 숨는다. 하나님을 피난처로 삼고, 구원의 바위를 그곳에 발견한 것이다. 복수를 기도하면서 시작한 시인은 이제 복수까지도 완전히 하나님께 맡기고 다만 하나님께 감사할 뿐이다(23절).

95편 | 방황하는 백성

이 시는 1절부터 7절 전반까지와 7절 후반에서 11절까지, 그 상황이 아주 다르다. 그러나 이러한 대립적인 면이 있다하더라도 이를 예배문의 형식을 취한데서 온 것으로 생각할 수 있다. 1절에서 7절의 전반까지는 예배자가 부르는 찬미의 노래이다. 7절 후반부터 11절까지는 예언자적 신탁인데 예배를 위한 의식문이다.

이 시의 중심인 '마음을 완고히 한다'는 문제도 포수후의 곤란(困難)한 세대를 생각하게 한다. 그리고 이 시인의 사상은 야ᄒ웨만이 우주의 창조주시여, 다른 신들과 비교할 수 없는 절대적인 주님이시라는 것이다.

처음부터 내용을 살펴본다.

> 1 자! 야ᄒ웨를 향하여 노래하고,
>   우리의 구원의 반석을 향하여 소리를 높이자.
> 2 감사함으로 그의 얼굴 앞에 나가자,
>   찬양의 노래로서 그에게 환호하자.

이 시는 축제예배의 필요한 요청으로 시작된다. '자! 야ᄒ웨를 향하여 노래하자'라는 찬미로서 시작되는 것이다. 1, 2절은 시의 도입부이며 의식에 의한 권고다. 하나님을 찬미하며 구원의 반석이신 하나님을 향하여 환호하며 감사함으로 그 분 앞에 나가자고 권고한다. 이는 찬미로서 '하나님의 얼굴 앞에 나가자'는 부분은 헌신적인 기쁨의 분위기를 잘 반영하고 있다.

다음 '실로(왜냐하면)'로 시작하는 3절 이하가 중심부이다.

3 실로 야ᄒᆞ웨는 위대하신 하나님,
   모든 신들보다 뛰어나신 왕.
4 땅의 깊음이 그의 손안에 있고
   산들의 높음도 그의 것이로다.
5 바다도 그의 것, 그가 만드셨으며
   마른 땅도 그의 것, 그의 손으로 빚어 만드셨도다.

하나님이 전 세계의 창조주로서 그 권능의 위대하심과 모든 신들보다 뛰어나신 왕으로서 지배의 숭고하심이 증명되고 있다. 바다와 육지는 물론 땅의 깊은 곳과 산들의 정상도 하나님의 권능의 영역이라 말한다. 이는 당시의 민간신앙에 의하면 지하는 다른 여러 힘들의 영역이라 말하고, 높은 산들은 하나님의 보좌(시편 68[16, 17])라 하였던 것이다. 이 시는 의식적으로 이러한 민간신앙을 일소하여 하나님의 힘은 무한하며 이것이 바로 구원의 부동의 기반이라고 말한다.

6 자! 우리가 꿇어 엎드려 경배하자.
   우리의 창조주 앞에 꿇자.

그러므로 하나님께는 모든 피조물의 찬미와 감사가 합당하다. 동시에 또한 하나님께 의지하고 의뢰하는 회중의 겸허한 순종이 합당하다. 따라서 시인은 경배하며 그 분 앞에 무릎을 꿇자고 외친다.

7 참으로 그는 우리의 하나님이시며
  우리는 그의 기르시는 백성이요
  그의 목장의 양이기 때문이다.
  너희는 오늘 그의 음성을 들을지어다.

　6절은 두 번째의 찬미이며, 이 7절은 '참으로'로 시작하며 제2의 중심부를 이룬다. 이스라엘은 '참으로 그분은 우리의 하나님이시다'라고 고백한다. 그들은 하나님을 단지 창조주로서 찬미할 뿐 아니라, 그들과 계약을 체결하신 주님으로서 숭앙한다. 여기서 '야훼는 이스라엘의 하나님, 이스라엘은 하나님이 기르시는 백성'이라는 전통적인 계약형식이 취해진다. 하나님은 그들을 '선택'하시어 역사를 통하여 그들을 은혜로운 구원의 길로 인도하셨다. 여기에 하나님과 백성의 만남이라는 깊은 뜻이 실현된 것이다.

　즉 창조, 선택, 시대에 있어서의 계약체결이라는 오래된 구제사의 전통이 '지금' 제의(祭儀)를 통하여 재현되어 '그들은 하나님의 음성을 듣는' 것이다.

　하나님은 권능과 구원의 은혜를 백성에게 계시하시고, 백성은 하나님 앞에 겸허하게 머리 숙여 하나님을 우러르며 감사와 신뢰, 순종을 바친다. 그들은 '오늘' 진실로 하나님의 음성을 듣고 감사함으로 순종을 바친다.

8 저 광야의 므리바에서처럼 맛사에서의 날처럼
  너희의 마음을 완강하게 하지 말아라.

9 거기서 너희 조상들은 내 행사를 보고서도
　　나를 시험하고 나를 떠보았다.

10 사십년 동안 나는 그 세대를 몹시 싫어하여
　　말하기를 '그들은 마음이 잘못된 백성으로
　　나의 길들을 알지 못하였느니라' 라고,

11 나는 분노하여 맹세하기를
　　'그들은 나의 안식에 들어오지 못하리라' 라고

이 시의 특색은 전반부와 결합해서 보는 후반부(7절 후반에서 11절까지)에 있다. 전반의 찬미의 노래에 의한 예배 중에 후반의 하나님의 엄한 경고의 목소리가 울려 퍼지고 있다. 신앙은 확실히 어떤 의미로 하나님 찬미 그것이다. 찬미에 있어서 사람은 제일 자신을 비워 하나님 앞에 선다. 그러나 그것과 동시에 그것이 입술만의 찬미가 되고, 형식만의 예배로 끝나는 위험이 있다. 이 시가 예배와 찬미의 한 복판에서 예언자적인 하나님의 경고를 발하고 있는 곳에 구약신앙의 참 모습이 있는 것이다. 여기에서 신앙이 전심(全心) 전령(全靈)을 가지고 하나님께 순종하고 있는가 하는 문제가 제기되고 있다. 그리고 그 결단은 '오늘'이고 지금이다. 하나님께 순종한다는 것이 어떠한 것인가를 므리바와 맛사에서의 고사(故事)에서 알 수 있다. 출애굽기 17장 1절 이하와 민수기 20장 1절 이하를 보면 이스라엘 사람들은 출애굽한 후 사막 여행 중 물이 없어 고생하게 됨에 모세에게 불평하며 다툰다. 그것이 하나님을 시험하는 것이 됐다. 이때에 이스라엘 백성들은 인간의 눈에 절망적인 상황에 있어서도 절대적으로 하나님을 믿고, 모든 것을 하나님께 맡기어야 했다. 바로 그것을 하지 못했다. 그리고 하나님은 그것에 격노하였다. '마음이 잘못된 백성, 나의 길을 알지 못하는 자'라 하나님은 그들을 불렀다. 이것은 매우 엄한 일이다. 우리들도 같은 환경에 놓였을 때에 불평하지 않겠는가, 하나님과 사람에게 불평하지 않는가, 그러나 그것은 하나님 앞에 불순종이며 불신앙이며 죄라고 성서는 말하는 것이다.

9절의 '내 행사'란 출애굽 때의 여러 기사와 홍해와 사막에 있어서의 많은 기적을 말한다. 마지막으로 11절에서 '그들은 나의 안식에 들어오지 못하리라'고 말씀하신다. 여기서는 이스라엘에게 주어지는 최대의 것이 하나님 안에서의 평안인 것을 말하고 있다. 궁극적으로 신앙만이 사람에게 이 하나님의 안식을 줄 수 있다고 말하고 있다. 그래서 신앙을 강조한 히브리서 3장에서 이 말씀이 인용되고 있다.

96 편 | 새노래

1 야하웨를 향하여 새노래를 부르라,
  온땅이여, 야하웨를 향하여 부르라.

2 야하웨를 향하여 노래하고, 그 이름을 찬미하라.
  그 구원을 날마다 전하라.

3 그 영광을 만국들 사이에,
  그 분의 기적들을 백성들 사이에 전하라.

4 실로 야하웨는 위대하시고 찬양받으실 분,
  모든 신들 위에 경외로우신 분이시다.

5 실로 백성들의 모든 신들은 헛것이요,
  야하웨는 하늘을 지으신 분이시다.

6 존귀와 영화가 그 분 앞에 있사오며
  권능과 아름다움이 그 성소에 있도다.

7 만방의 족속들이여, 영광과 권능을 야하웨께 돌릴지어다.
  야하웨께 돌릴지어다.

8 그 이름의 영광을 야하웨께 드려라.
  제물을 들고 그분 앞뜰로 들어오라.

9 거룩한 옷을 입고 야하웨께 경배하라.
  온 땅아, 그 앞에서 떨어라.

10 모든 나라들에게 말하라
   '야하웨는 왕이 되셨다. 세계는 굳게 서서,
   흔들리지 않는다.
   그는 백성을 올바르게 심판하신다'고.

11 하늘은 즐거워하고, 땅은 기뻐 외치며,
   바다와 거기에 충만한 것들도 다 크게 외쳐라.

> **12** 들과 거기에 있는 모든 것도 다 기뻐하며 환호하라,
>
> 숲 속의 나무들도 모두 즐거이 환호하라.
>
> **13** 오실 야_하웨 앞에,
>
> 실로 그는 땅을 심판하러 오신다.
>
> 의를 가지고 세계를 심판하며,
>
> 진실을 가지고 여러 백성을 심판하신다.

이 시는 찬미의 노래다. 거기에 10절 이하에서 야_하웨의 즉위식(卽位式) 노래 형식을 취하고 있다. 이 시편은 찬미의 노래형식이 2번 되풀이되고 있다. 1-3절의 도입부에 '진실로'로 시작되는 중심부가 4-6절이다. 그리고 새로운 도입부가 7-9절이며 그 중심부가 10-13절이다.

이 시의 중심은 내림(來臨)하시는 하나님이다. 역사적으로 종말에 오시는 하나님에 대한 찬미의 노래이다. 이는 이사야 40장 이하와의 관계에서 분명하다(11절은 이사야 44^{23}, 49^{13}, 12절은 이사야 44^{23}, 55^{12}, 13절은 이사야 40^{10}, $59^{19,20}$, 60^1, 62^{11} 참조).

또한 이것은 이 시가 역대상 16장 23절 이하에서 인용되고 있는 것에서 확인된다. 여하튼 이 시는 이러한 노래의 유형이 제2이사야의 경우와 같이 역사적 종말적인 의미로 전용된다는 것을 잘 보이고 있다. 1절의 '새노래'도 이러한 종말에 하나님의 도래를 영접하는 노래라고 생각할 수 있다.

시인은 야_하웨를 향하여 새노래를 부르라고 촉구하고, 온 땅이여 야_하웨를 찬미하라 촉구한다. 그 이름을 찬미하며 매일 그 구원을 전하라고 촉구한다. 그 이유는 야_하웨는 천지를 창조하신 자, 참되신 하나님이기 때문이다. 그분은 여러 국민에 의해 영광 받으셔야 할 하나님이시기 때문일 뿐더러,

더욱이 결정적으로 이 땅을 심판하실 왕으로서 내림(來臨)하시고자 하기 때문이다. 여기 심판의 하나님을 기쁨으로서 영접할 수 있는 것, 그곳에 하나님에 대한 절대의 신뢰가 있는 것이다.

97 편 | 기 쁨

　이 시는 모두(冒頭)에서 '야하웨께서 왕이 되셨다'고 나온다. 이 말로서 야하웨의 즉위식 축제와 관련을 가지고 시작하는 것은 분명하다. 그러나 시의 내용은 96편의 경우와 같이 이사야 40-66장과의 관련을 나타내며, 실제로는 제의의 형식뿐이고 제의와 관계가 없다는 關根正雄의 견해에 따라 읽어본다. 시인은 야하웨의 즉위식의 제의전통(祭儀傳統)에 따라 왕이신 야하웨가 종말의 날에 도래를 노래한 것이 중심이다. 따라서 시 중에 나오는 적의 문제도 종속적인 것에 불과하다. 이 시는 크게 두 부분으로 나누어진다. 즉 1-6절은 야하웨의 현현(顯現), 7-12절은 그 현현의 결과를 노래한 것이다.

　절을 따라 읽어본다.

1　야하웨께서 왕이 되셨도다.
　　땅이여, 환호하여라,
　　수많은 섬들도 기뻐하여라.
2　구름과 어두움이 그분 주위에 있고,
　　정의와 공평이 그 어좌의 기둥이다.
3　불이 그분을 앞서가며
　　그 주위의 적들을 불사른다.
4　그의 번개는 세계를 비추고,
　　땅이 그것을 보고 두려워 떤다.
5　산들은 야하웨 앞에, 온 땅의 주님 앞에
　　밀초처럼 녹아내린다.
6　하늘은 그 의를 나타내시고,
　　모든 백성들은 그 영광을 본다.

야훼의 현현을 그리고 있다. 야훼의 통치를 땅이, 섬들이 기쁨으로 환호하는 모습을 말하고 있다. 1절의 '섬들'은 제2이사야적 용어라고 한다. 지중해와 에게해의 섬들을 뜻한다. 2절의 구름과 어두움이 야훼를 에워싸고 있다는 것은 시내 산에서의 하나님의 현현 이래의 표상이며, 하나님이 자신을 나타내시면서도 한편 감추신다는 것을 암시한다. 성서에 있어서의 계시는 그러한 것이다.

'정의와 공평이 그 어좌의 기초였다'는 표상은 고대 이집트의 왕좌에서 유래했으나, 도리어 '정의와 공평'은 이스라엘에서는 모세 이래 하나님의 법의 계시에 의해 처음부터 하나님의 의와 공평으로서 분명히 되고, 지상의 왕은 그것에 따라야만 했었다.

3절의 '불사르는 불'은 하나님의 거룩을 나타내는 것으로서, 하나님이 정적(靜的), 관념적인 존재가 아니고 인격적인 살아서 역사하시는 힘이라는 것을 나타낸다.

4절의 '번개와 지진'은 하나님이 가까우심을 암시한다는 전통적 표상으로서 하나님의 힘의 위대와 강력함을 묘사한다. 그것에 대하여 또한 전승에서 취해진 '산들이 하나님 앞에서 밀초처럼 녹는다(5절, 미가 1[4] 참조)'는 기적적인 사건은 구약성서의 다른 곳에서 자주 '열심'이라고 불리우는 것으로, 강력한 에너지를 갖는 하나님의 박력을 나타낸다.

6절에서 이 시의 근본사상은 보다 깊은 문제로 들어간다. 즉 자연은 하나님의 영광을 모든 백성에게 계시하는 역할을 한다는 것이다. 하나님의 공의 안에 하나님의 영광이 있는 것이다.

7 모든 우상을 섬기는 자,

헛것을 자랑하는 자는 부끄러워하리라.
모든 신들이 그 분 앞에 꿇어 엎드린다.

8 시온은 듣고 기뻐하며,
유다의 딸들은, 야ʰ웨여,
당신의 심판 연고로 기뻐 환호합니다.

9 실로 야ʰ웨여, 당신은 온 땅위에
지극히 높으시며,
모든 신들 위에 숭고하시다.

7절, 신화적으로 말하면 신들과의 전쟁과 그들에 대한 승리의 문제가 되나, 여기서는 하나님의 현현 앞에 모든 신들은 그저 무조건적인 복종을 할 뿐이라고 한다. 하물며 그 우상을 경배하는 자는 단지 창피를 당할 뿐이다.

8절과 9절은 야ʰ웨의 승리를 기뻐하는 시온과 유다의 촌락들의 환희를 노래하고 있다. 모든 회중은 전 세계와 신들에게 승리하시는 하나님의 영광을 헌신적인 감동이 충만하여 찬미하고 있다. 그들에게 있어서 하나님의 심판은 곧 구원의 실현인 것이다.

10 야ʰ웨를 사랑하는 자여, 악을 미워하라,
주는 그 성도의 생명을 지키며,
악인들의 손에서 그들을 구출해 주신다.

11 빛은 의인을 위하여 뿌려지고,
기쁨은 마음 바른 이들에게 뿌려진다.

12 의인들이여, 야_하웨 안에서 기뻐하여라,

　그 거룩한 이름을 감사하여라.

　10절의 첫 행은 '야_하웨를 사랑하는 자여, 악을 미워하라' 는 것을 원문을 다소 변경해서 '야_하웨는 악을 미워하는 자를 사랑한다' 로 하는 자가 많다. 그렇게 하면 연결이 부드러워지는 것도 사실이다. 그러나 원문을 그대로 두는 것이 더욱 의미가 깊다고 생각된다(關根正雄). 그렇게 말하는 것은 문장이 9절까지와 10절 이하가 문제가 된다는 것이다. 즉 9절까지는 일이 종말(終末)에 관계된다는 것이다(96편 참조). 그런데 10절 이하는 지금 이미 '하나님을 사랑하는 자' 에 관계되는 것이다. 그것은 다음과 같이 해석된다. 9절까지의 종말 때에 관계되는 위대한 고지(告知)는 내용 자체로서는 미래의 일에 관계되나 이것은 단순한 고지가 아니고, 진실로 하나님의 고지이므로 지금 당장 듣는 자의 결단을 촉구한다. 하나님의 고지에 접하여 하나님을 위하여 결단하는 자는 '하나님을 사랑하는 자' 로 되는 것이다. 이것이 하나님의 계시, 하나님의 고지가 사건의 단순한 객관적인 고지와 다른 점이다. '하나님을 사랑하는 자' 라는 표현은 구약에서는 신명기를 제외하고는 매우 드문 것이다. 구약에서는 하나님은 두려우신 분이다. 이는 하나님을 위해 결단하고, 하나님 쪽에 옮겨진 소수의 선택된 자를 말한다. 하나님의 위대한 종말에 관한 고지를 듣고, 하나님을 향해 결단하고 하나님을 사랑하는 자가 된 사람은 지금 이미 종말시의 하나님의 백성의 모습으로 살아가는 것이다. 그 내용을 악을 미워하는 것으로 말하고 있는 것이다. 하나님이 악을 증오하심으로, 하나님을 사랑하는 자도 악을 미워하지 않을 수 없는 것이다. 하나님은 그들의 생명을 지키시며, 악한 자의 손에서 그들

을 구출하신다.

11절의 '빛'은 구원의 상징으로서 쓰여지고 있다. 빛이 의인을 위하여 뿌려지고, 기쁨은 정직한 자를 위해 뿌려진다. '뿌려진다'는 것은 성서적 표현이며, 금후의 성장을 암시하는 용어이다.

최후의 12절은 현재의 기쁨과 감사에 대해 말하고 있다.

98 편 | 새노래를 야하웨께 노래하라

이 시는 M. Jorrissen에 의해 찬송가로 취해졌다. 그 구성, 사상내용, 말투까지 시편 96편과 비슷하다. 그 유사성은 아마도 두 시가 같은 제의(祭儀)의 장을 배경으로 하며, 같은 예배문의 형식을 취한데서 오는 듯하다. 이 시는 의식적이며 구원사적이고 종말론적 성격을 가지고 있다고 주해자들은 말한다.

과거와 미래의 구원사건(救援事件)이 축제의 서술로서 지금 역사(役事)라는 구제행위로 나타난다. 회중의 찬미가 그것을 생생하게 반영하고 있다. 이 찬미는 3부로서 성립된다. 1-3절은 야하웨의 기이한 행사를 말하며, 4-6절은 세계에 대하여, 7-9절은 자연에 대하여 하나님의 내림(來臨)을 환호하며 영접하도록 요청한다.

노래

1 야하웨를 향하여 새 노래를 부르라.
  그는 실로 많은 기이한 일을 행하셨다.
  그의 오른손이 그분께 승리를 가져왔다.
  그의 거룩한 팔이.
2 야하웨는 그 구원을 알리셨으며,
  많은 민족 앞에 그 의를 나타내셨다.
3 그는 이스라엘의 집을 위하여
  은혜와 진실을 기억하셨다.
  땅의 모든 끝까지 하나님의 구원을 보았다.

이 시도 제96편과 같이 야훼의 즉위식(即位式) 축제가 배경으로 되어 있는데, 9절의 '야훼의 도래'를 종말적인 의미로 취하는 학자가 많다. 그 큰 이유는 이 시에 있어서도 제2이사야와 관련이 보이기 때문이다(1절과 이사야 42^{10}, 52^{10}. 3절과 이사야 40^5, 52^{10}. 4절과 이사야 52^9. 7절과 이사야 55^{12}을 비교해 볼 것). 전체로서 이 시는 찬미의 가락이 강한 노래다. 결국 왕으로서의 야훼의 종말적인 도래를 찬미하는 것이 이 시의 특색이다.

최초에 '야훼를 향하여 새 노래를 부르라'는 찬미촉구를 도입부로 하고 다음에 그 찬미의 이유를 말하는 형식을 취하고 있다. 하나님의 내림(來臨)을 가지고 시작된 큰 새로운 사건을 맞이하여 새 노래를 가지고 찬미하라는 것이다. 지나간 노래로서는 충분치 못하다는 것이다. 사건의 중심은 하나님의 기적이며 그것이 전면으로 나선다. 여기에는 인간의 능력에 의한 희망이 있는 것이 아니고, 전적으로 하나님이 행하셨으며 또한 행하신다는데 희망이 있다. '그의 오른손이, 그의 거룩한 팔이 그를 승리케 했다'라고 시인은 노래한다. 그 뜻은 하나님은 그 성업을 홀로 수행하시며, 그는 이 세상이나 이스라엘의 도움이 필요치 않다는 것이다. 그러므로 야훼의 팔만이 높이 높임을 받는다고 하나님의 영광을 찬미한다. 이 시는 여기서 모든 역사적인 가능성을 넘어 대담하게 비약하여 하나님께 그의 시선을 집중한다.

2절에서 이 하나님을 향한 눈빛은 구체적인 현실을 새롭게, 보다 깊게 이해하는 것을 돕는다. 이 눈빛은 사건을 최종적인, 하나님께 유래하는 궁극적인 관점에 놓는다. 그 관점이 종말론적인 목표를 부여하기 때문이다 (A. Weiser). 그리하여 하나님의 '구원'과 '의'가 전 세계에 알려지는 것이 목적이다. 하나님의 성업은 전 세계의 민족들에게 알려진다.

3절은 이스라엘의 역사에 있어서 나타나기 시작한 것이 전 세계에서 성취됨을 말한다. 그는 '이스라엘의 집을 위하여 은혜와 진실을 기억하신다´. 하나님은 사랑과 약속을 다시 새롭게 상기하여 이것을 현실화하고 유효한 것으로 하신다. 이 이스라엘에 대한 하나님의 구원은 단지 이스라엘에 대한 것에 머물지 않고 땅 끝까지 미친다는 것이다. 얗웨는 세계 많은 백성 앞에 이스라엘의 구원을 과시하신다는 뜻이다.

> 4 온 땅이여, 얗웨를 향하여 환호하여라.
>   즐거워 환호하며 찬미노래 불러라.
> 5 비파로서 얗웨를 찬미하며,
>   비파에 맞추어 큰 소리로 노래하여라.
> 6 나팔과 뿔 소리에 맞추어
>   왕 얗웨 앞에 환호성을 울리어라.

하나님 나라의 도래에 의해 전 세계에 구원이 온다는 전망 하에, 이 노래는 그 나라의 지배자로서의 하나님 앞에 전 세계가 환호하며 꿇어 엎드리도록 촉구한다. 장엄한 의식을 요청한다. 하나님이 이제 왕으로서 영원의 세계지배의 옥좌에 앉으심으로 세계는 하나님을 향하여 환호해야 한다. 이곳은 하나님의 나라의 도래를 예감하면서 그것을 선취(先取)하고 있는 감동을 느낄 수 있다. 하나님의 임재하에서는 과거도 지금도 미래도 생생한 것이 되며 한 쌍으로 겹쳐져 보이는 것이다. 따라서 비파와 나팔과 뿔 소리에 맞추어 환호의 노래를 부르라 촉구한다.

> 7 바다와 그 안에 충만한 것들은 소리지르며,

세계와 그 안에 사는 자는 외쳐라.

8 강들은 손뼉치며,

산들도 함께 환호하라.

그러나 이러한 신관은 더욱 확대된다. 시편 96편 11절 이하와 이사야 42장 10절 이하와 같이 생명이 없는 자연까지도 환호의 세찬 흐름에 끌려든다. 시인은 그 재능으로서 자연을 인격화하여 바다와 땅의 외침 속에, 강이 손뼉치는 듯한 소리 안에 위대하신 야ᄒᆞ웨 앞에 무릎 꿇는 모양을 나타낸다. 즉 자연 전체가 하나님의 영광에 의해 진동되는 것을 보고 있다. 이리하여 세계의 대합창의 울림 속에 하나님에 대한 찬미를 보고 있다.

9 땅을 심판하기 위하여 오시는 야ᄒᆞ웨 앞에.

그는 의를 가지고 세상을 심판하신다.

공평을 가지고 제(諸)국민을 심판하신다.

종결부에 와서 처음으로 이 시는 세계 심판을 위해 나타나시는 하나님을 노래한다. 하나님의 심판을 기쁨으로 열망하고 있는 것은 하나님에 대한 헌신과 하나님의 구원을 확신하고 있는 희망이 배후에 있음을 알 수 있다. 하나님에 대한 동경과 구원에 대한 확신이 모든 공포를 던져 버릴 정도로 강하다. 구약성서 중에도 이러한 대망신앙에 의해 그리스도의 재림과 구원의 성취의 토대가 준비되어 있음을 알 수 있다.

99편 | 거룩하신 하나님

1 야훼는 왕이 되셨다, 그때에 뭇 백성이 떠는구나.

그가 그룹 위에 앉으셨다, 그때에 땅이 흔들린다.

2 시온에 계시는 야훼는 위대하시고,

만백성 위에 드높으시다.

3 두렵고 경외로우신 그 이름을 찬미하여라.

(그렇다), 주는 거룩하시다.

4 강한 왕, 공정을 사랑하시는 자여,

당신은 공평을 굳건히 세우시고,

야곱 안에 공정과 의를 행하셨다.

5 우리의 주 야훼를 찬양하여라.

그의 발등상 앞에 엎드려라.

(그렇다) 주는 거룩하시다.

6 그 제사(祭司) 중에 모세와 아론이 있다.

주의 이름을 고백하는 자 중에 사무엘이 있다.

그들이 주께 부르짖자 주는 그들에게 친히 응답하셨다.

7 구름기둥 안에서 주는 그들에게 말씀하셨다.

그들은 주어진 증거와 규정을 지켰다.

8 우리 하나님 야훼여,

당신께선 그들에게 응답하셨다.

당신께선 그들에게 용서하시는 하나님이셨습니다.

그러나 그들의 죄에 대해서는 복수하시는 분이셨습니다.

9 우리 주 야훼를 찬양하여라.

주의 거룩한 산 앞에 엎드려라,

그렇다, 주 우리 하나님은 거룩하시다.

이 시는 '하나님의 거룩'을 노래한 찬미의 시다. 그 작사의 동기는 아마도 야훼의 즉위식(卽位式)일 것이다(Gunkel, A.Weiser). 이는 형식에 있어서도 모두(冒頭)에 '야훼는 왕이 되셨다'고 분명히 나오며, 또한 종교사상에 있어서도 현저한 특색을 가지고 있다. 짧은 누구(疊句) —그렇다, 주는 거룩하시다— 가 세 번 반복된다. 아마도 찬미하라는 촉구에 대답하는 합창의 노래인 듯하며, 계약제(契約祭)에 있어서의 하나님의 현현(顯現)에 대답하는 메아리 같은 것이므로, 이는 제의적 성격을 암시하고 있다. 반복되는 누구(疊句)는 셋으로 구분 되며, 세 시연(詩連)의 매듭이 되고, 찬미의 노래 전체를 통일적인 기조 위에 놓는다. 이리하여 여러 가지 사상이 시연을 따라 되풀이하여 '하나님의 거룩'(3, 5, 9절)에 되돌아오는 것이 되고 있다. 개개의 연(連)에 있어서 이 주제가 여러 측면에서 비추어지고 있다. 제1연(1-3절)은 하나님의 거룩을 세계지배라는 높이에서 찬미한다. 제2연(4, 5절)은 의를 행하시는 것에 있어, 제3연(6-9절)은 이스라엘에 있어서의 은혜와 심판의 진지성에 대하여 하나님의 거룩을 찬미한다. 이는 구약성서의 하나님 계시의 기본적 특징인데, 이것을 진지성과 경외를 수반하는 기쁨이 충만한 이 노래가 증거하고 있다.

본문을 잘 읽어 보기로 한다.

1-3절. 하나님의 즉위와 세계지배

이 시는 지상의 왕의 즉위에 있어서와 같이 '야훼는 왕이 되셨다'는 것으로 시작된다(사무엘하 15[10] 참조). 제2행의 처음의 '그룹 위에 앉으셨다'도 이 말씀과 평행하고 있다. 양편 다 제의(祭儀)에 있어서의 하나님의 내림(來臨)을 하나님의 왕적지배의 시작으로서 이해하는 용법이다. 하나님 현현의 묘사는 시내 산에 있어서의 하나님 현현의 전통적 특징을 갖추고 있다. 하나님이 위엄과 존엄을 가지고 나타나실 때에 전 세계는 흔들린다. 모든 민족은 떨며 땅은 흔들린다. 시온에서 전 세계에 나타나시는 숭고하고 위대한 하나님의 힘을 보이고 있다. 모든 피조물을 진동시키는 이 탁월한 포괄적인 힘 안에 시인은 하나님의 거룩을 인정한다. 그리하여 시인에게도 거룩하신 하나님의 이름을 찬미하도록 촉구된다. 그 이름은 시인에게 위대하고 두려운 것이다. '그렇다, 주는 거룩하시다' 고 외친다.

4, 5절. 하나님의 의

제2연의 처음은 제1연의 '왕의 즉위' 선언과 평행하고 있다. 먼저 이미 전개되고 있는 사상을 한 번 다시 취하여 올리고, 다음에 하나님의 거룩의 또 다른 한 면에 빛을 비춘다. 하나님의 거룩은 탁월한 힘과 병행하여 하나님의 공의에 있어서도 나타난다. 그래서 하나님은 공정을 사랑하신다고 말한다. 이는 하나님의 본질의 인식이다. 이스라엘에 있어 법질서를 만들고, 이 민족의 역사에 있어서 의를 하나님의 질서로 했을 뿐 아니라 이것을 관철하신 분은 하나님이셨다. 백성의 생활에 대한 하나님의 의지가 그들의 역사를 통하여 되풀이하여 계시되고, 동시에 하나님은 이 질서를 관철하는 의지와 힘을 가지고 있던 것이다(A.Weiser). 즉 이스라엘의 역사는 '의는 백성을 높이고, 죄는 사람을 파멸시킨다' 는 백성의 생활의 기본적 진리를 만들었다. 찬미의 노래의 이 부분에서 외경(畏敬)이 충만한 진지성과 감사가 넘치는 기쁨, 무조건 신뢰할 수 있는 하나님의 질서에 대한 평안한 감정을 읽을 수 있다. 이제 시인은 회중에게 하나님께 대한 예배와 찬미를 요청한다. '그의 발등상 앞에 엎드려라' 라는 어법에서 아마도 1절과 역대상 28장 2절을 시야에 넣어서 '언약의 궤 앞에서 예배' 를 추측할 수 있다. 드높으신 하나님께서 이제 이 궤위에 계시다고 생각했으므로 그 궤는 대(臺)와 같이 하나님의 발밑에 있는 것이다. 또한 이 표현은 다른 곳에서는 시온 산 또는 온땅(이사야 66[1])으로 확대된다. 하나님의 거룩은 의에 있어서 보이는 형태를 취하는데(이사야 5[16]), 그 하나님의 안전에 회중은 경외와 감사와 전 세계 위에 그들의 하나님의 지배가 시작된다는 기쁜 희망을 가지고 무릎 꿇는 것이다.

6-9절. 역사에 있어서 하나님의 은혜와 심판

6절. 제3연에 있어서 시인은 좀더 깊은 곳에 도달하여 하나님의 거룩의 핵심에 대해 노래한다. 하나님의 본질에 관해서 그가 말하는 최대의 것은 이스라엘의 역사를 구원사(救援史)로서 만드시는 하나님의 은혜의 증명이다. 그가 역사상 대인물로서 모세, 아론, 사무엘 등 종교적 영웅을 들고 있는 것은, 시인이 과거를 구제사의 관점에서 보고 있다는 증거다. 그들은 하나님과 백성을 연결하여 교제를 갖게 한다. '그들이 하나님께 부르짖자, 주는 그들에게 친히 응답하셨다' 고 시인은 넘치는 은혜를 노래한다.

7절. 하나님은 구름기둥 안에서 모세와 아론에게 말씀하셨다. 구름기둥은 사람들의 호기심으로부터 하나님을 숨기는 것이었으며, 동시에 하나님의 임재의 표식이기도 하였다.

야훼는 위대한 하나님의 사람을 통하여 백성에게 증거와 규정(계명)을 전달하시고, 그들은 이것을 거룩한 제의 전통에 있어서 지켰다.

8절. 구약성서의 전통을 보존하며, 과거의 사건을 제의 중에서 현재화함으로써 신앙은 항상 변치 않는 하나님의 은혜를 체험한다. 위대한 선조의 기도가 청허(聽許)되었을 때에도 하나님의 은혜가 자기 자신에게 향해 있다고 생각한다. 은혜에 있어서도 하나님은 거룩하신 하나님이시다. 하나님의 거룩은 죄를 벌하는 하나님의 의의 진지성이 죄를 용서하는 하나님의 사랑의 진지성을 상쇄하는 일 없이 병존하는 것이다. 이와 같이 하나님의 심판과 은혜가 병존하고 있다는데 하나님의 현실이 있는 것이다. 이것이 하나님의 거룩의 핵심이며 성서신앙의 특수성과 힘이다.

9절. 이와 같이 찬미가 정점에 도달했을 때에 자연히 회중이 하나님을 찬미하며, 숭앙하며, 예배하도록 요청 받는다. 이에 응답하여 다시 하나님의 거룩으로 돌아간다. '그렇다, 주 우리 하나님은 거룩하시다' 노래함으로써 회중은 그 고백을 맺는다.

100편 | 온 땅이여, 주께 환호하라

이 시는 그 자체에서 알 수 있듯이 성전에 들어갈 때에(4절) 아마도 합창대에 의해서 불리었던 찬송가였던 것 같다. 이것은 예배의식의 문장의 일부였던 것 같으며(2절), 이것을 통하여 하나님의 '이름'과 '은혜 및 진실'이 회중에게 알려졌던 것으로 생각된다. 그것에 응답하여 회중은 4-5절과 같이 찬미하여 축하한 듯하다. 이렇게 하여 이것은 계약공동체(契約共同體)의 축제로 연결되어 간 것이다.

이 아름다운 시는 2부로 구분된다. 1-3절과 4-5절이다. 그 각부는 명령으로 시작되며 곧 그 명령이 발해진 이유라 말할 수 있는 것이 하나님 찬미로 계속된다(3절과 5절). 명령의 내용은 하나님 찬미와 감사를 촉구하는 것이다. 일반적으로 감사의 노래라는 문학유형은 특정의 하나님의 성업(행위)에 대한 감사이며, 찬미의 노래의 유형은 보다 일반적인 창조자이신 하나님, 역사의 지배자이신 하나님에 대한 찬미이다. 이 시편에서는 내용으로 보아 후자에 속한다. 이 시가 언제 쓰여졌는지는 노래 자체가 일반적인 찬미의 형식을 취하고 있기 때문에 정확히 말할 수는 없으나 야훼를 유일하신 하나님, 보편적인 온 땅의 하나님으로 묘사하고 있는 점을 고려할 때 아마도 포수기후(捕囚期後)의 것으로 생각된다.

감사를 위한 노래

1 온 땅이여, 야훼를 향하여 환호성을 올려라.
2 기쁨으로 주님을 섬겨라.
  환희하면서 그 앞으로 나아가라.

이 노래는 하나님을 열심히 찬미하라고 촉구하면서 시작된다. 하나님을 기쁨으로 환호하는 메아리는 축제를 위해 성전에 모인 회중 뿐 아니라 '온 땅'에 울려 퍼져야 한다. 회중은 하나님을 숭앙하는 모든 신자와 신앙에 있어서의 일치를 체험한다. 여기서 '온 땅'에 대한 호소는 예루살렘의 제의적 전승에 의한 것이다(시편 24, 66[1]참조). 그러나 3절의 처음부분과 합하여 생각할 때에 역시 이것은 신명기나 제2이사야와 관계가 없는 표현이라고 생각할 수 없다(關根正雄). 1, 2절에 되풀이되고 있는 것은 '환호', '기쁨'이며, 이 기쁨이 시 전체의 기조이다. 이 시가 하나님의 임재(臨在)를 중심으로 노래하고 있으며, 하나님의 임재에 열렬한 기쁨을 나타내고 있다. 하나님께 모든 것을 바치는 기쁨이 시 전체에 흐르고 있다.

> 3 야훼야말로 하나님이신 것을 알라.
> 그가 우리를 지으셨다.
> 우리는 그의 것이요, 그의 백성이요,
> 그의 목장의 양이다.

'야훼야말로 하나님인 것을 알라'라는 말씀으로써 이 노래는 본래의 찬미로 옮겨간다. 이것으로서 동시에 찬미의 본질도 분명해진다. 즉 찬미는 하나님의 현재화(現在化)와 그것에 관계되는 하나님 인식을 위해 도움이 된다. 하나님과 그 성업을 찬미하면서 회중은 하나님의 안전(眼前)에 나와서 그들의 영혼을 하나님께 향하게 하여 더욱 접근한다. 그러므로 찬미는 단순히 인간의 감정의 표현에 그치는 것이 아니며, 인간이 자신의 하나님을 만나며 하나님에 대한 기쁨에 온통 자기 자신을 내맡기는 것이다. 먼저

'야훼만이 하나님이시다' 라는 구약성서의 신앙에 있어 가장 중요한 말씀이 나온다. 이것에 의해서 믿는 자의 시야 안에 하나님의 현실 전체가 들어온다. 그것은 인간이 피조물이라는 인식을 불러일으킨다. 인간적인 자아의식이나 자기평가는 하나님 앞에 침묵하고 만다. 인간이 무엇인가, 그것은 자기 자신에 의한 것이 못되며 피조물이다. 그가 가지고 있는 것은 모두 그의 것이 아니다. 피조물은 모든 것에 있어서 의존(依存)하고 의거하고 있다. 시인은 유일하신 창조주이시며 주(主)이신 분에 대하여 '그가 우리들을 만드셨다. 우리는 그의 것' 이라 말한다. 역사와 선택의 사상은 여기서 창조의 사상과 밀접하게 결합한다. 그래서 시인의 '그의 백성, 그가 치는 양' 이라는 고백에서 긍지와 겸손, 경외와 신뢰가 동시에 울려 퍼지고 있다.

> 4 감사를 가지고 그 문에 들어가며,
> 찬미하면서 그 뜰에 들어가라.
> 감사하면서 그 이름을 칭송하라.

제2부에의 도입부는 축제의 회중이 성전의 문을 통과하여 전정(前庭)에 들어가기 전에 아마도 제사의 합창에 의한 노래로 불려진 듯하다. 제1부와 같이 찬송이 흐르는 중에 성소에 들어가서 그곳에서 하나님을 고백하고 그 성호를 찬미하도록 촉구하는 것으로 시작된다.

> 5 실로 야훼는 은혜로우시며
> 그 인자하심이 영원하시며 그 진실은 대대에 이른다.

이 곳 제2부의 본래의 찬미는 아마도 회중에 의해 응답의 노래로서 불리어진 것 같다. 이는 유명한 예배문 형식을 취하고 있다. 그 주제(主題)는 여기서는 하나님의 친절, 하나님의 은혜와 진실의 영원성이다. 이 부동의 토대 위에 회중의 하나님 체험과 그들의 신앙의 희망이 놓여 있다. 친절과 진실은 하나님의 본질에 속한다. 회중이 하나님을 믿고 그를 신뢰할 수 있는 것은 하나님의 은혜의 마음은 절대 변하지 않는다는 신뢰성에서 비롯되는 것이다. 하나님의 은혜와 진실에 대한 인식이야말로 이 시의 기쁨과 감사, 감격의 원천이며, 이 감격이 넘치고 있다. 이 시의 기쁨은 하나님으로부터의 기쁨이며, 동시에 하나님에 대한 기쁨이다. 기쁨은 하나님께서 발하며 하나님께 돌아간다(A. Weiser). 그리고 구약성서의 예배의 가장 깊은 의미는 여기에 있다. 그리스도 교회도 이 경건의 원천(源泉)에 의해 살고 있는 것이다.

101편 | 왕의 노래

다윗의 시

1 자애와 공의(公義)를 나는 노래하렵니다.
  야하웨여, 당신을 향하여 찬송드리렵니다.[26]

2 나는 온전한 길에 마음을 두렵니다.
  언제 당신은 제 곁에 오시렵니까.
  나는 온전한 마음을 가지고
  나의 집안을 걸으렵니다.[27]

3 나는 공허한 것을 눈앞에 두지 않으며,
  신상(神像) 제작자를 나는 미워하며,
  그런 것 제게 붙어 있지 않을 것입니다.[28]

4 그릇된 마음은 나에게서 멀며, 악을 내가 알지 않을 것입니다.[29]

5 이웃을 몰래 중상(中傷)하는 자는
  내가 이를 멸할 것입니다.
  거만한 눈과 오만한 마음,
  그런 것을 나는 견디지 못할 것입니다.[30]

6 나의 눈은 나라의 진실 된 자에게 쏟아 부어지며
  그들을 나와 더불어 살게 할 것입니다.
  온전한 길을 걷는 자,
  그 사람은 나에게 봉사할 것입니다.

7 저의 집안에는 허위를 행하는 자는 살지 못하며,
  거짓말 하는 자는 나의 안전에 서지 못할 것입니다.

8 아침마다 나는 이 나라의 악한 자를 모두 멸하며,
  악을 행하는 자를 모두 야하웨의 도읍에서 멸망시킵니다.[31]

이 시는 좀 특이한 느낌을 주는 것으로 그 문학적 유형(文學的類型)은 다른 시편의 경우와 매우 다르다. 1절에 찬미의 노래의 요소가 보이는데 이것은 1절에만 보이며 시 전체에 파급 되고 있지 않다. 3절 이하의 이 시의 주제는 왕이 바르게 자신의 책무, 특히 재판자로서의 책무를 수행하고 있는 것을 증언하는 것이다. 이 101편의 왕의 증언은 '결백의 맹세'에 가깝다. 다만 보통의 '결백의 맹세'에 있어서는 과거의 일에 대한 자신의 결백을 증언하는 것인데 이 시에 있어서는 현재와 장래에 대하여 왕으로서의 바른 태도를 취할 것을 서약하고 있다. 결국 이 시는 왕의 '결백의 맹세' 또는 '왕의 충성의 맹세'라고 할 수 있는 특수한 유형에 속한다. 맹세는 물론 하나님에 대한 맹세다. 이 시편에 있어서 왕은 이스라엘의 왕일 것이며 왕의 즉위 혹은 해마다 있는 '왕의 제의'의 때를 생각할 수 있다. 그러한 때에 하나님의 법(1절의 공의)이 왕에게 위탁되고, 왕은 이스라엘의 재판관으로서 임명되는 것이었다. 이렇게 왕에게 재판자로서의 권위가 주어진 것에 대한 왕의 공적인 맹세이며, 왕의 대답일 것이다. 따라서 왕이 재판자로서 제의 법적 기능(祭儀法的機能)의 바른 수행을 맹세하고 고백하고 있는 것이다. 이러한 상정(想定)으로 볼 때 이 시의 성립연대는 왕국시대라 할 수 있다. 자, 그러면 처음부터 다시 읽어 보기로 한다.

---

26) 나는 자애와 공의를 행하겠습니다.
   야하웨여, 나는 당신께 청종(聽從)합니다. - A.Weiser
27) 나는 경건히 걷도록 마음 씁니다.
   진리여, 제 곁에 오소서.
   나는 정결한 마음을 가지고 집안을 걷습니다. - A.Weiser
28) 나는 눈앞에 가치 없는 것을 두지 않습니다.
   법도에 배반하는 것은 나에게 있어 증오할 일,
   무연(無緣)한 것입니다.- A.Weiser
29) 그릇된 마음이여, 나를 떠나라.
   나는 악을 알고자 생각하지 않습니다. - A.Weiser
30) 이웃을 몰래 중상하는 자를 나는 침묵시킵니다.
   거만한 눈살과 오만한 마음을 나는 참을 수 없습니다. - A.Weiser
31) 야하웨의 도읍에서 악을 행하는 자를 모두 멸절시키기 위하여 - A.Weiser

1절. 1절은 찬미로서 시작된다. 하나님의 자애와 공의가 소리높이 찬송된다. 이 찬미가 2절 이하의 왕의 맹세의 전제(前題)가 되고 있다. '자애', '인애'는 이스라엘 민족의 '계약에 기인하는 사랑'이다. 여기서는 '다윗에게 주어진 계약'(사무엘하 7장)에 기인하여 다윗 왕가에 보여진 하나님의 은혜를 말하는 것으로 사료된다. '공의'로 번역한 원어는 '미슈파트'인데 구약에 있어서 대단히 중요한 말이며 뜻이 다양하다. 원래 재판에 관계되는 말로 판결, 결정, 제정, 소(訴), 권리라는 의미이다. 이것이 하나님의 행위가 되면 심판, 공평, 공도, 하나님의 경륜, 세계질서의 뜻을 포함한다. 여기에서는 하나님께서 왕에게 위임하신 하나님의 법을 말한다고 생각되며 '공의'로 했다(關根正雄).

자애와 공의의 결합은 이미 호세아서에 나오고 있다. 이스라엘 왕국의 윤리적 수준은 처음부터 높은 것이었다. 우리가 볼 때 경이로운 점이 있다. 왕국의 기초에 하나님과 계약이 있고, 왕은 하나님의 대리자로서 스스로를 생각하고 있었다. 그러므로 먼저 하나님의 자애와 공의를 왕이 찬미하는 것이다. 2절 이하 왕의 맹세는 하나님의 자애와 공의 없이는 있을 수 없다. 여기에서 우리들은 이스라엘의 본래의 모습에 있어서는 하나님의 은혜가 먼저이며 이것에 기인하여 사람 측의 바른 행동, 나라의 정치의 바른 방향이 생각되었다는 것을 알 수 있다. 그런데 어떤 주해자들(A. Weiser 등)은 1절을 찬미로 하면 2절 이하와 어울리지 않는다고 해서 '자애와 공의를 나는 행합니다.'라고 개독하고 있다. 이렇게 개독해도 의미는 통하나 시 전체의 방향이 다소 달라지는 듯하다.

2, 3절. 이곳은 왕이 먼저 자기 자신에게 정결한 마음과 하나님의 법에 대한 순종을 맹세하고 있는 것이다. '온전한 길', '온전한 마음'이란 말에서 '온전'이라는 것이 강조되고 있다. 원래 이 말은 '분열하지 않는', '전일(全一)한'이란 뜻이다. 이 시에 있어 4절 이하에서 '그릇된', '허위', '허언'(7

절)이 비난받고 있는데 '온전함'은 이 허위에 대립하는 것으로 말할 수 있다. 따라서 '허위'는 심정의 분열이며 전심을 걸지 않는 것을 말하며, 적당히 하는 것을 말한다. 2절 후반의 '언제 당신은 제 곁에 오시나이까?'는 전후와 연관되지 않는다 해서 '진리여 내 곁에 오소서'로 개독하는 학자도 많다. 그러나 이 부문 마소렛 본문에서는 명료하다. 따라서 구태여 그 의미를 개독하는 것은 성서해석으로서 주저치 않을 수 없다(關根正雄). 하나님의 도래, 하나님의 현재는 제의(祭儀)에 있어서 언제나 기대될 수 없는 것이므로 이 구절은 이 시가 전술한 바와 같이 어떤 제의를 배경으로 하는 것으로 생각한다면 하등 이상할 바 없다. 2절의 '나의 집'이란 왕가를 뜻하는 것으로 본다. 혹은 직접 왕궁을 가리킨다고 생각할 수도 있다. 3절의 '공허한 것'은 원래 '무익한 것'이란 뜻이다. '신상제작'이라 번역한 것은 Dafood에 따른 것으로 율법위반의 뜻으로 취하는 학자가 많다. 모든 윤리적 기본 자세는 악에로의 모든 시도에 대해 효과적인 방어이다. 정결한 마음으로부터 부끄러운 것은 힘없이 사라진다. 그러한 마음은 모든 죄에 대하여 자연스러운 혐오의 마음을 갖게 한다.

4-7절. 4절은 왕이 그 주위에 정결하고 바른 영역을 만들고자 하는 것이다. 이 시에 보이는 왕은 현실 중에 이상을 만들어 내고자 한다. 그것이 하나님께 선택된 이스라엘의 왕이 갖는 특수한 의미라고 말할 수 있다. 그는 지상에 있어서의 하나님의 대표자인 것이다. 5절 이하에서 왕이 의도하는 바의 의미도 판명된다. 이곳에서 왕 자신이 악한 사상에 접근하지 않는 것과 마찬가지로 악인은 그에게 접근하지 못한다(4절). 신앙의 진실과 성실이라는 그 자신의 기본원칙은 신하의 중상, 기만, 허위와 싸우는 근거가 된다(5, 7절). 이 원칙은 반대로 신뢰에 해당되는 야훼에게 진실한 정의를 행하는 사람들에게는 특별히 배려하여, 그러한 사람을 그의 집에서 봉사케 한다는 것이다(6절). 교만하고 거만한 자를 용서치 않는다는 것은 왕이 보다

높은 직무에 있다는 것을 자각하는 것으로서 이 왕의 명예인 것이다.

8절. 8절에서 그리고 있는 이 왕의 엄격성은 이 시 중에서 특별히 이상(異常)한 것이다. '아침'은 하나님의 심판의 때이며, 왕은 야훼의 도읍 예루살렘에서 모든 악인을 제거하여 나라를 정화한다고 한다. 이 특수한 하나님에 대한 열심은 성전을 정화하신 예수의 열심과 통하는 것이 있다. 그러나 예수는 참다운 성전을 세우기 위해 자신을 버리시고 구세주가 되셨다. 여하튼 101편은 시편중의 다른 왕의 시와 같이 현실을 넘은 하나님의 문제를 그리고 있다는 점에서 구약의 시대를 넘어 신약의 메시아의 예언으로서 의미를 갖는다. 메시아는 이상의 왕이시다.

102편 | 탄식의 기도와 찬미

이 시는 고래로 교회의 7개 회개의 시 중 다섯 번째의 시다. 그러나 회개의 문제가 이 시의 중심 주제는 아닌 듯하다. 이 시는 개인의 탄식(1-11절, 23, 24절)과 찬미의 요소(13절, 25-27절), 예언적 요소(13-22절, 28절)등이 혼합되어 있다. 이러한 복잡한 구성 때문에 이 시에 대한 여러 가지 해석이 나오고 있다. 그러나 9절, 23절의 말씀과 나란히 하나님의 심판 하에 겸허히 부복하는 모습이 보이며, 이 복종의 마음이 회개하는 기본적 요소이다. 찬미의 부분(12-22절)을 어떻게 탄식의 기도의 틀 안에 넣느냐 하는 문제가 해석상의 어려운 문제로 대두된다. 이 점은 일반으로 이 시를 별개의 두 시로 보는 방법과 또는 최초에 개인의 탄식의 노래였던 것이 후에 민족의 탄식의 노래로 다시 만들어졌다는 등의 추정이 있다. 그러나 필자는 이것은 제의(祭儀)의 모임의 상황과 내용에 의해 설명되어야 한다는 A. Weiser의 의견에 따라서 공부해 보기로 한다.

이 시는 제의의 집회에서 읊어졌던 것이며(사무엘상 1[9] 이하 참조), 왜 개인의 관심이 전회중(全會衆)의 관심사로 들어갔는지를 이해시켜 준다. 제의의 본질적 내용 즉 회중 앞에 하나님이 나타나시는 것(16절)은 이 시인에게 있어서는 자신의 소원이 청허(聽許)되었다고 인정하는 것이다(17, 20절). 시인은 회중 앞에서 이 시의 말씀을 말로써 고백할 뿐 아니라, 하나님의 영예를 위하여 이를 펜으로 써서 남길 것을 원한다(18절). 이것은 한 시가 일정의 '문서'로써 성립하기 위한 종교적 동기를 보여 준다.

그러면 본문을 읽어 보기로 한다. 이 시는 먼저 소원과 탄식으로 시작된다. 이것까지도 구원 사건의 틀 안에 끼워 넣고 있다. 시인은 이 노래를 가지고 구원의 사실을 증거하고자 한다. 이러한 배경 하에서 처음으로 구원의 참다운 위대성이 분명해진다.

고뇌하는 자가 절망하여서
그 탄식을 하나님 앞에 쏟아냈을 때의 기도

1 야훼웨여, 내 기도를 들으소서.
내 부르짖음이 당신께 이르게 해주십시오.
2 내 곤고의 날에
당신 얼굴을 내게서 감추지 마십시오.
내가 부르짖는 날에 귀를 내게 기울이시고
조속히 응답하여 주십시오.

흔히 쓰이는 '들어라' 라는 외침과 소원 뒤에 연하여 탄식이 계속되고 그
것에 대한 자세한 이유가 나온다.

3 나의 날이 연기처럼 사라지고
나의 뼈는 불덩이처럼 달아올랐습니다.
4 나의 마음은 풀처럼 시들어 버렸습니다.
빵을 먹는 것을 잊을 정도로.
5 내 탄식소리로 나의 뼈가 살가죽에 붙었습니다.
6 나는 광야의 까마귀와 비슷하며
폐허의 부엉이처럼 되었습니다.
7 나는 잠 못 이루어 지붕 위의 외로운 새처럼 되었습니다.
8 나의 적은 온종일 나를 조소하고
내게 미친 듯 날뛰는 자들이 나를 저주합니다.

9 나는 재를 빵처럼 먹고
   마실 것에 내 눈물을 섞었습니다.
10 당신의 분노와 진노 앞에
   당신은 나를 들어 내던지었습니다.
11 나의 날들은 저녁의 그림자 같고
   나는 풀처럼 메말라갑니다.

병으로 발열하여 뼈와 가죽이 붙어 버려서 시인은 생명이 풀과 같이 메말라 가고(4, 11절), 인생의 허무함을 깨닫고 마음속 깊이 두들겨 맞는다. 그는 아직 인생의 한복판에 있는데도 불구하고(24절), 생명은 연기와 같이 스러져가고 저녁 그늘과 같이 되어 간다고 탄식한다(3, 9절). 그는 저주받은 자의 전형으로 취급하는(8절) 적들의 조소 중에서 탄식하며 스스로의 고독을 외로운 새로 그린다(6, 7절). 고독은 그가 고난 중에 있어 하나님께 버림받은 자로서 인식시키고, 하나님의 벌을 받는 자로 느끼게 한다.

12 그러나 야_ㅎ웨여, 당신은 어좌에 영원히 좌정하시고,
   당신께 대한 기억은 대대에 미칩니다.
13 당신께서는 일어나시어 시온을 긍휼히 여기신다.
   실로 시온에게 은혜를 베푸실 때가 왔습니다.
   (그 시기가 왔으므로)
14 당신의 종들은 시온의 돌들을 좋아하고
   그 티끌조차 동정합니다.

15 민족들이 야_하웨의 이름을 두려워하며
　　세상 모든 왕들이 당신의 영광을 경외합니다.
16 야_하웨께서 시온을 세우시고
　　그 영광 중에 나타나십니다.

어두운 탄식의 배경 하에서, 고난에 처한 시인에게 그 울부짖음과 예리한 대조를 이루는 찬미의 기도(12-22절)가 용솟음친다. 이것은 시인이 회중과 더불어 예배 의식 중에 체험한 것이다. 그 체험이란 그가 오랫동안 갈망하던 하나님을 만남이다. 하나님은 '영광 중에' 회중에게 '나타나시기 위하여'(16절) 또한 회중에게 '은혜를 보증하고 베푸시기 위하여'(13절) 일어나시었다. 인간의 모든 변천과 유약함에 대하여, 하나님의 영원의 지배가 계시되고, 중단되지 않는 제의 전승의 의식이 전개된다. 전 세계가 하나님 앞에 머리 숙여 경외하도록 하나님 자신이 시온을 세우시고, 그곳을 거처로 하시어 영광의 위엄 중에 나타나신다. 그때에 축제의 순례자들이 하나님의 도성의 건물을 기뻐하고, 그 성별(聖別)된 토지를 사랑한다.

17 그는 헐벗은 이의 기도를 돌보시고
　　그들의 기도를 경히 보시지 않으시기 때문입니다.
18 후대를 위하여 이것을 기록하며,
　　새로 창조된 백성은 야_하웨를 찬양할 것입니다.

시인은 개인적인 곤궁 중에서도 하나님께 기도로써 말씀드리며, 하나님의 현현 중에 계시된 구원을 받은 한 사람으로서 자신의 기도가 청허(聽許)되었음을 감지한다. 하나님의 은혜가 그에게 새로이 주어진다. 이제 하나님은 그에게 얼굴을 감추지 아니한다(2절 참조). 그것을 그는 예배의식의 때에 증거 할 뿐 아니라, 그 고백을 기술하여 다음 세대에 남기고자 한다. 그는 계약경신의 축제에 있어서 되풀이하여 '새로이 창조된' 하나님의 백성으로서 하나님을 찬미하며 찬양할 것이다. 이는 하나님께 봉사하기 위하여 존재하는 회중의 의미이며 과제이다.

> 19 주께서 드높은 곳에서 내려다보시고,
>   하늘에서 땅을 굽어보신다.
> 20 포로의 신음을 들으시고
>   죽음에 붙여진 이들을 풀어 주신다.
> 21 야훼의 이름을 시온에서 말하며,
>   그 영예를 예루살렘에서 전하기 위하여,
> 22 만 백성과 나라들이 야훼를 섬기기 위하여 모여들 때에.

여러 부족과 민족이 매년 예루살렘에 모여서 행하는 예배는 하나님이 현현하시는 장(場)이며, 또한 하나님의 이름을 계시하고 구원을 고지하는 장이다(21절). 하나님의 지배는 회중에 있어서 찬미의 대상이며, 시인에게는 포로 된 자와 죽음이 정해진 자의 멸망으로부터 해방하시는 하나님의 긍휼의 기념비이다. 시인의 개인적인 기도가 청허(聽許)되고 구출된 것은 하나님의 구원 사건의 긴 역사의 한 절에 불과하다.

23 그분께서 나의 힘을 도중에 꺾으시고,

   나의 날을 짧게 하셨다.

24 나는 말했다. 나의 하나님이여

   내 생애의 중도에서 나를 취하여 가지 마소서.

   당신의 햇수는 대대로 이어집니다.

25 예전에 당신께서 땅의 기초를 세우시고,

   하늘은 당신 손의 작품입니다.

26 이것들은 사라져 가도 당신께서는 그대로 계십니다.

   그 모든 것은 옷처럼 닳아 없어집니다.

   당신께서 그들을 옷가지처럼 바꾸시니,

   그들은 지나가 버립니다.

27 그러나 당신께서는 언제나 같으신 분,

   당신의 햇수는 끝이 없나이다.

28 당신 종들의 자손들은 살아남고,

   그들의 후손들은 당신 앞에 굳게 설 것입니다.

21절에서 하나님의 영예를 강조한 후 시인은 23, 24절에서 또다시 그의 개인의 탄식으로 되돌아간다. 그러나 여기서는 벌써 하나님의 진노의 그림자는 흐려지고 시인은 하나님의 영원성에 대해 자신의 허무성을 말하며 머리를 숙인다. 시인이 우주의 창조자이시며, 심판자이신 분께 겸손하게 머리를 숙일 때에 그는 하나님과의 만남에서 회개의 가장 깊은 결실을 얻는 것이다. 그리하여 시인은 개인적으로는 하나님의 영원에 대하여 허무한 자이지만 하나님의 백성인 그의 후손은 하나님 앞에 살아남아 굳건할 희망을 건다. 시인은 눈을 장래로 향하게 하여 다가오는 역사 안에 희망을 둔다. 우리는 그의 전향적인 모습을 볼 수 있다.

103 편 | 내 영혼아 야훼를 찬양하라

다윗의 시

1 내 영혼아, 야훼를 찬양하라.
  내 속의 모든 것들아, 거룩한 그 이름을 찬양하라.

2 내 영혼아, 야훼를 찬양하라.
  그의 모든 은택을 잊지 말아라.

3 그는 네 모든 죄악을 용서하시고 네 모든 상처를 고치시고,

4 네 생명을 멸망의 구렁에서 구출하시고
  인애와 자비로 네게 관을 씌우시고,

5 그는 네 소원을 좋은 것으로 채우시므로
  네 젊음이 새로워져 독수리 같이 새롭게 된다.

6 야훼는 구원의 의를 행하시며,
  모든 압박 받는 자의 권리를 회복시키신다.

7 그는 자기의 길을 모세에게 알리시고,
  이스라엘의 자손들에게 자기의 행동을 알리셨다.

8 야훼는 자비로우시며 은혜로우시며 노하시기를
  더디 하시며 인자하심이 넘치신다.

9 그는 언제까지나 따지지 아니하시며,
  노를 영원히 품지 아니하신다.

10 그는 우리의 죄를 따라 우리를 다루지 아니하시며
   우리의 죄악을 따라 갚지 아니하신다.

11 실로 하늘이 땅에서 높음같이 그를 경외하는
   자에게 그 인자하심이 높도다.

12 동이 서에서 먼 것 같이 그는 우리 죄과를 우리에게서 멀게 하셨다.

13 아버지가 자식을 불쌍히 여기듯이

야_하웨는 그를 경외하는 자를 불쌍히 여기신다.

14 그는 우리의 만들어진 모양을 아시고,

　　우리가(흙의) 먼지라는 것을 잊지 아니하신다.

15 사람이란 - 그의 날들이 풀과 같아서

　　그 꽃 필 때도 들의 꽃과 같다.

16 실로 그 위로 바람이 지나가면 흔적도 없어지고,

　　피어 있던 장소조차 알 수가 없다.

17 그러나 야_하웨의 자애는 영원에서 영원까지

　　그를 경외하는 자들 위에 있고,

　　그의 의(義)는 자손의 자손들에게까지 미친다.

18 그리고 야_하웨의 언약을 지키고

　　그 계명을 행하고자 마음먹는 사람들을 위하여,

19 야_하웨는 하늘에 그 보좌를 세우시고

　　그 지배는 모든 것에 미친다.

20 야_하웨를 찬양하라. 그의 천사들이여,

　　그의 말씀을 행하는 강한 용사들이여.

　　(그의 말씀을 듣기 위하여)

21 야_하웨를 찬양하라. 그의 모든 천군들이여,

　　그의 뜻을 행하는 그의 신하들이여.

22 야_하웨를 찬양하라. 그의 지으신 모든 것들이여,

　　그가 다스리는 모든 곳에서,

　　내 영혼아, 야_하웨를 찬양하라.

이 시는 성서신앙에 핀 한 떨기 백합화와 같다. 그 청초한 아름다움을 느

낄 수 있다. 그 뿌리를 성서의 경건에 깊이 내리고, 고귀하고 맑은 가락으로 하나님을 높이 찬양하고 있다. 이 시는 많은 세대에 걸쳐 우리에게 신앙이 무엇이며, 야ㅎ웨 찬양이 무엇인가를 깨우쳐 주고 있다.

이 시를 개관하면 1, 2절은 서문이며, 3-5절은 시인 개인의 감사이고, 6-18절은 하나님의 은혜로운 성업의 찬미이며, 19-22절은 결미로서 우주적인 찬미로 확대되고 드디어 처음의 찬미로 돌아오고 있다. 전체로 하나님 찬양에 역점을 둔 개인의 감사의 노래라고 말할 수 있다. 감사하는 사람이 개인의 틀을 넘어서 찬미로 옮겨가는 것은 자연스럽다. 찬미는 자기를 떠나서 (자기라는 것이 이미 없는 상태) 하나님을 찬양하는 것이다. 예(例)하면 우리의 찬송가 204장의 F. J. Crosby의 찬송시의 경우와 같다. 이는 신앙의 최후의, 최상의 모습이다. 특히 이 시는 시인의 깊은 자기 체험을 배후에 깔고, 더욱이 이스라엘의 전통(傳統) 안에 살며, 차츰 공동의 찬미로 높여가고 드디어 하늘의 천군까지 포함된 전 우주적 찬양으로 승화하고, 시인 자신도 그 안에서 찬미하는 찬양으로 끝을 맺고 있는 것이 인상적이다.

처음부터 다시 읽어본다.

1, 2절. 도입부

'내 영혼아, 야ㅎ웨를 찬양하라. 내 속의 모든 것들아, 거룩하신 그 이름을 찬양하라.' 고 자기 자신에게 찬미를 촉구하는 것으로 이 시는 시작된다. 찬미의 노래의 도입부는 대체로 합창대 또는 예배 회중에게 하나님 찬미를 호소하는 것이 보통인데, 이 시인은 터져 나오는 찬양을 장엄하게 스스로에게 촉구한다. 이로써 자기 영혼을 살아계신 하나님께 전적으로 던져버리고, 하나님께 순종(順從)하는 시인의 모습을 볼 수 있다. 인간이 하나님께 은혜에 대한 감사를 표명한 후에 남는 것은 하나님께 대한 찬미뿐이다. 그러므로 하나님 찬미야말로 신앙의 최상의 모습일 것이다. 시인은 자신의 전 인격, 모든 것('내 속의 모든 것')을 하나님께 던지고 있다. 그리고 이 태도에는 2중적인 감정이 공존(共存)하고 있다. 시인은 하나님 앞에 경외심이 충만한 두려움을 가지고 서며, 동시에 하나님의 구원을 믿고 그 하나님의 사랑에 귀의(歸依)하는 것이다. 이 양자의 교착(交錯)에서 이 시의 숭고성과 친밀성이 결합되고 있다.

3-5절. 개인의 감사

'하나님은 네 모든 죄악을 용서하신다.'고 시인은 말한다(3절). 여기서 '모든'이라는 말에 주목해야 한다. 죄의 용서란 그 전부를 용서하시는 것이다. 깨끗이 잊어 주시고 기억하시지 않으신다. 그리고 우리의 상처를, 병환을 모두 고쳐주셨다고 고백한다. 4절의 '멸망의 구렁'이란 무덤, 즉 죽음의 뜻이다.

5절의 '독수리'는 이사야서 40장 31절과 관련되며, 이곳의 인용인 듯하다.

6-18절. 하나님의 은혜로운 성업의 찬미

6절 이하에서 시인은 자기 개인을 떠나 오로지 하나님을 처다보고 하나님의 성업을 서술한다. 7절은 이스라엘의 역사의 처음에 명확히 하나님의 의사가 계시되었고, 신앙은 이점에서 출발하였으며, 또한 언제나 그곳으로 들어간다.

8절 이하는 주로 죄의 문제를 중심으로 하나님의 은혜를 노래한 아름다운 곳이다. 하나님의 긍휼하심이 깊고 또한 높은 것을 강조하고 있다. 하나님 자신이 우리의 죄를 멀리하여 우리의 손이 닿지 않는 곳에 갖다 놓으신다고 말한다(12절). 하나님의 용서는 사람의 상상을 넘어선다고 한다(11절). 바로 그것이 은혜인 것이다. 그러나 11절, 13절에서 그것이 '그를 두려

위하는 자'에게 향하게 된다고 말하는 것은 구약적이다(關根正雄). 신약에서 이 은혜가 배신하는 자에게까지 미친다는 것이다.

14절 이하에서 사람의 피조물로서의 연약함을 하나님이 불쌍히 보아 주신다는 것이다. '(흙의) 먼지'(14절)는 창세기 27장과 연관으로 읽을 수 있다. 이 시인이 성서의 오래된 기록을 알고 있음을 암시한다. 그러나 이것이 이 시를 성서의 이곳저곳에서 구절을 주워 모은 것이 아니고, 도리어 시인은 오래된 이야기에 의하면서 혼연(渾然) 일체의 한 시문으로 한 점에 우수성을 인정할 수 있다.

사람의 연약함과 허무함을 이곳에서 대비시키는 것은(17절) 야훼의 인자하심이 영원히 변치 않는다는 것을 말하는 것으로, 이것은 이 시인의 신관을 잘 나타내고 있다. 하나님은 이 시인에게는 영원한 것이며, 하늘보다 높은 먼 곳에 있는 분이며, 동시에 그 은혜에 있어서는 죄과의 한없는 용서로서 사람에게 아주 가까이 계신다. 멀고도 가까운 하나님, 그분이 살아계신 하나님이시다. 여기서 시인이 이 대립된 모순을 혼연(渾然)이 하나로 파악하고 있는 곳에 깊이가 있다.

19, 20절. 결미의 대 찬양

20절 이하에서 시인은 천사들에게까지 하나님 찬미를 하라고 촉구한다. 20절에서 천사가 '그의 말씀을 행하는 강한 용사들이여'라고 말하고 있는 곳은 재미있는 표현이다. 사람은 말씀을 행한다고는 말하지 않는다. 20절의 최후의 행(行)은 후일의 부가로 보는 학자가 많다.

시인은 그 찬미가 시인만의 것으로서는 부족함을 느끼어 천사들도 하늘의 영광을 합창토록 촉구한다. 그는 여기서 다시 시의 처음으로 돌아가 자신의 영혼에게 우주적인 합창에 소리 맞추도록 촉구함으로 끝을 맺는다.

104편 | 하나님에 의한 창조

1 내 영혼아, 야훼웨를 찬미하여라.
　내 하나님 야훼웨여, 당신은 지극히 위대한 자,
　영광과 위엄을 입으셨습니다.

2 빛을 겉옷처럼 두르시고
　하늘을 천막처럼 피셨습니다.

3 물위에 그 왕궁을 세우시고,
　구름을 수레로 삼으시고
　바람 날개 타고 날아다니시며,

4 바람들을 당신 사자로 삼으시고,
　불과 불꽃은 당신의 하인.

5 그는 땅을 기틀 위에 세우시고
　영원히 흔들리지 않도록 하셨습니다.

6 심연(원시의 바다)을 그 위에 옷처럼 덮으시어,
　물이 산 위에까지 차 있었습니다.

7 당신의 꾸짖음에 물들이 도망치고,
　당신의 천둥소리에 놀라 달아났습니다.

8 그리하여 산들은 당신께서 지시하신 곳에
　높이 솟고 계곡들은 내려앉았습니다.[32]

9 당신은 경계를 두시어 물이 넘지 않게 하시고
　또다시 땅을 덮지 않게 하셨습니다.

10 골짜기에 샘들을 터뜨리시니,
　산과 산들 사이에 물이 흐릅니다.

---

32) 물은 산들 위에 오르고, 계곡으로 내리고,
　당신이 정하신 곳에 주저앉았습니다. - 關根正雄

11 들의 모든 동물이 이를 마시며,
   야생나귀들도 목마름을 풉니다.

12 그 곁에 하늘의 새들이 살고
   나무가지 사이에서 지저귑니다.

13 당신은 그 궁전에서 산들에 물을 대시니,
   당신의 하늘 선물로서 땅이 충족합니다.

14 당신은 가축을 위하여 풀이, (돋아나게 하시고,)
   사람의 경작(耕作)을 위하여 청물(靑物)이 무성케 하여,
   빵이 땅에서 생깁니다.

15 술이 사람의 마음을 기쁘게 하고,
   얼굴은 기름으로 윤기 나게 되며
   빵은 사람의 마음을 돋우어 줍니다.

16 야ᐟ웨의 나무들과
   몸소 심으신 레바논의 백향목들이
   포만(飽滿)하고,

17 거기에 새들이 깃들고,
   황새는 그 꼭대기에 둥지를 틉니다.

18 높은 산들은 산양들의 목,
   바위들은 너구리의 은신처.

19 그는 때를 정하기 위하여 달을 만드시고,
   해는 그 질 때를 압니다.

20 당신께서 어둠을 드리우시면 밤이 되고,
   숲의 온갖 짐승들이 우글거립니다.

21 사자들은 사냥거리를 찾아 울부짖으며

하나님께 그들의 먹이를 청합니다.

22 해가 뜨면 물러가서 저들의 보금자리로 들어가 쉽니다.

23 사람들은 나와서 일터에 가며 저녁까지 노동합니다.

24 야훼여, 당신의 업적들이 얼마나 많습니까!

당신은 그 모든 것을 슬기로이 만드셨습니다.

땅은 당신이 만드신 것으로 가득합니다.

25 바다를 지배하는 분이시여,

바다는 크고 넓고 그곳에는 무수한 동물,

크고 작은 생물이 우글거립니다.

26 거기 배들이 돌아다니고,

당신이 장난감으로 만드신 레비야단이 있습니다.

27 이 모든 것들이 당신께 바라옵니다.

그들에게 제때에 먹이를 주시기를.

28 당신께서 주시면 그들은 모여들고,

손을 벌리시면 그들은 좋은 것으로 배부릅니다.

29 당신의 얼굴을 감추시면 그들은 소스라치고,

당신이 그들의 숨을 거두어들이시면

그들은 죽어 먼지로 돌아갑니다.

30 당신이 숨을 불어 넣으시면 그들은 창조됩니다.

이렇게 하여 당신은 땅의 면을 새롭게 하십니다.

31 야훼의 영광은 영원하여라.

야훼는 업적을 기뻐하실 것입니다.

32 그가 땅을 응시하면 땅은 떨리고,

산들은 건드리시니 연기를 뿜는다.

33 나는 살아있는 한 야훼를 향하여 노래하며,
　살아있는 동안 나의 하나님을 찬미하리.
34 나의 노래가 주님 마음에 들기를(기원하며)!
　나는 야훼를 기뻐합니다.
35 죄인은 땅에서 멸절되며,
　악인은 남아있지 않기를.[33]
　내 영혼아, 야훼를 찬미하여라.
　할렐루야!

시편 104편은 서정적인 시로서 시적가치로 볼 때 시편 중에서 가장 아름다운 시에 속한다. 그 자연 찬미는 마치 그림과 같으며 창세기 1장의 창조이야기를 아름다운 물감으로 칠한 것 같다. 그것은 아마도 이 시가 창세기와 같은 전승의 소재를 쓴 데서 유래된 듯하다. 시인의 종교적 사상의 심오함과 자연관찰의 정서 넘치는 우아함이 결합하여 숭고하면서도 강력한 감정을 우아하게 그려 불멸의 표현을 한 듯하다. 동시에 시인은 자연의 아름다움과 그 합목적성(合目的性) 중에 창조자의 영광과 지혜를 보고 있다. 그가 그리는 세계상(世界像)은 그의 시대의 세계상의 각인을 찍고 있다. 즉 바빌론, 이집트, 북방의 신화 등에 많은 병행기사가 있는 것은 동시대의 세계관의 여러 특질이 영향을 주고 있다는 것이다. 특히 현저한 것은 이 시가 기원전 14세기의 이집트 왕의 유명한 태양찬가와 유사하다는 것이다(A.Weiser).

---

33) 하나님 없는 자는 결코 존재해서는 아니 된다. - A.Weiser

1절. 주제

시인은 먼저 찬미하라고 짧은 말로서 자신을 촉구하며, 이 시의 최후의 부분에서도 되풀이하고 있다. 그 뒤에 1절의 후반에서 하나님의 위대와 영광을 찬미하는 외침이 나오는데, 이것이 이 시 전체의 음률과 기본사상을 강하게 나타내고 있다. 여기서 시인은 그의 영혼이 찬미로 충만한 상태에서 기도로 고백하면서 하나님 앞에 세워진 자신을 자각한다. 그가 자연 안에서 보는 것, 세계의 성립과 그 안에 있는 생명체, 또한 세계를 가장 깊은 곳에서 받치고 있는 것에 생각을 돌릴 때, 그 모든 것들은 각기 질서를 이루고, 그것 나름대로의 방법으로 한 분 전능하신 하나님을 말하고 있다. 이것들이 하나님의 숭고, 위대, 지혜를 그에게 증명해 주는 것이다.

2-4절. 하늘

시인의 시선은 먼저 하늘을 향한다. 그리고 하늘에서 오시는 하나님의 현현(顯現)에 쏠리어 이것에 대해 깊이 생각한다. 하나님의 현현은 하늘의 왕이신 하나님의 전능을 고한다. 천적(天的) 빛의 광휘 안에 하나님이 나타나시며, 그 광휘는 하나님의 장려한 겉옷이다. 하늘의, 바다의 물위에 그는 그 성전을 확고한 기둥 위에 세우셨다. 이는 큰 기적의 성업이다. 그는 구름을 수레로써 사용하고(시편 18¹¹,¹² 참조), 바람을 그의 날개 있는 차로써 쓴다. 자연의 위력인 폭풍과 벼락을 자신의 종으로 부리신다. 시인은 물감으로 신화적이며 이교적인 모든 것을 극복하여 하나의 종교적 사상을 창조 설화로써 그려내고 있다. 즉 이 천체를 하나님은 자신을 위해 손수 지으셨다는 것이다. 그것은 우주가 하나님의 마음을 섬기며, 하나님의 능력과 지혜를 증거하여 영광을 나타내기 위해서이다.

5-9절. 땅

위와 같은 경외(敬畏)와 놀라움을 가지고 시인은 땅의 성립을 상기한다. 전날 산들을 덮고 있던 원시의 바다(6절)를 하나님은 벼락의 말씀으로 물리치시고, 물이 넘어서는 안 되는 한계를 설정하였다(욥기 38[10-11] 참조). 이리하여 땅은 확고한 기반 위에 놓이게 되었다(5절). 그것은 하늘의 왕궁과 같이 위대한 하나님의 기적의 솜씨이다. 여기에 혼돈(混沌)에서 질서에로 첫걸음이 시작되었다. 이는 시인의 창조신앙으로서 모든 원소(元素)를 제어하는 하나님의 위대한 창조력에 대한 외경과 하나님의 강력한 의지에 대한 신뢰인 것이다.

10-18절. 지상의 생명

지상의 생명 탄생의 묘사는 앞부분과 직접 결합되고 있다. 원시의 바다의 물을 하늘과 땅의 바다로 가름으로써 질서를 놓은 뒤에 하나님은 이 물들을 새로운 창조의 일에 활용하신다. 그리하여 지상의 생명을 질서 지움은 더욱 위대한 기적인 것이다. 지하의 대해(大海)에서 샘이 솟고, 개천이 흐르고 그 주위에서 동물들이 즐거이 생활한다(10-12절). 하늘바다에서는 하나님의 선물이 내려온다(13절, 창세기 7[11], 8[2] 참조). 그리하여 말랐던 대지는 녹색의 옷을 입고, 인간과 동물에게 주거지와 식물을 제공한다(14-18절). 완벽한 시적 묘사에 의해서 시인은 산과 계곡, 숲과 들, 정원과 포도원에 환하고 기쁜 시선을 던진다. 이들 정경은 구약성서의 서정시 중에서 가장 아름다운 것에 속한다.

자연에 대한 시인의 감격의 최종적인 것은 자연의 생생한 아름다움 하나를 발견하는 기쁨에만 있는 것이 아니고, 자연전체를 어떤 의미를 갖는 신적인 세계질서에로 포괄하는 유기체로 보며 종교적으로 통합하여 관찰하는 위대에 있다. 시인은, 땅의 강력한 창조자이시며 우리의 주이신 하나님이 그의 사랑의 눈초리로 바라보는 개개의 사항을 이해한다. 그곳에 널리 창조자의 영광과 지혜가 나타나 있다.

19-23절. 달과 태양

하나님의 손에 의한 우주의 큰 생명 유기체(生命有機體)에 대한 사색 중에 시인의 시선은 다시 하늘을 향한다. 공간(2-18절)들과 나란히 시간(時間)도 한 현명한 질서 아래에 놓여 있는 것이다. 그리하여 모든 생명이 가능하게 된다. 이 목적을 위해 하나님은 슬기롭게도 태양과 달을 가지고 영원한 시계를 만드셨다. 그 위치와 모양에 의해 시계도 달력도 없던 시대에 인간은 직접 하나님에 의해 가르침을 받고 '때의 질서'를 알았던 것이다(19절, 창세기 1^{12,13}). 시인은 다시 개개의 예를 들어 날카로운 관찰의 눈과 매력적인 예술성으로써 하나님의 창조 질서의 종교적 근본사상을 그려낸다. 산림의 야생동물은 밤에, 인간은 낮에 일할 수 있도록 하여 서로를 방해하지 않도록 한 것은 하나님의 지혜를 말한다. 특히 사자가 사냥거리를 찾아 울부짖는 것을 그의 하나님께 대한 기도의 소리로 받아들인 것으로 이미 시인은 하나님만을 보는 하나님 중심적인 신앙태도의 깊이를 명백히 한다.

24-26절. 바다

이러한 신앙에 대한 깊은 인식에서 시인은 하나님의 지혜와 그 작품의 풍부성에 대하여 놀라지 않을 수 없다(24절). 그의 시선은 훨씬 먼 곳, 무수한 동물이 우글거리는 바다로 간다. 이들 모든 것은 하나님의 창작이며 그의 소유다. 인간이 공포를 갖고 생각하지 않으면 안 될 바다의 괴물조차 하나님은 그것을 장난감으로 만드셨다고 말한다. 아마도 24절의 '레비야단'이라는 이름의 배후에는 원시의 바다에 있었다는 혼돈의 용이라는 옛 신화적 표상(表象)이 숨겨져 있는 듯하다. 이 원시의 바다의 용을 하나님께 순종하는 피조물로 한 것은 유일신교(唯一神敎)의 하나님 신앙의 힘인 것이다. 그리고 시인은 이 모든 것을 하나님이 즐기셨다고 여기서 말하고 있다.

27-30절. 생명의 유지자로서의 하나님

모든 것이 하나님에 의해서 생명이 주어진 것 같이, 모든 것은 그에 의해서 생명이 유지되고 있다. 모든 피조물은 하나님이 마치 사려 깊은 영주와 같이 손을 뻗치고 먹이를 뿌리면 배불리 이것을 먹기 위해 기다린다는 사랑스러운 비유를 든다(27, 28절). 그리고 생명의 심각성, 즉 죽음과 소멸도 이 시인에게 하나님의 힘을 말하여 준다. 생명은 하나님의 숨(靈)이다. 하나님이 이것을 중지하면 생물은 먼지가 된다(29절). 그분이 이것을 내면 새로운 생명이 탄생한다. 이것은 자연에 있어서의 생성과 소멸에 관한 위대한 깊은 종교적 해석이다. 시인은 하나님의 '긍정'에서 이 세상을 보기 때문에 죽음의 비극에 머무르지 않고 항상 역사하시는 살아계신 하나님의 새로운 창조에 의해서 소멸과 생성의 한 가운데서조차도 죽음이 극복되는 것을 보는 것이다.

31-35절. 종결의 노래

이곳은 종결의 부분으로서 시인의 깊은 사상을 다시 보이고 있다. 하나님의 '영광'이 영원히 계속되도록, 그리고 그분의 손에 의한 창조에 대한 하나님의 기쁨이 결코 가리어지지 않기를 비는 그의 절실한 기도가 있다. 하나님의 영광은 그의 시 전체에 충만하며 하나님의 기쁨의 여광(餘光)이 시인의 마음에 빛나고 있다. 시인은 자연계의 무서운 변혁인 천재, 지진 등을 하나님의 수중에 놓는다. 하나님은 그와 대적하는 자를 모두 멸하여 버리는 무서운 힘과 숭고성을 가지고 있다. 그러므로 죄인과 하나님 없는 자는 소멸되어야 한다고 말한다(35절). 하나님 없는 자가 단절되고 멸절되도록 원하는 사상은 제의적(祭儀的)인 유래를 갖는다(A.Weiser). 하나님 없는 자란 하나님에 대한 당연한 감사를 거부하고 반항하는 자이며 하나님의 창조의 영광을 가리는 자를 말한다. 시인은 하나님과 그 창조에의 순수한 기쁨 때문에 피조물에 대한 하나님의 기쁨과 하나님에 대한 피조물의 기쁨(34절)이 잘 조화된 중에 울려 퍼지는 순간을 흠모하며 구한다. 제의전승(祭儀傳承)과 하나님을 향한 기쁨의 '긍정'에서 이 소원이 나온다. 또 시인은 자신의 인생이 모름지기 하나님을 칭송하는 찬미이길 기구한다. 이리하여 시인이 보는 것이 허용된 자연뿐 아니라, 그의 전 생애가 하나님의 따뜻한 빛을 받고 있다.

105편 | 하나님의 계약

　시편 105편 1절부터 15절은 역대상 16장 8절 이하의 축제의 찬미의 인용이다. 역대상의 이곳은 다윗이 계약의 궤를 정중히 시온으로 지어 올리는 때의 이야기와 연결되어 있다. 이 사실 안에 이 시는 원래 야훼 계약이 축제에 사용된 것을 상기시킨다고 하여 제의(祭儀)와의 배경에서 전적으로 내용을 생각하는 A.Weiser의 견해가 있는데 이것과는 달리 이 시를 이스라엘의 역사의 회고의 형식을 취한 시인의 신앙 표백(表白)이라 생각하는 關根 선생의 견해에 따라 읽어 보기로 한다.

1　야훼를 찬송하여라. 그 이름을 불러라.
　그 업적들을 백성들 사이에 알려라.
2　그분을 향하여 노래하여라. 그분께 악기(樂器)를 울려라.
　그 모든 기적들을 이야기하여라.
3　그 거룩한 이름을 자랑하여라.
　야훼를 구하는 이들의 마음은 기뻐하여라.
4　야훼와 그 권능을 구하여라.
　그 얼굴을 끊임없이 찾아라.
5　그분께서 하신 기적들을,
　그 이적들과 그 입의 판결들을 기억하여라.
6　너희들, 그분의 종 아브라함의 자손들,
　그분께 선택된 야곱의 후손들이여!
7　그분, 야훼는 우리 하나님,
　그분의 판결은 온 세상에 미친다.
8　그분은 영원히 그 계약을 기억하시고

천대(千代)에 미치는 말씀을 하셨다.

9 아브라함과 맺으신 계약이며,

이삭에게 내리신 맹세이다.

10 그분은 이를 야곱에게 법규로,

이스라엘에게 영원한 계약으로 하셨다.

11 '나는 너에게 가나안 땅을 너희 유산의 소유로서 주노라' 고.

12 그들이 아직 소수였을 때에,

몇 안 되는 기류자(寄留者)였을 때,

13 이 민족에서 저 민족으로,

이 나라에서 다른 백성에로 떠돌아다닐 때,

14 그분은 아무도 그들을 억누르지 못하게 하시고

그들을 위해 왕들을 꾸짖으시어 말하셨다.

15 '나의 기름 부음 받은 자를 건드리지 말고

나의 예언자에게 해를 끼치지 말라' 고.

16 땅에 기근을 불러일으키시고

모든 양식을 끊으셨을 때,

17 사람 하나를 그들 앞에 보내셨으니,

종으로 팔린 요셉이다.

18 사람들은 그의 발에 족쇄를 채우고

그의 목에 철을 채웠다.

19 그의 말이 들어맞아,

야訓웨의 말씀이 그의 진실을 증명할 때까지는.

20 왕이 사람을 보내어 그를 풀어주고,

나라들의 지배자로 하여금 그를 해방시켰다.

21 요셉을 자기 집에 재상으로 삼고
   자기 모든 재산을 다스리는 사람으로 세웠다.

22 그 대신들을 가르치고, 스스로
   그의 장로들을 현명하게 하기 위하여.

23 그리고 이스라엘이 이집트로 와서,
   야곱이 함족의 땅에 나그네 되었다.

24 그분은 그 백성을 크게 불어나게 하시어
   그 적보다도 강하게 하셨다.

25 적의 마음은 일전하여 그 백성을 미워하게 되고,
   그의 종들에 대해 간계를 부리게 되었다.

26 그분은 그의 종 모세와
   몸소 뽑으신 아론을 보내셨다.

27 그분은 저들 가운데서 그 징표를 행하고
   함족의 땅에서 기적을 행하였다.

28 그분이 어둠을 만들어 캄캄하게 하셨다.
   그들은 그의 말씀을 거역하였다.

29 그분은 물을 피로 바꾸시어
   그들의 물고기를 죽게 하셨다.

30 저들의 땅이 개구리 떼로 들끓었다.
   왕의 침실까지 이르렀다.

31 그분께서 말씀하시자 해충들이 오고,
   저들의 영토 전역에 모기들이 찼다.

32 그분은 저들에게 비 대신 우박을 내리셨다.
   타오르는 불을 저들 땅에 내리셨다.

33 그분은 포도와 무화과를 치시고
   그 영토 안의 나무들을 부러뜨리셨다.

34 그분께서 말씀하시자 메뚜기 떼가 오고,
   무수한 누리 떼가 몰려왔다.

35 저들의 땅의 모든 푸른 것을 먹어버리고,
   저들의 농지의 작물을 먹었다.

36 저들 땅 안의 모든 맏아들을,
   저들 모든 정력의 첫 소생을 치셨다.

37 그들이 은과 금을 가지고 나오게 하셨고,
   그의 지파들 중에는 비틀거리는 사람이 없었다.

38 이집트는 그들의 떠남을 기뻐하였다.
   그들에 대한 공포가 저들을 엄습했기 때문이다.

39 그분은 구름을 덮개 삼아 펼치고,
   밤을 밝히는 불을 펼쳐 놓았다.

40 그들이 원하자 메추라기가 오고,
   하늘의 빵이 그들을 배불리셨다.

41 그분이 바위를 여시자, 물이 솟아났고,
   마른 땅에 강과 같이 흘렀다.

42 그분은 그의 종 아브라함과의
   거룩한 말씀을 잊으시지 않았기 때문이다.

43 그분은 그 백성을 기쁨 속에,
   그 선택한 자를 환호 속에 이끌어 내셨다.

44 그들에게 민족들의 많은 땅을 주시고,
   많은 족속의 부를 그들은 이어 받았다.

> **45** 그것은 그들이 그분의 계명을 지키고,
>
> 그의 율법을 지키기 위해서이다.
>
> 할렐루야!

이 시는 전술한 바와 같이 이스라엘의 약사의 회고의 형식을 취한 시인의 신앙표백이다. 족장(族長)들, 이집트에로 내려감, 출애굽, 가나안의 토지 취득의 테마는 오래된 신앙고백(신명기 26⁵⁻¹¹)의 순서에 따르고 있다. 그러나 같은 순에 의한 모세 6서(창세기-여호수아)의 서술과 현저히 다른 것은, 여기서는 모든 것이 하나님의 은혜에 의해 관철되고, 이스라엘 측의 죄에 대해서는 일절 손대지 않고 있다는 것이다(106편 참조). 시인은 역사를 회고하여 단지 하나님의 은혜만을 보고, 그 은혜의 빛 가운데 이스라엘의 죄는 소멸되어 가는 것을 생각했을 것이다. 그 은혜의 중심에는 하나님의 계약이 서 있다. 그러나 이 계약에 기인하는 은혜를 시인은 단순히 찬미한 것은 아니다. 하나님의 은혜는 이스라엘이 그것에 응답하여서, 하나님의 거룩한 계명을 지키는데 이를 것을 요구하고 있는 것을 최후의 구(句)에서 말하고 있는 점을 주목해야 한다. 구약에 있어서는 계명은 은혜에서, 율법은 계약에서 당연히 나온다. 이 양자는 분리시킬 수 없다(關根正雄).

이 시는 최근에는 많은 사람이 이스라엘의 제의적 전승에서 성립을 생각하고 있다. 문학 유형은 찬미의 노래이다.

내용을 개관하면 1-6절은 찬미하기를 명령하고 있다(특히 3절 후반 이하). 신앙도 '믿어라' 하고 율법의 형식을 취하고 있다. 5절의 '심판'은 7절에서 보아서 이스라엘에 대한 것이 아닌 듯하다. 7-11절은 족장에서 계약으로 역사가 시작된다. 12-15절은 족장의 생활. 14, 15절은 창세기 12장 후반,

20장 및 26장의 사건을 가리킨다. '기름 부음 받은 자', '예언자'라는 것은 족장을 말한다. 16-23절은 이집트에 내려간 것이다. 19절은 요셉의 꿈 해몽을 말한다. 24-38절은 출애굽 사건을 말한다. 그러나 출애굽 기사와 상세한 곳에서 어긋난다. 39-41절은 광야의 여행이다. 42-45절은 맺는말이다. 출애굽을 족장과의 계약의 결과라고 본다. 43절의 '기쁨'의 강조는 제2이사야의 영향으로 본다(이사야 51[11], 52[12] 참조). 이 시의 성립 연대는 포수기(捕囚期) 후로 본다.

은혜는 약속 이상의 것이다(이상 關根正雄 선생의 주해(註解)에 의거함).

106편 | 하나님의 은혜와 이스라엘의 죄

1 할렐루야!
   야훼께 감사하여라. 그는 은혜 깊고,
   그 자애는 영원히 계속된다.
2 누가 야훼의 위업을 말할 수 있으며
   그 모든 영광을 전할 수 있겠는가?
3 공의를 지키는 자와
   언제나 정의를 실천하는 자에게 행복이 있으라.
4 야훼여, 당신 백성에 대한 사랑 연고로
   나를 기억하여 주십시오.
   당신의 구원 연고로 나에게 오소서.
5 당신이 택하신 백성의 행복을 보고,
   당신 백성의 기쁨을 기뻐하고,
   당신 기업의 백성과 함께 자랑하기 위해서.
6 우리는 조상들과 함께 죄를 범했으며,
   불법을 행하고 과실에 떨어졌다.
7 우리 조상들은 이집트에서 당신의 기적들을 깨닫지 못하고,
   당신의 크신 자애를 깨닫지 못했으며
   갈대 바다에서 지극히 높은 분께 거역하였다.
8 그러나 그는 당신의 이름을 위하여 그들을 구원하고
   권능을 그들에게 알리셨다.
9 갈대 바다를 꾸짖으시니 바다가 마르고,
   그들이 해심을 사막인양 걸어서 통과했다.
10 미워하는 자의 손에서 그들을 구하시고,
   원수의 손에서 그들을 구해내셨다.

11 물이 그들의 적들을 뒤덮어
　　하나도 살아남지 못했다.

12 이에 그들이 그분의 말씀을 믿어
　　그분께 대한 찬양을 노래했다.

13 그들은 그분의 업적을 빨리도 잊어
　　그분의 계획을 기다리지 않았다.

14 그들은 사막에서 탐욕을 부리고
　　황야에서 하나님을 시험하였다.

15 그분은 그들의 요구에 응했으나
　　질병도 그들에게 보내셨다.

16 그들은 야영에서 야훼의 성자
　　아론을 시기하였다.

17 땅이 입을 벌려 다단을 삼키고,
　　아비람의 무리를 덮어 버렸다.

18 불이 그 무리 가운데 일어나
　　불꽃이 악인들을 살라 버렸다.

19 그들은 호렙에서 송아지를 만들고
　　쇠를 부어 만든 상에 경배했다.

20 그들은 자신들의 영광을
　　풀을 먹는 황소의 형상과 바꾸었다.

21 그들은 그들을 구해주신 하나님을,
　　이집트에서 위대한 일들을 행하신 분을 잊었다.

22 함의 땅에서의 기적,
　　갈대 바다에서 두려운 일을 행하신 분을.

23 그분은 그들을 없애 버리고자 생각하였으나,

그분이 선택한 사람, 모세가 그의 앞에 나아가

그 갈라진 틈에 서서 파멸의 분노를 거두어들이시게 하였다.

24 그러나 그들은 탐스런 땅을 천하게 여기며

그분의 말씀을 믿지 않았다.

25 그들의 천막 안에서 투덜대며

그분의 목소리를 듣지 않았다.

26 이에 그분께 당신의 손을 들어

그들을 사막에서 쓰러뜨리셨다.

27 그들의 후손을 민족들 사이에 쓰러뜨려

그들의 나라들 사이에 흩어 버리고자 맹세하였다.

28 그들은 바알브올과 짝하고

죽은 자에게 바친 제사 음식을 먹었다.

29 그들의 행위로 그분을 노하게 하여,

재앙이 그들에게 들이 닥쳤다.

30 비느하스가 일어나서

심판을 집행하니 재앙이 그쳤다.

31 이 일은 대대로 길이길이

그의 의로 인정되었다.

32 그들이 또 므리바 물가에서

그분을 노하시게 하였다.

모세는 그들·때문에 화를 입게 되었다.

33 그들이 그의 기분을 상하게 하여

모세가 망령되이 말을 하였기 때문이다.

34 야훼가 그들에게 명령하신 대로
   그들은 이국(異國)의 백성들을 멸하지 않았다.

35 그들은 여러 민족들 사이에 어울리며
   저들의 행실을 배웠다.

36 그들은 여러 민족의 우상들을 섬기므로
   그것들은 그들에게 덫이 되었다.

37 그들은 자신의 자식들을 희생으로 하고
   자신들의 딸들을 마귀에게 바쳤다.

38 그들은 무죄한 피를 흘려
   그 땅이 피로 더럽혀졌다.

39 그들이 자기 행실로 더러워지고
   자기 행위로 음탕하게 되었다.

40 야훼의 분노가 백성을 향해 타오르고,
   당신의 유산을 혐오하게 되셨다.

41 제국(諸國)의 민족의 손에 그들을 넘기었다.
   그들을 미워하는 자들이 그들을 다스렸다.

42 그 적이 그들을 억눌러 저들의 손아래 엎드렸다.

43 몇 번이나 그들을 구출해 주셨건만,
   그들은 그분의 계획에 거역하여
   그 죄악 때문에 낮추어졌다.

44 그분은 고경(苦境)에 있는 그들을 보시고
   그 부르짖음을 들으셨다.

45 그들에 대한 계약을 상기하시고,
   크신 자애로 마음을 돌리어

46 그들을 사로잡아 간 모든 이들 앞에서
　　그들에게 동정을 베푸셨다.
47 우리의 하나님, 야훼여,
　　우리를 구원하여 주십시오.
　　여러 나라에 흩어진 우리를 모아 주십시오.
　　당신의 거룩한 이름에 감사하며,
　　당신을 찬양하며, 영광을 돌리기 위하여.
48 이스라엘의 하나님, 야훼여,
　　영원에서 영원까지 찬송을 받으십시오.
　　온 백성은 "아멘" 이라 말하여라.
　　할렐루야!

　　이 시는 105편과 닮은 것으로 이스라엘의 역사를 주제로 하고 있다. 그러나 105편이 하나님의 은혜를 주로 말하고 있는데, 106편의 중심 부분은 이스라엘의 죄를 되풀이하여 묘사하고 있다. 또한 상세히 보면, 이 시의 구성은 그 문제뿐이 아니다. 그 중심 부분인 6-46절의 전후에 1-5절과 47절이 틀이 되고 있다. 48절은 시편 제4권의 끝을 가리키는 구이다. 이 틀 중에 1, 2절은 감사와 찬미를 촉구하는 찬미의 노래의 도입부이며, 4, 5절은 탄식의 노래로서 원망을 말하며 6절은 참회의 노래의 도입부, 47절은 감사를 위한 원망이고, 48절은 찬미의 노래의 결미이다.

　　중심부는 역사의 묘사이다. 구약에서는 역사는 먼저 하나님의 역사이므로 찬미가 틀로서 나오는 것이 당연하다. 그런데 이 시의 하나님의 역사의 묘사는 사람의 배반 측면에서 주로 이것을 서술하고 있다. 그러므로 원망과 참회의 요소가 가해지는 것은 당연하다.

　이러한 시 전체의 구성은 이 시의 이해에 근본적으로 중요하다. 이스라엘 사람들은 그 역사가 아무리 깊이 사람 측의 배반과 죄로 오염되고 있어도, 이것을 역시 찬미의 틀 안에 놓았다. 그것은 사람의 죄에도 불구하고 하나님의 역사이고, 하나님의 역사는 어떤 경우든 찬미되어야 하기 때문이다. 이스라엘의 신앙이 결국 이러한 긍정 위에 서며, 그 긍정 안에서 상대적으로는 진지하게 그 죄를 문제로 한 곳에 106편의 깊은 의의(意義)가 있다. 처음부터 읽어본다.

　최초의 '할렐루야'(야훼웨를 찬미하라)는 시편의 첫머리에 2차적으로 부가된 것으로 보인다.

　1-5절에서 문제가 되는 것은 여기에 세세한 사상의 연결이 있다는 것이다. 1절에서 감사, 찬미를 촉구하고, 2절에서 그것은 아무나 할 수 있는 것이 아님을 말하고, 3절에서 그것을 할 수 있는 의로운 자의 행복을 노래하고 있다. 4절의 '나'를 어떤 사본에서는 '우리'로 읽는 분이 꽤 있다. 그러나 그럴 필요는 없다고 본다(關根正雄). 그냥 두는 편이 더욱 뜻이 깊다. 5절에서는 이스라엘의 백성이 중심이므로 복수가 된다. 6, 7절에서는 '우리들'이 된다. 즉 시인은 이 시에 있어 자기를 백성 전체와 구별하고 있다. 이 시의 중심부에서 눈에 띄는 것은 모세와 비느하스(30절)가 역시 백성 전체와 구별되어 나온다.

　7절은 출애굽기 45장 8절, 14장 11, 12절을 참조 바라며, 8-12절은 홍해의 기적이다. 12절은 출애굽기 15장 참조, 13-15절은 출애굽기 16, 17장, 민수기 11장 참조. 16-18절은 민수기 16장, 19-23절은 출애굽기 32장을 참조하라. 24-27절은 포수(捕囚)가 전제로 되어 있으며 이 시가 포수시대의 시라는 것이 추정된다. 이 시에서는 이스라엘의 죄를 이미 출애굽에서 시작한다고 보고 있다.

28-31절은 민수기 25장 참조, 31절의 후반은 민수기 25장 12, 13에 있는 계약을 말한다. 31-33절은 민수기 20 참조, 33절 후반은 민수기 20장 10절의 모세의 말을 가리키는 듯하다. 다음 34-46절은 가나안의 원주민을 쫓아내지 않은 것이 죄의 시작이라고 생각되고 있다.

요컨대 이 시의 중심부에서는 이스라엘의 죄가 한없이 지적되고, 그런데도 불구하고 하나님이 인내를 되풀이 한 것을 보고 있다. 이스라엘의 죄에는 소심(小心), 은혜의 망각, 탐심, 불순종, 우상숭배 등이 지적되고 있다. 이 시의 성립의 배경으로 포수시대의 제의를 생각하는 학자가 있다(A. Weiser).

107 편 | 구원된 자

1 야ʰ웨께 감사하라. 그분은 은혜 깊으며
  그의 자애는 영원하시다.

2 야ʰ웨께 구원 받은 자들은 말하라.
  그분은 고난 중에서 그들을 속량하시고

3 뭇 나라에서, 동서남북에서 그들을 모으셨다.

4 그들은 사막에서 헤매며,
  황야에서 사람 사는 성읍으로 가는 길은 찾지 못했다.

5 굶주리고 목말라, 그들의 목구멍은 약했다.

6 그 고난 중에서 그들은 야ʰ웨께 부르짖었다.
  야ʰ웨는 그 고통에서 그들을 구출하고,

7 그들을 옳은 길로 인도하여
  사람 사는 성읍으로 가게 하셨다.

8 야ʰ웨의 인자하심에, 사람들에게
  베푸신 놀라운 기적들에 감사하라.

9 그가 목마른 사람들에게 물 마시우고,
  배고픈 이를 좋은 것으로 채우셨다.

10 그들은 어둡고 캄캄한 곳에 앉고,
   고뇌와 쇠사슬에 묶여 있었다.

11 실로 그들은 하나님의 말씀을 거역하고,
   지고한 자의 뜻을 저버렸다.

12 그분께서 고통으로 그들 마음을 꺾으시니,
   그들은 도와주는 이 없이 비틀거렸다.

13 그 고통 중에서 그들은 야ʰ웨에게 소리쳤다.
   그분은 고난 중에서 그들을 구하셨다.

14 그들을 어둠과 캄캄함에서 이끌어 내시고,
   그들의 사슬들을 끊어주셨다.

15 이들은 야ʰ웨께 감사드려라.
   그 자애에, 사람들을 위한 그 기적들에.

16 그분이 청동 문을 부수시고
   쇠 빗장들을 부러뜨리셨으므로.

17 그들은 사악의 길로 인해 피로해졌고,
   그 죄로 인해 쇠약해졌다.

18 그들은 모든 음식을 싫어하고,
   죽음의 문까지 다다랐다.

19 고통 중에서 그들이 야ʰ웨께 소리 지르자,
   그분은 그들을 난관에서 구하셨다.

20 말씀을 보내시어 그들을 낫게 하시고
   파멸의 구덩이에서 그 생명을 구출하셨다.

21 이들은 야ʰ웨께 감사드릴지어다.
   그 자애에,
   사람들을 위한 그 기적들에.

22 또한 감사의 제물을 올리며 환호 속에 그분의 일들을 전하라.

23 그들은 배로 바다를 가고,
   큰 바다에서 장사를 했다.

24 그들은 바다의 깊은 곳에서 야ʰ웨의 일들과 기적들을 보았다.

25 그분께서 명령하시자
   사나운 바람이 일고, 파도들이 치솟았다.

26 그들이 하늘로 올랐다가 해심으로 내려가니,

그들 마음이 괴로움으로 녹아내렸다.

27 술 취한 사람처럼 비틀거리고 흔들거리니,
그들의 온갖 지혜가 소진했다.

28 그 곤경 중에서 그들은 야훼께 부르짖었다.
그분은 고난에서 그들을 빼내주셨다.

29 그분은 광풍을 순풍으로 가라앉히시고,
파도는 잠잠해졌다.

30 그들은 바다가 잠잠해진 것을 기뻐했다.
그분은 그들이 원하는 항구로 인도하셨다.

31 이들은 야훼께 감사드릴지어다.
그 자애에, 사람들을 위한 기적들에.

32 백성의 모임에서 그분을 높이 기리고,
원로들 집회에서 그분을 찬양할지어다.

33 그분께서 강을 사막으로 변하게 하시고,
샘이 솟는 곳을 메마른 곳으로 만드신다.

34 그분께서 사막을 호수로 만드시고,
메마른 땅을 샘솟는 곳으로 변화시켰다.

35 거기 사는 사람의 악함 때문에
기름진 땅을 염지(鹽地)로 만드신다.

36 이리하여 그 곳에 주린 이들이 살게 하시고,
그들이 살 성읍을 세운다.

37 그들은 밭에 씨 뿌리고 포도원에 나무 심어
소출을 거두어 들였다.

38 그분께서 그들을 축복하시니,

그 수가 크게 늘어나고,

그 가축의 수가 줄지 않았다.

39 그러나 곤궁과 불행과 근심으로 그들의 수가 줄었다.

40 그분께서 신분이 높은 자들 위에 경멸을 퍼부으시고

길 없는 황무지에서 헤매게 하셨다.

41 그러나 불쌍한 이를 비참에서 들어올리시고,

그 가족들을 양떼처럼 많게 하셨다.

42 올바른 이들이 보고 기뻐하며,

모든 불의는 그 입을 다물었다.

43 지혜로운 자는 누군가?

이것을 지키고, 야훼의 은혜를 깨달은 자로다.

이 시는 특이한 구성을 보이고 있다. 먼저 전체를 개관하면 전반인 1-32절은 감사절의 예배문(禮拜文)이며, 또한 33-43절은 찬미의 노래의 요소를 보인다. 이 후반을 B. Duhm이래 후일의 부가(附加)로 보고 있다. 전자를 다시 세분하면 1-3절은 서문이다. 그 후는 4개의 단으로 분류되는데 4-9절은 사막의 방랑자, 10-16절은 감옥에서 해방된 자, 17-22절은 병의 고침을 받은 자, 23-32절은 바다에 항해하는 자가 여러 가지 위험에서 구출된 것을 하나님께 감사할 것을 촉구 받고 있다. 이 시의 전반은 감사제(感謝祭)의 예배문으로 보이는데, Gunkel은 이것을 가을제사(秋祭)와 같은 때에 감사의 제물을 바치는 데 그것에 앞서 감사의 노래를 부르는 자가 많아서 감사의 동기에 의해 이들을 그룹으로 나누어서, 그룹별로 이 시의 각단을 노래한 것으로 본다.

4-9절의 최초의 그룹은 사막의 방랑자의 이야기다. 길을 잃고 생명의 위험에 처해졌다가 하나님의 구출로 목적한 성읍으로 갈 수 있었던 사람들이다. 이것은 고대의 사막의 환경을 전제로 한다.

10-16절은 감옥에 들어간 사람이 구체적으로 어떠한 사람인지 분명치 않다. 그러나 전체로서 부당하게 감옥에 갇힌 자의 구원의 경우를 제일 감사해야할 경우로 들고 있는 듯하다. 11절에서 '하나님의 말씀을 거역하고, 지고한 자의 뜻을 져버렸다'고 있는 것은 직접 하나님의 율법에 반하여 감옥에 들어갔다기보다는 부당하게 수감된 것은 하나님께 대한 불신앙의 결과라는 뜻인 듯하다. 그렇게 하면 이들도 고대의 사법의 불비(不備) 때문에 생명의 위험을 당하고, 거기서 하나님의 은혜로서 구출된 것이 된다. 16절은 이사야서 45장 2절의 표현과 같으며, 이는 숙어적(熟語的)인 표현이라 한다.

17-22절은 중병에 걸리고 죽음의 문턱까지 갔던 사람이 구출된 경우다. 여기서도 고대적 상황이 전제가 되고 있다.

23-32절은 전술한 것과 같이 재해에서, 항해 중에 위험에 처한 때에 구출된 경우다. 이러한 경우는 더욱 극적인 은혜에 의해 구원되는 경우다. 이곳에서는 아마도 휘니키야의 해안에서 지중해로 항해하는 사람들의 경우일 것이라고 한다(關根正雄).

이상의 네 경우는 고대에 있어서 특별히 생명의 위험이 생긴 경우인데, 그곳에서 구출된 것을 하나님께 감사하라고 촉구하고 있다. 현대에 있어서는 이러한 위험에 대해 미리 합리적인 수단을 강구하여 예방책을 강구한다. 그러므로 이 시의 경우와 같이 생명의 위험이라는 한계상황(限界狀況)을 전제로 하여 하나님께 감사를 촉구하는 것은 고대적이라 할 수 있다. 그러나 현대의 인간에게는 한계상황이 없어진 것은 아닐 것이다. 인간에 있어 죽음은 옛날이나 현대나 인간 앞에 놓여진 최후의 한계이며, 그것을 극복할 수 있는 것은 하나님께 대한 신앙뿐이다. 또한 이 시에 있어서 인간이 조우하는 많은 고난이 사람의 죄와 관계되고 있는 것(11절, 17절)은 주목할 사항이다. 사람의 최후의 문제인 죽음의 문제는 결국 죄의 문제와 깊이 관계되며, 죄의 용서가 주어질 때에 죽음은 최대의 힘을 잃고 마는 것이다.

33절 이하는 내용이 일변하여 포수기(捕囚期) 후의 상황으로 변한다. 33절, 35절은 제2이사야의 내용을 인용한 듯하며, 36절 이하도 포수 후의 상황을 반영하고 있는 듯하다. 즉 조국으로 돌아온 후 동리를 건설하고, 생활은 편하게 되었으나 그것이 오래 계속되지는 않고 그들은 다시 고경(古境)에 빠졌다. 40절의 '신분이 높으신 분'이란 사마리아의 귀족들을 지칭하는 듯하다. 그러나 이 고경을 통하여 유대인들은 하나님은 가난한 자를 긍휼히 여기시는 것을 배우고, 바른 사람이 되고 하나님께 감사하는 것을 배웠다. 43절의 맺는말은 지혜의 시의 문체로 되어 있는 찬미의 노래이다.

108 편 | 영광을 온 땅위에

이것은 아마도 예배문으로 쓰기 위하여
시편 57편 8-12절과 60편 7-14절을 모아서 만든 것이다.

109 편 | 저주와 축복

성가대의 지휘자에게, 다윗의 노래

1 내 찬양의 하나님, 잠잠히 계시지 마소서.
2 악한 입과 속이는 입을 나를 보고 열고,
　혀를 놀려서 거짓말로 나를 비난합니다.
3 미움으로 가득 찬 말을 나에게 퍼붓고,
　이유도 없이 나를 공격합니다.
4 그들은 내 사랑에 적의(敵意)를 가지고 대하고,
　그러나 나는 그들을 위하여 기도합니다.
5 그들은 선을 오히려 악으로 갚고,
　사랑을 미움으로 갚습니다.
6 악인을 그와 맞서게 하옵소서.
　그를 고발하는 자를 그의 우편에 세우소서.
7 그는 심판을 받아 유죄 판결을 받게 하소서.
　그가 하는 기도는 죄가 되게 하소서.
8 그의 살 날을 짧게 하시고
　그가 하던 일도 다른 사람이 하게 하소서.

9 그 자식들은 아비 없는 자식이 되게 하시고,

그 아내는 과부가 되게 하소서.

10 그의 자식들은 떠돌며 구걸하고

그 폐허에서 쫓겨나게 하소서.

11 그의 전 재산을 채권자가 차지하고

그의 소득을 타인들이 약탈케 하소서.

12 그에게 사랑을 베푸는 자 없게 하시고,

그 고아들에게 은혜 베푸는 자도 없게 하소서.

13 멸망이 그의 미래를 덮치고

다음 대에서는 이미 그의 이름이 말살 되도록 하소서.

14 그의 아비의 죄를 야_하웨께서 기억하시고

그의 어미의 죄는 지워지지 않게 하소서.

15 그 죄는 언제나 야_하웨 앞에 있으며

야_하웨가 그들의 기억을 지상에서 없이 하소서.

16 그것은 그가 사랑을 베푸는 것을 잊고

가난하고 빈곤한 자를 박해하고,

절망한 자를 죽이고자 했기 때문이다.

17 그는 저주하기를 좋아하였으므로 저주가 그에게 내리고,

축복하기를 싫어하였으므로 축복이 그에게서 멀어지게 되었다.

18 그는 저주를 옷처럼 입었다.

그러므로 저주가 물처럼 그의 속으로 스며들며,

기름처럼 그의 뼈 속으로 배어들게 하소서.

19 그 저주가 그가 언제나 입는 옷과 같고,

그가 언제나 띠는 띠와 같게 하소서.

20 이것이 나를 고발하는 자들과

나에게 이런 악담을 퍼붓는 자들이 받을 보응이 되게 하소서.

21 그러나 나의 주, 야훼여,

주님의 이름 연고로 나를 도와주소서.

당신의 은혜는 크기 때문에 나를 구원하시리이다.

22 나는 가난하고 빈곤합니다.

내 마음이 깊이 상처를 받았습니다.

23 나는 기우는 그림자처럼 사라져가고,

메뚜기처럼 밀려갑니다.

24 나의 무릎은 금식으로 약해지고,

내 살은 기름이 다 빠져서 수척해졌습니다.

25 나는 그들의 조소거리가 되고,

그들은 나를 보고 머리를 흔듭니다.

26 내 하나님 야훼여, 나를 도와주십시오.

당신의 은혜에 의해서 나를 구원해 주십시오.

27 이것은 주께서 손수 하신 일임을,

야훼여, 이 일을 하신 분이 당신이심을

그들이 알게 해 주십시오.

28 그들은 저주하고, 당신은 축복하십니다.

나의 적은 부끄러워하고, 당신의 종은 기뻐하리이다.

29 나를 미워하는 자는 수치를 몸에 입고,

그 수치를 겉옷과 같이 걸치게 해주십시오.

30 내가 입을 열어 야훼께 크게 감사드리며,

많은 사람이 모인 가운데서 주님을 찬양하련다.

31 실로 그는 가난한 사람의 우편에 서시며,

그 생명을 심판하는 자로부터 구원하신다.

이 시는 6-19절에 시편 중에 드물게 보이는 심한 저주의 말이 연거푸 나오는 것이 특징이며, 이 부분을 시인의 말로 보는가, 또는 적들이 시인을 저주하고 있던 저주의 말을 인용한 것으로 보는가에 따라서 학자들의 의견이 달라진다. 궁켈은 전자의 입장을 취했고, 關根은 후자의 입장이다. 본인은 후자의 입장에 따라 읽어보기로 한다. 이 6-19절에서는 '그 사람'이라는 단수(單數)로 문장이 일관되어 있다. 그것에 대해 1-5절 및 20절 이하는 적(敵)은 언제나 복수를 사용하고 있다. 따라서 6-19절은 적들이 시인을 저주하고 있던 저주의 말을 인용한 것으로 보는 것이 적당한 듯하다. 시인은 하나님께 탄식하면서 자신의 무죄를 호소한다(1-5절). 그리고 고발자들이 그에 대하여 말한 무서운 저주(6-19절)를 하나님 앞에 되풀이하여 말한다. 그리하여 다가오는 사형에서 구원해 주실 것을 간구하면서 하나님께 의뢰한다. 그렇게 하면서 시인은 몸도 영혼도 완전히 가련한 상태에 있는 것을 하나님께 제시한다(20-27절). 시의 최후에서 신뢰와 희망을 고백하고 군집한 회중 앞에서 감사의 찬미를 말한다(28-31절).

1-5절 및 21절 이하에서 보면 이 시의 유형(類型)으로서는 개인의 탄식의 노래이다. 다만 1, 30, 31절에서 감사와 찬미를 볼 수 있으며 이것이 특이하다. 그 중간에 있는 긴 저주를 인용문으로 보지 않는 궁켈은 전체를 저주의 노래로 규정짓는데, 우리는 이 견해에 따르지 않는다. 이 시인의 상황은 고소되어 있는 상태이며, 그 고소의 내용은 16절 이하에 의하면 가난한 자의 죽음에 대한 책임을 문제로 하고 있는 듯하다. 17절에 따르면 적들이 시인

이 가난한 자를 저주해서 살해했다고 말하는 듯하다. 그래서 7절에서 기도조차 죄로 여겨진다고 말하고 있다. 적에 따르면 시인의 기도는 실은 저주를 내용으로 하고 있다고 말한다. 그러나 시인은 어디까지나 기도로서 적의 저주에 맞서고 있으며, 적을 위하여 하나님께 기도한 사람인 것을 알 수 있다.

1절의 '내 찬양의 하나님'은 주목할 가치가 있다. 시인은 적에게 공격 받고, 탄식의 밑바닥에 떨어져 있으면서도 하나님을 찬미해야 함을 상기하고 기도를 시작하고 있다. 부정적이 아니고 긍정적으로 하나님에게 향하고 있는 시인의 신앙을 볼 수 있다. 1절 이하 5절까지에서 시인은 적의 악의 있는 중상에 대해 사랑을 가지고 그들을 대하고, 특히 그들을 위해 기도하고 있음을 말하고 있다. 이런 점에서 이 시는 저주의 시가 아니고, 구약 중에 드물게 보는 애적(愛敵)의 시이다. 시인은 저주가 악의에서 발해지는 것에 대해, 기도는 사랑을 전제로 하는 것을 알고 있는 듯하다. 우리의 경우를 생각해도 기도가 부족하고, 또는 기도가 되지 않는 것은 우리에게 사랑이 부족하기 때문이다.

6절 이하의 저주에 대해서는 전술한 바와 같이 적들이 말한 것의 인용이다. 이 저주를 보면 철저한 저주의 중복임을 알 수 있다. 적들은 시인의 죽음을 바랄 뿐(8, 9절) 아니라, 그 자손들까지 저주한다(10-13절). 여기서 일전해서 그의 양친의 죄과까지 들춰지기를 바란다(14, 15절). 이렇게 하여 19절까지 저주의 인용이 계속된다.

20절은 19절까지의 인용에 대한 시인의 주해(註解)이며, 21절 이하에서 본래의 시인의 기도가 시작된다. 21절의 '그러나 나의 주 야ㅎ웨여!'에 시인의 신앙이 담겨져 있다. 시인은 적의 저주에 대해 하나님께 매달리며, 하나님께 호소하며, 하나님께 기도하는 것 이외의 길을 모르는 것이다. 시인은 참으로 약하고 가난하게 되어 있는 것이다. 그래서 기도 이외의 방법을 모르는 것이다. 24절에서 시인이 실제로 단식하고 기도하는 모습이 엿보인다.

28절은 이 시의 중심이다. 적은 저주하고, 하나님은 축복하신다. 따라서 하나님 쪽에서는 시인도 적을 저주치 않고 적을 축복하는 쪽에 서야 된다고 말씀하신다. 물론 구약시인은 애적(愛敵)을 신약의 복음과 같이 명확하게는 말하지 않는다. 그러나 시인이 적은 저주하고 하나님은 축복하신다는 높은 사랑의 인식에 서 있는 것은 분명하다. 여기서 시인이 적을 위하여 기도하는 사람이었다는 것을 알 수 있다. 30절에서 찬미와 감사를 하나님께 드리고 있다. 31절에서 하나님은, 약하고 가난하게 되어 기도하며 하나님 앞에 서서 매달리는 자를 구원하신다는 확신으로 시를 맺고 있다(로마서 8³³ 이하 참고).

110편 | 제사(祭司)적인 왕

다윗의 노래

1 야훼께서 내 주께 말씀하셨다.
  '내 오른쪽에 앉아라.
  내가 너의 원수들을 너의 발판으로 만들 때까지.'

2 야훼는 시온에서
  당신의 권능의 홀(笏)을 내뻗으신다.
  당신의 적들 한가운데서 다스리소서.

3 당신의 승리의 날에 당신의 백성은
  즐거이 당신을 따르리이다.
  '거룩한 산에서, 새벽의 태에서
  나는 너를 이슬같이 낳았다.'

4 야훼는 맹세하시고,
  취소하시는 일은 없다.
  '너는 멜기세덱과 같이 영원한 사제이다.'

5 주는 당신의 오른편에 계신다.
  그는 그 진노의 날에 왕들을 쳐부수신다.

6 그는 많은 민족들을 심판하시어
  시체로써 계곡을 메우고,
  넓은 들에서 지배자를 짓밟는다.

7 그는 당신을 왕위(王位)에 오르게 하며
  그리하여 당신의 머리를 쳐드신다.

이 시는 메시아의 시로서 신약성서에서 널리 인용되고 있는 유명한 시이다. '텍스트'가 훼손되어 여러 가지 해석이 가능하며 학자에 따라 내용이 상이한 어려운 시다(關根正雄). 예수 자신이 이것을 메시아의 시라고 하셨는데(마태복음 22^{41}절 이하), 이것은 후기 유대교의 전승(傳承)을 전제로 하신 것이다. 당시 유대교에서는 이 시의 작자 다윗이 1절에서 '내 주'라 부르고 있는 이 시의 왕은 당연히 메시아라 생각되고 있었다. 그러나 '다윗의 시'라는 표제는 후일의 2차적인 가필이라 보는 것이 통설이다.

이 시는 예루살렘의 이스라엘 이전의 전승을 전하는 것이며, 왕국 초기의 유다왕국에서 만들어진 시일 것이라는 것이 새로운 학자들의 견해이다(關根正雄). 예수는 마태복음 22장 41절 이하에서 바리새인들에게 다윗이 메시아를 '그의 주'라고 부르고 있는 1절을 인용하여 메시아를 단순한 '다윗의 아들' - 예수는 보통 그렇게 불리어지고 있었다. - 이상의 것이 되지 않으면 안 된다는 것을 보이고자 하셨다. 또 마태복음 26장 64절에서 예수는 '하나님의 오른편에 앉는다.' (1절)를 다니엘서 7장 13절과 결부시켜 이것은 자신의 신적 지위와 전능을 가리키는 것으로 해석하고 있다. 예수와 관련지어진 메시아적인 시편 해석과 그와 같이 이해된 시편이 그리스도교의 해석에 지대한 영향과 의미를 주었다. 고린도전서 15장 25절 이하, 에베소서 1장 20절, 골로새 3장 1절, 베드로전서 3장 22절, 히브리서 1장 13절, 8장 1절, 10장 12, 13절, 7장 13절 이하를 참조 바란다. 이러한 재해석은 지상의 지배자의 제사적(祭司的)인 왕권 안에 지상에서의 하나님의 역사 지배의 대리(代理)를 본다는 것이다. 이는 이 시의 종교적 기본 사상에서 용이하게 나왔다. 이 기본 사상은 하나님 중심적 태도와 우주적 시야(5-7절) 때문에 순수한 지상적, 역사적인 것을 넘어서 종말적인 것에로 시야를 돌리는 가능성을 내포하고 있다. 이러한 방식으로 이 사상은 구약시대에 있어 영향력을 가졌으며, 예수에 의해 정치적 국가 영역을 넘어서 널리 깊은 하나님 지배로 완성되었다.

이 시는 본래 왕의 노래이며 유다 왕들의 시대, 아직 분열 없는 국가적으로 고양된 생기가 충만했던 때의 것이다. 이 시의 핵을 이루고 있는 것은 하나님의 두 말씀이며(1절과 4절), 예루살렘의 왕에게 그 궁정 예언자가 전한 말씀일 것이다. 탁선(託宣)의 장엄한 가락과 그 언어 구사는 그것에 의해 가장 잘 설명된다(A.Weiser). 하나님의 두 말씀의 내용 - 하나님의 대리로서의 왕의 즉위(1절)와 제사로서의 위엄이 왕에게 주어진다는 것(4절) - 으로부터 시편 2편과 같이 왕의 즉위식(卽位式)에 있어서 이 시가 사용된 듯하다.

처음부터 다시 읽어 보기로 한다.

1-3절. 지배자의 힘

1절. 시인은 예언자의 탁선(託宣)이라는 형태로서 그의 '주'이신 왕에 대한 명령과 약속을 하나님이 귓속말로써 하신 것을 말한다. 하나님은 왕에게 영예로운 하나님의 오른편 자리에 앉도록 요청하신다. 이렇게 하여 그의 왕국은 하나님에 의해서 권위가 주어지며, 이 세상의 지배자가 하나님의 대리가 되며, 그 권능은 하나님의 의지를 행하는 것으로써 보증된다. 이 종교적 근거 부여 안에 그의 존엄과 권능이 있으며, 신적인 주(主)에의 의무와 책임도 그곳에 있다. 또한 하나님은 왕에게 적에 대한 승리를 약속하신다. 그는 적을 격파하여 굴복시키고, 그의 힘의 상징으로서 고대에 널리 행해지고 있던 관습에 따라 그들의 목에 발을 올려놓는다.

2절. 하나님의 말씀이라는 형식에서 예언자의 말이라는 문체로 옮기면서 이 시는 같은 사상을 다른 면에서 대담하게 표현한다. 야훼께서 직접 왕의 홀을 가지고 시온에서 이것을 뻗어 '당신의 적의 한가운데서 다스리도록' 왕에게 명령하신다. 상징적인 하나님의 행동이나 말씀이 아주 강하게 우리에게 다가옴을 느낀다. 왕의 배후에 역사하시는 하나님의 힘을 본다. 이것이 예언자의 약속에, 역사적으로 힘 있는 행위로서의 의미를 부여한다. 2절과 3절 전반은 궁정 예언자가 왕의 승리를 약속하는 것이다.

3절. 후반은 원문이 훼손되어 있는 곳으로 여러 가지 해석이 나오고 있다. 필자는 關根正雄의 견해에 따랐다. '거룩한 산에서 새벽의 태에서 … 이슬과 같이'로 되어 있어 신화적 표상(表象)이 배후에 있는 것은 명백하다. '거룩한 산'은 이사야서 14장 13, 14절에서 미루어 보아 '하나님의 산'의 표상이다. '이슬'은 원문도 확실치 않으나 천적(天的) 생명의 상징으로 생각된다. 좌우간 이곳은 신화적 색채가 짙은 것은 분명하나 전후 관계로서 '하나님의 왕을 낳는다'는 것은 결국 즉위 때에 왕이 하나님의 아들로 인정된다는 것이다. 이곳을 A. Weiser는 다음과 같이 읽고 있다.

'당신의 백성은 당신의 힘의 날에 기꺼이 따르리. 거룩한 장식을 붙이고, 아침노을 중에 당신의 젊은이들의 부대(部隊)는 아침 이슬같이 준비를 갖추고 일어선다.' 이러한 철저한 신앙을 배경으로 백성이 싸움에 기꺼이 따라온다는 약속이 주어진다(3절). 계약의 군대가 '야훼의 싸움'에의 소집에 응하는 것은 옛날부터의 종교적 의무였다(사사기 23장). 아침노을 속에서 아침 일찍 대자연에 새로운 활력소를 주는 이슬같이 이 시는 거룩한 싸움의 장식을 붙인 젊은이들이 왕의 명령에 즉시 응하는 젊은 군대의 모습을 그리고 있다. 왕과 백성에 대한 야훼의 의지는 이 국민적인 고양된 감정에 특별한 힘을 준다.

4절. 제사로서의 존엄

두 번째의 하나님의 말씀도 같은 맥락에서 말씀되어 있으며, 예언자적인 문체에 의한 장엄한 도입부가 그 특징을 이루고 있다. 하나님은 왕에게 제사로서의 위엄을 주신다고 맹세한 이상 이 맹세를 철회하시는 일은 없다(아모스 4^2, 6^8, 7^3 이하 참조). 이것으로써 하나님은 말씀을 보증하신다. 즉 이 시는 제사직이 멜기세덱과 같이 항상 왕 곁에 머물러야 한다고 주장하고 있다. 멜기세덱은 고대의 예루살렘에 있어서의 가나안적 사제·영수이 며(창세기 14^{18}) 양쪽의 위엄을 한 몸에 모으고 있었다. 시인은 왕좌와 제단 의 이러한 결합 안에 그 백성에 대한 하나님의 의지를 본다.

5,6절. 야훼의 날

5절에서 가락이 변하는 것에 주목해야 한다. 마치 2절에서 하나님의 말씀 에서 예언자의 말로 문체가 이동한 것 같이 하나님은 왕에게 가호를 약속 하신다. 야훼는 왕과 함께 계실 것이다. 시인은 여기서 하나님의 진노의 날의 묘사로 옮겨 간다. 그날에 야훼는 제 국민과 왕들을 심판하신다. 하 나님은 무서운 힘을 가진 전사(戰士)로서 시체를 넘어가며 그의 앞길을 막 는 자들을 격파하신다. '야훼의 날'에의 희망은 아마도 국가주의적인 궁 정 예언자 사이에서 특히 양성된 것으로 생각되는데, 비교적 빠른 시기에 이미 이스라엘의 전통의 구성요소가 되고 야훼의 계약제의 표현용어가 되었다. 그 날에는 야훼가 이스라엘의 적을 진압하고, 그 백성에게 승리 와 구원을 주시기 위해 최후의 결전에 임하신다. 그날을 떨리는 기쁨을 가 지고 대망하는 것이다.

이 하나님의 심판의 말씀에 있어서 왕의 모습과 그 직위는 배후로 물러서 며 하나님만이 행동하시는 것이 된다. 시인의 시선은 무엇보다 먼저 하나 님께 집중하고 있다. 이런 점에서 이 노래 전체를 순수하게 종말론적으로 이해하는 가능성이 생긴 것이다. 즉 하나님의 세계 심판을 종말의 심판으 로 해석하고 왕의 모습을 메시아의 모습으로 재해석하는 것이다.

7절. 7절은 앞서와 같이 예언자의 말일 것이나 5,6절과는 달리 1절에 대 응하며 왕의 즉위와 직접 관계한다(關根正雄). 또 하나님이 왕의 머리를 쳐 드신다고 하는 것은 이 시의 중심 문제로서 이스라엘에 있어서는 왕도 하 나님의 은혜에 의해서만 하나님의 아들이 되는 것을 상징적으로 말하고 있는 것으로 해석된다.

이 시는 유형적으로 왕의 시로 분류하며 즉위식 때의 궁정 예언자의 말이라 하여, 이것을 메시아의 시라고 해석하는 데 이의를 제창하는 사람이 많다. 그러나 이스라엘의 왕에게 약속하신 이 하나님의 말씀이 최후적으로 실현된 것은 역시 이상의 왕 예수에 있어서였다. 히브리서는 5장 이하에서 대제사장이신 예수를 이 시에 의해서 약속하신 것의 실현으로 보고 있다 (關根正雄).

111편 | 그는 그 기이한 행동을 기억하게 하신다

성가대의 지휘자에게, 수금에 맞추어, 다윗의 노래

1 할렐루야!

(알레프) 나는 마음을 다하여 야_하웨를 찬송하리.

(베 트) 올바른 이들의 모임에서, 집회에서.

2 (기 멜) 야_하웨의 성업은 크고,

(달레트) 그것을 즐거워하는 모든 사람들에게 알리어진다.

3 (헤) 그분의 업적은 번영하며 빛나고,

(와 우) 그분의 정의는 영원히 존속하는도다.

4 (자 인) 그분은 그 기이한 행동을 기억하게 하셨다.

(헤 트) 야_하웨는 너그러우시고 자비로우시다.

5 (테 트) 그는 그를 경외하는 이들에게 양식을 주시고,

(요 드) 그 계약을 영원히 기억하신다.

6 (카 프) 그 하신 일들의 위력을 그 백성에게 알리시고,

(라메드) 많은 민족들의 사업(嗣業)을 그들에게 주신다.

7 (멤) 그 손이 하시는 일들은 진실과 공정,

(눈) 그 계명들은 모두 진실하시다.

8 (사메크) 그것들은 영원무궁한 힘의 샘이며

(아 인) 진실되고 올바르게 지켜져야 할 일.

9 (페) 그는 그 백성에게 구원을 베푸셨고,

(차 테) 그 계약을 영원히 지키라고 명령하셨다.

(코 프) 그 이름 거룩하고 경외로우시다.

10 (레 쉬) 야_하웨를 두려워하는 것이 지혜의 처음이며,

(쉰) 이것들을 행하는 이들은 모두 좋은 명철을 얻으리.

(타 우) 그분의 찬양은 영원하게 존속하리.

이 시는 소위 '알파벳의 노래'의 형식을 밟고 있는데, 시의 각 행의 처음 문자가 히브리어의 알파벳의 순서로 되어 있다. 히브리어의 알파벳은 22자이므로 22행으로 되는 것이다(1절의 '할렐루야'는 후일의 추가로 보이며 알파벳의 노래에 속하지 않는다). 이러한 기교적인 시는 포수기(捕囚期) 또는 포수기 후에 행해진 것이며 이 시는 비교적 후대의 시로 보인다. 알파벳의 노래로서 기교적(技巧的) 제약 때문에 이 시를 별로 높이 평가하지 않는 사람도 있으며(궁켈), 이 제약에도 불구하고 잘 구성되지는 않았으나 개개의 찬미의 말씀이 마치 여러 가지 진주가 한 줄의 끈에 느슨하게 묶여져 있듯이 계속되며, 하나님이 이 시인과 회중에 대하여 의미하는 바를 일반적인 문장 형식으로 표현하고 있다. 그래서 이들 문장에는 제의공동체(祭儀共同體)가 갖는 신앙의 보화가 그려져 있으며, 자연과 역사에 있어서의 하나님의 지배가 어떻게 그들의 축제 중에 되풀이하여 감사로써 숭앙되며 내적인 감동을 불러일으키는 것을 보이고 있다고 이 시를 우수한 것으로 평가하는 학자도 있다(A. Weiser). 이와 같이 이 시는 후대의 기교적인 작품이므로 문학유형의 결정은 어려우며, 10절 전반은 잠언에 통하는 지혜의 시이지만 이 시를 전체적으로 지혜의 시로 보기는 어렵고 개인의 찬미로 보아야 할 것이다. 1절과 10절에 직접 찬미의 말씀이 보일 뿐 아니라 중심부인 2-9절도 하나님의 구원의 역사에 있어서의 성업의 찬미가 주된 테마이다. 개인의 감사의 형식을 취하면서도 내용은 시인 개인에게 주어진 은혜에 대한 찬미가 아니고 하나님의 구원의 역사의 찬미인 것이다.

이 시는 이미 이스라엘의 신앙의 역사에 있어서 전통화하고 교의화한 문제를 다시 취하여 다시 한 번 한 사람 한 사람의 마음에 깊이 새겨 넣으며, 특히 각 가정에 있어서 민족의 산 신앙유산으로서 아이들에게 가르치고자 하는 것이다(궁켈). 여기에 이 시의 큰 특성이 있으며 금일의 우리들에게도 영향을 주고 있다. 신앙은 단지 주관적인 감사가 아니고, 하나님의 구원의 역사에 근거를 갖는 것이어야 한다. 구약에 있어서 하나님의 구원의 역사는 출애굽, 하나님의 계명의 계시, 약속에 따라서 성지(聖地)를 주신 것이 중심이다. 이 시에 있어서 이러한 뜻의 하나님의 성업이 그려져 있다. 이 점 신약에 있어서는 예수 그리스도의 십자가의 죽음과 부활이 구원사(救援史)의 중심인 것이다. 그러나 신앙은 객관적인 역사적 사실에 근거를 가지므로 나쁜 뜻의 객관주의에 떨어져 교의(敎義)나 신앙개조(信仰個條)가 되어버리는 위험이 있다. 이 시의 성립 시기인 포수 후의 시대는 꼭 그러한 신앙의 고정화가 생긴 시대였다(關根正雄). 산 신앙은 하나님의 구원의 성업을 산 사실로서 한 사람 한 사람이 주체적으로 언제나 새롭게 사는 것이다. 이 시는 바로 그것을 가르치고자 하는 것이다.

처음부터 다시 읽어 본다.

1절. '나는 마음을 다하여 야훼를 찬송한다.'고 시인은 찬미로써 이 시를 시작한다. 이 찬미의 노래는 하나님이 백성에게 권능과 위대, 의와 은혜를 알리는 위대한 구원의 사실을 노래하고 있다. 하나님을 찬미하며 고백하는 것으로서 하나님의 구원의 계시와 실천에 대한 회중의 반응이 개인의 입에 의해 이야기 되고 있다. 1절의 '마음을 다하여'라는 것이 먼저 전통주의, 형식주의의 타파를 의도(意圖)한다. 이 원어의 뜻은 '전심으로'라는 것인데 이 말씀은 신명기적 용어이고, 신명기는 바로 신앙 부흥을 의도해 만들어진 책이다. 다음에 '올바른 이들'도 신앙을 자각한 자를 말한다.

2, 3절. 하나님의 위대성이 그 성업에 의해서 체험된다. 하나님은 구약성서에 있어서는 항상 일하시는 하나님이다. 이것이 구약성서의 하나님 개념에 독특한 동적생채(動的生彩)를 준다. 따라서 추상적 관념이나 신비적 관념에서는 멀다 할 수 있다. 이 시인은 이러한 의미에서 하나님의 성업은 그것을 기뻐하는 자들에게 체험된다고 말한다. 가장 깊은 곳에서 하나님께

잡혀 있는 자, 특히 하나님의 성업에 마음으로부터 복종하며 이것을 기뻐하는 자에게 하나님의 성업은 알려진다. 2절의 '성업을 즐거워하는 자'란 그런 뜻이다. '즐거워한다.'는 원래 '마음에 든다.'는 원의(原意)를 갖는 말이다. 이 말은 학자에 따라 여러 가지 말로 번역되고 있으나 원어는 강한 뜻이 담겨 있는 말이라 한다(關根正雄). 3절의 '야훼의 정의는 영원히 존속된다.'는 말씀 중 '영원히'는 5, 8, 9절에서도 같은 말이 되풀이되어 이 시의 한 특색을 나타내고 있다. '영원', '끝없는 것'은 '옛날이나 지금이나 변하지 않는다.'라는 뜻이다.

4절. 시인은 하나님의 행동을 제의전통(祭儀傳統)의 시야에 있어서 고찰한다. '그는 성업을 기억하게 하신다.'라는 말씀은 이것과 연관되고 있다. 구원사의 제의적 전승은 하나님의 의지이며, 하나님에 의해 제정되었다(출애굽기 12[14]). 그것은 하나님의 역사 안에서 지배하셨다는 '기억'을 백성 안에 끊임없이 새롭게 하기 위해서다. 제의와의 관련에서 전해진 하나님의 행사가 새로이 상기(想起)되고 새로이 살아나 새로이 그 뜻이 알려져, 그러므로 벌써 제의의 단순한 반복이 아니고 신앙에 의한 것이 중요하다. 하나님의 기묘한 행사는 믿는 자의 마음에 있어 항상 새로이 기념하신다. 그러므로 야훼는 은혜롭고 자비하시다고 말한다.

5, 6절. 5, 6절은 사막을 통과하던 시대와 가나안 땅을 주신 것을 말하고 있는 듯하다. 5절에서 하나님께서 식물을 주셨던 그들이 바로 '하나님을 경외하는 자'라고 기술하고 있는 것이 이 시의 특색이다. 반드시 하나님을 두려워하는 것을 조건으로 그러한 하나님의 은혜를 주셨다는 것은 아니나, 하나님의 은혜는 믿는 자에게만 주어진다고 보는 것에서 이 시의 시대적 특색을 보이고 있다. 다음 '계약'은 '시내'에서 시작되어 지금까지 계속되

고 있는 하나님의 계약을 말한다. '잊지 않으신다'의 원어가 4절의 '기억하신다'와 같은 원어인 것에 주의를 요한다. 6절에서 '많은 민족들'이라 말하는 것은 가나안의 땅이 많은 선주민에 의해 점유되고 있었기 때문이다.

7, 8절. 여기서는 하나님의 계명에 관해서 상세히 말하고 있다. 신앙이 형식주의, 교의주의(敎義主義)에 빠질 때 신앙은 나날의 실천에서 분리되어 신앙과 행위가 분리된다. 신앙의 고정화를 타파하는 것을 목표로 하는 이 시는 하나님의 계명을 진실 되게 지켜야 함을 권하는 것은 당연하며, 이것은 우리들의 금일의 문제이기도 하다.

9절. 그러나 이 시인이 율법주의의 신앙을 고취하고 있는 것은 아니다. 9절이 이것을 말하고 있다. 모든 것은 하나님의 구원에서 시작되는 것이다. '구원'은 구약의 많은 곳에서 그러하듯이 여기서도 이집트의 노예 상태에서의 구출을 의미한다. 이것이 구약 신앙의 토대를 이루는 하나님의 일방적인 전적 은혜이다. 그 은혜에 기인하여 하나님이 이스라엘과 특별한 관계에 들어가는 것이 계약인 것이다. 계약은 그러므로 하나님 측에 주도권이 있으며 하나님의 주권적인 행위인 것이다. 따라서 그 이름은 거룩하며 경외되어야 한다고 계속된다. 9절은 찬미의 사상을 다시 한번 종합하고 있다. 하나님이 그 백성에게 주신 구원에 눈을 돌리며 또한 하나님이 백성에게 명하신 영원한 계약을 주목하면서 시인은 하나님의 은혜의 선물과 하나님의 거룩한 의지에서 나온 의무를 서로 분리할 수 없는 두 면으로 인식하고 있다.

10절. 5절과 9절에 있던 '두려워한다'는 말을 취하여 이것을 구약의 지혜의 격언으로서 총괄하고 있는 것이 10절의 처음 부분이다. 지혜는 구약에 있어서 제일 일상적 · 소인적(素人的)인 것이며 이 시가 이 지혜의 명언을 가지고 모든 것을 총괄하고 있는 것이 이 시의 배후를 잘 나타내고 있다고 생각된다. 여기에는 제의나 예배와의 연결은 없고 도리어 가장이 그 일족들에게 새롭게 산 신앙을 가르치고자 하는 모습을 상기시키고 있다. 그의 가르침은 실천적이며, 실리적이기도 하다. 그러므로 '그것을 행하는 이들에게 좋은 끝이 있다'고 말한다. 이 시는 눈을 하나님께 돌림으로써 끝을 맺는다. '그분의 영예는 영원히 존속하리' 라고.

이상과 같이 읽을 때에 이 시에는 매우 큰 특색이 있다. 알파벳 노래의 제약에도 불구하고 이 시는 전통을 따르면서 전통을 넘어 조부의 신앙에 고착하면서 이것을 새로운 시대에 맞게 살려가는 것을 읽을 수 있다. 또 전체적으로 역시 찬미의 시이며, 하나님의 명예가 최후의 말씀으로 불리우고 있다.

112편 | 하나님을 두려워하는 자에 대한 축복

1 할렐루야!
   야훼웨를 경외하고
   그 계명을 크게 즐거워하는 사람에게 행복 있으라.
2 그의 자손은 그 땅에서 융성하고,
   올바른 이들의 일족은 축복을 받으리라.
3 그의 집에는 부귀와 영화가 있으며,
   그의 의로움은 영원토록 살아있다.
4 정직한 사람의 빛은 어둠 속에서도 솟으며,
   그는 너그럽고 자비로우며 의롭도다.
5 아까워하지 않고 꾸어주는 자에게 행운이 있으라.
   그는 주어진 일을 공의로 처리한다.
6 진정 그는 영원히 흔들리지 않고,
   의로운 사람은 영원히 기억된다.
7 그는 나쁜 소문을 두려워하지 않고,
   야훼웨를 신뢰하여 그 마음은 굳건하다.
8 그의 마음은 위로 받아서 두려워함이 없으며,
   그는 대적이 멸망당하는 것을 볼 것이다.
9 그는 가난한 사람들에게 풍부히 나누어 주며,
   그의 의로움은 영원하며,
   그의 뿔은 영광 중에 쳐들어지리라.
10 악인은 이것을 보고 울화를 터뜨리며,
   이를 갈며 사라져간다.
   악인들의 욕망은 물거품이 될 것이다.

제111편의 하나님 찬미에 이어 112편에서는 경건한 자에 대한 축복의 말씀이 계속된다. 이는 마치 의도적으로 111편에 112편을 대응시킨 듯하다. 또한 두 시는 형식상으로도 대응하고 있으며 다같이 각 행의 첫 글자가 알파벳의 순서로 되어 있다. 이렇게 볼 때 같은 작자의 것이 아닌가 추정된다. 이 시는 유형적으로는 지혜의 시이며, 그 중에서도 축복의 시의 유형에 들어간다.

이 시의 문제로서 첫째는 '두려움(敬畏)'이 문제이다(關根正雄). 1절에서 야훼에 대한 두려움을 말하고 7, 8절에서 사람에 대한 두려움에 관해 말하고 있는데 원어는 같은 것이다. 성서에 '두려움'은 자주 나오나 이 시와 같이 하나님에 대한 두려움과 사람에 대한 두려움이 함께 나오는 예는 드물다. 신앙이란 사람에 대한 두려움에서 해방되어 하나님만을 두려워함을 말하는 것이다. 하나님을 두려워함으로서 사람에 대한 무서움에서 해방되는 것이 신앙인 것이다. 이것을 '외신불공인(畏神不恐人)'이라 말한 內村 선생의 말씀은 유명하다. 이 하나님의 두려움에는 기쁨과 환희가 강하게 혼합되고 있음이 특색이다. 또한 하나님을 두려워하는 자가 사람을 무서워하지 않는 것은 그가 야훼에게 신뢰하고 있기 때문이다. 이 신뢰에 하나님의 두려움의 특색이 나와 있다. 하나님을 두려워하는 것이 하나님을 신뢰하는 것임이 시편 신앙의 큰 특색이다. '두려움'과 '신뢰'가 하나가 될 수 있다는 것은 신앙에 의해 하나님의 의에 참여하기 때문이다. 이리하여 '의(義)'의 문제가 등장한다.

절을 따라 처음부터 읽어 보기로 한다.

1 할렐루야!

> 야훼를 경외하고
> 그 계명을 크게 즐거워하는 사람에게 행복 있으라.

이 시에서도 '하나님을 두려워하라'는 것으로 시작한다. 하나님을 경외하는 것이 지혜의 시작이다. 하나님에 대한 두려움에서 하나님의 계명에 대한 순종과 하나님에의 두려움 없는 신뢰가 생겨난다. 두려움과 기쁨을 안에 간직하면서 신뢰에 사는 것이 성서 신앙의 특징이다. 신앙은 하나님의 권능과 사랑에 대한 깊은 신뢰에서 생겨난다.

하나님을 두려워하는 자의 가족, 자손, 재산 등에 대한 하나님의 축복의 약속이다. 여기서 '의(義)'는 도덕적 문제보다는 내적 및 외적(外的)생활에 있어서의 하나님의 구원의 선물을 뜻한다고 말한다(A. Weiser). 3절 후반의 '그의 의로움은 영원토록 살아 있다.'는 것은 경건한 자에 대한 축복이 최종적으로는 하나님의 본질에 관여된다는 것을 암시하는 것이다.

하나님에 의해서 축복 받은 자는 새로이 다른 경건한 자들에 대한 축복이 된다(4절). 도덕적 생활이 가지는 실제적인 성격이 분명히 인식되고 표현되고 있다. 가난한 자들에게 아낌없이 대여하는 가운데, 경건한 사람의 동정이, 즉 자신에게 맡겨진 사건을 취급할 때에, 그의 의(義)가 나타나고 그리하여 사람들의 기억 속에 모범으로 기억된다.

확실히 경건한 자는 증오가 가득한 적대자의 나쁜 소문과 적의(敵意)에 대하여 지지 않으며, 그의 하나님에 대한 신뢰는 그에게 확고한 위로 받은 마음을 주심으로 그는 두려워하지 않는다. 이 두려움 없는 확실성도 또한 하나님의 선물이며(수동태에 주의), 시인의 자기 확신과는 다른 것이다.

다시 한번 결언으로서 가난한 사람들에 대한 경건한 자의 동정과 의가 상찬(賞讚)된다. '그의 뿔은 영광 중에 쳐들어진다.'는 표현으로서 하나님에 의해서 축복 받으며 또한 사람들에게 존경 받는 내용이 상찬되고 있다. 반면 악인들의 욕망과 힘은 물거품과 같이 사라져 가는 것을 대비시키고 있다.

113편 | 하나님의 숭고한 연민

1 할렐루야!

   찬양하라. 야훼웨의 종들이여.

   찬양하라. 야훼웨의 이름을.

2 야훼웨의 이름은 찬미 받으실지어다.

   지금부터 영원까지.

3 해돋는 곳에서부터 지는 곳까지

   야훼웨의 이름은 찬양 받으실지어다.

4 야훼웨는 모든 민족 위에 드높으시고,

   그 영광은 하늘 위에 있다.

5 누가 우리 하나님 야훼웨와 같으랴?

   그는 드높은 곳에 좌정하시고

6 하늘과 땅을 내려다보신다.

7 그는 낮은 자(작은 자)를 먼지에서 일으켜 세우시고

   가난한 자를 진창에서 끌어 올리신다.

8 그는 그를 귀한 자들과 함께 앉히시며 백성의 귀한 자들과

   함께 앉히신다.

9 아이를 낳지 못하는 여인도 집안에서 살게 하며[34]

   많은 아이들의 어미로서 그녀를 즐겁게 한다.

   할렐루야!

시편 113편부터 소위 할렐루야 시편(113-118장)이 시작된다. 이들 시는
유대교의 예배에 있어 유월절, 초막절, 성전 봉헌절의 예배문으로써 쓰여

---

34) 가족의 권리를 주며 - A. Weiser

졌다고 많은 학자가 말한다. 유월절 저녁의 가정 예배에서 113편과 114편이 식사 전에, 115-118편은 식사 후에 불리어졌다(마태복음 26$^{26, 30}$, 마가복음 14$^{22, 26}$ 참고). 이 시는 야ᇹ웨에 대한 찬미이며 처음부터 예배용으로 회중의 노래로서 제작된 듯하다. 1절의 야ᇹ웨의 '숭배자들'에 대한 호소와 어느 시대의 제의에서도 관찰되는 것과 같이 의식적이며 장엄한 말투가 이것을 증명하고 있다. 그러므로 이 시는 구약성서에 있어서의 공동체의 예배의 기초에 빛을 비추고 있는 점에서 가치가 있다(A. Weiser). 무엇보다 먼저 하나님이 현재화(現在化) 되었으며, 하나님의 현현에 접하여 회중은 찬미로써 찬송하면서 하나님과의 교제를 새롭게 하는 힘을 되풀이하여 유지하는 것을 느꼈다. 전승된 형식과 사상을 사용함으로써 구약성서의 전통이 제의에 있어 무엇을 의미하는가 하는 것과 제의적 전례(祭義的典例)가 구약성서의 신앙에 있어서 얼마나 중요한 역할을 하였는가 하는 것을 알 수 있다. 이 노래는 하나님의 본질에 관한 두 기본 사상을 말하고 있다. 즉 하나님의 비교를 넘은 숭고와 그것에 그치지 않는 빛나는 연민, 인간 중에서도 경멸당하고 있는 사람들에 대한 연민이다. 이 시는 세 부분으로 나눌 수 있다. 1-3절은 하나님의 이름과 영예의 영원성과 무한성에 대한 찬미이며, 4-6절은 하나님의 숭고에 대하여, 7-9절은 하나님의 연민에 대하여 말하고 있다.

처음부터 읽어 보기로 한다.

1-3절. '할렐루야, 찬미하라' 드높은 찬송이 울려 퍼지는 중에 회중의 마음을, 신앙을 하나님 앞에 모아 드린다. 1절의 '야ᇹ웨의 종들이여'라는 호소가 누구를 상대로 한 것이냐에 따라 내용이 나뉘어 진다. 이를 레위인 내지 제사로 해석하여 그들에 대한 호소로 보는 사람이 많다. 그럴 경우는 제사의 코-라스가 둘로 나누어져 노래하는 것으로 본다. '야ᇹ웨의 종'을 교

단(敎團) 전반을 가리키는 것으로 또는 더욱 널리 믿는 자 일반을 가리킨다고 볼 수도 있다.

'야훼의 종'을 구체적으로 어떻게 해석하든 이 말씀에 구약신앙의 중요한 문제가 내포되어 있는 것은 사실이다. '종'은 노예를 뜻한다. 그런 의미에서 완전히 야훼의 것이 된 자를 가리킨다. 하나님의 의사만을 자신의 의사로 하고 자기의 의사를 이미 갖지 않는 자이다. 또한 반면 그러한 자는 하나님이 기뻐하시는 자, 하나님의 신임을 얻고 있는 자이다.

이러한 '종'이 하나님 찬미를 촉구 받고 있는 것이 이 시의 제1부인 1-3절의 주제이다. 그러나 야훼의 종들에 의해 행해지는 찬미는 전 세계의 영원에 걸친 하나님 찬미의 일부에 불과하다는 것이 2-3절이다. 이곳은 찬미의 노래의 도입구(導入句)가 겹쳐져 있으며 더욱이 '찬송한다,' '찬양한다'는 낱말을 3회 되풀이함으로써 이 시의 처음 부분을 예배문식에 있어서의 할렐루야의 외침의 확대로 생각할 수 있다. 이 찬미는 하나님의 요구에 대한 무조건의 의무와 복종을 뜻하며, 동시에 끊임없이 하나님과 생명적인 관계에 있는 것에 대한 기쁨을 찬미하는 것이다. 하나님의 이름을, 하나님 자신을 찬미하는 것이며 이는 제의 전승의 구성요소이며(출애굽기 33^9), 회중의 영원한 찬미 중에 울려 퍼진다. 2절의 사상은 이 찬미의 순간에 그치지 않고 하나님에 대한 찬미를 하나님의 본질과 무한한 힘에 대응시켜 때와 장소를 넘어서 무한한 세계를 향해 확장하고자 한다. 우리는 여기서 한없이 무한 공간으로 퍼져 울리는 찬송에 동참할 수 있다. 이는 하나님의 계시의 크기와 넓이라는 하나님 중심적인 사상에 의하고 있다. 그들이 찬양하는 하나님의 위대성에 의해서 신앙은 힘을 얻는다. 모든 사람이 같은 마음으로 하나님을 향하여 정열하고 하나님을 찬미할 때 그들은 통일된 신앙 전선을 만드는 것이다.

4-6절. 제2단락은 역사와 자연에 대한 하나님의 숭고를 찬양한다. 야훼는 제 민족 위에, 세계 전체 위에 높이 계신다(시편 99²). 그리고 하늘에서 또한 모든 피조물의 영역에서 높이 뛰어나시다. 그의 본질은 자연을 가지고도 또는 역사를 가지고도 다 덮을 수가 없다고 노래한다. 그러나 신앙이 '하늘과 땅을 내려다보시는' 분을 앙망함으로써 모든 지적 존재(地的存在)의 불확실성을 넘어 위로 비상하는 출구를 찾아낸다. '누가 우리 하나님 야훼와 같으랴' 하는 물음은 하나님과 동렬에 놓을 수 있는 존재는 없다는 뜻이다. 찬미의 노래의 이 수사적(修辭的) 물음의 형식은 신앙의 자성적 요소(自省的要素)가 그 전면에 나오고 있음을 표시한다. 이는 사고와 비교로써 하나님의 본질을 파악하고자 하는 시도가 무의미하다고 말한다. 하나님은 항상 비교를 넘은 곳에 계시며, 상대적이 아닌 절대적 탁월성과 그 무엇으로도 다리 놓을 수 없는 하나님과 인간 세계간의 단절이 고백되고 있다. 시인은 세계 위에 계시는 무한히 절대적으로 탁월한 하나님을 강조하고 있다. 그러나 하나님의 영광에 대한 이 놀라움 중에 행복의 여운이 담겨 있다. 인간의 사고는 하나님의 본질에 가까이 가고자 하나 그것은 헛되이 끝나고 만다. 그러나 회중은 기도 중에 하나님을 '우리 하나님', '내 하나님'이라 부르는 것이 허용되고 있으며, 하나님은 그들을 결코 버리시지 않는다. 세계를 초월한 하나님과 인간 사이의 이러한 단절에도 불구하고 이 먼 거리의 하나님이 아주 가까이 임재하여 신앙의 교제를 가능케 해 주신다. 사고(思考)에서는 단절되어 있는 것이 신앙에서는 계시되는 것이다(關根正雄).

7-9절. 이 시는 하나님의 위대를, 인간에게 경멸당하고 소외당한 곤궁자를 받아들이시는 하나님 안에서 보고 있다. 지고하신 하나님이 세계를 굽어보실 뿐 아니라, 가난한 자, 미천한 자를 돌보시고 구원하신다. 7절 이하

의 주제가 그것이다. 하나님이 가난한 자, 작은 자를 진흙과 재에서 건지신다고 말할 때 아마도 인간 사회에서 추방되어 성 밖의 깨진 기와 더미와 잿더미에서 비참한 생활을 해야 하는 병자를 생각하고 있는 것으로 생각된다 (욥기 2^8 참조). 8절의 '앉히신다' 고 한 것이 이 추정(推定)을 뒷받침하고 있다. 인간의 습관에 의해 불가능하게 되어 있는 것을 하나님은 가능케 한다.

아이가 없는 것은 고대 동방에 있어서는 수치이며, 아이를 낳지 못하는 여자는 가족적 교제에서 절연된다든가, 권리를 상실한다든가 했던 것이다. 그 반대로 아이를 가진 어머니는 이미 함무라비 법전이 법률에 의해 그를 지키고 있었다. 하나님이 아이가 없으므로 권리를 박탈당한 여인을 받아들이시는 것, 그 여인에게 가족으로서의 권리를 주시며 은혜의 선물을 주시는 것은 하나님의 은혜가 인간의 법을 능가하고 있는 것을 말한다고 A.Weiser는 말하고 있다. 이는 하나님의 절대적인 힘과 무한한 인애를 분명케 하는 것이다.

하나님의 숭고에의 기쁜 헌신 중에, 또 하나님의 은혜의 위로 중에 단순한 신앙의 힘이 숨겨져 있다. 그것에 의해 고통과 압박, 창피와 부당한 억압에 밀리지 않고 견디어 낼 수가 있는 것이다. 하나님의 숭고가 바로 인간 생활의 저 근원적인 곤궁에 대한 연민 중에 고지된다는 것은 그리스도인에게 크나큰 위로이며 구약의 한계를 넘어서 하나님의 본질을 가장 깊게 분명히 하는 십자가를 가리키고 있다.

114편 | 하나님의 지배

1 이스라엘이 이집트에서 나올 때,
  야곱 가문이 이상한 말을 하는 민족을 떠나올 때,

2 유다는 그 분의 성소가 되고,
  이스라엘은 그분의 지배하는 영토가 되었다.

3 바다가 보고 달아났으며,
  요단이 뒤로 물러섰다.

4 산들은 숫양처럼 뛰놀고,
  언덕들은 어린 양들처럼 껑충껑충 뛰었다.

5 바다야, 어찌하여 도망치느냐?
  요단아, 어찌하여 뒤로 물러서느냐?

6 산들아, 너희가 어찌하여 숫양들처럼,
  언덕들아, 너희가 어찌하여 어린 양들처럼 껑충껑충 뛰느냐?

7 땅아, 주님 면전에서,
  야곱의 하나님 면전에서 떨지어다.

8 그분께서는 바위를 연못으로,
  차돌을 물 솟는 샘으로 바꾸신다.

후기 유대교의 전승(傳承)에 의하면 이 시는 유월절에 불리우는 노래였다고 한다. 그러나 그 습관이 오래된 옛날에까지 되올라가 이 시가 이 유월절을 위해 제작되었다고 만은 말할 수 없다. 2절, 7절에서 하나님의 왕적지배(王的支配)와 하나님 현현(顯現)이 암시되고 있으므로 도리어 야훼의 계약제절(契約祭節)이 이 시의 본래의 배경이었던 것 같이 보인다. 이것이 유월절에 옮겨진 것은 아마도 포수(捕囚) 직전 또는 포수 후의 시대였을 것이다.

이 시는 모세시대의 역사에 있어서 이 백성을 그 성소로서 선택하신 하나님에 대한 찬미의 노래이다. 이 선택은 계약제의(契約祭儀)의 기본적 구원사실(救援事實)인 것이다. 형식에 있어서나, 내용에 있어서도 독창적이며 독립되어 있는 이 시는, 찬미의 노래가 만들어지는 보통의 길에서 떠나 있고, 정확하고 놀라울 정도로 짧고, 튀어나올 듯이 생생하다. 또한 제의 장면의 극적성격(劇的性格)이 분명히 함유되고 있다. 구약성서의 백성과 종교가 탄생하는 시대였던 모세 시대에, 그 옛날의 지나간 사건이 이 민족에게 있어서는 죽은 역사가 아니고, 지금 여기에 있는 현재의 하나님이 하시는 일(사건)이며, 매년 행해진 제의의 전승에 있어서 항상 새롭게 경험되며, 재현(再現)되었다. 이러한 내적상황(內的狀況)에서 이 시의 특징이 처음으로 잘 이해된다.

유다와 이스라엘 두 왕국이 나란히 나오는 것으로 보아(2절), 양국이 병존했던 것을 전제로 하고 있으므로, 이 노래는 북왕국의 멸망(BC 721)보다 전에 만들어 진 것으로 생각된다. 이 시는 같은 길이로 만들어진 4연(連)으로 되어 있다. 1, 2절은 출애굽과 민족의 선택에 대하여, 3, 4절은 애굽(이집트) 탈출의 기적에 대해 말한다. 5, 6절에서 시인은 놀라울 정도로 얄궂게 이 기적의 근저를 묻는다. 7, 8절에서 자신의 전능하신 하나님이 나타나심을 바라보며 대답을 한다.

절을 따라 내용을 살펴본다.

1, 2절(제1연). 출애굽과 민족의 형성

이 시는 이집트로부터 탈출한 때에 이스라엘의 백성이 하나님께 선택되었다는 묘사로서 시작한다. 역사적 기억을 잘 보존하고 있는 오래된 전승(傳承)에 의하면, 이 민족의 역사는 애굽으로부터의 구출을 가지고 시작한다. 그러나, 이 노래는 단순한 역사적 기억을 보존하는 것으로 구약성서의 전승에 따를 뿐 아니라, 민족의 탄생 시에 역사와 구원사가 만나는 것에 있어서도 그러하다. 민족의 요람 곁에 하나님은 사랑과 능력을 가지고 서 계셨다. 애굽으로부터의 탈출, 그것 자체는 시인에게 있어서는 백성의 곤궁과 고난을 불쌍히 보시는 하나님의 구원행위이다. 1절 후반의 '이상한 말을 하는 민족'이라 번역한 것은 이스라엘 사람이 애굽 사람이 말하는 것을 들을 때에 그 음성이 이상하게 느껴졌다는데서 유래하는 것으로 시인은 이집트인을 '야만인'이라고 말하는 것이다. 그들의 압제로부터의 해방이 이 백성에게 있어서는 특별한 은혜이다. 출애굽기 19장 6절에 따라서 이 시는 선택의 전승을 구원사의 처음으로 잡아서 '유다는 그분의 성소가 되고, 이스라엘은 그분의 지배하는 영토가 되었다'고 말한다. 시인은 하나님의 지배는 두 나라에 타당하다고 말함으로써 두 형제왕국의 내적 일치가 주어지고, 요구되어 있음을 강조하고자 한다. 민족전체로서의 이스라엘이 야훼의 거룩한 백성이라는 점에 하나님의 구원사의 역사적 의미를 깊게 한다. 그러나 시인은 하나님에 대해서는 여기서 암시적으로 말할 뿐이다. 이렇게 하여 그는 7절 끝까지 긴장을 강하게 유지하다가 다음 단락이 주는 특수한 인상을 강화하고 있다.

3, 4절(제2연). 출애굽의 기적

출애굽 때에 일어났던 사건의 뜻과 하나님의 위대성을 묘사하는 데는, 그 역사적 사건에 수반했던 자연의 기적(奇蹟)을 서술하는 것이 가장 좋을 것이다. 창조전승이 가지는 관념과 이집트 탈출 및 가나안 진입이 갖는 관념이 결합되고 있는 것, 더욱이 자연과 역사가 하나로 만들어지고, 이것이 양자의 주인이신 유일하신 하나님의 숭고한 힘을 가리키는 것으로 이해되고 있는 것은, 구약적인 견해를 증거하고 있다(A. Weiser). 이 시가 서술하듯이 자연에 하나님의 나타나심이 어떻게 역사(役事)하는가에 따라서 역사의 주님의 위대성과 능력이 나타난다. 하나님의 두려우신 존엄(尊嚴)에 대한 공포가 바다를 그 안전에서 도망치게 하고, 요르단강의 흐름을 역류시키고, 산들을 진동시킨 것이다. 시인은 역사적인 사건의 하나를 묘사한 것이 아니고, 시대적으로 별개의 사건들의 절정의 특징을 마치 하나의 행위와 같이 보고 있는데, 여기에서 시인은 하나님이 나타나심과 구제사의 제의적(祭儀的)묘사에 유래하는 집중적인 힘을 전체에 주는 것이 된다. 이렇게 함으로써 시대적으로 떨어져 있는 것이 하나의 의미 있는 사건으로 융합한다. 신앙의 시야가 이렇게 통합되면, 하나님의 위대성에의 감동은 출애굽이라는 유명한 전승의 틀을 넘어서 더욱 높여지며, 그것에 의해서 더욱 기이함이 증가된다. 그러므로 갈대바다에서의 구출 시에(출애굽기 14²¹, ²²) 하나님 면전에서 퇴각하는 것이다. 시인은 또 여호수아 3장 14절 이하의 '요르단강이 멈추어 섰다.' 라는 전승을 강물이 역류(逆流)한 것으로 변경했으며, 시내 산에서 하나님이 나타나실 때에 산이 진동한 것을 목장에서 뛰노는 숫양과 어린양의 모양으로 묘사하고 있다. 이 시는 오래된 전승 안에 있는 기적들 중에 자연의 메아리를 들음으로써 이러한 신앙의 힘이 노래가 되어 나온 것이다. 자연은 하나님의 존엄의 힘에 두려워 떨며 스스로 반응하여 이러한 하나님 현현의 눈에 보이는 증인이 된 것이라는 해석자가 된다.

5, 6절(제3연). 시인의 개입

바다와 요르단강 그리고 산들을 향하여 그 기묘한 행동의 뜻을 놀라움을 가지고 물으면서, 시인 자신이 그가 보고하는 사건 안으로 빠져든다. 이 독창적인 문체형식은 풍부한 시적 환상의 결실일 뿐 아니라, 그 배후에는 제의적 사고(思考)에서 자라난 구약성서의 신앙의 특색이 있다. 그 신앙은 몇백 년을 뛰어넘어서 구원사(救援史)가 전례(典禮)로서 재현(再現)되는 중에 먼 과거의 일이 직접 현실적인 현재의 사건으로서 체험된다. 역사는 죽은 것이 아니고, 신앙에 의해서 동적이며 생생한 것이 된다. 그 이유는 하나님은 역사 안에서, 역사를 통하여 일을 하시는데, 신앙은 전 역사(全歷史) 중에서 이 하나님을 만나기 때문이다. 시인이 터무니없는 극적인 힘을 가지고 수 백 년 전의 사건에 스스로 관여하는 것은 이로써 이해해야 한다. 그는 전에 보고 말한 것을, 마치 그것이 지금 생긴 일처럼 '바다야, 어찌하여 도망치느냐'고 물으면서 되풀이한다. 이 물음은 과거를 현재화하는 것으로 그것을 과거의 사람들과 함께 체험할 뿐 아니라, 사색(思索)에 의해 그 중에 머문다는 의미도 있다. 그렇게 함으로 자연에 대한 하나님 현현의 경외(敬畏)와 두려움을 강조한다.

7, 8절(제4연). 대답

시인은 7-8절에서 자신의 질문에 대하여 스스로 같은 독창적이며 극적인 방식으로 땅에 대하여 요청하며 대답함으로 다시 3-4절의 묘사에서 지배적이었던 경외의 진지한 가락으로 되돌아간다. 그리하여 '땅아, 야훼의 면전에서 떨지어다.'라고 말한다. 이와 같이 하나님이 나타나심에 있어서는 피조물도 그 영광을 찬미하는 것으로 맺고 있다.

하나님의 임재의 관점에서, 이 시인은 그 시선을 넓은 우주로 쳐든다. 그는 온 땅을 향하여, 주님 앞에 떨며, 야곱이 하나님께 부합하는 영예를 돌리도록 호소한다.

최후의 절이 찬미의 문체로서 서술되며, 노래의 처음에 이미 나직이 드렸던 저 감사에 찬 신앙으로 되돌아간다. 그리하여 갈증으로 목마른 민족에게 바위에서 샘물이 터져 나왔다고 말할 뿐 아니라, '연못'이 된 바위에 대하여 그리고 '차돌'에 대해 노래를 추가한다.

115편 | 당신 이름에 영광을 돌리소서

1 우리에게가 아니고, 야훼웨여, 우리에게가 아니고
  당신 이름에 영광을 돌리소서.
  당신의 자애와 진실 때문에.

2 어찌하여 이방인은
  '저희 하나님은 도대체 어디 있는가?' 라고 말하는가.

3 그러나 우리 하나님은 하늘에 계시며,
  뜻하는바 모든 것을 이루신다.

4 그들의 우상은 은과 금이며,
  사람 손의 작품이다.

5 입이 있어도 말하지 못하고,
  눈이 있어도 보지 못한다.

6 귀가 있어도 듣지 못하고,
  코가 있어도 맡지 못한다.

7 그들의 손, 그러나 만지지 못하고
  그들의 발, 그러나 걷지 못하며
  그들의 목구멍으로 소리 내지 못한다.

8 우상을 만드는 자도 그들과 같으며,
  이것들에 신뢰하는 자들도 모두 같다.

9 이스라엘이여, 야훼웨께 신뢰하라!
  그분이야말로 그들의 도움이요 방패시다.

10 아론의 가문이여, 야훼웨께 신뢰하여라!
  그분께서 그들의 도움이시요, 방패시다.

11 야훼웨를 경외하는 자들이여, 야훼웨께 신뢰하여라!
  그분이야말로 그들의 도움이시요, 방패시다.

12 야훼는 우리를 기억하시어 축복하신다.

이스라엘의 집을 축복하시고

아론의 집을 축복하신다.

13 야훼를 두려워하는 자를,

작은 자도 큰 자도 축복하신다.

14 야훼는 너희들의 수를 더하며

너희들과 너희 아들들의 수를 증가시킨다.

15 바라옵기는 너희들이 천지의 조물주이신

야훼에게 축복받도록.

16 하늘은 야훼의 하늘,

땅을 그는 인간에게 주셨다.

17 죽은 자는 야훼를 찬미치 않으며

침묵의 나라에 내려가는 자 한 사람도

야훼를 찬미치 않는다.

18 그러나 우리는 야훼를 찬미하노라,

지금부터 영원까지.

할렐루야!

시편 115편이 제의예배식문(祭儀禮拜式文)의 하나라는 것은 오래전부터 알려진 사실이다. 이는 성전의 예배를 배경으로 하고 있다. 9-13절에 의하면 '이스라엘의 집', 아론의 집과 하나님을 경외하는 자들이 어른도 아이도 함께 성소에 모여서 이 시를 번갈아 부른 듯하다. 그 제의와 이 시의 본질적 내용은 하나님의 이름과 영예의 계시(啓示)이며(이사야 6¹ 이하 참조), 계시는 모인 회중에게 축복을 가져오며, 하나님께 찬송을 바치게 하며 '그 이름의 영광'을 인식시킨다. 그 내용 구성은 대체로 다음과 같다.

1, 2절은 민족의 탄원의 노래의 문체(文體)에 의한 원망이며, 3-8절은 이방인의 조소에 대하여 찬미의 노래의 가락으로 대답하는 것이다. 그리고 우상에 대한 야유가 전개된다. 9-11절은 야훼에게 신뢰하도록 이스라엘에게 권고하고 있다. 12-15절은 하나님으로부터 오는 축복을 확신하고 시인은 최후로 축복의 간구형식을 취하고 있다. 16-18절은 찬미의 노래로써 끝을 맺는다. 이 시의 정확한 연대 결정은 어려우나, 2절 이방인의 조소와 14절로 보아서 포수기(捕囚期) 후의 상황을 생각하게 한다고 關根正雄은 말하며, 11절의 '야훼를 두려워하는 자'도 아마도 포수기 후의 개종자일 것이라 주장한다. A.Weiser는 그것을 부인하여 포수기 전에도 이스라엘인이 아닌 야훼를 믿는 자가 있었으며, 이교의 신들에 대한 문제는 오래된 이스라엘의 제의에 있어서도 문제였다고 주장하며 포수기전에 이 예배식문이 성립된 듯하다고 말한다.

자 처음부터 절을 따라 읽어보기로 한다.

1, 2절. '백성의 탄원의 노래'의 형식으로서 회중이 하나님의 힘과 존엄과 영광을 보여주소서라는 소원을 말하고 있다. 그리고 이 도입구(1, 2절)에 이 시의 기본 주제가 내포되어 있다. 즉 예배에 있어서 회중의 영예가 아니고, 하나님의 영예가 문제가 되어 있다. 야훼의 이름이 숭앙되며, 하나님이 영광을 받으실 것을 간구한다. 시인은 하나님의 본질의 계시의 기본적인 면으로서 '자애와 진실'이 분명히 증명되길 기원하며, 이것이 회중의 최대의 관심사이다. 그들은 겸손 중에 하나님 앞에 머리를 숙인다. 또 이러한 하나님이 찬양되며 하나님의 힘과 존엄이 나타나도록 소원하는 데는 자기의 약함과 죄의 인식이 포함되어 있다. 이것은 인간이 하나님의 위대와

253

영광에서 생생한 인상을 받을 때 반드시 동시에 일어나는 현상이다. 하나님의 영광과의 만남은 바로 인간의 비참을 인식하는 것을 통하여 이루어진다(이사야 6^1 이하). 이 시의 모두(冒頭)의 구절(句節)은 포수기(捕囚期) 후의 상황에서 잘 이해된다. 포수(捕囚)는 이스라엘 민족의 굴욕이었다. 민족의 영광은 땅에 떨어졌다. 그 경험을 통하여 이스라엘은 자신을 위해서가 아니고, 하나님을 위해서 하나님을 믿는 것을 배웠으며, 하나님을 하나님으로 여기는 것을 배웠다. '영광'이란 하나님이 하나님으로서 가지시는 위엄이며 광영이다. 2절은 이방인과 이교의 신들과의 대결 장면인데 2-8절에 있어서 하나님의 존엄을 알리는 배경으로 되어 있다.

하나님을 앙망함으로써 처음으로 회중은 타인과의 비교가 허용된다. 인간적으로 보면 그들은 이방인과 하등 다를 바가 없다. 그러나 창조주로 하나님을 쳐다보고, 창조에 있어서 전 세계에 계시된 하나님의 전능에 눈을 돌림으로써 이방인들이 '너희 하나님은 어디 계시는가?' 하는 조소 섞인 물음에 '우리 하나님은 하늘에 계시다.'고 담대히 대답한다. 3절의 이 말씀은 하나님의 거처에 대해 대답할 뿐 아니라, 창조주 하나님의 탁월한 본질과 피조물의 세계 전체와의 사이의 간격의 무한함을 강조한다. 하나님은 전 세계를 인격적 의지에 따라서 만드셨으며 하늘, 땅, 지하라는 전 영역에 질서를 지우셨다.

4-8절. 이 부분에서부터 이 시의 특색이 분명히 나온다. 4절 이하의 이방인의 신(神)은 우상이라는 전제하에 그 우상에 대한 야유가 계속된다. 그리고 그후 '야훼에게 의뢰하라' 는 권고가 되풀이 된다. 이 우상에 대한 판단은 3절의 찬미와 한 대(對)를 이루고 있으며 하나님의 전능을 더욱 더 강력하게 나타낸다. 아마도 예배문의 전승에 의해 만들어진 듯하다(A. Weiser). 이는 분명한 특징 있는 관습적인 사상의 움직임과 어법에 의해 우상과 우

상승배자의 무력을 제시한다(신명기 4²⁸, 사무엘상 12²¹, 하박국 2¹⁸, 예레미야 10³ 이하, 16¹⁹·²⁰, 이사야 40¹⁹·²⁰, 44⁹·¹⁰ 참조).

9-11절. 살아계신 하나님께 참다운 신뢰를 갖도록 권하는 권고가, 죽은 신들에 대한 잘못된 신뢰와 대치된다. 조소의 노래와 그 거부 다음에 제사는 특별히 전례적(典禮的)인 장엄을 가지고, 계약 집단 '이스라엘'과 아론 가문의 제사직과 하나님을 두려워하는 자들에 대해 세 가지 권고를 한다. 그 각 집단은 같은 찬미에 의한 신뢰의 고백으로써 이것에 대답한다.

여기서 '주는 방패이시다'라는 말이 나오는데, 이것이 구체적인 전쟁이 아님은 분명하며 도리어 백성이 옛날부터 가호와 구원을 받고 있는 하나님에 대한 회중의 일반적인 신뢰의 고백이다.

12-15절. 12절 이하는 '신뢰'가 하나님 연고로 하나님을 믿는 위와 같은 고백에 응하여 하나님께서만 오는 축복의 약속이다. 14절은 그 구체화로써 하나님의 백성의 증가를 말한다.

16-18절. 16절 이하는 최후의 결론이다. 여기 하늘과 땅, 그리고 음부(陰部)라는 그 당시의 세계상을 전제로 하고 있다. 3절을 받아서 하늘은 하나님의 영역, 땅은 하나님께서 사람에게 위임하신 영역이며 따라서 하나님과 사람이 관계되는 영역이며, 음부는 하나님의 빛이 이미 미치지 못하며 하나님과 사람의 관계가 단절되는 곳이다. 이러한 표상(表象)은 그것 자체는 신화적이지만 그 의미는 깊다. '하나님은 하늘에, 사람은 땅에'라는 것은 창세기 1장 내지 2장을 상기시킨다. 땅은 사람의 책임 있는 활동의 장소로써 하나님께서 위임하신 곳이다. 그리고 땅은 하늘과 음부의 중간에 있으며, 사람은 이곳에서 하나님께 붙을 수도 있으나 또한 하나님께서 떠날 수도 있다. 그러한 의미로써 지상의 생애에서의 인간의 책임을 구약은 강조

하고 있다. 그것은 지상의 생애에 있어서 하나님을 알아야 하며, 사후(死後)에 새롭게 하나님을 알 수가 없다는 것이며, 이것을 구약에서 사후의 세계는 하나님에게서 멀다는 신화적 표상(表象)에서 생각하고 있는 듯하다. 이 생각은 현대인에게도 근본적으로는 타당하다. 그것은 이 세상의 생애의 중요성을 말하는 것으로 우리는 이 지상의 생애에 있어서 하나님을 알고, 언젠가는 하나님 앞에 두려움 없이 설 수 있도록 믿는 것을 배워야 한다. 단 신약성서의 신앙에 있어서는 사후에 모든 사람이 일률적으로 하나님에게서 멀어져 하나님에게서 떠나버린다고는 생각지 않는다. 지상에서 하나님을 알고 그리스도에 의해서 하나님과 화해하여 하나님 안에서 사는 것을 배운 사람은 육체의 죽음을 경험하여도 하나님께서 떠나는 일은 없다. 도리어 육체를 떠나면 육적인 제약을 벗어나 더욱 더 하나님께 가까이 갈 수 있는 것이다. 그러나 지상에서 하나님을 알지 못하고 하나님을 거부한 자는 사후 영혼이 육체를 떠나 하나님 앞에 벌거벗고 설 때, 더욱 하나님의 빛에 견디지 못하여 하나님으로부터 먼 곳으로 갈 것이다.

이 시의 18절에서 '영원히 하나님을 찬미한다.'고 하는 것은 구약에 있어서도 하나님과의 관계가 죽음에 의해 최후가 되는 것이 아님을 암시하고 있다. 구약의 마지막에 나오는 부활신앙은 이와 같이 하나님의 생명의 강한 실감에서 생겨난 것이다. 이 시는 포수 후의 곤란한 시대에 한층 더 하나님에게 신뢰하는 것을 권하며 이 지상에 있어서 하나님의 백성의 책임을 분명히 한 주목할 만한 시이다(關根正雄).

116편 | 감사의 노래

1 나는 주를 사랑합니다.

　주는 나의 절실한 기도를 들어주시기 때문입니다.

2 내가 주님을 불렀을 때,

　주는 나에게 귀를 기울여 주셨기 때문입니다.

3 죽음의 올가미가 나를 얽어매고,

　스올의 고통이 나에게 임했다.

　고난과 고통을 만났다.

4 이에 나는 주님의 이름을 불렀다,

　'아, 주여 이 목숨을 구하여 주소서.' 하고.

5 주님은 너그러우시고 의로우시며,

　우리 하나님은 자비를 베푸시는 분.

6 주님은 순박한 사람을 지켜 주신다.

　내가 가련한 몸이 되었을 때에,

　나를 구원하여 주셨다.

7 내 영혼아, 너의 쉴 곳으로 돌아가라.

　주님께서 네게 잘해주셨으니.

8 정녕, 당신께서 제 생명을 죽음에서,

　내 눈을 눈물에서,

　제 발을 넘어짐에서 구하셨습니다.

9 나는 주님 앞에서

　산 자의 땅을 밟을 것이다.

10 '내가 지극한 괴로움을 당하는구나!' 라고

　말하면서도 나는 믿었나이다.

11 나는 고뇌 중에 있을 때에

'사람은 모두 거짓말쟁이'라고 말했다.

12 내가 무엇으로 주님께 갚으리오.

　　내게 베푸신 그 모든 은혜를.

13 나는 구원의 잔을 높이 들고

　　주님의 이름을 부르리

14 주님께 맹세한 것은

　　그의 백성 앞에서 다 이행하리이다.

15 주님은 그의 성도의 죽음을

　　소중하게 여기신다.

16 아! 주님이시여, 나는 당신의 종,

　　나는 당신의 종, 주의 여종의 아들.

　　주께서 나의 결박을 풀어 주셨습니다.

17 당신께 감사의 제사를 드리며,

　　주님의 이름을 부릅니다.

18 주님께 대한 나의 서원들을

　　당신의 모든 백성 앞에서 채우리.

19 주님의 집 앞뜰에서,

　　예루살렘아, 네 한가운데서.

　　할렐루야!

이 시에 있어서는 감사가 지배적이며, 이에 탄식과 소원이 따라 나오고 있으므로 전체적으로 보아 감사의 시다. 시인은 자신의 소원이 청허(聽許) 되었으므로(6, 7절), 예배에 있어서(14, 18절) 회중 앞에 이 노래를 부른 것 같다. 그 후에 감사의 제물을 드리고(17절), 서원을 수행한 것 같이 보인다

(18절).

생명의 위험에서 구출된 것을 시인은 하나님께 감사하지 않으면 안 된다. 그의 고난의 원인이 병 때문인지 또는 박해인지 분명치 않다.

16절에 의하면 그는 하나님의 판결에 의해서 쇠사슬에서 해방된 것으로 되어 있다. 이 시인은 자유로운 표현 형식으로 자신의 여러 가지 감정과 기분을 묘사하고 있다. 시인은 불안하고 인간을 위협하는 절망적인 고뇌에서 오는 신음을 통과하고 나서 하나님의 사랑 안에 평안을 찾아냈다. 그는 조용한 마음의 행복에 도달하여 감사를 드리고 있다.

117편 | 하나님께 찬미

> 1 모든 민족들이여, 야_하웨를 찬양하라.
>   모든 백성들이여, 그를 찬미하라.
> 2 주의 사랑 우리 위에 굳건하고,
>   주의 진실하심 영원하여라.
>   할렐루야!

시편 중에서 가장 짧은 이 시는 본래 독립된 노래가 아니었을지 모른다. 이 시를 116편에 붙여서 읽는 사람도 있으나, 116편은 완전한 성격을 가지고 있으며 117편을 필요로 하지 않는다. 이 시는 분명히 찬미의 노래이다.

1절에서는 제사(祭司)가 축제에 모여 있는 전 회중을 향하여 하나님을 찬미할 것을 요청한다. 2절에서는 왜 찬미해야 하는가 하는 이유로써 하나님 현현(顯現)에 있어 주어진 구원의 근원을 짧게 되풀이하여 말하고 있다.

이는 하나님 현현에 연속되는 찬미의 노래를 위한 예배문의 도입정식(導入定式)이라 이해되어야 할 것이다(A. Weiser). 이것은 여러 민족과 국민 중에서 제사의 순례(巡禮)를 위하여 성소에 모인 전 회중에 의해서 합창된다(시편 87편 참조). 제사에 모인 순례자들은 결코 소멸되지 않는 하나님의 구원을 체험했을 것이며, 하나님을 찬미함으로써 개인의 생활뿐 아니라 민족의 생활의 의미와 목적을 찾았을 것이다. 모든 사람은 하나님의 은혜와 진실의 계시에 참여하여 찬미하고 있다. 이스라엘에 대한 하나님의 은혜가 거대하므로 하나님 찬미에 모든 족속과 국민을 초청하고 있다. 그러한 의미에서 자연에 대하여 하나님 찬미를 촉구하는 것과 본질적으로 같은 것이다. 여기에 이스라엘의 자기중심주의(自己中心主義)와 보편주의의 모순 된 모습이 있다(關根正雄).

118편 | 의의 문을 열라

1 야하웨께 감사하여라.
  실로 그는 은혜로우시며
  그의 인자하심이 영원하다.

2 이스라엘아 말하여라.
  '그의 인자하심이 영원하다'고.

3 아론의 집이여 말하여라.
  '그의 인자하심이 영원하다'고.

4 야하웨를 두려워하는 자는 말하여라.
  '그의 인자하심이 영원하시다'고.

5 곤경 속에서 내가 야하웨를 불렀다.
  야하웨는 내게 대답하시고,
  나를 자유롭게 하셨다.

6 야하웨께서 내편이므로
  나는 두려워하지 않는다.
  인간이 나에게 무엇을 할 수 있으랴!

7 야하웨께서 내편, 나를 도우신다.
  나는 두려움 없이 적을 직시(直視)한다.

8 야하웨께 몸을 피하는 것이,
  사람을 의지하는 것보다 낫다.

9 야하웨께 몸을 피하는 것이
  유력한 사람에게 의지하는 것보다 낫다.

10 온갖 민족들이 나를 에워쌌다.
  야하웨의 이름으로써 나는 그들을 물리친다.

11 그들은 나를 둘러싸고, 에워쌌다.

나는 야훼의 이름으로 그들을 멸하였네.

12 그들은 벌떼처럼 나를 에워쌌다.

그들은 다 타버린 촛불처럼 꺼졌다.

야훼의 이름으로 나는 그들을 멸한다.

13 나를 쓰러뜨리려고 밀쳤으나

야훼께서 나를 도우셨다.

14 야훼는 나의 힘, 나의 노래,

그는 나의 구원이 되셨다.

15 의인의 장막에서는 기쁨과 구원의 환호 소리,

'야훼의 오른손이 위업을 이루셨네.

16 야훼의 오른손이 높이 들리고

야훼의 오른손이 위업을 이루셨네.' 라고.

17 나는 죽지 않고 정녕 살리라.

그리고 야훼의 업적을 전하리라.

18 야훼께서 나를 심히 벌하셨어도,

나를 죽음에 넘기지는 않으셨네.

19 나를 위하여 의의 문을 열어라!

내가 그 문으로 들어가 야훼께 감사를 드리리.

20 이것이 야훼의 문.

의로운 자는 그 안으로 들어간다.

21 내가 당신께 찬송하리니,

당신은 나에게 대답하시고,

나를 위하여 구원이 되셨네.

22 집 짓는 이들이 버린 그 돌이

모퉁이의 머릿돌이 되었네.

23 이는 야훼께서 하신 일,

우리 눈에 놀라운 일이네.

24 이 날은 야훼께서 만드신 날,

우리는 환호하고 즐거워하네.

25 아 - 야훼여, 구원을 베푸소서.

아 - 야훼여, 형통하게 하소서.

26 야훼의 이름으로 오는 이에게 행복 있으라.

우리는 야훼의 집으로부터 너희를 축복하리.

27 하나님, 야훼는 우리를 비추신다.

나뭇잎 달린 가지로써 궁전을 덮고,

제단의 뿔을 장식하리.

28 당신은 나의 하나님, 나는 당신께 감사드리리.

나의 하나님, 당신을 숭앙합니다.

29 야훼께 감사하여라.

실로 그는 은혜로우시며

그의 인자하심이 영원하시다.

이 시는 루터가 특히 애송하던 시이다. 루터는, '이것은 내가 사랑하는 시이다. 왜냐하면 이 시는 자주 나를 받쳐 주었고, 수많은 환난에서 나를 구출해 주었기 때문이다. 황제도 왕도 성자도 나를 도울 수 없을 때에'라고 말했다. 루터가 이렇게 말하는 것은 당연하다. 왜냐하면 이 시는 신앙의 힘의 확실함을 증거하고 있기 때문이다. 신앙의 힘은 하나님의 구원을 직접 체험한 자에게 주어지는 것이며, 감사와 즐거운 현실에 의해서 인간적인 모든 고난과 불안을 극복하기 때문이다. 이러한 특색을 가지고 있으므로 루터뿐 아니라 많은 고난 중의 사람들을 신앙의 힘에 의해 다시 세워, 구원해 주시는 하나님의 은혜를 체험시켰을 것이다.

탈무드(유대인 율법학자의 구전과 해석의 집대성)는 이 시가 예배의식(禮拜儀式)에 있어 교창(交唱)으로 노래되었다고 말하고 있는데, 이 시 자체가 이것을 암시하고 있다. 이 시가 노래되는 예배는 특별한 축제행사이다(24절). 이것은 성전의 문전 및 성전의 안쪽에서 연주되고(19, 20절), 제단 주위를 돌며 춤추는 것에서 최고조에 달했다고 생각된다(A. Weiser). 축제에 참가한 이스라엘인과 제사, 그리고 '하나님을 두려워하는 자들,' 즉 개종자의 세 종류의 무리가 교호(交互)적으로 합창하는 것이다. 1-4절의 도입부(導入部)에서 5-21절까지 개인의 감사의 노래가 계속된다. 여기서는 하나님을 환난 때의 도움이시라고 찬미하여 감사드린다.

22-25절에서는 제사에 있어서의 순례의 합창이 하나님께의 찬미에 참가한다. 이것에 계속해서 제사(祭祀)들이 성전에 들어오는 사람에게 축복의 말을 하며 회중에게 제단을 돌며 춤출 것을 요구한다. 28절은 하나님께 대한 개인의 감사의 말씀이며, 29절에서 다시 예배의식을 최초의 말씀과 같은 감사와 찬미로써 맺는다.

처음부터 다시 공부한다.

1-4절. 도입부

1-4절은 합창에 의한 감사의 노래다. 1절은 아마도 선창자(先唱者)에 의한 것으로서 예배문의 관용적(慣用的)인 고백형식이다(예레미야 33[11] 참고). 이것이 예배문의 틀을 이루고 있다. 그 내용은 하나님의 변함없으신 긍휼과 은혜의 고백이다. 이것이 이 시의 주제이다. 이 고백을 하기 위해

회중과 왕은 함께 예배에 참석하고 있다.

참가자는 세 그룹으로 나누어져서 먼저 계약의 백성 '이스라엘'에, 다음은 제사인 '아론의 집'에, 그리고 최후로 '하나님을 두려워하는 자들' 즉 개종자들에 의해 불리어진다. 그들은 하나님의 영원한 은혜 아래에서 이 예배를 통하여 다시 한 번 은혜를 확인하는 것이다.

5-21절. 개인의 감사의 노래

1-4절의 서곡(序曲)에 이어지는 5절 이하 21절까지 개인의 감사의 노래가 계속된다. 이 개인이 누구인가 하는 문제가 있다. 시 자체로써 다음과 같은 것을 생각할 수 있다. 감옥에서 나온 사람(5절), 여행의 위험을 면한 사람(10절), 병이 치유된 사람(17절), 또한 10절은 왕의 노래의 일반적인 표현이므로 왕으로 보는 경우 등이다. 여러 학자에 따라 여러 설이 나오고 있는데 본인은 A.Weiser의 해석에 따라 이 곳을 왕의 감사의 노래로 읽기로 한다. 왕은 그의 환난 때에 '곤경 속에서 야훼를 부르며 간구했던' 것이며 야훼는 그의 기도를 청허(聽許)하셔서 '대답하시고' 그를 자유롭게 해 주신 것을 회상하며 회중 앞에서 증거한다. 그리고 감사의 찬미를 드린다. 야훼, 하나님이 내편이시며, 나를 도우시니 내게는 두려움이 없다(7절). 야훼께 몸을 피하는 것이 많은 사람을 의지하는 것보다 낫다(8, 9절). 온갖 적들이 나를 에워싸도 나는 야훼의 도우심을 회상하며 감격에 싸인다. 아! 야훼는 나의 힘, 나의 노래, 그는 나의 구원이 되셨다(14절). 이것은 모든 것이 하나님에 의해 이루어진 것을 아는 자의 겸허한 고백이며, 기쁨이 넘치는 감사이다. 그러나 이 모든 것을 야훼의 오른 손이 하신 것이라 찬미한다(15절). 이것은 '의인의 장막'에서 일어나는 승리의 찬가이다.

17, 18절에서 야훼를 만남으로써 새로운 생을 얻은 그는 이제 야훼의 위업을 전해야 함을 고백한다. 그는 하나님의 뜻에 따라 야훼를 위해 살

것을 말한다.

19절은 구원받은 자의 감사의 노래이다. 이 노래는 성전의 문전에서 불린 듯하다. 그는 성소의 입구에 서서 야훼께 감사하기 위하여 안으로 들어가기 위해 '의의 문을 열어 줄' 것을 요구한다. 그리하여 야훼께 감사한다. 그는 기도하며 부복한다. '그의 기도가 청허(聽許)되고 구원된 것'을 감사로써 고백하기 위하여.

22-25절. 회중의 고백

이 단락에서 주어가 '우리'로 바뀌며 왕에 대하여는 3인칭으로 말하는 것은 이제 노래하는 이들이 회중인 것을 암시한다. 회중은 왕에게 일어났던 것을 '집 짓는 이들이 버린 그 돌이 모퉁이의 머릿돌이 되었다.'는 유명한 비유로써 맺는다. 모퉁이의 머릿돌은 건물의 무게를 지탱할 뿐 아니라 건물의 대표적인 면이므로 특별히 엄선된 단단한 돌이 쓰인다. 이 비유는 구원된 사람의 운명의 변천을 설명하고 있다. 사람에게서 버림받고, 멸시되고 박해 받았으나 하나님께서 구원하시고, 인정받고 특별히 중요한 과제를 지우신다. 후기 유대교는 이 말씀을 다윗, 메시아라고 해석하고 있다. 신약성서는 이것을 도습(蹈襲)하여, 그리스도를 말했다(마태복음 21[42], 베드로전서 2[1]).

23절은 회중도 구원된 자에게 생긴 일 중에 인간의 행위가 아니고 하나님의 역사하심을 본다. 하나님의 기적에 눈 뜬 그들의 말은 하나님의 구원의 역사를 말하는 왕의 고백에 대한 최초의 반응이다. 신앙의 증거는 새로운 신앙을 불러일으킨다.

그들은 하나님의 승리를 서로 서로 기뻐하며 '하나님의 날'을 축하하는 축제를 만들어 낸다. 모두 기쁜 축제에 몰두한다(24절). 그들은 다시 한 번 구원과 번영을 주실 것을 간구한다(25절).

26, 27절. 제사(祭祀)의 축복

26, 27절은 제사의 말씀으로 보는 것이 제일 자연스럽다. 행복을 구하는 사람들에게 하나님이 가까이 계시다는 것을 고하며, 그 장소에 들어가는 것을 허용 받은 자에게 축복 있으라고 고한다. 그뿐 아니라 제사는 야하웨의 집으로부터 문에 들어와 성전의 뜰에 있는 사람들을 축복한다. 이는 성역(聖域)에 있다는 것, 그것 자체가 축복임을 말하며, 그 축복은 제사의 말씀에 의해서 하나님께서 오는 것을 표시한다. 이것은 이스라엘 종교의 큰 특색이다. 27절은 감사제의 행사의 일부를 묘사한 것인 듯하다(關根正雄).

28절은 다시 개인의 말이며, 5-21절과 같은 사람의 말로 보아야 할 듯하다. 공동의 감사, 기쁨의 표시다. 그는 자신의 목소리를 돋우어 감사의 고백을 하고 있다. 이는 하나님 앞에 있는 개인과 교단(敎團)의 바른 관계를 보인다고 말할 수 있다. 29절은 1-4절과 같이 제사 중의 지도적인 자가 말하고 있는 것이다.

이 시는 특히 22절의 후기 유대교에서 다윗과 메시아의 관련으로 해석되었으며, 신약에서는 그리스도의 증언으로써 사용되었다는 것은 전술한 바와 같다. 사람을 두려워하지 않고 하나님의 의에만 의지할 것을 가르치고, 사람의 생각을 넘는 하나님의 기이한 역사를 찬미하는 이 시는 시편 중에서 가장 주목되는 시의 하나이다.

119편 | 하나님의 말씀과 계명

　시편 중에서 가장 긴 이 시는 특별히 기교적으로 만들어진 종교시이다. 시편 9편, 10편, 111편과 같이 히브리어의 알파벳의 순에 따라 만들어진 특징을 가지고 있다. 특히 이 시는 알파벳의 22자를 8행씩 각 절의 첫 글자가 같은 문자를 써서 만들어졌다는 것이 특색이며, 따라서 각 절이 상호관련을 갖는 것도 아니고 각각 완결된 통일체를 이루고 있지도 않다.

　이 시는 외면적, 형식적인 특징이 현저하기 때문에 그것이 내용을 덮고 있는 듯한 느낌을 준다.

　내용은 율법과 법규 등 여러 동의어를 사용하여 반복하여 하나님의 법을 예찬하고 있다. 이는 하나님의 자녀들에게 경건하고 거룩한 생활을 영위하도록 권면하기 위해서이다. 예를 들어 알렢(א)으로 시작되는 첫 단락을 보면 1절에서는 율법, 2절에서는 증거, 3절에서는 길, 4절에서는 법령, 5절에서는 율례, 6절에서는 계명, 7절에서는 판단, 8절에서는 율례 등이 계속 나오는데 이들은 율법의 동의어이고, 모두 하나님이 주신 말씀이며, 법이며 계명이다.

　이 시는 순수한 문학적인 작품이다. 그러나 이 안에 하나의 지배적인 중심점을 가지고 있으며, 시인의 사상은 이 중심점을 돌고 있다. 즉 전술한 바와 같이 하나님의 말씀과 율법이 인간의 생(生) 전체의 결정적 요인(要因)이라는 것이다. 하나님의 말씀과 율법을 언급지 않은 절은 하나도 없을 정도다. 그러나 율법은 원래 구체적인 행위를 요구하는 것인데, 이 시에서는 율법에 대한 구체적인 내용에 관해서는 기록이 없고 율법이 추상화(抽象化)되고, 절대화되고 있다. 이러한 추상화, 절대화가 어떻게 일어났는지 생각해보기로 한다. 원래 율법은 구체적인 계약공동체의 법이었다. 소위 12지파의 종교연합이 이스라엘인의 가나안 복지 정착 후 하나님과의 계약을 근간으로 하고, 같은 하나님과의 계약관계에 들어간 자들 사이에 그들과 하나님과 그리고 사람들과의 당연히 있어야 할 관계를 율법으로 정했다. 따라서 계약이 주가 되고, 율법이 그것에 종속되었던 것이다. 그 후 12지파 연합은 왕국을 형성하게 되고 하나님의 백성은 이 국가의 테두리 안에서 지속되었다. 그런데 왕국이 BC 586년에 바빌론의 침공으로 멸망하자 이 하나님의 백성의 기반이 붕괴되고 계약공동체가 해체되었다. 따라서 포로의 땅에서 새로운 공동체를 재건하지 않으면 안 되게 되었으며, 그때에 안식일과 할례의 준수라는 외견상의 행위가 기준이 되고, 그것을 준수하는 자가 계약공동체에 참여하는 것으로 되었다. 여기에 이르러 율법이 주가 되고 도리어 계약이 종(從)이 되는 현상이 일어났다. 계약과 율법의 관계가 역전된 것이다. 이렇게 하여 유대교의 율법주의가 발생했다.

좌우간 이 시의 기교적인 형식에 잡혀서 시인의 개인적인 신앙체험 특히 고난의 체험과 종교생활의 배경을 간과하는 일이 없도록 우리는 주의하여 이 시를 읽어야 한다.

이러한 배경을 생각함으로써 하나님의 말씀과 율법이 시인의 인생에 있어 얼마나 큰 힘과 위로가 되었나 하는 것을 알 수 있다.

본문을 읽어본다.

율법을 지키는 자의 행복

알렢 א

1 복 되도다, 야훼의 율법 안에 걸으며
그 길에 흠이 없는 자는.

2 복 되도다. 그의 증거를 지키며 전심으로
그것을 추구하는 자는 .

3 그 사람은 또 불법을 행치 않으며,
　주의 길을 따라 걷는다.
4 당신께서 당신의 법령을 주시고
　이것을 확고히 지키도록 명령하셨다.
5 오! 당신은 율례를 지키기 위해
　나의 길을 확고하게 하소서.
6 그렇게 하면 내가 부끄러움을 당하지 않을 것이며,
　내가 당신의 모든 계명을 직시하리이다.
7 나는 정직한 마음으로 당신을 찬미하며,
　당신의 의로운 판단을 배울 것입니다.
8 내가 당신의 율례를 지키리니
　나를 아주 버리지 마시옵소서.

　이 시는 하나님의 법(율법)에 모든 관심을 집중시키고 있다. 여기서는 율법 안에 걸으며, 그것을 지키며 전심으로 그 길을 추구하며, 불법을 행하지 않는 자, 즉 의인의 행복을 노래한다. 1, 2절은 '복 되다' (아쉬레이)라는 단어로써 시작되고 있으며 이는 신명기 28장 처음과 비슷하다. 여기서 현저한 것은 의인이 의로움에 계속 머물기 위해서 하나님의 율법을 구하고 있는 것이며, 그 원동력을 자기 안에서 구하고 있지 아니한 것이다. 시인은 이 율법을 여러 동의어로 바꾸어 가며 그것을 구하고 있다. 다만 이렇게 함으로써 추상적인 것이 되어 버린 듯한 느낌이 있다.

　시인은 8절에서 1인칭 미완료태를 써서 '내가 지키리니' 라고, 반복해서 율례를 지킬 것을 고백한다. 지키는 것이 중요하다는 것을 역설하고 있다.

이것이 시인의 탄원이며 기원이다. 다음에 '나를 버리지 말아 주십시오'라고 말하며 하나님께 매달리는 모습 안에 그의 신앙을 읽을 수 있다.

베트 ㄱ

9 무엇으로 젊은이가 그의 길을 깨끗하게 보존할 수 있으리까.
　그것은 당신의 말씀을 지킴으로소이다.

10 나는 온 마음을 다하여 당신을 추구(追求)합니다.
　당신의 계명에서 벗어나지 않도록.

11 나는 마음속에 당신의 말씀을 간직합니다.
　당신께 범죄하지 않도록

12 야훼여, 당신을 찬미할지어다.
　당신의 규례를 나에게 가르쳐 주소서.

13 내 입술로 이야기하나이다.
　당신 입에서 나온 모든 계명을.

14 내가 모든 재물로 기뻐하듯이
　당신의 증거의 길을 기뻐하나이다.

15 내가 당신의 법령을 묵상하오며,
　당신의 길에 주목하나이다.

16 당신의 율법을 내가 즐거워하리니,
　당신의 말씀을 내가 잊지 아니하겠나이다.

이 단락에서 시인은 청년의 신앙문제를 생각하고 있다. 내용으로는 지혜의 시의 요소가 많이 들어 있다. 지혜 문학에 있어서는 젊은이는 노인들에게 가르침을 받는 것으로 된다. 그러나 젊은이에게는 그들만이 갖는 순수함과 추진력과 생명력이 있다. 먼저 젊은이가 그의 생의 길을 깨끗하게 유지하기 위해서 하나님의 말씀을 지키는 수밖에 없음을 말한다(9절). 그러기 위해서는 하나님의 명령(계명)에서 벗어나지 말도록 온 마음을 다하여 하나님을 찾고 따라가는 것이다(10절). 그리하여 발견한 하나님의 말씀을 마음속에 간직하고 쌓아둔다(11절). 이곳까지 노래한 시인은 북받쳐 오르는 하나님 찬미로 넘어간다(12절). 그리고 하나님께 규례와 법도를 가르쳐 주실 것을 간구한다.

12-14절은 하나님의 계명에서 벗어나지 않기 위한(10절) 실제적인 방법을 말한다. 즉 하나님의 모든 계명을 입에서 떼지 않도록 말하는 것, 전파하는 것이며, 또한 하나님의 계명의 길을 참으로 기뻐하면서 즐겁게 행하는 것이다(신명기의 신앙과 통함). 시인은 재물을 얻었을 때보다도 더욱 하나님의 증거의 길을 기뻐한다고 고백한다.

15, 16절은 다시 이 시의 총괄이라 할 수 있다. 시인은 하나님의 계명을 늘 묵상하며 그 길에 주목한다고 한다. 그리하여 하나님의 율법을 참으로 즐거워하며 말씀들을 잊지 않을 것을 고백한다.

그러나 하나님의 율법을 참으로 마음으로부터 기뻐하며, 이것에 따르게 되는 것은 우리가 십자가의 그리스도와 함께 못 박히고, 그리스도에 의해서 새롭게 참 생명(生命)을 얻는 경우에 가능하다(청년들이여, 율법의 계명에 걸려 넘어져도 낙심치 말고 그리스도를 쳐다보라. 율법은 우리의 죄를 깨닫게 하는데 목적이 있다. 은혜와 진리는 그리스도 안에 있다. - 주해자(註解者)).

기믈 ﬁ

17 당신의 종에게 은혜를 베푸시고 나를 살리시어
   당신의 말씀을 지키게 하소서.

18 내 눈을 열어 주시어
   당신의 율법 안의 기이한 것을 보여 주소서.

19 나는 이 땅의 나그네,
   당신의 계명을 나에게 숨기지 마소서.

20 내 영혼이 당신의 계명을 흠모하여 숨이 넘어갈 지경입니다.

21 당신은 교만한 자들을 책망하며,
   당신의 계명을 범하는 자들은 저주받게 하소서.

22 내가 당신의 증거들을 지켰사오니
   나에게서 멸시와 수치를 떠나게 하소서.

23 고관들이 함께 앉아서 나에게 불리하게 꾀하여도
   당신의 종은 당신의 율례를 묵상합니다.

24 당신의 증거는 나의 즐거움,
   나에게 교훈을 주는 자.

이곳은 히브리어 알파벳의 세 번째 기믈(ﬁ)로써 각 절의 첫 자를 시작하고 있으며, 개인의 탄식의 노래의 요소가 강하다. 시인은 스스로를 이 땅에 있어 나그네라고 고백한다(18절). 잠깐 있다가 가버리는 기류자(寄留者)이다. 시인은 자신의 처지를 구체적으로 잘 표현하고 있다. 시인은 가난하고 약한 자인데 이 땅의 강하고 교만한 자인 지배계급의 고관들에게 괴롭힘을 당하는 것이다. 그러나 시인은 하나님의 계명을 지키고, 율례를 흠모하여,

묵상함으로 율법에 고착(固着)하고 있다. 그리하여 하나님께 이 교만한 자의 포악과 멸시에서 벗어 날 수 있기를 기원한다. 시인은 율법 그 자체를 큰 은혜로 생각하고 있다. 20절, 23절, 24절의 고백에서 시인이 율법과 이러한 관계에 있는 것을 엿볼 수 있다.

달렡 ㄱ

25 내 영혼이 먼지에 붙어 있나이다.
　　당신의 말씀 따라 나를 살려 주소서.

26 내가 나의 길을 셀 때, 당신은 대답하셨습니다.
　　나에게 당신의 율례를 가르쳐 주소서.

27 당신의 법령에 따르는 길을 깨닫게 하소서.
　　내가 당신의 기이한 성업을 묵상하겠습니다.

28 내 영혼이 슬픔 때문에 맥없이 쓰러집니다.
　　당신의 말씀 따라 나를 일으켜 주소서.

29 거짓된 길을 내게서 멀리하시고,
　　당신의 율법으로 내게 은혜를 베풀어 주소서.

30 나는 진실의 길을 택하였습니다.
　　당신의 계명을 갈망하여서.

31 내가 당신의 증거에 고착합니다.
　　야훼여, 나를 수치 당하지 않게 해주소서.

32 나는 당신의 계명의 길을 따라 달려갑니다.
　　내 마음을 넓혀 주시는 분은 당신입니다.

이곳에서도 탄식이 기초를 이루고 있다. 시인의 깊은 체험이 뒷받침하고 있다는 것을 모두(冒頭)의 '내 영혼이 먼지에 붙어 있다'는 유명한 구로써 알 수 있다. 영혼이 먼지 위에 엎드려 누워있는 상태를 말하며, 이러한 체험에서 신앙이 생겨나는 것이다. 시인은 지금 죽음이 임박한 그러한 상태에서 하나님의 말씀을 좇아 생명의 소생을 간구하고 있다.

26절의 '나의 길을 셀 때에'라는 표현도 탄식의 노래의 상황이며, 고통스러운 과거를 세며, 이것을 하나님께 솔직하게 고백하는 것을 의미한다. '센다'는 말은 '말한다'는 것으로 번역할 수도 있다. 그러한 고백에 응답하시어 하나님은 시인에게 대답하신다고 한다. 시인은 지금 탄식하고 있는 면이 강하다. 28절에서도 영혼이 슬픔 때문에 맥없이 쓰러지고 있는 상황을 호소하고 있다.

특히 31절의 '내가 당신의 증거에 고착합니다' 하는 고백은 놀랍다. 땅의 먼지에 넘어지면서도 하나님께 계명을 고수하는 시인의 신앙이 부럽다. 시인은 여기서 다시 하나님께 수치에서 벗어나게 해 주실 것을 간구한다.

32절에서 시인은 하나님의 계명만을 바라보고 달려가는 신앙생활을 하고 있음을 노래한다. 시인은 하나님 안에서 자유함을 구한다.

헤 ㄱ

33 야훼여, 당신의 율례의 길을 나에게 가르쳐 주소서.
　　내가 끝까지 그것을 지키겠습니다.

34 나를 깨우쳐 주소서, 내가 당신의 율법을 지키고,
　　전심을 다하여 따르겠습니다.

35 당신의 계명의 길을 걷게 하소서.
　　내가 그것을 기뻐합니다.

36 당신의 증거에 내 마음을 기울게 하소서,
   그러나 탐욕으로 치닫지 않게 하소서.
37 내 눈이 헛된 것을 보지 않게 하시고,
   당신의 길에 의해서 나를 살려 주소서.
38 당신의 종에게 당신 말씀을 세우시고,
   당신을 경외케 하소서.
39 내가 두려워하는 나의 수치를 제하여 주소서.
   당신의 계명은 선한 것이므로.
40 보소서, 내가 당신의 법령을 사모합니다.
   당신의 의로써 내게 생명을 주시옵소서.

이 부분은 소원으로 꽉 차 있다. 시인은 '율례의 길을 가르쳐 주시기'를 또한 '깨우쳐 주시길', 그리하여 '계명의 길을 걷게 하시길', 율법에 내 마음이 기울 것 등등을 소원하며 마지막으로 40절에서 이것을 총괄하여 내가 당신의 법령을 사모하고 있다고 말한다.

33절 후반의 '끝까지'라는 것의 의미는 히브리어로 '보상/보은'의 뜻도 있다. 그래서 내가 이를 따르므로 상급을(얻으리이다) 등으로 번역하는 학자도 많은 듯하다. 그러나 전체의 사상의 흐름으로 보아 적절한 것 같지 않다(關根). 그 밖에 문제가 되는 곳은 별로 없으며 이 시를 통하여 시인의 율법을 향한 순수하고 열정적인 마음을 읽을 수 있다. 끝으로 마지막 절의 '당신의 의로써 내게 생명을 주옵소서'라는 구는 구약뿐 아니라 신약에 있어서도 중심적인 성서 신앙인 것을 알 수 있다.

와우 ㄱ

41 야_하웨여, 당신의 은혜가 내게 임하게 하시고,
   당신의 구원이 말씀 따라 임하게 하소서.

42 나를 비방하는 자에게 대답할 수 있도록,
   나는 당신의 말씀에 의뢰합니다.

43 내 입에서 진리의 말씀을 떠나지 말게 하소서.
   내가 당신의 계명을 대망합니다.

44 내가 당신의 율법을 지키리이다.
   언제나 어디서나 영원까지.

45 내가 넓은 곳을 걷게 해 주소서.
   내가 당신의 규례를 탐구하고 있으므로.

46 나는 왕들 앞에서 당신의 증거를 말하겠으며,
   그것으로 부끄러워하지 않겠습니다.

47 나는 당신의 명령을 즐거워하며,
   그것을 사랑합니다.

48 나는 당신을 향하여 손을 들고,
   당신의 율례를 묵상합니다.

이 단락에서는 특별히 설명을 요하는 내용이 없는 듯하다. 원문을 되풀이해서 읽으면 시인의 마음이 내 마음에 와 닿는다.

첫 절에서 먼저 하나님을 부른다. 우리가 기도드릴 때와 같이 "야_하웨여"-하나님하고, 하나님의 은혜가 임하게 하소서, 구원이 임하게 하옵소서 하는 소원이다(47절). 그리하여 내가 담대하게 되어 나를 비방하는 적들에게 당당히 대답할 수 있도록 힘을 주십시오. 나는 당신의 말씀을 믿고 의지합

니다(42절). 당신의 말씀은 진리의 말씀입니다. 나를 떠나지 않도록 하소서. 내가 파수꾼이 아침을 기다리는 심정으로 당신의 계명을 대망하고 있습니다(43절).

내가 당신의 율법을 언제나 어디서나 영원까지 지키겠나이다. 율례는 지키는 데 뜻이 있으며 그것을 내 생명처럼, 기쁨으로 지키겠나이다(44절). 이제는 나로 자유롭게 넓은 곳을 걷게 하시고, 당신의 규례를 탐구하게 하소서, 당신은 나의 주이십니다(45절).

이제는 내가 당신의 은혜로써, 말씀으로써 힘을 얻었나이다. 나는 절대 권력자인 왕들 앞에서 당당히 당신의 증거의 말씀을 말하겠으며, 그것을 부끄러워하지 않겠나이다. 이는 46절 바울이 로마서 1장 16절에서 나는 복음을 부끄러워하지 않는다고 대 선언을 하는 것과 같은 심정인 듯하다.

47절과 48절은 마무리로서 시인의 마음을 총괄하고 있다. 시인은 하나님의 계명을 참으로 즐거워하며 그것을 사랑한다고 노래한다. 이제 시인은 하나님을 향하여 손을 뻗으며, 은혜를 갈망하며, 그것을 믿으며 하나님의 율례를 묵상한다.

자인 ♩

49 당신의 종에게 주신 말씀을 기억해 주십시오.
　　당신께서 나에게 그것을 대망하게 하셨습니다.
50 이 말씀이 내가 곤고할 때 내게 위로가 되었습니다.
　　당신의 말씀이 나를 살려주시기 때문입니다.
51 거만한 자들이 심하게 나를 조롱하여도,
　　나는 당신의 율법을 떠나지 아니 하였습니다.
52 나는 예전부터 당신의 계명을 기억하였습니다.

야훼여, 나는 그것에 의하여 위로를 받습니다.

53 악인들로 인해서 노여움이 나를 사로잡습니다.

그들은 당신의 가르침을 저버린 자들.

54 당신의 율례가 나의 나그네 살이 하는 이 집에서

나의 찬미의 노래가 되었습니다.

55 야훼여, 내가 당신의 이름을 밤에도 기억하오며

내가 당신의 율법을 지켰습니다.

56 제가 이렇게 되는 것은 당신의 법령을 지켰기 때문입니다.

이곳에서 주목해야 할 것은 '말씀'이다. 하나님의 약속의 말씀이다. 시인은 첫 절인 49절과 50절에서 '종에게 주신 말씀'을 하나님이 기억해 주실 것을 간구한다. 그 이유는 하나님이 약속의 말씀을 시인에게 대망시키는 것이라 말한다. 이 말씀은 시인이 곤고할 때에 위로가 되고, 그를 살려 주시기 때문이다.

51절에서 시인이 지금 처해 있는 상태를 서술한다. 즉 거만한 자들이 심하게 시인을 조롱하고 핍박하여도 그는 율법을 떠나지 아니하였다고, 옛날부터 계명을 기억하였다고 한다. 그리하여 그 율법에 의해 위로를 받았다. 여기서 이 시 전체를 관철하는 '계명'의 문제가 시인과 하나님의 생생한 산 관계에 기인하고 있음을 읽을 수 있다. 그리고 그러한 말씀을 대망하는 힘을 하나님이 주실 것을 기도하는 시인의 신앙 모습을 엿볼 수 있다.

시인은 하나님의 가르침을 저버린 악인들로 인해 노여움이 터져 나와 그를 사로잡고 있다. 그러나 나그네 살이 하는 집에서 시인은 율법을 노래하며, 그 율례가 시인의 찬미의 노래로 화한다.

55, 56절은 시인이 다시 한 번 하나님을 기억하며 법령을 지켰음을 주장하며 맺는다.

헤드 ㄲ

57 야ʰ웨는 내가 받을 분깃,

　　나는 당신의 말씀을 지킬 것을 약속했습니다.

58 나는 마음을 다하여 당신의 얼굴(자비)을 간구합니다.

　　당신의 말씀 따라 은혜를 베풀어 주소서.

59 내가 나의 길들을 곰곰이 생각하며

　　당신의 증거를 향해 나의 발길을 돌립니다.

60 당신의 계명을 지키는 데 서두르며 지체하지 아니 합니다.

61 악한 자의 올무가 나를 에워싸도

　　나는 당신의 율법을 잊지 않았나이다.

62 당신의 의로우신 계명을 찬송하기 위하여

　　한밤중에 일어나 당신께 감사합니다.

63 나는 당신을 경외하는 모든 사람들과

　　당신의 법령을 지키는 사람들의 친구입니다.

64 야ʰ웨여, 당신의 인자하심이 땅에 가득합니다.

　　당신의 율례를 나에게 가르쳐 주소서.

각 절이 히브리문자 '헤드'(ㄲ)로 시작된다. 57절 전반에서 시인은 '야ʰ웨는 내가 받을 분깃'이라 외친다. 시인은 야ʰ웨만이 '나의 분깃'임을 알고 있다. 그래서 '주의 말씀을 지키겠다'고 고백한다. 분깃은 소득이요, 자기가 받아야 할 귀중한 몫이다. 따라서 많은 학자들은 이곳에 레위인의 배경이 깔려 있다고 말한다(민수기 18^{20}, 신명기 10^9). 57절 후반의 '내가 약속했다'의 번역은 '말한다'는 뜻이다. 따라서 다음과 같이 번역할 수도 있다. '당신의 말씀을 지키기 위해 야훼는 나의 분깃이라고 내가 말하였다.'

58절의 '당신의 얼굴을 간구한다'는 것은 하나님의 사유(용서)를 간구한다는 뜻으로, 하나님 자신을 구한다고 읽어도 좋을 듯하다.

59절을 보면 시인은 아주 심중한 사람이며 자신의 걷는 길을 곰곰이 검토하고 성찰하고 있으며, 항상 말씀을 향해 발길을 돌리고 있음을 읽을 수 있다.

60절의 하나님의 명령을 지키는 데 우물쭈물하지 않고 서두르며, 지체하지 않는다는 고백은 중요하다. 우리가 하나님의 명령에 지체하지 않을 때 사탄의 유혹에 걸려들지 않는다.

62절의 시인은 '한밤중에 일어나 당신께 감사기도를 드린다'고 한다. '한밤중'은 밤의 중간 지점이다. 가장 깊은 밤이다. 모두 깊은 잠에 빠져있을 때이다. 일체가 소리를 중단하고 휴식하는 때이다. 시인은 그때 외부의 방해 없이 하나님과 나만의 대화의 기도를 드린다.

64절은 시인의 찬미의 시이다. 하나님의 인자하심이 땅에 충만하심을 찬송하며 주의 율법을 가르쳐 주시기를 간구한다.

테드 ט

65 야훼여, 당신은 말씀대로 당신의 종에게 은혜를 베푸셨습니다.

66 깨달음과 지식을 나에게 가르쳐 주소서,
　　내가 당신의 계명을 믿사오니.

67 내가 고통을 당하기 전까지는 잘못 행하고 있었사오나

이제는 내가 당신의 말씀을 지킵니다.

68 당신은 선하심으로 선을 행하시나이다.

내게 당신의 율례를 가르쳐 주소서.

69 교만한 자들이 내게 거짓을 꾸밉니다.

그러나 나는 전심을 다하여 당신의 율법을 지킵니다.

70 적들의 마음은 비곗살처럼 닫혀져 있다.

그러나 나는 당신의 율법을 기뻐합니다.

71 내가 당신의 율례를 배우기 위하여

고통을 만났던 것이 유익하였습니다.

72 당신의 입의 율법은 나에게 천만금보다 좋습니다.

이 단락은 시인이 경험한 고난을 주제로 하고 있다. 그 고난은 아마도 69, 70절의 교만한 자(거만한 자)에 의한 박해로 인하여 생긴 것이라고 해석해도 틀림이 없을 것이다. 그러나 시인은 박해 중에서도 무너지지 않고 야훼의 말씀에 고착하고 율례를 배워간다. 때로는 방황할 때도 있었으나 실망하지 않았다. 그는 고난을 당할 때마다 하나님을 찾았으며 하나님의 품속으로 뛰어들어 위로를 받았다. 고통을 극복하는 원천은 하나님의 위로이며 신앙이다. 따라서 시인은 하나님의 말씀을 지키고 보존하겠다고 고백한다.

이곳의 각 절은 '테드' (ט)문자로 시작되고 있다.

65절은 '토브' (선한, 좋은)가 첫 자로 나오고 있다. '당신의 종에게 선을 행하셨다, 은혜를 베푸셨다' 고 감사와 찬미를 드림으로써 시문을 열고 있다. 하나님은 선하시며 약속하신 것은 반드시 지키신다고 찬미한다.

따라서 '하나님의 계명을 굳게 믿고 있으니 시인에게 깨달음과 하나님을 아는 지식을 주소서'(66절)하고 간구한다.

이 119편 중에는 고난의 문제가 여기저기서 나오고 있다. '교만한 자들'이라는 표현이 21, 51절에 나왔고, 그들이 시인을 괴롭히고 있던 것이 23절, 61절 등에 나왔고, 오늘 배우는 69, 70절에서 그들의 박해로 인한 고통에 대해 말하고 있다.

이 시인의 '적'에 관해서는 대체로 포수기(捕囚期) 이후 또는 제2성전 재건 이후 이스라엘이 당한 고난의 묘사로 보는 학자가 많으나, 역사적 배경은 확실치 않다.

71절은 '내가 당신의 율례를 배우기 위하여 고통을 만났던 것이 도리어 유익했다'고 말한다. 여기서 '배우기 위하여'라고 번역한 곳은 '그 결과 배울 수 있었다'라고 할 수 있다. 즉 고통을 받은 결과로 해석할 수 있으나 '당신의 율례를 배우기 위하여'로 하는 편이 율법을 전면에 내고 있는 이 시의 경우에 더욱 적합한 듯하다.

요드 '

73 당신의 손이 나를 만드시고 세우셨습니다.
   나에게 깨달음을 주시고, 계명을 배우게 하소서.
74 당신을 경외하는 자들이 나를 보고 기뻐합니다.
   내가 당신의 말씀을 대망하고 있기 때문에.
75 야훼여, 당신의 판단(심판)이 옳은 줄을 나는 압니다.
   당신께서 나에게 고난을 주신 것도,
   주께서 진실하시기 때문이라는 것을 압니다.
76 당신의 종에게 당신이 말씀하신 대로

당신의 자비와 인자를 내게 베풀어 주소서.
77 당신의 긍휼이 나에게 임하게 하소서
그리하면 내가 살리이다.
당신의 율법은 나의 기쁨입니다.
78 속임수로 나를 압박하는 저 교만한 자들로 수치를 당하게 하소서.
나는 당신의 규례를 명상하렵니다.
79 당신을 경외하는 자들이 내게로 돌아오게 해 주소서.
그들은 당신의 증거를 아는 사람이므로.
80 내 마음이 당신의 율례에 대하여 완전하게 하소서.
내가 수치를 당하지 않도록 하기 위하여.

이 시련은 요드(ʼ)로 시작된다. 시인은 첫 절(73절)에서 '당신의 손이 나를 만드시고 세우셨다' 고 창조의 하나님을 찬미하며, 그 하나님의 전지(全知), 전능(全能)과 편재(遍在)를 고백하고 있다. 따라서 그 능력의 하나님께 완전히 의지하며, 그 하나님께 참된 깨달음을 간구하며 계명을 배울 것을 고백한다. 시인은 하나님의 말씀을 중심으로 대망하고 있다(73절).

또한 시인은 고난을 통하여 도리어 그 괴로움이, 고난이 참으로 자신을 위한 하나님의 배려에서 온 것을 깨달아 '당신의 심판이 옳은 줄로 안다' 고 소리 높여 찬미한다. 고난을 통해 하나님의 진실에 접해 감사의 눈물을 흘리는 것이다.

이제 시인은 하나님의 말씀을 참으로 받을 마음의 준비가 된 것이다. 시인은 '당신의 말씀대로 자비와 인자를 내게 베풀어 주소서' 하고 기도한다 (76절). 그리하여 하나님의 긍휼이 시인에게 임하면 자신이 살 것을 확신하고 노래한다. '당신의 율법은 참으로 나의 기쁨입니다' 라고 찬미한다(77절).

속임수로 시인에게 압박을 가하는 하나님을 떠난 저 교만한 자들의 횡포와 포악은 이제 시인에게 문제가 안 된다. 시인은 이를 하나님께서 물리쳐 주실 것을 믿고 간구한다.

시인은 조용히 하나님의 규례를 명상한다(73절).

시인은 자신의 마음이 '하나님의 율례에 대하여 완전하게 되기를' 기도함으로써(80절) 단락을 맺고 있다.

카프 ㄱ

81 내 영혼이 지치도록
　　당신의 구원을 사모합니다.
　　(나는 당신의 말씀을 대망하나이다.)

82 내 눈은 당신의 말씀을 대망하기에 쇠약해졌으며,
　　'언제 당신은 나를 위로해 주십니까' 라고 말한다.

83 참으로 나는 연기 속의 가죽부대처럼 되었습니다.
　　그러나 나는 당신의 율례를 잊지 아니 하였습니다.

84 당신의 종이 살아갈 날들이 얼마나 남았습니까.
　　나를 핍박하는 자를 언제 심판하시렵니까.

85 교만한 자들이 나를 위하여 웅덩이를 팠습니다.
　　그들은 당신의 율법을 따르지 않는 자들입니다.

86 당신의 계명은 모두 진리입니다.
　　그들이 속임수를 써서 나를 핍박하오니 나를 도와주소서.

87 그들이 이 땅에서 나를 거의 멸망시키고자 했습니다.

> 그러나 나는 당신의 법도를 버리지 아니하였습니다.
> 88 당신의 자비로써 나를 살려 주소서,
> 당신의 입의 교훈을 내가 지키겠습니다.

이 단락에서는 율법을 따르지 않는 교만한 자들에 의해 핍박을 받고 있는 시인의 처절한 모습과 그의 영혼의 절실한 간구가 잘 표현되고 있는 것이 인상 깊다. 먼저 몇 가지 용어의 해설을 한다. 83절의 '연기 속의 가죽부대'라는 것은 유대인들의 풍습으로서 술을 익히기 위해서 술을 가죽부대에 넣어서 연기가 나가는 곳에 매달아 두는 습관을 말한다. 이 부대는 꺼멓게 그을리며 마른다. 이것은 시인의 불행한 모습을 묘사하고 있는 것이다. 84절의 '심판'이라 번역한 말은 이 시의 많은 곳에서 '계명'이라고 번역하고 있는 원어 '미쉬파트'이다. 그러나 계명으로서는 의미가 잘 통하지 않으므로 '심판'으로 번역했다.

전체를 대관하면 율법을 따르지 않는, 세력 있고 교만한 자들이 시인을 멸망시키고자 웅덩이를 파놓고 시인을 핍박하고 있다(85, 86, 87절). 죄 없는 시인은 율법을 지키고자 한다는 이유로 핍박을 받고 이제 생명이 경각에 다다랐으며 영혼이 지쳐 검게 그을려졌다. 눈은 시력을 잃어 가고 있다. 그러나 시인은 굴하지 않고 말씀을, 하나님의 자비를 간구하며 대망하고 있다. 첫 절 81절에서 '내 영혼이 지치도록 당신의 구원을 사모합니다. 당신의 말씀을 대망합니다'라고 시인의 진지하고 말씀을 갈망하는 모습으로 이 단락 전체를 요약해 고백하며 호소하고 있다. 이러한 어려운 입장에서도 핍박에 굴하지 않고 시인은 하나님 가슴 안으로, 율법의 계명 안으로 뛰어들며 외친다. '나는 당신의 율례를 잊지 아니하였습니다. 당신의 말씀을 대망합니다'(81, 81절)라고.

시인은 나아가 '당신의 법도를 버리지 아니 하오며, 당신의 교훈을 내가 지키겠다'(87, 88절)고 강렬한 자신의 의지를 고백하며 하나님의 '인자하심으로 나를 소생시켜 주소서' 하고 간구한다. 이제 시인은 하나님의 인자에 희망을 걸고 하나님께 매달리고 있다.

라메드 ל

89 야훼여, 당신의 말씀이 영원히 하늘에 굳게 서 있습니다.

90 당신의 말씀은 대대에 계속되며
   당신께서는 땅을 견고하게 세우셨습니다.

91 당신의 계명이 오늘까지 굳게 서 있으며,
   만물이 당신께 추종합니다.

92 당신의 율법이 나의 기쁨이 아니었다면
   나는 고뇌 가운데서 멸망하였을 것입니다.

93 나는 영원히 당신의 법령을 잊지 아니 하렵니다.
   당신은 그것에 의해서 나를 살리셨기 때문에.

94 나는 당신의 것, 나를 구원해 주소서.
   이는 당신의 법령을 내가 구하기 때문입니다.

95 악인들은 나를 망하게 하고자 엿보고 있습니다.
   그러나 나는 당신의 증거에 마음을 기울입니다.

96 아무리 완전한 것이라도
   모든 것이 다 끝이 있다는 것을 나는 보았습니다.
   그러나 당신의 계명은 끝이 없습니다.

이 단락에서 시인은 율법을 찬양하고 있다. 율법을 통한 창조와 구원을 적극적으로 찬미하고 있다. 사람이 만든 것은 아무리 완전한 것이라도 다 끝이 있고 사라져가나 율법은, 하나님의 계명은 끝없이 영원하다고 찬미한다.

다시 한 번 읽어보면 시인은 89, 90, 91절에서 율법(하나님의 말씀)을 통한 천지의 창조와 그 유지를 노래한다. '하나님의 말씀은 영원히 변치 않는 하늘에 굳게 서 있다', '우리가 사는 땅도 말씀에 의해서 견고하게 세워졌다'고 말하는 부분은 창세기의 기사를 연상시킨다. 그뿐 아니라 '하나님의 계명은 오늘날까지 질서를 유지하며, 변함없이 굳게 서 있어 피조물이 이에 추종하고 있다'고 찬미한다.

시인은 율법에 의한 위로와 기쁨이 없었다면 자신은 고뇌로 인하여 멸망하고 말았을 것이라 고백한다. 시인은 진실로 즐거움으로 율법을 대하고 있다. 아니 율법을 통하여 하나님 자신을 만나 하나님의 위로와 기쁨을 맛볼 수 있는 것이다. 그래서 94절에서는 '나는 당신의 것'이라고 고백한다. 시인의 구원은 율법을 넘어서 하나님으로부터 직접 받고 있다.

그리하여 시인은 '당신의 율법을 영원히 잊지 아니하겠습니다'고 맹세한다(93절). 96절은 인간이 만든 모든 것은 변하고 종말이 있으나 하나님의 계명은 영원하시다라는 말씀의 찬미로써 맺고 있다.

멤 ㅁ

97 내가 주의 율법을 얼마나 사랑하는지요.
   온종일 나는 그것만을 묵상합니다.
98 당신의 계명은 나의 원수보다 나를 더 지혜롭게 합니다.
   그것은 영원히 나의 것이므로.

99 내가 내 스승들보다도 더 명석해졌습니다.

당신의 증거들을 내가 묵상하였기 때문에.

100 내가 노인들보다 더 슬기로워졌습니다.

당신의 법도를 내가 지키므로.

101 나는 모든 나쁜 길에서 발길을 돌렸습니다.

당신의 말씀을 지키기 위하여.

102 나는 당신의 계명에서 어긋나지 않았습니다.

당신께서 그것을 나에게 가르쳐 주셨으므로.

103 당신의 말씀이 내 입가에서 어찌 그리 단지요.

내 입에서 꿀 송이보다 더 답니다.

104 당신의 법도로 나는 깨달음을 얻습니다.

그러므로 나는 모든 거짓된 길을 미워합니다.

이 단락은 전체로서 시인의 율법에 대한 깊은 사랑을 노래하고 있다. 시인은 율법을 사랑하고, 온종일 율법만을 묵상하며, 그것은 꿀 송이보다도 달다고 고백한다. 시인은 율법을 최고의 스승으로 생각하며, 이는 사람이 만든 모든 것을 넘은 하나님의 말씀이라 찬양한다.

다만 99절과 100절의, 시인이 자신의 명석과 슬기에 대한 지나친 표현은 구약의 한계를 보인다고 할 수 있다.

눈 ♪

105 당신의 말씀은 내 발의 등불이요,

내 길의 빛입니다.

106 당신의 의로운 규례를 지키려고,

나는 맹세하고 그것을 견고하게 하였습니다.

107 야훼여, 내가 받은 고난이 막심하오니,

당신의 말씀에 따라 나를 살려 주십시오.

108 야훼여, 나의 입의 봉헌물이 당신을 즐겁게 하도록

나에게 당신의 규례를 가르쳐 주소서.

109 나의 목숨이 언제나 위기에 처해 있습니다.

그러나 나는 당신의 율법을 잊지 않았습니다.

110 악인들이 나를 해치려고 올무를 놓았습니다,

그러나 나는 당신의 법도에서 벗어나지 않았습니다.

111 당신의 증거는 영원한 나의 기업입니다.

그것이 나의 마음의 기쁨이기 때문입니다.

112 나는 당신의 율례를 이행하려고 나의 마음을 기울였습니다.

영원토록 끝까지.

시인은 말씀에 대한 찬미로 시문을 연다. 하나님의 말씀은 언제나 시인의 마음을 비춰 주시는 등불이며, 시인의 인생길의 빛 자체라 말한다(105절). 그러므로 그는 의로우신 규례를 반드시 지키며, 그것을 통해 맹세하며 견고히 한다는 자신의 생활을 말한다(106절).

시인은 '내가 받은 고난이 막심하오니 나를 살려 주십시오' 하고 애원한다. 이것을 통해서 그가 가난한 자의 사회 층에 속하고 있으며 지금 권력자에 의해서 박해를 받고 있는 현실을 알 수 있다. 시인은 이 고난에서부터 해방을 간구하는 것이다(107절).

108절의 '입의 봉헌물' 이라는 것은 기도를 말하는 것이다. 내 기도가 하나님께 즐거움을 드릴 수 있는 것이 될 수 있기를 빈다.

109절의 뜻은 생명이 위협 당하고 있다는 것으로 같은 말이 사사기 12장 3절, 사무엘상 19장 5절 등에 보인다. 이것은 107절에서와 같이 시인이 사회적 신분이 낮은 자며 지배 계급에 압박당하고 위협받고 있음을 말한다.

그러나 이러한 압박과 위협에도 불구하고 시인은 하나님의 율법을 지키고 그것을 결코 범하지 않는다고 고백한다(110절). 그 이유는 하나님의 증거야 말로 시인의 기업이며 전 생명이기 때문이다(111절).

시인은 다시 한 번 '하나님의 율례를 마음을 다하여 이행할 것을' 다짐하고 이 단락을 맺는다(112절).

싸멕 ㅇ

113 나는 두 마음을 품은 자를 미워하고,
　　당신의 율법을 사랑합니다.
114 당신은 나의 피난처, 나의 방패,
　　나는 당신 말씀에 희망을 둡니다.
115 악을 행하는 자들아 내게서 떠나가거라,
　　나는 나의 하나님의 명령을 지키렵니다.
116 당신의 말씀대로 나를 붙들어 주시고 나를 살려 주소서,
　　내 소망이 부끄럽지 않게 하소서.
117 내 구원을 위하여 나를 붙들어 주소서,
　　당신의 계명을 즐기는 자로 만들어 주소서.
118 당신의 율례를 떠난 자들을 당신은 버리십니다.
　　그들의 간교는 모두 속임수이기 때문입니다.

119 당신은 땅의 모든 악인을 찌꺼기처럼 버리십니다.
　　그러므로 나는 당신의 증거를 사랑합니다.
120 나의 육체는 당신을 두려워함으로 떨고,
　　당신의 심판 때문에 나는 두려워합니다.

　이 단락의 특색은 시인이 율법을 통하지 않고 직접 하나님께 나아가 하나님과 면접하고 말씀하는 장면이다. 시인의 마음은 이제 율법을 넘어서 직접 하나님께 가 있다. 그것을 전적으로 보여주는 표현이 114절의 '당신은 나의 피난처요, 나의 방패'이며, 118절의 '당신은 버리십니다' 119절의 '찌꺼기처럼 버리십니다' 등의 표현에서 하나님은 율법을 넘어서 직접 시인 앞에 주체로서 나타나신다. 이러한 생각은 매우 신약적인 사상이 아닐까 생각된다. 이리하여 120절에서 떨면서 하나님 앞에 서는 시인의 신앙이 잘 이해된다.

아인 ע

121 나는 공평과 정의를 행하였습니다.
　　나를 억누르는 자에게 넘기지 마소서.
122 당신의 종의 옳음을 보증하여 주소서.
　　교만한 자들이 나를 억누르지 못하게 하소서.
123 나의 눈은 당신의 구원과 의로운 말씀을 기다리다 지칩니다.
124 당신의 은혜에 따라 당신의 종에게 행하시고,
　　당신의 율례를 나에게 가르쳐 주소서.

125 나는 당신의 종, 나를 깨우쳐 주소서,
    당신의 증거를 알려주소서.
126 지금은 야훼를 위하여 행동할 때입니다.
    그들이 당신의 율법을 깨뜨렸습니다.
127 그러므로 나는 금보다 정금보다 더 당신의 계명을 사랑합니다.
128 그러므로 나는 당신의 모든 법령을 올바르게 행하며
    모든 거짓된 길을 미워합니다.

121, 122, 126절에서 '적'의 문제가 다시 나온다. 시인은 이를 불경한 자들에 대하여 자신의 정당성을 주장하는 것으로 바라본다. 시인은 공정과 정의를 행했으므로 자신을 이들 포악한 자에게 넘기지 말 것을 간청하며, 하나님이 자신의 보증인이 되어 주시길 바란다. 하나님이 우리 편일 때에 우리는 반드시 승리한다는 시인의 확신을 읽을 수 있다.

그러나 적은 현실적으로 시인을 압박하여 시인은 하나님의 정의의 심판을 목 빠지게 기다리다가 지치고 눈은 힘을 잃어 희미해졌다(123절).

이제 시인은 자신을 하나님의 종이라 말씀드리며, 자신을 하나님의 은혜로써 다루어 주시고 율례를 참으로 가르쳐주실 것을 간구한다(124절).

127절의 '나는 금보다 정금보다 더 당신의 계명을 사랑합니다'라는 곳은 시인의 절절한 계명에 대한 사랑을 읽을 수 있다. 세상의 무엇보다도 더 하나님의 계명을 사랑한다는 말이다. 진실로 이 절은 우리의 마음을 찌른다. 하나님의 계명을 우리는 얼마나 사랑하고 따르고 있나 생각할 때 참으로 시인의 신앙에 머리 숙이는 바이다.

페 ㄱ

129 당신의 증거는 놀라우며, 내 영혼이 그것을 지킵니다.

130 당신의 말씀의 문이 빛이 나며 어리석은 자를 깨닫게 합니다.

131 내가 입을 벌리고 헐떡이며 구합니다.

당신의 명령을 내가 구합니다.

132 당신의 이름을 사랑하는 사람에게 하시듯이

당신의 얼굴을 내게로 돌리셔서, 나에게 은혜를 베풀어주소서.

133 당신의 말씀에 의해서 나의 발걸음을 굳게 하고서.

어떤 불법도 나를 지배하는 일이 없도록.

134 사람들의 억압에서 나를 건져 주소서.

그러면 내가 당신의 법도를 지키겠습니다.

135 당신의 종에게 당신의 얼굴빛을 비춰 주시고,

당신의 율례를 나에게 가르쳐 주소서.

136 사람들이 당신의 율법을 지키지 않으므로

나의 눈에서 눈물이 시내처럼 흘러내립니다.

히브리문자 '페 (ㄱ)로 모든 구절이 시작되고 있다. 시인은 억압을 당하고 있는 가난한 소시민이다. 그러나 시인은 억압을 당하면서도 율례를 사랑하며, 그 기묘함에 마음을 빼앗겨 자신의 영혼이 그것을 지키고 있음을 고백하고 있다. 말씀 안에 참 빛을 발견하고, 그 계명을 늘 사모하고 있음이 돋보인다.

그러나 시인은 하나님이 자신의 얼굴을 비춰 주시고 율례를 가르쳐 주셔야 하나님의 법령을 지킬 수 있다고 고백하며 하나님의 은혜를 간구한다.

136절의 '사람들이 당신의 율법을 지키지 않았으므로 나의 두 눈에서 눈물이 시내처럼 흘러내립니다'는 것은 시인의 열렬한 율법 사랑을 잘 표현하고 있다. 또한 이는 공동체를 사랑하는 시인의 아름다운 마음인 것이다. 시인의 이 아픈 마음을 하나님이 살펴 주시고 위로해 주실 것을 믿는다.

차데 ꭧ

137 야훼웨여, 당신께서는 의로우시고,
    당신의 계명(誡命)은 올바릅니다.

138 당신께서는 의와 큰 성실을 가지고
    당신의 증거를 명령해 주셨습니다.

139 내 열정이 나를 불사릅니다.
    내 적들이 당신 말씀을 잊었기 때문에.

140 당신 말씀은 지극히 순수하며,
    당신 종이 이를 사랑합니다.

141 나는 미천하고 멸시를 당하나,
    나는 당신의 법령을 잊지 아니 합니다.

142 당신의 의(義)는 영원한 의,
    당신의 율법은 진리입니다.

143 재난과 고통이 내게 닥쳤습니다.
    그러나 당신의 계명은 나의 즐거움입니다.

144 당신의 증거는 영원히 의로우시니
    나에게 깨달음을 주시어 나를 살게 해주소서.

'차데'(צ)문자로 시작된다. 시인은 하나님은 '의로우시다'고 소리 높여 하나님의 의(義)를 찬미한다. 이 시의 각 연들은 특별히 하나님의 공의를 노래한 곳이다. 137, 138, 142, 144절 모두 영원하신 하나님 의의 찬양이다. 그러므로 하나님의 계명은 올바르며 성실하시다고 한다.

시인은 '나는 미천하고 멸시를 당하나, 당신의 법령에 고수하여 잊지 아니한다'고 고백한다. 시인은 도시의 데모스에 속하는 낮은 신분의 빈민임이 확실하다(141절). 부유하고 권력 있는 적들이 멸시와 모멸 속에서도 하나님의 말씀 중에 즐거움을 찾는 모습에서 시인의 율례에 대한 사랑을 읽을 수 있다(143절).

시인은 다시 한 번 하나님의 의를 찬미하면서 시인에게 깨달음을 주시어 살려 주실 것을 간구하며 시의 단락을 맺고 있다.

코프 ק

145 내가 마음을 다하여 부르짖으오니 내게 대답하소서.
야훼웨여, 내가 당신의 율례를 굳게 지키겠습니다.

146 내가 당신을 불렀사오니 나를 구원하여 주소서
내가 당신의 법들을 지키겠습니다.

148 내 눈이 야경의 교대시각보다 앞서서 눈뜨며
당신의 말씀을 묵상합니다.

149 당신의 인자하심을 따라 내 음성을 들어주십시오.
당신의 정의에 따라 나를 살펴 주소서.

150 악의를 가지고 나를 박해하는 자가 가까이 왔습니다.
당신의 가르침에서 멀리 떠나 있는 자들입니다.

151 그러나 야훼웨여, 당신은 가까이 계시고,

당신의 계명은 모두 진실합니다.

152 당신의 증거에 의하여 일찍부터 알고 있습니다,

당신이 그것을 영원히 세우신 것을.

이 단락에서 시인의 진지한 기도의 모습을 읽을 수 있다. 시인은 '마음을 다하여 부르짖고' 있다(145절). 그리고 계속해서 146절에서도 '하나님을 불렀다'고 고백한다. 참으로 기도는 하나님께 드리는 호소요, 찬미요, 간구이다. 따라서 입술로 하는 것이 아니고, 마음을 다한 부르짖음이요, 신음인 것이다. 그리고 시인은 하나님의 응답을 기다리는 것이다. 시인은 '하나님의 결정을 따르겠다'고 고백한다. '하나님의 증거를 지키겠다'고 서약한다.

시인은 '새벽 미명에 일어나 기도로써 하나님의 도움을 청한다'(147절). 아무에게도 방해를 받지 않은 시간을 택하여 기도드리며, 하나님의 말씀에 희망을 걸고 있다. 또한 시인은 야밤의 야경꾼의 교대시각에도 일어나 기도드린다고 말한다. 고대 이스라엘에서는 밤의 시작을 저녁 6시로 정하고 밤을 3분하였으므로[35] 교대시간은 밤 10시와 새벽 2시가 된다. 참으로 열성적인 기도의 모습에 머리가 숙여진다. 시인의 기도는 '하나님의 인자하심을 따라 시인의 음성을 들어주시고', 하나님께서 응답해 주시는 것을 간구하는 것이다(149절). 시인은 150절에서 현실적으로 자신이 처해 있는 입장을 호소한다. 시인은 지금 악의를 가지고 박해하는 자들이 다가오는 위급

---

35) 유대의 하루는 저녁 6시(일몰시각)를 기준으로 해서 시작되고 다음날 저녁 6시에 끝난다. 현대와 같이 밤 12시가 0시가 되는 것이 아니고 저녁 6시가 0시가 되는 것이다. 따라서 하루는 밤 12시간을 3분해서 교대시간으로 했으므로, 밤 10시와 새벽2시가 되는것이다.

한 처지에 있는 가난하고 힘없는 서민이다. 따라서 하나님의 정의에 의한 구원을 갈구하는 것이다.

'오 하나님, 당신은 참으로 가까이 계십니다'(151절)하고 하나님의 임재와 보호를 확신하고 있는 모습에서 시인의 승리를 읽을 수 있다. 그리하여 시인은 이제 하나님께서 당신의 율례를 영원히 세우신 것을 알았다고 고백하며(152절) 감사기도를 드리는 것으로 맺고 있다.

레쉬 ㄱ

153 나의 고난을 보시고 나를 구원하소서.
　　내가 당신의 율법을 잊지 않았으므로.

154 나의 소송을 들어주어 나를 구해내소서,
　　당신의 말씀대로 나를 살려주소서.

155 악인들에겐 구원이 멀리 떨어져 있습니다.
　　당신의 율례를 따르지 않은 때문입니다.

156 야훼여, 당신의 자비가 깊습니다.
　　당신의 규례로 나를 살리소서.

157 나를 박해하고 나를 대적(對敵)하는 자들이 많습니다.
　　그러나 나는 당신의 증거를 떠나지 않습니다.

158 나는 배신자들을 보고 혐오합니다.
　　그들은 당신의 말씀을 지키지 않았기 때문에.

159 보소서, 나는 당신의 법도를 사랑합니다.
　　야훼여, 당신의 자애에 따라 나를 살리소서.

160 당신의 말씀의 귀결(歸結)은 진리입니다.
　　당신의 의로운 규례는 모두 영원합니다.

이 단락은 히브리어 문자 '레쉬'(ㄱ)로 시작하고 있다. 시인은 '보소서 나의 고난을'(153절)이라고 시작함으로써 시인이 처해 있는 곤경을 호소한다. 시인은 지금 적과의 대결 상태이며, 어떤 재판에 걸려 있는 듯도 하다. 그래서 참으로 정의로우신 하나님의 판단을 간구하고 있다. 또한 하나님의 말씀으로 구원될 것을 믿고 하나님께 의지하고 있음을 알 수 있다(154절). 특히 시인이 강조하는 것은 적대하고 있는 이들 원수들을 하나님의 율법에서 멀리 떠나 있는 악당이라 지적하며(155절), 시인은 반대로 율법을 잊지 않았으며, 계명에 따라 살고 있음을 호소한다. 시인은 이러한 박해하는 자들이 많다고 하나님께 호소하며(157절), 그들의 박해로 인한 고난이 많으나 자신은 결코 하나님의 가르침을 떠나지 않는다고 약속한다.

시인은 이 단락을 마무리하면서 '하나님이여 보소서, 나는 당신의 법도를 사랑합니다'. '하나님의 자애로써 나를 살려 주소서' 하고 애원한다(159절). 이것들을 총체적으로 생각할 때에 하나님의 말씀(법도)은 진리라고 결론짓고, 그 규례는 영원하시다고 찬미하여 이 단락을 마친다(160절).

쉰 ש

161 권력자들이 까닭 없이 나를 박해합니다.
　　내 마음은 당신의 말씀을 두려워합니다.
162 나는 당신의 말씀을 기뻐합니다.
　　많은 전리품을 들고 나오는 자들처럼.
163 나는 거짓을 싫어하고 미워합니다.
　　나는 당신의 율법을 사랑합니다.
164 하루에 일곱 번 당신을 찬양하옵니다.

당신의 의로우신 규례 때문에.

165 당신의 율법을 사랑하는 사람에게는 큰 평화가 있으며

그들에게는 재앙이 임하는 일이 없다.

166 야훼여, 나는 당신의 구원을 바라오며,

나는 당신의 계명을 실행합니다.

167 나의 영혼은 당신의 증거를 지키며

그것들을 지극히 사랑합니다.

168 나는 당신의 법도를 지킵니다.

나의 모든 길이 당신 앞에 있습니다.

시의 이 단락은 권력 있는 고관들과 가난한 서민인 시인의 대결의 장면을 우리에게 보여주고 있다. 시인은 '까닭 없이 고관들에 의해 박해를 받고' 고통 중에 있다. 그러나 시인은 그들의 박해에 굴하지 않고 자신이 두려워하는 것은 하나님 말씀이라고 고백한다(161절). 그뿐이랴, 시인은 참으로 '하나님의 말씀을 기뻐한다'고 말한다(162절). 따라서 말씀에 근거한 율법을 사랑한다고 찬미한다(163절). 시인은 하루에도 일곱 번씩 하나님을 찬양한다고 고백한다.

165절과 167절에서도 시인은 계명에 대한 사랑을 외친다. 그는 하나님의 율례를 지키며 계명을 실행할 것을 서약하는 것이다. 그것은 하나님의 증거를 사랑하기 때문이라고 말한다.

168절에서 다시 한 번 하나님의 법도를 지킬 것을 선언하면서 이제 자신의 전 생애가 하나님 앞에 있다고 고백함으로써 마치고 있다.

타우 ת

169 야훼웨여, 나의 부르짖음이 당신 앞에 이르게 해주시고,

당신의 말씀대로 나를 깨우쳐 주소서.

170 나의 기도가 당신 앞에 이르게 하시고,

당신의 말씀대로 나를 구원해 주소서.

171 당신께서 당신의 율례를 나에게 가르쳐 주시니,

나의 입술에서 찬송이 쏟아져 나옵니다.

172 나의 혀가 당신의 진실을 노래합니다.

당신의 모든 계명은 의로우므로.

173 당신의 손을 펴시어 나를 도와주소서,

내가 당신의 법령을 택하였기에.

174 야훼웨여, 내가 당신의 구원을 간절히 구합니다.

당신의 율법은 나의 기쁨입니다.

175 내가 당신을 찬양할 수 있도록 내 영혼을 살려 주소서.

당신의 계명으로 나를 도와주소서.

176 만일 내가 길 잃은 양처럼 헤맬 때는 당신의 종을 찾아 주소서.

당신의 계명을 내가 잊은 적이 없었습니다.

이 문단은 히브리어 알파벳의 끝자인 '타우'(ת)로써 시작되는 부분이며, 이것으로써 대단원의 막을 내린다. 아주 긴 종교시인 119편은 '하나님 앞에 정결하게 걷는 자는 행복하다'(1-3절)는 축복의 말씀으로 시작하고 전체적으로 하나님의 말씀과 율법이 시인의 인생에서 얼마나 힘과 위로를 주었는가 하는 것을 말하고 있다.

이제 마지막으로 169절 이하 176절까지에서 시인은 기도와 찬미로써 이 시를 맺고자 한다. 시인은 '내 부르짖음이 당신 앞에 이르며', '내 기도가 당신 앞에 이르게 하소서' (169, 170절)라고 기도드린다. 시인은 자신의 기도가 청허(聽許)될 것을 간절히 바란다. 기도의 내용은 자애하시며 전능하신 하나님께서 말씀 따라 시인을 깨우쳐 주시고, 살려 달라는 소원이다.

그리하여 하나님께서 율례를 가르쳐 주시면 '시인의 입술에서 찬미가 쏟아져 나오며' (171절), '나의 혀가 하나님의 진실을 노래할 것이다' 라고 찬미한다. 시인은 의로우신 하나님의 계명을 고백하고 찬미한다. 이 '율법은 시인의 기쁨' 이라고 고백하며 찬미를 계속한다(174, 175절). 시인의 참 기쁨은 하나님의 말씀과 율법의 말씀에 있음을 거듭 노래한다. 그러나 마지막 절인 176절에서는 인간의 한계와 현실에 서서 시인은 자신을 생각하여 '만일 내가 길 잃은 양처럼 헤맬 때 당신의 종을 찾아 주소서' 라고 기원함은 시인이 자신의 솔직한 입장을 잘 인식하여 하나님께 자신을 맡기는 깊은 심정을 읽을 수 있다. 그 기도의 목적은 시인 자신이 결단코 하나님의 계명을 지키기 위한 것임을 신앙 고백함으로써 이 시를 맺고 있다. 시인이 장문의 시를 끝마치면서 자신의 길 잃은 한 마리의 양으로, 하나님을 선한 목자로 비유하여 노래한 것이 인상적이다.

120 편 | 메섹에 기숙하다

순례의 노래

1 내가 곤경 중에 야하웨를 향하여
  그 응답을 구하여 외친다.[36)]

2 야하웨여, 나의 생명을
  거짓된 입술, 속임수의 혀에서
  구출하여 주소서.

3 속임수의 혀여,
  야하웨는 너에게 무엇을 주며,
  무엇을 더할 것인가.[37)]

4 대장부의 날카로운 화살과
  그것에 가하여 금작화의 타는 숯불!

5 나는 화(禍)로다, 나는 메섹에 머물며
  게달의 천막에 삶으로.[38)]

6 내 영혼은 이미 오랫동안
  평화를 증오하는 자와 함께 살았다.[39)]

7 나는 진정으로 평화를 말한다.
  그러나 그들은 싸움만을 바란다.[40)]

---

36) 곤경 중에서 나는 주께 외쳤다.
    그러니 주는 응답하여 주셨다. - A.Weiser
37) 속임수의 혀여, 그는 너에게 무엇을 줄 것인가,
    그는 너에게 무엇을 더할 것인가. - A.Weiser
38) 나에게 화로다, 메섹에서 손님이 되었으며,
    게달의 천막에서 살았으므로. - A.Weiser
39) 평화를 미워하는 자와 함께,
    나의 영혼은 너무나 오랫동안 살고 있었다. - A.Weiser
40) 나는 평화를 사랑한다.
    그러나 내가 말할 때 그들은 싸움을 구한다. - A.Weiser

이 시가 '순례의 노래집'(시편 120-134편)의 첫 머리를 장식했던 이유는 이 시의 내용을 볼 때 분명치 않다. 이 시의 내용이 순례가로서 적당치 않기 때문이다. 다만 5절에서 이 시의 작가가 외국에 있는 것으로 상상되어 순례가에 넣은 듯하다.

1절은 원문이 애매하여 '고난 중에서 야훼를 향해 부르짖었다. 그는 나에게 대답하였다' 라고 읽을 수 있으며 이것이 마소렛의 읽는 법으로서는 문법적으로 정확하다(關根正雄). 이렇게 읽으면 이 시는 하나님께 드린 기도가 청허(聽許)된 사람이 부르는 감사의 노래가 되며 2, 3절은 이미 일어난 일의 회고가 된다(A. Weiser 등). 그러나 이러한 견해로서는 1절과 2절 이하와의 연결이 부드럽지 못하며, 특히 7절까지 '감사' 의 요소가 없으며 5절의 '화로다' 는 탄원의 노래의 요소이므로 시 전체를 탄원의 노래로 읽는 것이 자연스럽다고 생각된다. 따라서 5, 6절도 현재의 일로 된다(關根正雄 견해).

이 시인의 고난이 '거짓된 입술, 속임수의 혀' 에 의해 포위되어 있는 상황에서 오는 것은 2, 3절에서 특히 분명하다. 거짓된 입술과 속임수의 혀라는 것은 중상모략과 비방을 말하는 것이다. 시인의 문제가 허위와 의의 문제와 깊이 관계된다는 것이 이 시의 특색이다. 이 시는 무엇인가 강한 양심의 고통을 느끼게 한다. 3절은 적이 맹세한 말 '하나님이 나에게 무엇을 주시며, 더욱이 무엇을 더하여 주셔도 좋다' 를 역으로 이용하고 있는 것으로 생각된다. 3절을 하나님께 한 말로 취하여 '거짓의 혀가 너에게 무엇을 주며, 무엇을 더할 것이냐' 라고 하는 것은 무리인 것 같다.(關根正雄).

4절은 3절을 받아서 멸망과 죽음이 적에 덧붙여진다고 한다. 시편에서 거짓된 혀는 종종 예리한 화살과 비교되고 있다($7^{13,14}$, 11^2, 57^5, 64^4). 따라서 4절은 적이 자기 무기에 의해 처벌되는 것, 즉 악은 자신 안에 벌을 포함한다는 것을 말하는 것이다. 하나님의 의의 관철을 시인은 확신하고 있다.

5절의 '메섹' 은 당시의 지리로서는 최북단에 있으며(창세기 10^2), 게달은 시리아의 아라비아 사막의 끝에 있으므로(창세기 25^{13}), 지리적으로 아주 멀리 떨어져 있는 곳이다. 따라서 메섹의 손님이 되며 게달의 천막에 함께 산다는 병행구는 시인이 실제로 이런 산재한 곳에 살았다고 보기는 어렵다. 그러므로 메섹, 게달은 막연히 야만 족속의 별명 또는 호전적인 족속을 대표해 말하는 것으로 보인다. '천막에 산다' 는 것은 공동의 생활을 한다는 뜻이다. 시인은 거짓과 싸움을 좋아하는 자와 함께 살아야 하는 것을 한탄한다. '산다', '머문다' 는 원문은 완료형이 쓰여지고 있기 때문에 '살았다', '머물렀다' 라고 과거로 번역할 수 있으며(A. Weiser), 이것을 가지고 1절을 과거로 취하는 근거로 삼고 있으나 꼭 그럴 필요는 없는 듯하다. 도리어 5, 6절의 완료형을 현재를 강하게 나타내는 완료형으로 취하는 것이 자연스럽다.

6절은 내용상 5절의 계속인데 이곳에서 평화라는 말이 처음 나온다. 시인은 2절 이하에서 적에 대한 하나님의 처벌을 기원하며, 거짓된 자들과 함께 살아야 하는 것을 한탄한다. 그런 뜻에서 세상에 대한 적대적 자세가 이 시인의 특색으로 보인다. 그러나 그의 진정한 소원은 평화에 있다는 것을 최후의 2절에서 알 수 있다. 시인은 '나는 진정으로 평화를 말한다'고 고백한다. 이는 그가 평화의 하나님, 의의 하나님에게 속하는 자였기 때문이다. 그러나 그의 하나님 안의 평화와 의 때문에 세상은 도리어 그를 적대하고, 그에게 중상과 싸움을 가지고 대적했던 것이다. 따라서 시인은 거짓과 싸움을 좋아하는 세상 사람으로부터, 또한 세상 그 자체로부터 구원되길 하나님께 부르짖지 않을 수 없는 것이다. 그리스도에 있는 평화와 의를 감사하는 우리도 세상에 있어서 같은 고통을 경험하지 않을 수 없다. 우리도 거짓된 세상에서 구출되어 하나님 나라에 옮겨질 날을 기구(祈求)하지 않을 수 없다. 120편 5절의 '화로다, 나는 메섹에 유하며, 게달의 장막 한편에 사는도다' 라는 곳은 영국의 정치가 Cromwell이 특히 애송한 것이라 한다.

121 편 | 나의 도움은 어디서

성전에 올라가는 순례자의 노래

1 내가 산들을 향하여 눈을 든다.
  내 도움은 어디서 올꼬.
2 내 도움은 천지를 만드신
  야훼에게서 온다.
3 그는 너의 발을 실족하지 않게 하시며,
  너를 지키는 자는 졸지도 아니하신다.
4 보라, 이스라엘을 지키시는 자는
  졸지도 않으시고 주무시지도 않으신다.
5 야훼는 너를 지키는 자,
  네 우편에 서서 덮는 그늘.
6 낮에는 해가 너를 치지 않으며
  밤에는 달이 너를 해치지 않으리.
7 야훼는 모든 재난에서 너를 지키시며,
  너의 생명을 지키신다.
8 야훼는 지금부터 영원까지
  너의 출입을 지키신다.

시인은 눈을 들어 야훼의 기지가 되는 거룩한 산을 우러러 보며(시편 87¹ 참조), 그 마음에 묻는다. '내 도움이, 내 구원이 어디서 올까' 하고. 그 때 마음은 드높은 하나님 계신 곳을 향한다. 그 곳에서 하나님을 만난다. 도우심은 산에서 나오는 것이 아니다. 경배할 것은 그것을 넘어 천지를 만드신 야훼 하나님인 것을 믿어 그로 인해 그의 마음은 야훼로 차서 희망에, 기쁨에, 확신에 충만하다. '야훼는 틀림없이 너를 지키는 자이시다. 그는 졸지도 않고 주무시지도 않는다' 라고. 그의 보호와 지도는 주야로 끊임없다고 찬미한다. 그의 마음은 의혹이 사라지고 자신과 시인(是認)으로서 견고히 믿음 위에 선다. 즉 시인의 신앙의 진보를 본다. 이 아름답고 정묘한 표현은 만고(萬古)에 한결같이 칭송을 받고 있다.

나는 지난날 완전한 파산에 떨어진 일이 있다. 그것은 재산적, 인격적, 총체적인 파산이었다. 총체적인 파산, 아주 결정적인 파탄을 당해보고, 처음으로 인생을 다시 생각하고 나의 신앙을 되돌아보게 되었다. 총체적인 파산을 당하여 급전낙하 하여 거친 들에 홀로 내동댕이쳐져, 아무데도 의지할 곳이 없이 되고 신체의 자유마저 제약되어 갈 곳도 없이 되었었다. 그러던 어느 날 이 시편을 읽는 중 어디선가 세미한 속삭임이 내 마음에 임했다. 그것은 "지금의 시련 여하를 막론하고 그래도 하나님은 사랑이시다. 사랑 그 자체이시므로 내가 인식하든 안하든 하나님은, 주님은 사랑이시다"라는 것이다. 그래서 하나님의 사랑을 가까이 느끼고, 주님의 구원을, 아니 주님 자신을 만나게 되었다. 거룩함을 만난 경험이 있다. 나의 구원이 야훼 하나님께서 올 것을 믿게 되었다. 그것은 지금 생각하니 하나님께서 눈을 하나님께만 돌리도록 만들기 위한 사랑의 채찍이었음을 이제는 알 수 있다. 재산을 지위를, 자기능력을 그리고 사람들을, 정부를 믿어서는 안 된다는 것을 바로 깨닫게 하여 주신 사랑의 채찍이었다. 이 모든 것의 도움이 끊어지고 사람의 힘으로 감당치 못할 무거운 부채의 짐에 눌렸을 때 나는 몇 번이고 이 시편 121편과 시편 23편을 읽고 위로와 안위를 받았다. 그 후 인간의 손과 능력을 뛰어 넘은 은혜와 위로의 구원이 임하였다. 도움은 사람에게서 오지 않는다. 또 자기에서 생겨나지 않는다. 오직 천지를 만드시고 내 영혼을 지키시는 하나님에게서 온다. 하나님이 나를 지켜 모든 해악에서 건져주신다. 그렇게 믿으니 마음은 평온해졌고 내 마음은 은혜로써 넘쳤으며 마음에 새 빛이 비치기 시작했다. 하나님은 내 오른편에 서 계시어 나의 그늘이 되시며 피난처가 되셨다. 그뿐이랴, 그분은 내 영혼을 소생시키며 이제부터 영원까지 내 출입을 지켜 주실 것을 믿게 되었다(데살로니가 전서 5^{23}, 신명기 28^6 참조).

이하 이 시의 내용을 살펴보기로 한다.

시편 중에는 내용이 우수한 것이 많고 우리 그리스도 신자에게 그대로 우리의 시가 되는 것이 있는데, 이 시편 121편과 23편이 그 대표적인 것이며 암송할 만한 시이다. 이 시는 그 단순한 언어구사와 순수한 신앙 때문에 우리에게 깊은 인상을 준다. 이 시에서는 신앙의 고양이라든가 고투 등 내적 긴장에 대해 말하지 않고, 도리어 평화롭고 곧은길을 흔들림 없는 신뢰와 위로가 충만한 확실성을 가지고 있다. 이 내적 견고성 중에 이 시의 힘이 있으며, 그것이 우리의 마음에 다가온다. 그 신앙사상은 단순하고 직선적이다.

먼저 불안의 물음(1절)과 신뢰의 말씀(2-8절)의 응답이라는 형식을 취하고 있으며 두 사람의 대화형식이다. 2절과 5절 사이에 어떤 고양(高揚)을 볼 수 있으며, 신뢰의 힘과 확실성이 중대하고 성장하고 있음을 볼 수 있다.

표제로 보면 순례의 노래다. 이 점으로 보아 지난 날 예루살렘에의 순례를 위한 노래로 사용된 듯하다. 그러나 시 자체에는 그러한 순례가 확실히 나타나 있지 않다. 그런데 이 대화가 누구와의 대화인가에 따라서 그 해석도 달라진다. 2절의 '내 도움'을 '네 도움'으로 하고 3절의 '너'를 '내'로 고치면 1-4절은 제사(祭司)와의 대화, 5-8절을 제사의 대답으로 궁켈은 해석하고 있다. 이렇게 개독(改讀)하는 학자가 많다. 그들은 전체를 예배문으로 본 것이다. 즉,

내가 산들을 향하여 눈을 든다.

내 도움이 어디서 올꼬.

네 도움은 천지를 만드신

야훼웨에게서 온다.

그는 내 발을 실족지 않게 하시며

나를 지키는 자로 졸지도 아니하신다.

로 된다.

그러나 2, 3절의 위와 같은 정정은 텍스트 비판상 아무 근거가 없다고 한다[41]. 바이저(A.Weiser)는 다만 2절의 '내 도움'의 '내'만을 떼어 버리고 '도움'으로 하고 있으며, 1절을 이제 여행을 떠나는 사람의 물음, 2-8절을 남은 자의 대답으로 이해하고 있다. 대체로 제사와의 대화라는 해석은 그다지 확실치 않으며 신뢰의 노래라는 요소가 더욱 강하다.

1절의 '산들을 향하여 눈을 든다'라는 것은 어떠한 뜻일까. 보통 '산은 하늘에 가깝고 하나님께 가까운 곳으로서, 그 장엄한 모습은 우리의 마음을 고양시킨다'. 이 한 구절에 시인의 하나님 신뢰의 심정이 잘 표현되어 있다고 생각된다. 우리는 이 '산을 향하여 내 눈을 든다'라는 구절을 읽을 때 가슴에 무엇인가 와 닿는 것을 느낀다. 이것이 우리 동양인의 경우 자연스러운 독법이라 하겠다. 동양인에게 있어 자연과의 융합을 생각하는 것은 자연스럽다. 그러나 원문의 의미는 그렇지도 않은 듯하다. 유럽의 많은 주해자는 시인이 예루살렘의 주위의 산들을 바라보면서 이제부터 그 산들을 넘어 고향에 돌아가야 할 시인이 그 여로에서의 험난성과 위험을 근심하면서 불안한 마음으로 이 말을 했다고 주해한다. 이 시를 예루살렘을 떠나는 사

41) 關根正雄 시편주해(下) (株)教文館 발행 121편 p188

람의 노래로 보지 않는 사람도 이 '산들' 을 하나님이 가까이 계시는 산으로 해독하고 있지 않다. 물론 이스라엘이 가나안에 들어간 후 가나안 종교의 영향으로 산상의 높은 곳에 성소를 만들고 그 산을 성스러운 장소로 생각하게 된 것은 역사적 사실이다. 그러나 구약의 하나님은 천지를 만드신 하나님이며, 시내 산에도 하늘에서 내려오신 하나님이셨다. 이 시의 경우도 구원은 산에서 오는 것이 아니고 천지를 만드신 하나님에게서 온다고 말함으로써 그 주제를 확실하게 한다. 이로써 모든 의심은 사라지고 불안했던 마음에 확고한 토대를 준다. 하나님에 대한 신뢰가 여행을 떠나는 자에게 흔들리지 않는 위로가 된다. 주목할 것은 하나님에 대한 이 신뢰가 창조자로서의 하나님의 힘에 근거를 두고 있는 것이다. 창조자의 힘을 말하는 것은 창조와 구원(축복)이 하나가 되어서 제의전승(祭儀傳承)을 이루고 있다. 즉 모든 것은 하나님의 손에서 나왔으므로 하나님은 모든 문제에 있어 도울 수 있는 힘을 가지신다. 즉 여기에 구약 성서의 창조 신앙의 특색이 분명히 나타나 있다. 이 창조주 하나님의 의지 안에 자신을 놓는 것이다. 다만 최근의 다후드의 특수한 언어학적 전제에서 '산들' 이라는 복수를 위엄(威嚴)의 복수로 해석하여 이 '산들' 을 야훼의 하늘 거처 혹은 야훼 자신을 가리킨다고 하는 견해는 주목할 만하다. 좌우간 도움은 천지를 만드신 하나님에게서 오는 것이며, 그가 만드신 자연이나 인간에게서 오지 않는다.

3절의 '너의 발을 실족지 않게 하신다' 는 것은 창조자이신 하나님이 지금도 활동하고 계신 것을 말한다. 또한 이는 하나님과의 친밀성을 말한다. '하나님이 졸지 않으신다' 고 하는 것은 가나안의 식물신과의 대조에서 말하고 있는 듯하다. 식물신은 동면하기 때문이다(열왕기상 18^{27} 참조). 시인이 이렇게 기도할 때 성서의 창조신앙에 하나의 특별한 빛을 던진다. 그것은 창조신앙이 일회적인 하나님의 성업으로써의 세계 창조로 끝나지 않는다는 것이 분명해진다. 하나님은 지금도 활동하고 계시며 항상 살아계신 것이다. 그러므로 창조는 성서가 말하는 의미로서 지금도 계속되고 있는 것이다. 항상 창조적인 하나님의 생명력은 약동하신다. 이 생명력이 현실적으로 우리의 생활에 개입하는 것을 뜻한다.

4, 5절은 3절의 되풀이이기도 하지만 이러한 되풀이는 고대에 있어서는 특히 장중(莊重)한 문체적 효과를 가지고 있었다. 이곳은 또한 이스라엘의 역사에의 전망을 내적으로 연관시키고 있는 것이다. 그 역사에 근거해서 시인은 한층 더 명확하게 신뢰의 기반을 찾아낸다. 시인은 자기 민족의 역사의 전통을 말하면서 '보라' 하고 외치고 있다. 여기에 활동하시는 살아계신 하나님을 보는 것이다. 역사라는 것은 과거의 완결이 아니고 현재에 이르기까지 의미를 가지고 개입하시는 하나님의 활동이시다. 시인 개인도 민족의 일원으로서 역사와 그 안에 살아계신 하나님과 관련 지워지는 것이다. 따라서 구제사적 전통이 그 안에 살아계신 하나님에 대한 개인의 신뢰의 원천이 된다.

시인은 인생의 모든 상황에서 하나님이 돌보아주신다는 신뢰의 확신을 얻는다. 5절에서 시인은 이 창조 신앙과 역사 신앙과의 일치를 거쳐서 이제 완전한 확신과 안심에 도달하여 자명하게까지 보이는 위로와 약속에로 집약한다. 이제까지 간구와 원망의 형식을 취하고 있던 것이 이제는 '야훼는 너를 지키는 자, 또한 그늘이다' 라고 강한 확신과 약속을 분명히 말한다. 이 최후의 비유는 아마도 태양이 작열하는 곳을 여행하는 위험을 염두에 두고 말하는 것으로 다음 절로 연결하는 고리가 되고 있다. '네 우측에 있는 너의 그늘이다' 에서 우측이란 수호자가 서는 측면을 말한다. 즉 하나님이 네 우측에 계셔 주신다는 뜻이다(시편 16^8 참조).

6절은 해나 달이 병을 일으킨다는 신화적 생각을 배경으로 하고 있다. 모든 위험 중에서 하나님은 그를 불행에서 지키시고 생명을 지키신다. 그는 '나가든 들어오든' 언제나 하나님의 보호 하에 있다. 그가 하나님과 함께 나가고 하나님께 인도되어 다시 기쁨 중에 돌아오듯이. '지금부터 영원까지'라는 장엄한 제의적 종지화음(終止和音)은 다시 한 번 넓은 전망(展望)을 연다. 이렇게 하여 창조, 역사, 영원을 포괄하는 이 시의 신관의 위대성과 함께 흔들리지 않는 힘이 커간다. 이것이 이 시를 불굴의 것으로 하고 있다.

122편 | 순례자의 노래

1 순례의 노래, 다윗의 시.
  사람들이 나에게 '드디어 야훼의 집에 들어가는구나!'
  라고 말할 때 나는 기뻤다.

2 예루살렘아, 우리들의 발이
  당신의 문 안에 서 있었다.

3 견고하게 어울려져 세워진,
  당신의 도성 예루살렘이여.

4 그 곳에 모든 지파들,
  야훼의 족속들이 올라간다.
  야훼의 이름을 찬송함은
  이스라엘의 법.

5 진정 그 곳에 심판의 왕좌가 있다.
  다윗의 집의 왕좌에 앉는 자가 있다.

6 예루살렘을 위하여 평안을 구하라,
  '당신을 사랑하는 자에게 평안 있으라.

7 네 성 안에 평화가,
  네 궁궐 안에 평안이 있으라' 라고.

8 내 형제, 내 벗들을 위하여 나 이르노라,
  '너에게 평화가 있기를'.

9 야훼의 집을 위하여, 우리 하나님을 위하여
  나는 당신의 행복을 기원한다.

이 시는 소박한 순례의 노래이다. 2절 이하의 찬미의 노래의 가락으로 예
루살렘에 호소함으로써 '시온의 노래' 라 불리는 유형의 요소(要素)가 혼재

한다.

1, 2절. 1절은 시인의 감개무량한 넘치는 기쁨을 읽을 수 있다. 구약의 율법은 1년에 세 번 성소 참배를 명하고 있다(출애굽기 23[17], 신명기 16[16]). 그러나 예루살렘이 성소의 중심이 된 왕국시대 이후 1년에 3회 예루살렘으로 상경하는 것은 먼 곳에 사는 자에게는 용이한 일이 아니었다. 여행에 여러 위험이 따랐다. 그러므로 예루살렘 순례의 일행에 끼어 예루살렘에 가까이 와서 그 성소를 쳐다보는 기쁨은 대단한 것이었다. 이곳 1절을 '야ẖ웨의 집으로 올라가자'(A.Weiser 개역, 표준새번역)라고 읽은 분이 많은데 그것보다는 '드디어 야ẖ웨의 집에 들어가는구나!' 라고(關根正雄 역) 읽는 것이 2절과의 연결이 좋다.

2절은 이제 시인들의 발이 이미 예루살렘의 문중에 서 있다는 꿈같은 기분을 잘 나타내고 있다. 시인은 스스로 체험한 순례의 기쁜 감격을 1, 2절에서 회고하고 있다.

3-5절. 높이 솟아 있는 거룩한 하나님의 성별된 땅, 그 땅을 밟는 것이 허용되었다. 그 곳에는 옛날부터 전승되는 관습에 따라서 '하나님의 안전에 나타나'(출애굽기 23[17]) '그들의 하나님의 이름을 고백하기 위하여', 하나님의 백성이 부족연합(部族聯合)의 장엄한 제의에 일치가 되어 모인 곳이다. 또한 그 곳은 하늘의 왕이신 하나님과 지상의 대리자인 왕이 법의 질서를 따라 하나님의 심판과 구원을 실천하는 곳이다. 시인은 이것들 모두를 예루살렘 찬미로서 마음에 깊이 새긴다.

6-9절. 6절 이하부터 이 시의 후반에 들어간다. 전 절의 찬미의 노래에 계속하여 축복의 기원과 인사가 이어진다. 6절과 7절은 히브리 원문에서는 같은 음이 중복되어 있어 그것으로서 문체적 효과(文體的效果)를 가지고 있다. '예루살렘'과 '평안', '평화'가 같은 어근의 말에서 이루어지고 있다. 그리고 6절 2행과 7절은 기도의 말로 해석하여 괄호에 넣었다. 여기서 '평

안', '평화'란 역어는 완전치 못하여 원어는 더욱 적극적 내용을 가지며, 넘치는 생명과 번영을 함축하고 있다고 關根 선생은 말하고 있다.[42]

8, 9절은 시인의 신앙을 제일 잘 나타내고 있다고 생각된다. 6, 7절에서 '평안', '평화', '예루살렘'이 위에서 말했듯이 언어유희가 되어 있으며, 예루살렘이란 이름에서부터 평안, 평화의 뜻이 포함되어 있으며, 더욱 거룩한 도시로서 당연히 그 곳에는 평안이 있으며 그것을 기원하는 것은 당연하다고 생각된다. 그런데 시인은 8절에서 '내 형제, 내 벗들을 위하여' 예루살렘의 평안을 기도하자고 말한다. 우리는 여기에 시인의 신앙을 볼 수 있다고 생각된다. 거룩한 도시이므로 그 도시를 위해 기도하기보다는 한 형제, 한 사람의 벗을 위하여 예루살렘이 있고 그래서 기도한다고 시인은 말한다. 예루살렘은 형제, 벗의 구원을 위해 귀중하다고 말한다. 단지 예루살렘을 위하여 예루살렘에 순례하는 것이라 말하면 그것은 이 세상의 일반 종교와 다를 바가 없다. 이것은 오늘날의 교회에도 해당된다. 고뇌하는 한 형제의 구원을 위해 교회의 집회가 필요한 것이다.

아니 시인은 한 걸음 더 나아가 말한다. 자신이 예루살렘을 위해 축복을 기원함은 반드시 형제나 벗을 위한 것만은 아니라는 것이다. 총체적으로 사람을 위해서만은 아니라는 것이다. 하나님이 현재 계시는 야훼의 집을 위하여, 또한 하나님 자신을 위해 시인은 예루살렘의 행복을 기도하지 않을 수 없다고 말한다. 하나님은 예루살렘에도 교회에도 구속되지 않는 자유의 주(主)이시다.

역사의 깊이, 전통의 무게를 충분히 알면서도 이것을 넘는 하나님을 아는 곳에 시인의 참 깊이가 있다.

---

42) 關根正雄 시편주해(下) p191

123편 | 하나님을 향하여 눈을 든다

순례자의 노래

1 내가 당신을 향하여 눈을 듭니다.
   하늘의 보좌에 앉으신 분이시여.
2 보소서, 종들의 눈이
   저희 상전들의 손을 향하듯,
   하녀의 눈이
   그 여주인의 손을 향하듯,
   우리는 눈을 우리 하나님, 야ㅎ웨께 쏟습니다.
   그가 우리를 불쌍히 여길 때까지.
3 우리를 불쌍히 여기소서, 야ㅎ웨여.
   우리를 불쌍히 보소서,
   우리가 멸시만 실컷 받았습니다.
4 거만한 자의 조롱과
   교만한 자의 멸시가 우리의 영혼에 넘쳤습니다.

　　이 짧은 시는 감동적인 우아한 비유를 중심으로 전개되고 있다. 이것은
성실하고 경건한 심정이 잘 표현된 기도이다. 시의 내용에 의하면 한 개인
이 민족의 위급을 위해 기도하며 이를 담당하고 있음을 알 수 있다. 이것은
순수하게 형식적인 측면에서 보아도 개인의 문제(1절)에서 회중의 기도의
형식(2-4절)으로 이행(移行)하고 있다. 따라서 이 시는 회중의 제의(祭儀)에
서 낭독된 듯하다. 이 시의 배경은 3, 4절에서 추론되는데, 백성은 오랫동안
거만하고 교만한 자의 멸시와 조소에 시달리고 있었던 것으로 보인다. 이
로 미루어 포수기(捕囚期) 또는 그 이후 이스라엘이 정치적으로 무력하였

던 시대인 듯하다.

본문을 읽어본다.

1절. '하늘의 보좌에 앉으신 하나님을 향하여 눈을 든다' 는 도입부의 말씀으로 시인이 하나님께 대하여 어떠한 처지에 있는가 하는 것을 알 수 있다. 그는 억압당하고 곤란한 상황에서 하늘에 계신 분께 그의 눈을 쏟는다. 그는 자신의 인간적 무력과 하나님의 힘의 비교할 수 없는 차이를 느끼고 있다.

그래서 이제 하나님만이 유일의 구원인 것을 믿고 하나님께 의뢰한다. 시인의 말에는 겸허한 인내가 있는 동시에 깊은 신뢰가 깔려 있다.

2절. 눈을 들어 멀리 하나님께 쏟는 시인의 눈초리가 마치 '종들이' 또는 '하녀가' 그 주인의 손을 쳐다보는 것과 같다고 말한다. 주인의 손에 눈을 쏟는다는 것은 좋은 것을 나누어주는 손에 눈을 쏟는다는 것인지 또는 주인의 손은 명령하고 처벌하는 때의 엄한 손이므로 주목해야한다는 것인지 알 수가 없다. 그러나 그 손이 최후에는 이스라엘에게 은혜를 베푸는 자애의 손인 것이 2절 후반절로 분명해진다. 시인은 하나님을 자비의 하나님으로 믿고 대망한다. 이 비유에서 경외심에 찬 인내와 겸손을 시인의 마음에서 읽을 수 있으며, 탁월하신 하나님의 의지와 능력에 전적으로 의존하고 있는 시인의 신앙을 읽을 수 있다.

3, 4절. 시인은 자신을 멸시하고 조소하는 자를 '거만한 자', '교만한 자'라고 부르고 많은 시편에서 쓰는 '적' 이라고는 부르지 않는다. 아마도 그들은 정치적 상황에서의 적대자는 아니고 도리어 동포 중에서 하나님을 마음에 두지 않는 자들을 말하는 듯하다. 그들은 이제 하나님의 일들은 염두에 두지 않는 혹은 공공연히 하나님을 무시하는 교만한 자들이었을 것이

다. 그들은 시인 등 신앙에 충실한 사람들을 향하여 '너희들의 하나님은 어디 있는가'라고 조소를 했을 것이다. '영혼에 넘쳤다'라는 특수한 표현은 그들의 조소의 말이 시인의 영혼에 어떤 힘을 미쳤다는 뜻인 듯하다. 신앙의 힘조차도 기진해 버릴 듯한 때에 시인은 오로지 하나님의 자비의 손이 그에게 향해질 것을 대망하여 "우리를 불쌍히 보소서"라고 기도한다. 여기에 이스라엘의 신앙의 순수한 모습을 볼 수 있다.

124 편 | 감 사

순례의 노래. 다윗의 노래

1 야_하웨께서 만일 우리 편이 아니셨다면
  - 라고 이스라엘은 말하여라.
2 야_하웨께서 만일 우리 편이 아니셨다면
  사람들이 우리를 대적하여 일어났을 때에,
3 그들은 우리에게 큰 분노를 터뜨려서,
  우리를 산 채로 집어삼켰을 것이며,
4 홍수가 우리를 뒤덮고,
  급류가 우리 목 위에 넘쳐흘렀으리라.
5 그때에 급류가 우리 목 위로 넘쳐흘렀으리라.
6 우리를 그들 이빨의 먹이로 내주시지 않으신
  야_하웨께서는 찬미 받으소서.
7 우리 생명은 사냥꾼의 그물에서 벗어난 새 같이
  벗어났도다.
  그물은 찢어지고, 우리는 풀려났다.
8 우리의 도움은
  천지를 지으신 야_하웨의 이름에 있다.

이 시는 '민족의 감사의 노래' 의 유형(類型)에 속한다. 이 노래는 있는 그
대로를 솔직하게 쓰고 있으므로 감동적이다. 이스라엘 민족이 큰 위험으로
부터 하나님에 의해서 구출된 것을 생생하게 묘사하고 있다. 백성이 어떠
한 위험에 처했던 것인지는 분명치 않다. 어떠한 특정한 한 사건의 구체적
인 내용인지, 일반적인 이스라엘 역사에 있어 되풀이 된 하나님의 여러 가

지 구제행위와 관련된 것인지 구별하기 어렵다. 따라서 이 노래의 확실한 시대 결정은 할 수 없다. 내용은 간단하며, 1-5절은 민족이 경험한 위험들을 회고하여 말하며, 6, 7절은 하나님에 의한 구원에 대한 것이며, 8절은 우리의 도움은 천지를 만드신 하나님께 있다고 고백하는 것으로 맺고 있다.

　본문을 읽어본다.

　1-5절. 1절의 '이스라엘은 말하라'는 표현은 다른 시편에도(129편) 나오는데 예배의 배경을 생각하게 한다. 1, 2절의 되풀이도 제의문적이다. 이 감사의 노래는 도입부 없이 곧바로 도우시는 하나님의 위대하심을 열정적으로 찬미하며, '사람들이 우리를 대적하여 일어났을 때에 만일 하나님의 도움이 없었다면'이라는 생생한 장면을 회상하고 있다. 이 표현은 일반적인 형식을 취하고 있으므로, 사건이 많았던 이스라엘의 역사에 있었던 여러 가지 위험을 생각할 수 있다. 따라서 이스라엘 구원사의 제의적 전승(祭儀的 傳承)에 나오는 혼돈과의 싸움 즉, 원시의 바다의 전승을 말하는 듯하다. 만일 그때에 하나님의 도움이 없었다면 민족에게 닥쳤을 구할 수 없는 파멸을 묘사하고 있다. 3절에서 시인은 대적자를, 백성을 산 채로 삼켜버리고자 하는 탐욕스러운 바다의 괴물로 비유하고, 4, 5절에서는 산간의 급류로 넘치는 물에 비유하고 있다. 그때에 하나님이 계시지 않았더라면 어떻게 되었을까 생각함으로써 하나님의 도움을 한없이 높이 평가하고 감사하는 마음으로 시인은 찬미한다.

　6, 7절. 이곳은 본래 감사의 노래인데 너무 짧게 되어 있다. 그것은 서론에 속하는 1-5절에서 이미 감사의 요소가 많이 나왔기 때문인 듯하다. 따라서 감사의 노래로서는 파격(破格)이라 말할 수 있다. 6절은 맹수의 먹이라는 비유이며 7절은 새 잡는 사냥꾼의 그물의 비유이다. 시인은 이러한 하나님의 도움의 위대함을 체험함으로써 자신의 백성을 저버리는 일이 결코 없

으며, 적의 이빨의 먹이로 넘기는 일이 없는 하나님께의 찬미와 감사의 소리가 솟아난다. 특히 새 잡는 그물의 비유에서는 이미 잡혔던 새들이 그물의 나무가 꺾여서 새들이 도망칠 수 있었다는 아슬아슬했던 구원을 환호하며 자유를 구가하는 소리가 들리는 듯하다. 백성은 이 자유가 어디서 왔는지 깨닫고 있다.

8절. 이것은 최후의 고백이며 전절(全節)의 총괄이다. 하나님께 대한 신뢰의 강력한 고백이다. 기적적인 구원을 얻은 사람들이 사람의 무력과 하나님의 전능의 능력을 마음으로부터 고백하고 찬미한 것이다.

125편 | 신 뢰

순례의 노래

1 야훼께 신뢰하는 자는 흔들리지 아니하고
   영원히 서 있네, 시온산 같이.
2 예루살렘 - 산들이 그것을 에워싸고 있다.
   그와 같이 야훼께서 그 백성을 에워싸고 계신다.
   지금부터 영원까지.
3 사악한 자의 권세가 의인의 사업(嗣業) 위에 놓이지 못하며,
   의로운 자가 죄악에다 손을 내밀지 않도록
4 야훼여, 착한 이들에게
   그 마음이 올바른 이들에게 선을 베푸소서.
5 그러나 삐뚤어진 길로 벗어난 자들,
   그들은 야훼께서 악인들과 함께 물리쳐주소서.
   이스라엘 위에 평화가 깃들기를!

이 시는 전체적으로 신뢰의 고백인데 특히 민족의 신뢰의 노래라고 할 수 있다. 여기에 기원(祈願)이 부가되고 있다(4, 5절). 특히 개인의 신앙 문제가 아니고, 민족 전체의 신앙이 위험을 만나 야훼를 믿는 회중마저 악의 압력으로 바른 길에서 벗어 날 수 있는 위험이 있는 상황이다. 이 시의 전제가 되어 있는 상황은 자세히는 알 수 없다. 그러나 용어와 사상의 특색으로 보아 포수기(捕囚期) 후의 '의로운 자'의 모임을 이 시의 배경으로 생각할 수 있다(關根正雄).

본문을 읽어본다.

1, 2절. 먼저 1절의 '야훼께 신뢰하는 자'는 '의로운 자'의 별명으로 사용되고 있다. 시인은 두 개의 비유를 가지고 하나님 신뢰를 노래하며 용기와 신뢰를 가질 것을 호소한다. 이스라엘 사람들은 오래된 신앙으로 시온산은 대지에 깊이 그 뿌리를 내리고 있다고 생각하고 있었으므로 시온산에 비유해서 영원히 흔들리지 않는 하나님에 대한 신뢰를 말하고 있다.

2절은 다윗의 도시인 예루살렘이 높은 산에 에워싸이고 있듯이 야훼 하나님은 그 백성을 안전하게 에워싼다고 노래한다. 하나님의 임재가 그 백성을 보호하며 따라서 '지금으로부터 영원히' 시온은 견고한 성이다. 그 백성을 보호하고자 하시는 하나님의 의지가 하나님께 대한 신뢰의 기반이 된다.

3절에서 '사업'은 하나님께서 분배 해주신 토지의 뜻이다. 포로(捕虜)후 현실적으로는 외국의 지배하에 있어도 가나안의 땅은 하나님의 지배하에 있다는 불굴의 신앙을 나타내고 있다. 하나님은 그 백성을 내적인 신앙 위기에서 지키고, '의로운 자들이 죄악에다 손을 내밀지 않도록' 즉 그들이 악인의 탄압 하에서 하나님 신뢰를 잃지 않도록 보호하신다.

4, 5절. 이곳은 시인의 기원(祈願)이다.

이것은 신뢰의 말씀(1-3절)과 같이 전해진 신앙을 어떻게 유지하는가 하는 우려를 나타내고 있다. 신앙에 확고히 머무는 충실한 사람들 ―시인은 착한 사람들이라 부른다― 에게 그들이 전락(轉落)의 위기와 압박에서 지켜지도록 하나님의 은혜와 보호를 기원한다.

5절의 '삐뚤어진 길로 벗어난 자들'은 의로운 자 중에서 신앙의 길에서 벗어나 하나님 앞에서 삐뚤어진 길로 유혹된 자들을 말하는 것이다. 그러한 자들은 본래 악을 행하는 자와 함께 벌 받도록 기원한다. 그들은 하나님께 대한 신뢰를 버린 자들이다. 하나님께 대한 신뢰에 머무는 자가 의인인

것이다. 5절 최후의 '이스라엘 위에 평화가 있을지어다'는 후에 부가(附加)
된 것으로 보는 학자도 있으나 도리어 이 시를 민족의 신뢰의 노래로 본다
면 이 결미는 이 시에 걸맞다고 생각된다.

126편 | 눈물로써 씨 뿌리는 자

성전에 올라가는 순례자의 노래

1 야훼가 시온의 운명을 바꾸셨을 때,
  우리들은 꿈꾸는 자 같았다.

2 그때 웃음이 우리들의 입에 가득 차고,
  기쁨의 환호성이 우리 혀에 충만했다.
  그때에 이방인들 사이에서
  '야훼께서 그들에게 큰일을 행하셨다' 고
  말하는 자가 있었다.

3 야훼께서 우리를 위하여 큰일을 하셨다.
  우리는 그것을 기뻐했다.

4 야훼여, 우리의 운명을 네겝의(남방의)
  강들처럼 바꾸어 주소서.

5 눈물을 흘리며 씨를 뿌리는 자는 기쁨의
  환호와 함께 거두어들인다.

6 그 사람은 울며 나가서 씨를 뿌리나
  단을 메고 기쁨의 환성을 울리며 돌아온다.

이 시는 유명한 시이다. 그러나 그 해석에 있어서 서로 논쟁이 되고 있다.
주된 문제는 1-3절에서 '하나님이 시온의 운명을 바꾸셨다' 고 말하고 있는
데, 4절에서 새삼스럽게 '우리의 운명을 바꾸어 주소서' 라고 소원을 말하
고 있는 점이다. 즉 이미 하나님이 시온의 운명을 바꾸어 놓으셨다면 이제
와서 다시 같은 것을 소원하는 것은 이상하다는 주장이다. 궁켈(Gungkel)
은 1-3절의 '운명을 바꾸다' 를 유대 민족의 포수로부터의 귀환이라 해석하

고, 그것이 이미 일어났다면 4절에서 같은 것을 기도한다는 것은 이상하다고 말한다. 그래서 1-3절의 히브리어 동사의 완료형을 소위 '예언적 완료(豫言的完了)'라고 해석하여 실제로는 아직 실현되지 않은 것으로 보고 4-6절에서 그 실현을 기도하고 있는 것으로 본다. 이러한 견해는 흥미로우나 1-3절의 완료(完了)를 예언적 완료라고 해석하는 것은 히브리어의 어감으로 보아 무리인 듯하다고 關根正雄 교수는 지적한다. 따라서 이미 실현된 것의 서술로 보는 것이 자연스럽다고 말한다. 즉 1-3절은 역사적 회고이고, 4절은 그 하나님의 구원에 관한 성업의 완성을 기도하는 것, 그리고 5, 6절은 탄식하는 자에 대한 위로와 격려로 보는 것이다. 따라서 1절과 4절에 같은 '운명을 바꾼다'가 있는 것은 Gunkel의 해석과는 달리 도리어 하나님의 구원과 인간의 현실 사이에 모순을 보이는 것으로써 이 시의 깊은 곳이라고 볼 수 있다.

이 시와 같은 문제가 시편 85편에 나와 있다. 85편 1-3절에서 야곱의 운명이 바뀌어졌다고 있는데 4절에서 같은 것을 기도하고 있다.

또한 '운명'이라 번역한 말을 직접 '포로민'이라 해석하여 포로민(捕虜民)의 귀환으로 보는 학자도 많다. 그러나 역시 '운명의 전환'으로 보는 것이 좋을 듯하다. A.Weiser는 전환(轉換)이란 말 안에 죄와 그 용서의 문제가 내포되어 있다고 하는데 매우 적절한 말이다. 포수로부터의 해방은 제2이사야에서 보는 바와 같이(이사야 40¹ 이하) 죄의 용서의 문제이기도 했다. 그러나 그것에 의해서 모든 문제가 해결된 것은 아니었다는 데에 이스라엘 역사의 문제가 있고, 이 시의 문제가 있는 것이다. 포로에서의 해방은 민족의 존재의 근저를 뒤흔드는 대단한 사건이었으며 사람들은 꿈꾸는 자같이 되고 참으로 기쁨이 생명의 근저에서 솟아올랐던 것이다. 1, 2절은 그 광경을 잘 그리고 있다. 시온의 운명의 전환은 '포로에서부터 해방'과 같은 뜻이다. 암울했고 억압된 시대가 지나가고 광명과 행복이 찾아 왔다는 뜻이다. 하나님의 뜻에 의해 환경이 반전되고 행복과 희망이 보장된 것이다. 그래서 이스라엘 공동체는 마치 꿈꾸는 자들 같이 환희에 차서 즐겁게 노래 부른다. 여기서 시인은 바벨론 포로에서 돌아온 것같이 환희에 찬 찬미를 하고 있다. 아마도 자신의 체험을 노래하고 있는 듯하다. 이사야 40-55장에 씌어져 있는 장면과 비슷하다. 이 사건을 사학자들은 제2의 출애굽이라 한다.

물론 신앙의 눈으로 본다면 BC 538년에 시온의 운명이 대전환되었는데도 불구하고, 현실은 여전히 곤란이 계속되고 있다. '네겝의 강'은 남방지방인 네겝 지방의 하천을 말하는 것인데 이 지방은 우기에는 물이 범람하고, 건조기에는 완전히 말라 버린다. 시인은 다시 한 번 그 하천에 물이 넘치는 것과 같은 민족의 운명의 풍요를 주실 것을 기원하는 것이다. 남방의 하천이란 불가능을 나타내고 있다. 여하튼 시인은 지난날의 하나님의 큰 은혜를 회고하면서 그 은혜의 관철을 기도드리고 있다. '네겝의 강'이란 이 새로운 전환을 비유로서 말하고 있는 것이다. 여기서 주의할 것은 시인이 지난날의 전환이 환멸적인 비애로 끝났으므로 새로운 전환을 구하고 있는 것이 아니고, 지난날의 전환에 내포된 하나님의 약속의 관철을 구하고 있다는 것이다(지금의 현실의 환멸에 불구하고). 1절과 4절에 같은 낱말이 쓰인 것이 그것을 나타낸다.

5, 6절은 탄식하는 자에 대한 위로이며, 이는 시인이 4절에서 새로운 전환을 소원하고 있는데, 아마도 그것에 대한 제사(祭司) 또는 예언자의 대답이라 생각된다. 이것은 약속을 '눈물의 씨 뿌림과 기쁨의 수확'이라는 격언 같은 비유로서 표현한 것이다. 이 비유는 씨 뿌림과 수확이 단순히 시간적인 전후 관계를 말하는 것이 아니다. 즉 고진감래와 같은 격언을 말하고 있는 것은 아니라는 것이다. 이것을 이해하기 위해서는 그 시대적 배경을 보아야 한다. 씨 뿌리는 때가 슬픔의 때라고 생각하는 것이 널리 태고로부터

의 사고방식이었으며, 이것이 여러 가지 관습에 반영되어 있음을 알 수 있다. 이집트에서는 씨 뿌리는 것을 신(神)을 매장하는 상징으로 여기고 있었다고 전해진다. 성서의 밀알의 비유에 있어, 많은 열매를 맺기 위해서는 죽지 않으면 안 된다는 비유(요한복음 12^{24})의 근저에도 같은 생각이 깔려있다. 여하튼 고대인은 살기 위해서는 한 번 죽어야 한다고 알고 있었다.

시인은 아직도 고난 중에 있는 백성을 생각하여 확고한 희망을 가질 것을 기원하며 위로하고 있는 것이다. 지금 눈물을 흘리며 씨를 뿌리고 있으나 가을이 오면 단을 메고 환호하며 돌아올 것이라고.

우리는 우리의 현대사를 통하여 이 시를 더욱 가까이, 체험적으로 느낄 수 있다. 8·15의 해방과 광복 그것은 참으로 뜻밖에 돌연히 주신 하나님의 일방적인 은혜였으며 온 겨레는 꿈꾸는 자들 같았다. 웃음과 찬미가 우리 입에 가득했다. 그때 세계는 '하나님이 그들에게 큰일을 행하셨다'고 말했다. 만세! 만세! 만만세! 우리는 소리쳤다. 그러나 하나님의 크신 약속과 은혜는 실망스럽게도 우리들의 죄악으로 말미암아 현실적으로는 해방의 혼란과 남, 북의 대립 드디어 남북 전쟁의 참상, 현재에 이르는 분단의 현실로 나타났다. 1945년 8월 15일 우리의 운명이 대전환하였는데도 불구하고 현실은 여전히 곤란의 계속이다. 아니 민족의 비극은 더욱 골이 깊어 가는 듯하다. 그러나 우리는 시편 126편의 시인과 더불어 용기와 희망을 버리지 않는다. 시인과 함께 기도하며 우리의 운명을 네겝의 강처럼 바꾸어 주소서 간구한다. 오늘도 이 나라를 성서 위에 세우도록 한걸음, 한걸음 걸어간다. 눈물 흘리며 씨를 뿌리는 자는 기쁨의 환호와 함께 거두어들일 것을 믿고.

127편 | 집을 짓는 자

성전에 올라가는 순례자의 노래, 솔로몬의 시

1 야훼가 집을 지으시는 것이 아니면
  짓는 자의 수고가 헛되며
  야훼가 성읍을 지키시는 것이 아니면
  파수꾼의 깨어 있음이 헛되다.

2 너희가 일찍 일어나고 늦게 자리에 들어도
  그것은 헛되다.
  너희는 수고의 빵을 먹을 뿐이다.
  야훼는 그의 사랑하는 자에게
  자고 있는 동안에 좋은 것을 주신다.

3 보라, 자식들은 하나님의 사업(嗣業)
  태의 열매는 그의 보상이다.

4 젊은 날의 자식들은
  용사의 손에 있는 화살과 같다

5 그 화살통을 화살로써 채운
  그 사람에게 행복 있으라.
  그는 성문에서 그의 적을 물리칠 때에
  수치를 당하는 일이 없다.[43]

이 시편은 1, 2절과 3-5절의 두 부분으로 나누어지며 문학 유형으로서는
두 부분 다 같이 지혜의 시에 속한다. 문제는 이 두 부분이 원래 관계가 없

---

43) 적이 성문에서 그와 다툴 때에도
    그는 수치를 당하는 일이 없다. - A. Weiser

는 두 시였는데 무리하게 하나로 만들어진 것인가, 또는 처음부터 어떠한 내면적인 관계가 있는 한 시였느냐 하는 문제가 있다.

A.Weiser는 이는 내용적으로 관계가 없는 두 부분인 것이 확실하다고 전자의 입장을 취하며 H. Gunkel도 같은 입장이다. 반면 關根正雄는 3-5절은 독립적인 것이 아니고, 앞쪽이 무엇인가 떨어져 나간 것 같이 보이므로 1, 2절과 어떤 연결을 찾아 낼 수 있다면 1-5절을 한 시로 보는 것이 좋다고 말한다. H.Kraus는 '집을 짓는다' 는 것을 광의(廣義)로 해석하여 가정을 새롭게 만든다는 뜻으로도 볼 수 있다고 말한다. 그러나 '집을 짓는다' 는 것은 실제로 건축에 관한 말이며 소위 가정을 만든다는 뜻으로 쓰인 예는 구약성서에 없다(關根正雄). 그러므로 Kraus의 견해를 그대로 따를 수는 없으며 새롭게 가정을 만드는 경우가 아니고 가정생활 전체를 의미한다고 본다면 이 시를 이해하는데 있어 무리 없다고 사료되므로 이 견해에 따른다고 關根선생은 말하고 있다.

좌우간 1, 2절은 인간 생활에 있어서의 하나님의 지배의 뜻을 강조하고 3-5절은 자식들이란 많은 것이 포함되는 하나님의 축복이며 시인은 그것을 찬미한다. 양편 다 확대된 '잠언' 의 형식을 취하고 있으며 아마도 그 이유에서 한 시로 만들어진 듯하다.

다시 처음부터 읽어본다.

1, 2절이 시의 제1부인데, '헛되다' 라는 낱말이 세 번 중복되고 있으며 간결하고 인상적인 구성을 이루고 있다. 이 '헛되다' 는 말의 되풀이는 실로 기분 나쁘게 느껴지며 어딘가 얻어맞은 듯한 여운을 남긴다. 그리하여 철저하게 우리의 눈을 하나님께로 이끈다. 제1부의 신앙적인 주제도 이 '헛되다' 라는 말에 걸려 있다. 그리고 최초의 두 '헛되다' 는 대단히 구체적이며, 다음의 세 번째 '헛되다' 는 추상적이며, 그 뜻의 뉘앙스에서 차이가 있

는 것에 이 시가 흥미롭다.

　이러한 의미에서도 최초의 '집을 짓다'라는 말은 구체적인 건축으로 해석하는 것이 바람직하다. 집을 지을 때 하나님이 그것을 좋게 여기시며 그것을 도와주시지 않으면 언제 폭풍이 와서 집이 쓰러지며 불이 나서 소멸될지 모른다. 그렇게 되면 목수의 수고가 수포로 되어 공허한 것이 된다. 또 성읍을 야경이 지키더라도 하나님의 가호가 없으면 언제 성읍이 전쟁과 그 외의 재화 등을 만날지 모른다. 인간의 노력이나 계획만으로는 언제나 잘못될 위험이 있다. 이러한 두 구체적인 예를 들어서 내용을 분명히 하여 가르치는 것에 '지혜문학'의 특색이 있으며 이런 점을 고려할 때 '집을 짓는다'는 것은 구체적인 건축을 의미한다고 본다. 아무튼 시인이 열심히 강조하고 있는 점은 인간의 실제 생활에 있어서 하나님의 역사하심이 갖는 결정적인 의미이다. 시인의 시선이 이 한 점에 집중해 있으며 따라서 하나님을 고려하지 않는 수고와 심려는 헛된 것이라 말하고 있다.

　그런데 2절에 들어가면 일상생활의 기반과 분리되는 것은 아니지만 1절과 비교하면 추상적인 일의 문제가 그 중심에 있으며 그 '일의 공허'라는 것이 나온다. 여기 그려져 있는 것은 팔레스틴의 농부의 생활을 배경으로 하고 있다. 그는 아침 일찍부터 밤늦게까지 밖에서 노동하며 저녁식사도 허술한 그런 생활을 하고 있다. '밤늦게 쉰다'는 것은 일을 끝마치는 때와 저녁에 잠드는 것이 늦다는 의미이다. 물론 여기서 인간의 일 그 자체가 무의미하다고 말하고 있는 것이 아니다. 하나님과 관계없이 행해지는 일은 아무래도 인간의 번뇌와 근심을 수반하며 성서적으로는 저주 아래에 있는 것이다(창세기 3[17] 이하). 그러나 인간의 일생은 대부분 일하는 데 소모되므로 일의 허무는 동시에 인생의 허무이기도 하다. 그러나 그것은 '하나님 없이'라는 조건하에 말하고 있는 것으로서 성서 전체의 중심 사상이다. 하나님과 함께 있으면서 행해지는 일은 비록 그것이 아무리 하찮고, 쓸모없는 것으로 고생이 많더라도 그것은 하나님의 축복 하에 있는 것이다.

이와 같이 이 시의 1절은 하나님의 수호 없이는 우리들은 생의 위험에 직면하며, 우리들의 노력으로써 그것을 막을 수 없는 것이며, 그러므로 하나님을 신뢰하며 생활하는 것이 제일 확실한 생활임을 가르친다. 2절에서는 총체적으로 하나님 없는 일, 하나님 없는 생활이 그 근저(根底)에 있어서 얼마나 헛되며 무의미한 것인가를 가르치고 있다. 이것은 역으로 말하면 하나님과 더불어 하는 생활의 한없는 충실과 축복을 말하는 것이다.

2절의 최후의 구절은 원문의 해석이 여러 가지이다. 우리는 A.Weiser의 것이 제일 적절한 듯하여 그것에 따랐다. 우리들 자신은 무엇이 좋은 것인지조차 참 의미에 있어서 모르고 있는 것이다. 그것을 아시는 것은 하나님이시다. 더욱이 하나님은 그것을 우리들이 자고 있는 동안에, 즉 우리가 그것을 위해 노동하는 일 없고, 배려하는 일이 없는 때에 우리에게 주신다는 것이다. 이렇게 해석한다면 이 한 구절은 1, 2절에서 지금까지 말하여 온 것을 제일 적극적이고 긍정적인 면에서 말하고 있다고 볼 수 있다. 또한 이 시는 염려에 대한 예수의 말씀(마태복음 6^{25} 이하, 누가복음 12^{22} 이하)에 구약성서로써 대응하고 있다. 양자는 같은 신앙의 기본적 태도에서 나오고 있다. 그러나 원문(原文)에는 '잠' 이라는 글자 앞에 전치사가 없는 관계로 학자에 따라 여러 해석이 나오고 있다.

3-5절은 제2부이며 가정에 있어서 많은 아이들이 주어지는 것의 축복을 말하고 있다. 자식은 사업(嗣業)이라고 말한다. 집이나 재산은 사람들이 조상에게서 물려받으나 아이들은 하나님에게서 받는 것으로 그것보다 나은 선물이라고 말한다. 사업(嗣業)은 엄밀하게는 하나님으로부터 재산으로 받은 것으로 원래 이스라엘인에게는 토지를 말했던 것이다. 따라서 여기서 아이들이 사업이라 불리우고 있는 것에 주목을 요한다. 이것은 토지의 소유 관계가 확실치 않았던 포로후(捕虜後)의 상황을 반영한 것인 듯하다. 그

런데 이 시는 지혜의 시로서 그 성립 연대의 실마리가 없다. 이렇게 말하는 것은 지혜는 어느 시대에도 통용하는 것이기 때문이다. 4절 이하의 '자식들'은 남자아이를 뜻하는데 노년이 되어 심신이 약해진 사람에게 있어 젊어서 낳은 그 자식들은 믿을 만하다고 말하고 있다. 용사의 손에 있는 화살이라는 표현은 애가(哀歌) 등에서 화살을 '전통 중의 아들'이라 노래한 것과 상통한다(애가서 3^{13} 참조). '전통에 많은 화살을 채운 사람'이란 많은 강한 자식을 얻은 사람을 말하는 것이 틀림이 없다. 5절 최후는 종래 '문에서 그 적과 말할 때'라고 읽혀졌으며, 문에 있어서의 장로들에 의한 재판을 뜻한다고 보았다. 그러나 근년에 와서는 원문의 해석을 법률상의 다툼을 말하는 것이 아니고 공격해오는 적에 대한 방어의 문제로 취하게 되었으며 현재에 와서는 '적을 밀어 붙인다'로 해석하고 있으며 이는 '아마루나' 문서의 용례(用例) 등에 의해 거의 확실시 되고 있다(關根正雄).

3-5절은 한마디로 말해 늙어서 자식들에게 의지할 수 있는 자의 행복을 말하고 있다. 그런 점에서는 대단히 인간적이고, 인생 일반에 통하는 지혜를 말하고 있는 데 불과하다. 그러나 이것을 하나님을 무시하고 믿을 수 있는 것은 자식들뿐이다 라는 엉뚱한 의미로 해석한다면 그것은 이 시의 중심적 신앙에 정반대가 된다. 자식들은 어디까지나 하나님의 사업인 것이다, 그 은사를 받은 사람은 축복된 자이다. '행복하다'로 번역한 말은 단순한 복됨을 말하는 것이 아니고 하나님의 축복을 의미한다. 그런 점에서 이 시의 제2부는 제1부와 통하며, 하나님과 함께 하는 인생, 하나님의 축복이 깃든 가정의 행복을 노래한 것이다. 이런 점에서 포수기(捕囚期) 후의 어렵고 곤란한 시대에도 하나님을 중심으로 하고 가정을 중심으로 한 이러한 건전한 생활이 유대 민족 중에 있었던 것이 이 민족의 참다운 힘이었다고 생각된다. 그리고 이것은 어떤 시대, 어떤 민족에도 해당되는 하나님으로부터의 지혜이다.

128편 | 축 복

순례의 노래

1 야^하웨를 두려워하고, 그 길을 걷는
   모든 자에게 행복 있으라.
2 네 손이 수고하여 얻은 것을 너는 먹으리라.
   행복하여라! 너, 복이 있어라! 너.
3 네 아내는 집안 깊은 곳에 있어
   풍성한 열매 맺는 포도나무 같고,
   네 아들들은 식탁 둘레에
   올리브의 어린 나무들 같다.
4 보라, 야^하웨를 경외하는 자는
   이렇듯 축복 받는다.
5 야^하웨가 시온에서 축복하시기를 빈다.
   너는 네 생애의 모든 나날
   예루살렘의 축복을 보며,
6 네 아들들의 아들들을 보리라.
   이스라엘 위에 평화가 깃들기를!

시인은 야^하웨를 경외하고 진실로 그 길을 걷는 것이 축복의 근원이라고 외치며, 하나님 경외와 노동의 귀중과 가정의 행복을 칭송하는 것으로 이 시를 시작한다. 하나님의 축복을 인정하라고 말하고 있다.

이 시는 문학유형으로 말하면 지혜의 시에 속하며, 하나님을 경외하는 자의 축복의 묘사가 다분히 교훈적이다. 하나님을 경외하는 것을 이렇게 권장하는 것은 포수기(捕囚期) 후의 특색이며, 이 시의 성립을 포수기 후로 추

정케 한다. 하나님을 두려워하는 자는 의로운 자며, 이 시는 의로운 자의 축복을 노래한 시라고 말할 수 있다.

A.Weiser는 이 시의 처음과 끝부분으로 보아, 이 시는 교단(敎團)의 예배에 쓰인 듯 하다고 말한다. 즉 제의에 있어 관습적(慣習的)인 축복에서 생겨난 시일 것이라고 한다. 특히 '이스라엘 위에 평안 있으라'는 축복의 말은 이 시가 교단의 예배에 쓰였다는 가능성을 나타낸다. 그러나 이 시는 전체적으로 '너'라는 개인에게 향해져 있으며, 따라서 이 시의 최후에 있어서 '이스라엘'에 대한 언급은 이 시가 교단(敎團)에서 예배에 쓰이게 된 후에 부가(付加)된 것으로 보는 것이 자연스럽다.

그러면 절을 따라 읽어보기로 한다.

1절. '야훼웨를 경외하고 그 길을 걷는 모든 자에게 행복 있으라'는 이 구절은 시편 제1편의 처음과 같으며, 이 '행복하여라(아슈레이)'는 어법이 제의와는 무관하며 지혜의 세계의 표현 방법이다. 지혜는 가정이나 씨족(氏族)사이에서 자손을 가르치기 위하여 대대로 전승된 것이며, 이 시의 내용도 2절 이하의 중심부에서 보듯이 가정의 문제를 중심으로 말하고 있다. 그런 점에서 이는 제127편과 공통점이 많다. 여기서 '하나님을 경외하는 자'라 하는 말은 어느 정도 정형화(定型化)한 표현인데 이 시가 제작된 시대에는 바리새적인 유대교의 경우와 같이 고정적인 것은 아니었다. 시인은 하나님을 살아게신 주님으로 알며, 그의 계명을 따라 하나님의 길을 현실로 걷는 자를 말하며, 그는 하나님의 의(義)를 안다는 의미에서 '의로운 자'이다. '그 길을 걷는다'라는 표현은 신앙이 지식의 문제가 아니고, 실천의 문제라는 것을 뜻한다.

2-4절. 2절 이하 4절까지가 이 시의 중심부이다. 2절은 외국의 지배하에 있던 포수기(捕囚期) 후에 있어서 농부는 반드시 자기 밭의 수확을 자신들이 먹을 수 있는 것이 아니었다. 그러한 시대에 독립자존(獨立自存)의 생활

을 할 수 있다는 것은 하나님의 특별한 축복인 것이다. 아니 어떠한 시대에
도 경제적인 독립을 하나님 안에서 완수한다는 것은 하나님의 특별한 은혜
이다. 특히 이 시의 배경에 있는 정치적으로 매우 곤란한 포로의 시대, 경제
적으로 독립이 사실상 불가능한 시대에 자기 손으로 수고해서 얻은 것을
먹을 수 있다는 것은 특별한 행복이었을 것이다. 그러므로 '행복하여라!
너, 복스러워라! 너' 라고 노래하고 있다. 이 표현은 아주 감동적인 호소로
서 시인의 마음을 우리말로 옮기기가 어렵다. 특히 평이한 서술문으로 번
역한 것은 원래의 뜻에서 멀다고 한다(關根正雄). 이러한 표현 속에 시가 갖
는 묘미가 있는 듯하다. 사실 평범함 생활 속에서 하나님의 축복을 경험하
는 것은 어렵다. 하지만, 하나님의 축복이 어렵고 힘든 시대와 환경 속에서
살아가는 자에게 주어지는 은혜일 것이다.(우리의 암울했던 시대를 생각해
보라).

　3절은 아주 단란한 가정의 행복을 노래하고 있다. 그러나 여기도 목가적
(牧歌的)인 가정적 행복을 노래한 것만은 아니다. 그러기에 이 절을 정치적
인 곤란한 시대를 배경으로 읽을 때에 한층 더 의미 깊다고 생각된다. '네
아내는 집안 깊은 곳에 있어 풍성한 열매 맺는 포도나무와 같다' 는 표현은
아주 현숙하고 마음이 너그러운 동양적인 현모양처를 생각하게 한다. 또
포도와 올리브는 지중해 세계의 특산물이며, 이스라엘에 있어서는 하나님
의 축복에 의한 선물로 여겨졌다. 총체적으로 식물세계를 빗대어 표현한
직유(直喩)는 당시의 독자들이 특별히 좋아했던 것 같다.
　4절은 이들 모든 것이 하나님에게서 오는 축복인 것을 말하고 있다.

　5,6절. 5절 이하는 이 시의 결미이다. 이곳에서 4절까지의 하나님의 축복
은 머리로 생각해낸 공상적, 일반적인 것이 아니고, 시온에 계시는 하나님

에게서 오는 것이라는 것을 말한다. 이러한 역사적인 구체성에 있어서 구약신앙의 강함이 있다. 이 시의 경우와 같이 일상적인 평범한 광경을 그린 시에서조차 시온과의 역사적 연결이 말하여져 있는 것에 주의를 요한다. '너는 네 생애의 모든 나날 예루살렘의 축복을 보며, 아들들의 아들들을 보리라' 라는 것도 이 시의 배경이 어렵고 힘든 시대였다는 것을 생각하게 한다. A. Weiser는 이 시의 배경을 구태여 어렵고 힘든 시대로 볼 필요가 없다고 말하고 도리어 일상생활을 배경으로 강조하고 있으나 5절은 역시 어렵고 힘든 시대로 각하는 것이 좋을 듯하다.

최후로 이 시에서 말하고 있는 것은 행복의 문제가 아니고, 하나님으로부터 오는 축복을 말하고 있는 것이다. 이 축복은 최후의 5절의 결론에서 분명히 보이듯이 하나님이 시온에서 언제나 새롭게 주시는 하나님의 자유로운 은혜인 것이다. 6절의 마지막 구는 아마도 후일의 부가일 것이다. 여기서 처음으로 '너' 에서 '이스라엘' 로 비약을 한다.

129편 | 의로우신 야ᄒ웨

성전에 올라가는 순례자의 노래

1 그들은 내가 젊었을 때부터 자주 나를 괴롭혔다,
 고 이스라엘은 말하라.
2 그들은 내가 젊었을 때부터 자주 나를 괴롭혔었다.
 그러나 그들은 나를 이겨 내지 못했다.
3 밭을 가는 자와 같이
 그들은 나의 등을 갈아서 그 위에 긴 고랑을 만들었다.
4 의로우신 야ᄒ웨는 악인의 밧줄을 끊으셨다.
5 시온을 미워하는 사람은 그 누구나
 수치를 당하고 물러간다.
6 그들은 동풍이 마르게 하는
 지붕 위의 풀같이 된다.
7 이것을 베는 자는 그 손에도 차지도 않고,
 단을 묶는 자는 품에도 차지 않는다.
8 그곳을 지나는 자는
 '야ᄒ웨의 축복이 그대들 위에 있으라' 고 말하지 않는다.
 우리들은 야ᄒ웨의 이름으로 너희를 축복한다.

 이 시는 이스라엘의 계약 공동체에 있어서의 예배문(禮拜文)의 형식을 보이고 있다. 원래는 개인의 노래였던 것인데 이것이 공동체의 예배에 쓰이게 된 후 '이스라엘은 말하라' 라는 삽입문을 넣음으로써 민족의 노래가 된 것으로 생각된다. 예로서 1절의 '나의 젊었을 때부터' 라는 표현은 원래 개인의 일생 중 젊었을 때를 의미하기 때문이다. 또한 시의 내용을 보아도 개인의 체험을 노래한 것이었는데 공동체 예배문으로 쓰이게 된 것이 거의 확실하다.

1-4절은 감사의 요소를 갖는 신뢰의 고백이며, 5-8절은 저주와 축복을 노래하며, 이 두 부분이 대조적으로 구분되고 있다.

처음부터 읽어본다.

1절의 '그들'이란 적(敵)을 말한다. 이 적이 동포 중의 '불경한 자'를 말하는가 '외국의 적'을 말하는가 하는 문제가 있는데, 이 시가 개인의 노래로 쓰일 때는 전자가 되며 4절에서 '악한 자'라는 표현 등은 동포를 뜻한다. 그러나 이 시가 민족의 노래로써 쓰이게 되는 경우 이것은 5절에서 보는 바와 같이 '시온을 미워하는 자' 곧 하나님을 미워한다는 뜻이 되므로 '외국의 적'을 나타낸다.

다음 '젊을 때부터'는 개인의 일생의 일을 민족의 역사를 비유해서 말한 것이다. 여기서는 이스라엘의 이집트에서 노예 생활의 고통을 생각하고 있는 듯하다. 3절의 밭 가는 자가 그들의 등을 갈아서 그 위에 긴 고랑을 만들었다는 것은 그들이 받은 상처가 아직 치유되지 않고 남아 있다는 뜻이다. 하나님을 믿는 자의 고통은 하나님의 구원으로 풀려나지만, 그 상처는 오래 남아 있다는 뜻이 된다. 그러나 하나님은 그 환난의 한가운데서 하나님의 의(義)를 주어서 구원하신다. 인간의 역사는 죄악의 역사이며, 따라서 고통과 고뇌의 역사이다. 그러나 하나님께서는 그 안에 한계를 그으셔서 결국은 '적'은 결코 우리를 이기지 못한다고 노래한다(4, 5절).

6절의 '동풍'은 사막 지방에서 불어오는 열풍을 말한다. '지붕 위의 풀'은 진흙을 사용한 지붕 위에 나는 풀을 의미한다. 사막지대에서 불어오는 열풍을 만나면 그 풀은 곧 시든다. 그 풀은 베어도 쓸모가 없다. 8절의 '축복'이라는 것은 추수할 때의 축복을 뜻하는 듯하다.

　마지막 절 '우리들은 야웨의 이름으로 너희를 축복한다'는 것은 이 시가 제의적으로 쓰이게 된 후에 부가된 것으로 추측되며 제사들이 말하는 것으로 된다.

130편 | 깊은 구렁에서

성전에 올라가는 순례자의 노래

1 야훼웨여, 내가 깊은 구렁 속에서
  당신을 부릅니다.

2 주여, 내 소리를 들으시며
  내 애원하는 부르짖음에 귀를 기울여 주십시오.

3 야훼웨여, 당신께서 만일 죄를 죄로 정죄하신다면
  주여, 누가 감히 설 수 있겠습니까.

4 그러나 당신께는 사유함이 있습니다.
  그것은 사람이 당신을 경외하게 하기 위해서입니다.

5 야훼웨여, 나는 대망합니다.
  나의 영혼이 대망합니다.
  당신의 말씀을 나는 기다립니다.

6 내 영혼이 주를 기다림이
  파수꾼이 아침을 기다림보다 더 간절합니다.
  파수꾼이 아침을 기다림보다 더 간절합니다.

7 이스라엘아, 야훼웨께 매달리라.
  야훼웨에게만 인자하심이 있고
  풍부한 속량이 그에게 있으므로.

8 오직, 주님만이 이스라엘을 그 모든 죄에서 속량하신다.

이 시는 고래로 시편 중의 7개의 회개의 시(6, 32, 38, 51, 102, 130, 143편)
중의 하나이며, 특히 루터의 애송시로서 알려져 있다. 그는 시편 중 최선의
것으로 제 32, 51, 130, 143편을 꼽았다고 한다. 루터와 같이 하나님 앞에서

의로 인정받기 위해 고투한 사람에게는 가장 친근한 자기의 시가 되었을 것이다.

이것은 죄의 회개의 노래이다. 다만 7, 8절은 교단(敎團)에 대해 호소하고 있으며, 따라서 이 시가 제의용(祭儀用)으로 쓰여지게 됨으로써 첨가된 것으로 본다면 이 7, 8절은 제사(祭司)에 의해 말씀된 말이라 볼 수 있다. 그러나 시인 자신이 발언한 것으로 보는 것도 내용상 가능하며 그렇게 읽는 것이 좋을 듯하다. 6절에서 끝나도 그다지 부자연스럽지 않으나 7, 8절이 마무리하는 결언으로 잘 어울린다. 그러므로 이 시의 유기적 일부로써 보는 편이 좋을 듯하다. 이와 같이 이 시는 결코 처음부터 일정한 때에 노래되는 제의용으로 제작된 것은 아니다.

1, 2절. 1절의 첫 마디가 하나님을 부르는 "야훼웨여"로 시작된다. 이 "야훼웨여"에 시인의 온 마음과 정성과 진지하고 간곡한, 더욱 절대 절명적인 온갖 것이 걸려 있다. 따라서 이것을 단순한 호칭으로 읽어 넘겨서는 안 된다. 여기 이 시 전체가 걸려 있다고 할 수 있다. 깊고 깊은 구렁에서 하늘을 향해 울려 퍼지는 그 소리는 깊은 계곡에 울려 퍼지는 무겁고 은은한 종소리 같다.

다음 '깊은 구렁'이라 번역한 원어는 '깊은 곳'인데 당시의 세계상에 있어서는 '음부'(陰府)를 가리킨다. 하늘과 땅과 음부의 삼층 세계를 당시 사람들은 생각하고 있었다. 즉 음부는 하나님에게서 가장 먼 곳, 하나님의 빛이 비치지 않는 곳, 하나님과의 교제가 끊어지는 곳이라 생각했다. 시인은 그런 곳에서 하나님을 부른다고 한다. 하나님을 부를 수 없는 곳에서 그래도 부른다는 것이다. 그 곳에 이 시인의 신앙이 선명히 나타나 있다. 우리가 살다보면 하나님이 전혀 보이지 않을 때, 하나님으로부터 버림받은 듯한 때가 있다. 진실로 어제까지 친근했으며 나의 의지요, 힘이셨던 그 분이 완전히 나를 버린 듯한 때가 있다. 그러한 때 이 시인은 바로 그 곳에서 하나님을 외치며 부른다는 것이다. 우리는 이 괴로움의 극치를 예수의 겟세마네 동산에서의 최후의 기도에서 엿볼 수 있으며, 더욱 십자가상의 예수의 모습 "엘리 엘리 라마 사박다니"라는 외침에서 볼 수 있다. 신앙은 하나님의 은혜가 넘치고 있는 곳에서가 아니고 하나님으로부터 버림받는 곳에서, 그래도 하나님을 부르고 매달리는 것이다. 이렇게 부를 때에 그 어느 순간 가장 멀리 계신 하나님이 가장 가까운 하나님이 되어 그 은혜의 기적이 생기는 것이다. 실은 이것을 위해서 기도가 있는 것이다. 2절의 '내 소리를, 애원을 들어 주소서' 라는 것은 나의 기도를 들어 달라는 것이다. 그런데 사람의 기도를 하나님이 들어 주시지 않는 듯이 보이는 것은 왜 그런가? 시인은 3절에서 이것에 대답하고 있다.

3절. 하나님이 우리 기도를 듣지 않는 듯이 보이는 것은 제3이사야의 말씀과 같이 실은 우리의 죄 때문이다. 죄와 허물이 하나님과 사람 사이를 떨어뜨려 죄가 하나님의 얼굴을 가리우고, 하나님이 들으시는 것을 방해한다 (이사야 59^{1,2}). 그러므로 사람과 하나님의 교제를 재개키 위해서는 죄가 제거되어야 한다. 그러나 이것은 사람의 마음대로 되는 문제가 아니며, 그것이 바로 죄의 큰 문제이다. 마음대로 되지 않는다. 단순한 잘못이면 이것을 고치면 된다. 그러나 죄는 하나님에 대한 사람의 부채이므로 사람이 스스로 처리할 수 없는 것이다. 바로 '하나님이 죄를 죄로서 정죄하신다면 하나님 앞에 누가 설 수 있겠습니까' 하고 고백하는 것이다. 보통은 '죄에 눈을 둔다', '죄를 지켜본다' 로 번역하고 있다. 원어는 '죄를 보존한다' 라고 하는데 이것은 '기억해 둔다' 라는 뜻이 아니고, 제의에 있어서 '죄를 죄라고 선언하고 단정한다' 는 의미라고 최근 주해자들은 말한다(그라우스). 그러나 '죄를 죄로 여긴다' 는 세키네(關根)의 번역이 더욱 명료한 듯하다. 그리고 죄는 하나님과의 관계이므로 하나님만이 단정할 수 있는 문제이다. 그런데 성서의 하나님의 한량없는 은혜는 우리를 하나님 앞에 세우기 위해 이것을 없는 것으로 여기시어 죄를 죄로 인정하시지 않는다는 것이다.

4절. 4절에서 '당신에게는 사유함이 있습니다' 라는 것은 바로 위에서 말한 것을 의미한다. 죄의 사유란 하나님이 우리들의 죄를 제거하여 하나님과의 사이의 장해물을 제거하며 하나님과의 교제가 열리는 것을 말한다. 죄의 용서란 언제나 하나님 앞에 나갈 수 있는 것과 하나님께 기도할 수 있는 것을 뜻한다. 신약에서는 그리스도의 속량에 의하여 죄의 사유가 분명하게 제시되고 있으나 구약에서는 그러한 중보자가 없다. 그럼에도 구약의 하나님은 엄한 의의 하나님일 뿐 아니라 동시에 사유의 하나님, 사랑의 하나님이시다. 적어도 이 시인은 이것을 알고 있던 것이다. 이것은 놀라운 일이다. 구약의 시인도 예언자와 같이 예수 그리스도의 아버지이신 하나님의 계시를 받은 같은 하나님의 증인인 것이다.

4절 후반 '사람이 당신을 경외하게 하기 위해서입니다' 라고 우리말 개역성경을 비롯해 신영역본 등 많은 것이 '목적의 뜻' 을 나타내는 것으로 취하고 있다. 그러나 이것은 하나님이 사람을 사유하는 것으로 자신을 경외하는 자의 수를 증가시키기 위한 것이라는 비속한 의미는 아닐 것이라는 것은 시인의 신앙 전체에서 보아 분명한 듯하다. 도리어 사랑에 있어서, 사유함에 있어서 진실로 하나님의 하나님다우심을 알고 하나님을 참으로 경외케 하기 위하여 하나님은 사유하신다는 것이다.

4절에서 죄의 용서라는 놀라운 일을 하나님께서 시인에게 계시하신 것을 보았다. 그러나 그것은 한번 계시되어 그것만으로 모두 알고 그것으로 끝나는 그런 것이 아니다. 도리어 살아계신 하나님께 고착하여 그를 대망하고, 하나님께 기도하며 그것을 통하여 새롭게 사유의 말씀을 받는 것이 되어야 한다(우리가 날마다 날마다 십자가를 우러러 새로운 생명을 받아야 함과 같다). 그것을 분명히 하는 것이 5, 6절이다.

5, 6절. 5절에서 하나님을 대망하며 말씀을 기다린다고 하는 것은 무엇을 뜻하는가? 그라우스(Kraus)는 이 '말씀' 이란 구원의 신탁(神託)을 말하는 것이라고 말한다. 제사를 통하여 그것이 수여된다는 뜻일 것이다. 시편을 제의적 배경에서 생각하는 이 견해는 타당할지 모른다. 그러나 이 시의 1-4절의 깊은 말씀들은 아무래도 시인의 영혼이 깊은 고투 중에서 발한 것으로서, 제사에 의한 구원의 고지(告知), 그 신탁이 '죄의 용서' 의 실체라고 보는 것은 맞지 않는 듯하다. 죄의 용서의 확신은 시인의 긴 고독한 고투, 기도의 싸움 중에 기적으로서 주어지는 것이다. 그것이 외부로부터 제사에 의해 신탁으로서 주어지는 것이라고는 이 시의 전체적인 흐름을 볼 때 그렇게 생각되지 않는다.

6절에서는 우리는 시인의 간절한 대망의 마음을 읽을 수 있다. 물론 이 말씀은 비유로서 그 정도로 간절하게 주님을 대망한다는 것이다. 결국 죄의 용서를 하나님의 말씀으로서 항상 새롭게 영혼에 깊이 새기기 위하여 시인은 하나님을 대망하고 그 말씀을 기다린다는 것이다.

7, 8절. 여기에는 외적으로부터의 구원은 말하는 바 없고, 죄의 속량에 대해서만 말하고 있다. '인자하심' 이라 번역한 언어는 '계약에 기인하는 사랑' 을 의미한다고 한다. 이 '인자하심' 이랄까 '긍휼하심' 이랄까 좌우간 이 말은 히브리어에 있어서 제일 깊은 의미를 가지며 이것은 다른 언어로 완전히 재현하기는 힘든 말이라 한다(참조 關根正雄 「시편주해(詩篇註解)」). 이 시에 있어 '인자하심' 이란 주(主)이신 하나님이 종에게 보이는 긍휼, 사랑을 의미한다고 한다. 주인과 종은 대등하지 않으므로 위에서부터 밑으로

의 사랑을 뜻한다. 이스라엘은 하나님이 계약에 의해서 그들을 자신의 백성으로 삼으신 것이며, 이 시인도 그 백성의 한 사람으로서 하나님의 사랑을 받고 하나님의 용서를 믿게 된 것이다. 그러므로 그는 그 하나님에게만 희망을 걸고, 하나님의 사유를 믿게 된 자신의 경험에 의해서 자신의 백성, 교단(敎團)을 향하여 권고한다. 하나님에게는 사랑이, 또한 그 사랑에서 나오는 속량이 풍부하며, 하나님은 어떠한 죄에서라도 구원해 주시는 분이므로 하나님을 대망하는 것이다. 이와 같이 이 시인이 자신의 신앙에 의해 얻은 은혜를 자신 혼자서 마음속에 간직하지 않고 그것을 가지고 교단에서 호소하며 격려하는데 이것에서 시인의 신앙의 건전함을 읽을 수 있다. 특히 시인이 최후에 이스라엘의 모든 죄로부터의 속량을 말함은 아주 특징적이다.

131 편 | 낮은 마음

다윗의 순례의 노래

1 야훼웨여, 나의 마음은 오만하지 아니하며,
  나의 눈은 교만하지 아니합니다.
  나는 거창한 것을 원치 아니하며,
  내가 미치지 못하는 것을 바라지 아니합니다.
2 오히려 나는 내 영혼을 가다듬고 가라 앉혔습니다.
  젖 뗀 아이가 어머니 품에 안겨 있듯이
  내 마음은 내 안에 조용합니다.
3 이스라엘아, 야훼웨께 의지하여라,
  이제부터 영원까지.

이 시는 별로 알려지지 않은 시다. 이 신뢰(信賴)의 시는 해맑은 경건함으로 가득 차 있으며 우리에게 친숙한 마음을 주는 시이고, 시편 중에서도 아주 아름다운 시에 속한다고 주해자들은 말하고 있다. 시인의 마음이 잔잔히 흐르는 계곡의 물위에 퍼져 가는 평화의 종소리처럼 잔잔히 흐른다.

이제 이 시는 모든 것을 하나님께 맡기고 주님의 뜻의 성취만을 기도하는 신뢰의 요소만이 전면에 나오고 있다. 더욱이 거창한 것을, 시인이 미치지 못하는 큰 것을 바라지 않는다고 강조함으로써, 우리들은 이 시인이 지난날에는 하나님께 강렬한 요구를 했었으며, 이제는 마음이 고요해져서 모든 요구를 버리고 하나님 앞에 고요히 기도하는 사람이 된 것을 상상할 수 있다.

1절. '야훼여, 나의 마음은 오만하지 아니하며…'라고 시작한 시인이 야훼 하나님을 부르는 '야훼여'라는 첫 마디는 이하에서 말하는 것이 고백의 성격을 가지고 있다는 것을 나타내고, 평화의 마음으로 평화의 하나님을 부른다.

시인은 활짝 열린 마음으로 하나님을 향하여 조용히 걸어가고 있다. 1절은 일종의 참회의 마음으로 자신을 하나님께 바치는 신뢰를 고백하고 있다. 시인이 이와 같이 숨김없이 고백하고자 하는 것은, 그가 이제 인생에 있어서 무엇이 중요하고 무엇이 중요치 않은가를 알게 되었다는 것이다. 큰 사업을 계획한다든가, 대망을 갖는다는 것에는 이제 마음이 끌리지 않는다. 그에게 있어서 이제는 완전히 신뢰의 관계에 의해서 하나님께 연결되는 것만이 가치를 갖는다. 그리고 겸손만이 이 신뢰의 전제가 되고 있다. 시인은 겸허하게 자기 자신의 원대한 계획과 자랑스러운 사상까지 단념하는 것을 배웠다고 고백한다. 그러나 그것은 단순히 체념에 의한 단념(斷念)에 그치는 것이 아니고, 자신에게 주어진 것에 감사하는 내적 평화를 말한다. 그리고 이 평형감각은 하나님과 함께 하는 영혼의 평안에 의한 것이다. 시인은 이 평화 안에 행복을 찾았다.

2절. 그러나 이것은 내적인 싸움과 고뇌 없이 얻어지는 것은 아니다. '오히려 나는 내 영혼을 가다듬고 가라앉혔습니다'라고 시인은 짧고 간단하게 그것을 암시하고 있다. 이 말의 배후에서 자신의 교만과의 싸움, 명예, 부, 세평(世評)을 얻으려고 하는 욕심과의 싸움, 죄악과의 싸움, 그리고 발랄한 청춘의 꿈과 남성적 의욕의 단념이 얼마나 어려운 것인가를 상상할 수 있다.

그리하여 드디어 그는 모든 이성보다도 높은 평안이라는 승리를 얻은 것이다. 하나님의 평안 안에 선 이제, 지난날 그의 마음을 폭풍같이 흔들었던 싸움에 대하여 태연하게 말할 수 있게 되었다. 그의 말에는 완전히 자신을 자제할 수 있는 사람의 확고함과 냉정함이 숨 쉬고 있다. 시인은 현재의 영혼의 평안한 상태를 비유로서 아름답게 표현하고 있다. 심히 울면서 어머니의 가슴을 찾는 젖먹이 아이와 같지 아니하고, 어머니의 품속에 평안히 안기는 젖 뗀 아이 같이, 그저 어머니와 함께 있다는 것에 평안과 행복을 찾듯이, 그의 영혼은 하나님 안에 평안을 얻고, 하나님과의 친밀한 교제 중에 행복을 찾아낸다. 이제 그의 마음은 안식을 얻고 하나님께 수호되고 있다는 것, 하늘의 아버지의 사랑에 끌어올려져 있다는 것을 안다. 이는 그가 구하기 전에 그에게 필요한 것을 하나님은 아시고 계심을 그는 확신하기 때문이다. 이제 시인은 자신의 소원을 충족시키기 위해서 기도하지 않고, 하나님 자신을 위하여 소원하는 사람이 되었다. 그의 생활의 중심이 변하였다. 그는 이제 하나님 안에 있는 것이며, 이미 자기 자신을 떠나고 있다. 이렇게 되어 그는 내적 평형을 얻고, 자기 자신의 소원을 하나님의 의지 하에 놓게 되었다.

3절은 원래 개인의 신뢰의 노래였던 1, 2절에, 이 노래가 교단(敎團)에서 예배문으로 쓰이게 된 후 추가된 것이라 추정된다. 특히 '지금부터 영원까지'라는 말이 예배문의 형식이기 때문에 그렇다. 또한 그 전반부가 130편 7절의 처음과 완전히 같은 것도 이 주장을 뒷받침한다. 그러나 3절을 2절에 계속되는 결미로 보아도 전혀 부자연스럽지 않다. 여하튼 3절 전반은 이스라엘의 고통스러웠던 상황을 생각하게 하므로 일반적으로 이 시는 포수기(捕囚期) 후에 성립된 것으로 보고 있다. 3절은 이스라엘에 대하여 하나님을 믿고, 하나님을 대망하라는 예배문의 정식적(正式的)인 말씀으로 이 시를 맺고 있다.

132편 | 성전 봉헌

순례의 노래

1 야하웨여, 다윗에 대하여
  그 모든 노고를 상기하소서.

2 그는 야하웨를 향하여 맹세하고,
  야곱의 장사(壯士)께 서약을 하였다.

3 나는 내 집 장막에 들지 않으며,
  내 침상에 오르지 않으리라,

4 내 눈에 잠을 주지 않으며,
  내 눈썹에 졸음도 허락하지 않으리라,

5 내가 야하웨를 위하여 한 자리를,
  야곱의 장사를 위하여 거처를 찾을 때까지'

6 보라, 우리는 에브라다에서 그것에 대해 듣고
  야알의 들에서 그것을 찾았다.

7 우리 그분 거처로 들어가
  그분의 발판 앞에 엎드리세.

8 야하웨여, 일어나시어 당신의 안식처에 드소서.
  당신께서, 당신 권능의 궤와 함께.

9 당신의 사제(司祭)들은 정의로 옷 입고,
  당신께 충실한 이들은 환호하게 하소서.

10 당신의 종 다윗을 보시어
   기름부음 받은 사람을 물리치지 마소서.

11 야하웨께서 다윗에게 진실을 가지고 맹세하셨으니
   그것을 어기는 일은 없다.
   나는 네 몸의 소생을 네 왕좌에 앉히리라.

12 네 아들들이 내 계약을 그리고

　내가 그들에게 가르친 법을 지킨다면

　그들의 아들들도 영원히 네 왕좌에 앉으리라'

13 정녕 야ㅎ웨께서 시온을 택하시고

　당신 처소를 원하셨다.

14 이는 길이길이 내 휴식처,

　내가 이를 원했으니 나는 여기서 지내리라.

15 내가 그 식량을 풍부히 축복하고,

　가난한 자들을 빵으로 배불리리라.

16 그 사제들을 내가 구원으로 옷 입히고,

　성도들은 즐거운 환성을 올리리라.

17 그곳에서 나는 다윗을 위하여 한 뿔이 돋아나게 하고,

　나의 기름부음 받은 자에게 등불을 갖추어 주리라.

18 내가 그의 적들에게는 수치로 옷 입히고,

　그러나 그의 위에는 왕관이 빛나리라.

　　이스라엘의 이러한 고대 제의양식은 우리의 사고방식과 생활양식에 부합되는 것이 아니므로 이러한 제의관련 시는 우리에게 어렵다. 따라서 여러 학자들의 해설을 이해해 보고자 하는 노력에 그칠 수밖에 없다.

　　A.Weiser는 이 독특한 시는 예루살렘에 있어서의 성전봉헌의 제의의 일부라고 말한다. 그것은 거룩한 언약궤에 대한 언급이 있는 것(7, 8절), 또 중재(10절)와 약속(17, 18절)은 왕에 관계되는 것이므로 이 시는 포로전의 것으로 생각된다. 이 최후의 사실에서, 또한 12절과 15절에서 왕의 즉위식(卽位式)과 연결된 성전봉헌은 가을에 행해진 야ㅎ웨의 계약제의 일부인 것을

알 수 있다. 이것은 아마도 오래된 전승에 근거를 가진다. 이 시가 묘사하는 의식은 물론 초시간적인 것인데, 그 전승의 기본적 요소는 솔로몬 시대에 되었다고 추정된다. 개개의 표현형식은 역사의 흐름과 더불어 변화했을 것이지만.

절을 따라 본문을 읽어본다.

1-5절. 예배식문(禮拜式文)으로 되어 있는 이곳은 다윗이 야ㅎ웨를 위하여 그 거처를 발견할 때까지 겪은 노고(勞苦)를 상기해 주시라는 기원으로 시작된다. 사무엘하 6, 7, 24장에 쓰여 있는 사건들은 이미 알고 있다는 것을 전제로 하고 있는 듯하다. 야ㅎ웨를 분명히 '야곱의 강한 자'라고 부르고 있는 것은, 후에 북왕국이 된 부족에게 전래되는 조상들의 하나님에 대한 원래의 전승과 예루살렘에 있어서의 언약궤의 야ㅎ웨 제의와의 융합을 시사한다. 그러나 이 융합이 마찰 없이 실현되었다고는 생각할 수 없다. 이러한 견지에서 정치적 영역뿐 아니라, 제의적 영역에서도 다윗은 야ㅎ웨를 위하여 고생하고, 공적을 쌓은 것이다. 그 노고가 제의 중에서, 제의 참석자들에게 현재화되고 있는 것과 똑같이, 그 하나님 안전에 지금 기억되도록 바라는 기도문이다.

6절은 계약의 궤가 옛날에 에브라다 즉 시로(사무엘상 1¹)에, 최후에는 야알의 들에 놓였던 것을 정리해서 말하는 것이다. 야알의 들은 즉 기럇여아림(사무엘상 7¹ 이하, 사무엘하 6² 이하)을 말한다. 이곳으로부터 다윗에 의해 언약궤는 예루살렘으로 옮겨졌다. 회중은 지난날의 사건이 제의에 있어서 재연되는 것을 대단히 생생하게 그대로 느껴서, 자기 자신이 마치 눈으로 보고, 귀로 들은 증인과 같이 생각하여, 과거의 사건을 현실적인 현재의 사건으로서 함께 체험한다. 이것은 제의에 뿌리를 가지는 구약 성서의 역사의식의 본질적인 특징이며, 역사적인 간격을 뛰어넘어 극복하는 점에서 현대적인 역사의식과 근본적으로 다르다.

7, 8절. 성전에서 성전봉헌의 말씀을 낭송하면서 성스러운 궤 앞에 예배하자고 자신에게 요청하여 참배한다. 야훼는 이 거룩한 궤위에 회중에게 나타나는 것이라 한다. 따라서 그것을 '하나님의 발판'이라 부른다.

8절은 오래된 계약 궤에 있어서의 고정화한 예배문인 듯하다.

9, 10절. 그리하여 처음 부분과 같이, 그곳에 임석(臨席)하는 왕을 위한 특별한 중재가 행해지며, 그것으로서 극적인 권능과 긴장이 충만한 제의 장면이 끝난다.

11, 12절. 이 긴장은 제2부에서 사제 또는 제의 예언자(祭儀預言者)의 기도에 대한 하나님의 대답으로서 다음과 같이 말씀하신다. 하나님 말씀의 계시에 의해서 해명된다. 하나님은 다윗에게 서약한 약속(사무엘하 7장 참조)을 새로이 보증하신다. 왕이 '계약과 증거'를, 즉 고백과 복종에 있어서의 진실을 지킨다면, 하나님 편에서도 그 계약을 지키신다. 구체적으로는 계약갱신의 성스러운 행위가 여기서 말씀되고 있는 것이다. 이것은 구약성서 전체를 통하여 백성의 역사의 기초이며, 규범이며, 왕국도 이것에 의해서 판단되는 것이다.

13, 14절. 그러나 이 하나님의 계약의 궁극적 기반은 인간의 진실이나 복종에 있는 것이 아니고, 하나님의 선택에 있는 것이다. 이것은 하나님의 측량할 수 없는 은혜 안에 그 이유를 가지고 있다. 하나님의 선택을 통하여 처음으로 전승은 그 정당성을 얻는 것이다. 하나님은 어디에 나타나시며, 어디에 구원을 계시하시는가를 스스로 결정하시는 하나님의 자유한 은혜의 의지를 가지고 계신다.

15-18절. 그러므로 제의(祭儀)의 기술적인 절차나 또는 성스러운 전통에 기인하는 '구원의 보증'은 존재치 않는다. 하나님 자신이 자유로운 의지에

서 주신 약속이 처음으로 구원의 확실성을 가져오고, 땅의 축복(15절)과 경건한 사람의 회중에게 내적 행복(16절)을 보증한다. 왕국의 능력과 존재도 - 17절의 두 비유가 이것을 가리킨다 - 적에 대한 왕의 승리도, 그 지배의 번영도 지상의 지배자가 하늘의 왕으로부터 배수(拜受)하는 하나님의 선물인 것이다.

133편 | 가족의 일치

다윗의 시, 순례의 노래

1 보라, 형제가 화합하여 함께 사는 것이
  얼마나 아름답고 좋은 일인가.
2 머리에 부어진 귀한 향유가 수염에 흐르고,
  아론의 수염이 옷깃까지 흘러 내려감 같고,
3 시온의 산들에 내리는 헬몬의 이슬 같도다.
  왜냐하면 바로 그곳에 야훼는 영원히 축복과
  생명을 분부하셨다.

이 시는 인생의 한 면에 대한 지혜의 시다. 도입부는 이집트의 고대 지혜
문학에 병행하는 것이 있다고 한다. 이 시의 의도는 옛 좋은 습관이 사라져
가는 시대에 그것을 보존하고자 하는 것에 있는 듯하다. 그것은 대가족에
있어서 '형제가 함께 산다'는 관습이며 고대에는 많은 민족 사이에 널리 행
해진 생활양식이었다. 이러한 대가족 중에 사는 관습은 사울시대에는 확실
히 일반적이었으나 그 후 신명기시대에 와서는 벌써 일반적이지는 않았다
한다.

20세기의 사회상이 극도의 핵가족화로 가족의 단위가 거의 부부중심이
된 세대에서는 이 시와 같은 사상은 찾을 길이 없다. 다만 이제는 형제가 의
좋게 서로 존중하며 이해관계를 초월하여 주 안에서 화목하는 것이 최상인
듯하다.

1절. 시인은 곧바로 생생하게 호소를 함으로 '형제가 의좋게 함께 사는
것이 아름답고 선하다'고 우리의 주의와 참여를 환기하고자 한다. 이것은

이치에 반하는 것이 아니다. 그의 마음의 눈은 가족의 바른 의미와 전체를 위한 서로의 협력을 강조하는 가족의 높은 이상을 향하게 한다. 여기서 '형제'라는 말은 직접으로는 종교적인 의미는 아니고 민족적인 동포도 아니며, 육친의 형제로 보는 것이 자연스럽다. 부친의 사망 후 형제가 다투지 않고 사이좋게 함께 화합하여 사는 것의 아름다움을 노래한 것이다.

2, 3절. 시인은 먼저 이 이상적인 조화된 아름다움과 부드러움을 생생하게 우리에게 보여 우리의 흥미를 자아낸다. 2, 3절은 비유이며 이 비유는 동양인의 취미에서 비롯된다. 머리에서 턱수염까지 천천히 흘러내리는 값 비싼 향유는 이스라엘 사람뿐 아니라 고대의 이집트인, 희랍인들에게도 특별히 아름답고 굉장한 것으로 여겨져 왔다. 또한 길게 내려진 수염은 남성의 아름다움과 위엄을 나타내는 표상이며 오늘날도 그렇다. 아론의 수염은 제사(祭司)의 율법에 의하면(레위기 21⁵) 잘라서는 안 되는 것으로 되어 있으며 그것이 옷깃까지 내려 흐르는 모습은 구약사람들에게는 아주 바람직한 모습이었다고 생각된다.

3절의 비유는 자연의 영역에서 취한다. 시인은 아마도 무더운, 작열하는 태양에 의해 열기를 품은 시온의 산들이 풍부한 저녁 이슬에 의해 생기를 되찾고 신선한 색채로서 빛나는 소생된 아름다움과 인생의 기쁨을 우리에게 주는 그런 여름 아침을 생각하고 있는 듯하다. 특히 '헤르몬의 이슬'이란 표현은 헤르몬산에는 특별히 이슬이 많이 내리는 관계로 격언화한 것같다. 이때에 헤르몬산(팔레스타인의 북부산악)과 예루살렘간의 지리적 거리 때문에 문제가 있으나 '헤르몬의 이슬'을 정형화(定型化)한 말로 본다면 별 문제가 없다는 주해자들의 견해다(關根 주해).

이 세 개의 다른 비유에 있어 공통된 특징은 아름다움과 부드러움을 생생하게 표현한데 있다. 특히 시인이 세 비유에서 모두 '요레드'라는 같은 표현을 의도적으로 쓰고 있는 것을 간과해서는 안 된다. 이는 '내려간다' 는 뜻이다. 향유가 '내려 흐르고', 수염이 옷깃까지 '내려 흐르고', 헬몬의 이슬이 예루살렘의 산악까지 '내려 흐른다' 는 뜻이다. 이것은 특히 하나님의 축복이 함께 사는 형제 집단에 내려 흐른다는 것을 암시하기 위한 듯하다. 이들 비유는 전체적인 내용에서 보아도 하나님의 은혜를 표현하는 데 최적인 듯하다. 아름다움을 말하는 점은 시의 처음 부분의 형제 우애를 나타내며, 내려 흐른다는 표현은 시의 매듭에 있어 하나님의 은혜를 잘 표현하고 있다.

이 시에서 우리는 이스라엘 민족의 종교적 위대함을 엿볼 수 있는 듯하다. 우리의 격언에도 가화만사성(家和萬事成)이라는 것이 있다. 그 때의 화합은 인간 개인의 노력을 뜻하는데 시인은 그것을 넘어 하나님 앞에서의 화합, 일치를 노래하고 그 곳에 하나님의 축복과 영생을 명하신다고 한다. 즉 하나님과 동행하는 형제 자매간에 성립된 에클레시아에 흘러내리는 하나님의 축복을 노래한 것이다.

134편 | 축 복

순례의 노래

1 보라, 모든 야하웨의 종들아 야하웨를 송축하여라,
  밤에도 야하웨의 집에 서 있는 자들아.
2 너희 손을 성소를 향해 들어올리고,
  야하웨를 송축하여라.
3 하늘과 땅을 만드신 야하웨께서
  시온으로부터 너희를 축복하여 주시기를.

이 시는 성전에 올라가는 순례자의 노래(120-134편)중 최후의 것이다. 이 것은 이 시를 해석하는 데 관계된다. 3절을 제사(祭司)의 말이라고 보는 데 는 문제가 없으나 1, 2절의 말을 제사가 말한 것으로 보는 견해와 그곳에 모 인 신도들이 제사를 향해 말한 것으로 보는 견해가 있다. 이점에서 이 노래 가 순례자의 노래의 마지막이라는 것은 그 시사하는 바가 크다. 3절을 신도 가 예루살렘을 떠날 때에 제사들에 의한 이별의 축복 말씀이라고 해석한다 면 1, 2절은 그것에 대하여 신도가 제사를 향해서 하는 말씀이라 보는 것이 좋을 듯하다.

그리고 1절의 '야하웨의 종'은 꼭 제사를 가리킨다고 볼 필요는 없으나 위 에서 말한 바와 같이 제사로 해석하는 것이 자연스럽다. 결국 1, 2절이 신도 가 제사를 향해서 한 말이고, 3절이 제사가 신도를 향해서 말한 축복의 말 이 된다. 문학 유형으로서는 짧은 교독문 형체의 예배문이다.

본문을 읽어본다.

'모든 야훼의 종들아 야훼를 송축하여라' 고 나오는데, 똑같이 2절 끝도 '송축하라' 로 되어 있다. 3절에서는 '축복하라' 는 말이 나온다. 그런데 이 두 번역어의 원어는 완전히 동일한 말로서 '바라크' 다. 즉 '송축하라', '찬양하라' 가 동일한 말이다. 이 동사를 예배자가 사용할 때는 '찬양하여라' 이지만, 야훼 하나님이 사용하실 때는 '강복하다', '복을 준다' 가 된다. '시온' 은 지상에 있는 하나님의 거처가 된다. 따라서 주를 찬양하는 자들에게 시온에서 복을 주신다.

'축복' 이란 하나님이 갖고 계신 생명이며 은혜이다. 그리고 제사는 그것을 하나님에게 받아서 이것을 신도들에게 전달하는 것이다. 3절은 그러한 뜻이다. 시온은 예루살렘의 별명이며 축복은 하나님이 현재하시는 예루살렘에서 온다고 생각하는 것이 구약에서는 자연스럽다. 그런데 이 시에서는 제사(祭司)가 축복을 주기 전에 신도인 일반민중이 먼저 제사를 향하여 '야훼를 송축하여라' (1절)고 외친다. 이것은 무엇을 말하는가, 즉 제사가 타인에게 축복을 수여하기 전에 먼저 제사 자신이 그 축복을 받지 않으면 안된다는 의미이다. 제사는 하나님의 축복을 받고나서 비로소 백성을 축복할 수 있다. 이 축복은 하나님의 축복의 반영이며, 제사는 백성과 하나님 사이에 서는 자이다. 이 점에서는 예언자와 같은 입장이다.

그리고 '하나님을 송축한다', '하나님을 찬미한다' 라는 것은 하나님의 축복의 반영이라는 점에서 그 뜻이 깊다. 제사는 하나님의 축복을 받았을 경우에만 하나님을 찬미할 수 있다. 우리들도 자신의 힘으로 하나님을 찬송할 수는 없다. 하나님의 은혜를 받고서 비로소 참으로 하나님을 찬미하게 된다.

여기서 한마디 더할 것은 '하나님을 송축하여라(찬미하여라)' 라고 촉구하는 것은 찬미의 노래의 중요한 형식이지만 이 본문에서는 '찬미한다' 는 말 대신에 '축복' 이라는 무거운 용어가 쓰이고, 우리가 통상으로 쓰는 '찬양한다' (할렐루야)라는 말을 사용하지 않은 점에 주의를 요한다.

또한 1절의 '보라' 라는 말은 제사들에게 촉구하는 신도들의 절실한 마음을 잘 나타낸다고 학자들은 말한다.

135 편 | 찬 미

1 할렐루야

　야하웨의 이름을 찬양하여라. 야하웨의 종들이여 찬양하여라.

2 야하웨의 집에 서있는 이들,

　우리 하나님의 집 앞뜰에 서 있는 자들아.

3 야하웨를 찬양하여라. 진실로 야하웨는 은혜 깊으시도다.

　그 이름에 찬미의 노래 부르라, 실로 그것은 아름답다.

4 야하웨는 야곱을 선택하시고, 이스라엘을 그 소유로 하셨다.

5 진정 나는 아노라, 야하웨께서 위대하심을,

　우리 주님께서 모든 신들보다 뛰어나심을.

6 야하웨는 뜻하시는 것이면 무엇이든 다 하시는 분이시다.

　하늘에서도 땅에서도, 바다에서도 모든 깊은 심연에서도.

7 그는 땅 끝에서 구름을 일으키시고, 번개로 비를 만드시고

　바람을 그 창고에서 끌어내신다.

8 이집트에서 태어난 맏이를 사람에서 짐승까지 치시고,

9 바로와 그 모든 종들에게 표적과 기사를 보냈다.

10 수많은 민족들을 치시고 막강한 왕들을 죽이셨다.

11 아모리의 왕 시혼과 바산의 왕 옥, 그리고 가나안의 모든 왕들을.

12 그들의 땅을 유산으로 주시어,

　이스라엘 백성에게 사업(嗣業)으로서 주셨다.

13 야하웨여, 당신의 이름은 영원히 계속되며,

　야하웨여, 당신의 기억은 대대에 전해질 것입니다.

14 야하웨께서 그 백성을 심판하시고, 그 종들을 불쌍히 여기신다.

15 민족들의 우상은 은과 금으로 사람의 손이 만들어 낸 것들.

16 입이 있어도 말을 못하고 눈이 있어도 보지 못한다.

17 귀가 있어도 듣지 못하고 그 입에는 숨도 없다.

18 그것들을 만든 자들,

　　모두 그것들에 의지하는 자들은 그것들과 같게 될 것이다.

19 이스라엘의 집이여, 야ʰ웨를 찬미하여라.

　　아론의 집이여, 야ʰ웨를 찬미하여라.

20 레위의 집이여, 야ʰ웨를 찬미하여라.

　　야ʰ웨를 경외하는 이들이여, 야하웨를 찬미하여라.

21 예루살렘에 거처하는 분,

　　야ʰ웨께서는 찬미를 받아 주십시오, 시온에서.

　　할렐루야.

이 시는 찬미의 노래이다. 1-4절은 도입부로써 하나님 찬미가 되풀이되고 있다. 5-18절은 이 시의 중심부이며, 이 중심부의 5-7절은 창조를 찬미하며, 8-12절은 민족의 출애굽 및 가나안 토지의 취득을 역사적으로 회고하고 있다. 13, 14절은 찬미의 노래의 간주(間奏)이며, 15-18절은 우상의 문제를 다루고 있다. 19-21절은 결미(結尾)로써 다시 하나님 찬미로 맺고 있다.

이 시는 제2성전에 있어서의 예배와 관련이 있으며 이를 전제로 하고 있는 듯하다. 이 예배에의 참가자는 제사(祭司)와 일반 신도를 들 수 있다(1, 2, 19, 20절 참조). 2절의 성전의 앞뜰에 서있는 자가 일반 신도들이며, 또한 19절의 '이스라엘의 집'이 이에 해당된다. 20절의 '야하웨를 두려워하는 자'는 아마도 포수기(捕囚期) 후의 개종자(改宗者)일 것이다. '야하웨의 종들', '아론의 집', '레위의 집'은 제사를 말한다. 이 시는 다른 시편 또는 예언자의 예언과 비슷하게 쓰인 부분이 많아서 일종의 인용문의 편집물 같은 감을 면할 수 없다.

처음부터 다시 읽어보기로 한다.

1절 이하의 '찬양하여라'라고 번역한 말은 전에 시편에서 보았던 '찬미하라'(축복하여라)와는 다른 내용의 것으로, 단순히 사람들이 하나님을 찬미하는 경우에 많이 쓰인다(關根正雄). 서론의 끝인 4절의 '선택'의 경우는 5절 이하 중심부의 초점이 역시 하나님의 구제사에 있음을 보여주고 있다. 그러나 이 중심부에서 그것과 나란히 하나님의 창조가 찬미되고 있는 것은 중요하다. 성서의 신앙은 구원만이 아니라, 창조자이신 하나님을 언제나 전제로 한 구원에 기초를 두기 때문이다. 구원만의 신앙은 신비주의에 빠지는 경향이 있다.

6절의 '바다', '심연'에 대한 언급은 원시의 혼돈(混沌)과 하나님의 싸움이라는 신화를 배경으로 하고 있다.

11절의 '시혼', '옥'은 민수기 21장 21절과 21장 33절 이하 등을 참조 바란다. 14절에 '심판'과 '연민'이 동시에 나오는 것은 대단히 구약적이며 성서적이라 할 수 있다. 즉 심판에 있어서 하나님의 의가 나타나는 것은 하나님의 사랑이시며 긍휼인 것이다.

15절에서 우상에 대해 언급하고 있는데 이것은 제2이사야의 영향이라 생각할 수 있다. 이것은 이 시의 제작 연대와 관계된다.

21절의 '시온에서'는 원문에는 '시온으로부터'이지만 Gunkel의 주장을 따른 것이다.

136편 | 영원히 지속되는 하나님의 은혜

1 감사하여라 야훼께, 그는 은혜 깊으시며,
  그 자애로우심은 영원히 지속된다.

2 감사를 신(神)들의 신(神)께 드리어라,
  그 자애로우심은 영원히 지속된다.

3 감사를 주(主)의 주(主)께 드리어라,
  그 자애로우심은 영원히 지속된다.

4 홀로 큰 기사(奇事)를 일으키신 분께 감사하여라,
  그 자애로우심은 영원히 지속된다.

5 지혜로써 하늘을 만드신 분께 감사하여라,
  그 자애로우심은 영원히 지속된다.

6 땅을 물위에 펴셨다,
  그 자애로우심은 영원히 지속된다.

7 큰 빛을 지으셨다,
  그 자애로우심은 영원히 지속된다.

8 낮을 주관(主管)케 하기 위해 해를 만드셨다,
  그 자애로우심은 영원히 지속된다.

9 밤을 주관(主管)케 하기 위해 달과 별을 지으셨다,
  그 자애로우심은 영원히 지속된다.

10 이집트의 맏아들을 치셨다,
   그 자애로우심은 영원히 지속된다.

11 그들 중에서 이스라엘을 인도해내셨다,
   그 자애로우심은 영원히 지속된다.

12 힘센 손과 내뻗친 팔로,
   그 자애로우심은 영원히 지속된다.

13 갈대 바다를 둘로 가르셨다,

　그 자애로우심은 영원히 지속된다.

14 이스라엘로 그 가운데를 통과케 하셨다,

　그 자애로우심은 영원히 지속된다.

15 바로와 그 군대를 홍해 속에 처넣으셨다,

　그 자애로우심은 영원히 지속된다.

16 황야 가운데서 그 백성을 인도하셨다,

　그 자애로우심은 영원히 지속된다.

17 대왕들을 치셨다,

　그 자애로우심은 영원히 지속된다.

18 또 강한 왕들을 멸하셨다,

　그 자애로우심은 영원히 지속된다.

19 아모리의 왕 시혼을 죽였다,

　그 자애로우심은 영원히 지속된다.

20 바산의 왕 옥을 죽였다,

　그 자애로우심은 영원히 지속된다.

21 이들의 땅을 소유로서 주셨다,

　그 자애로우심은 영원히 지속된다.

22 그 종 이스라엘에게 소유로 주셨다,

　그 자애로우심은 영원히 지속된다.

23 우리가 비천할 때에 우리를 기억하셨다,

　그 자애로우심은 영원히 지속된다.

24 우리들의 적에게서 우리를 구출해 내셨다,

　그 자애로우심은 영원히 지속된다.

25 모든 육신에게 빵을 주신,
　　그 자애로우심은 영원히 지속된다.
26 감사를 하늘의 하나님께 드리어라,
　　그 자애로우심은 영원히 지속된다.

　후기 유대교의 전승에 의하면 이 시는 대 할렐루야라고 불리우고 있다.
이 찬미의 예배문은 각 절의 처음 반절은 제사에 의해 불리우고 후반은 모
두 '그 자애로우심은 영원히 지속된다'로 되어 있는데 이 부분은 회중(會
衆)에 의해 교창(交唱)된 듯하다.

　찬미의 노래에는 구절을 묶음(누구(累句))으로써 감사의 노래의 옛 문구
를 쓰고 있으며, 전체로서 감사의 노래라고 할 수도 있다.

　하나님의 본성은 사랑이시다. 그는 본래부터 은혜가 깊으시다. 그러므로
하나님은 하나님으로써 감사를 드려야 할 분이시다. 사랑이신 하나님은 그
자신으로서 찬송 받으실 분이시다. 신들 위에 서 계신, 홀로 신의 존칭을 받
기에 족하신 분, 그 자애로우심은 영원히 끊기는 일이 없다. 전능하시고, 전
지(全智), 전자(全慈)하시며, 자애(慈愛) 그 자체이시다. 그리고 자애에 있어
초월하시기에 그는 뭇 신(神)보다 존귀하시다. 그 자애로우심은 영원히 지
속된다. 우주의 전권을 잡으신 그 분은 무한한 자애를 간직하신 분, 하나님
은 실로 그러한 분이시다. 그분만이 홀로 대 기적을 행하신다. 그는 우주와
그 가운데 있는 만물을 창조하셨다. 능력이 크신 하나님은 또한 그 자애 영
원하시다. 그는 두려워할 분이기 보다는 오히려 사랑해야 할 분이시다. 우
주를 창조하신 그는 그 마음에 아버지의 사랑을 간직하고 계신다(4절). 지
혜로써 하늘을 만드셨다. 법칙대로 천체를 배치하시고, 법에 따라 이를 회

전시키신다. 무수한 별을 만드셨다.

'온 하늘은 하나님의 영광을 나타내고, 천공은 그 손으로 하신 일을 보인다'

그렇다, 더 깊이 이것을 해석한다면, '온 하늘은 하나님의 자애를 나타내고, 천공은 그 사랑을 보인다'

그 자애는 영원히 계속된다. 사랑은 지식의 앞뒤에 진치고 있다.

하늘을 만드셨다.—그는 사랑이시다.

해를 만드셨다.—그는 사랑이시다.

달과 별을 만드셨다.—그는 사랑이시다.

해를 처다보고, 달을 바라볼 때 그의 자애가 영원히 끊기는 일 없음을 아는 것이다(9절). 하나님은 사랑이시다, 감사하라(1-3절). 그 사랑은 우주만물에 나타나 있다(4-9절), 또 역사에 있어서 보여진다(10-18절). 이집트의 완강(頑强)을 꺾기 위해, 그들이 가장 사랑하는 장자를 치셨다(10절). 그리하여 이스라엘을 이집트에서 인도해 내셨다(11절). 옷감을 자르듯 홍해의 물을 가르고(13절) 이스라엘로 하여금 그 가운데를 통과하게 하셨다(14절). 그 뒤를 추격하는 바로와 그 군대를 바다 속에 묻어 버렸다(15절). 40년간 그 백성을 황야 가운데서 인도하셨다(17절). 그들의 앞길을 가로막으려는 큰 왕들을 치시고(17절), 강한 왕들을 멸하셨다(18, 19, 20절). 이러한 일들을 생각할 때, 여호와의 은혜 넘침을 알 수 있다. 선민의 역사는 은혜의 인도로 말미암았다는 것을 안다. 영원토록 끊임없는 자애가 그들을 거룩하게 하여 그들을 하나님의 백성이 되게 하였다. 하나님은 그들에게 가나안을 그들의 소유로 주셨다(22절). '우리들이 비천할 때에...' 이것은 시인이 이스라엘을 대표하여 말한 말일 것이다. 또한 시인 자신의 체험으로 보는 것이 더욱 적당할 듯하다. 민족의 역사를 돌아 볼 때, 또한 시인이 자신의 생애를 회고할 때에 하나님은 우리를 늘 기억해 주셨음을 알 수 있다. 참으로 그 자애로우심은 영원토록 계속된다(23절). 하나님께 사랑 받는 자에게 적은 많다(24절). 그러나 하나님께서는 우리를 적에게서 구출해 내셨다. 참으로 그 은혜 헤아릴 수 없이 많다. 그러므로 감사를 하늘에 계시는 하나님께 드리도록 하여라(26절). 여호와는 처음부터 사랑이시고 나중 또한 사랑이시다. 그 목적은 사랑이시고 그 수단 또한 사랑이시다. 그 자애는 영원토록 끊기는 일 없다(26절). 이 시의 전편을 대별하면 다음과 같이 말할 수 있다.

하나님은 사랑이시다(1-3절).
우주만물은 하나님이 사랑이심을 보인다(4-9절).
역사는 하나님이 사랑이심을 보인다(10-18절).
시인의 체험은 하나님이 사랑이심을 보인다(23, 24, 26절).
하나님은 사랑이시다. 그의 인자(자애)는 영원토록 끊기는 일 없으시다
(內村鑑三).

137 편 | 바빌론 강가에서

1 내 의(義)의 하나님이여,

　바빌론의 강가

　그 곳에서 우리들은 앉아서 울었다,

　시온을 생각하면서.

2 우리들은 거기 버드나무에

　우리의 거문고를 걸어 두었다.

3 그것은 우리를 포로로 잡아 옮긴 자가

　우리들에게 그 곳에서 노래를 구하고,

　우리들을 괴롭힌 자가 즐거움을 구했기 때문이다,

　'우리를 위하여 시온의 노래를 하나 부르라' 고.

4 어찌 우리가 이방의 땅에서

　야훼의 노래를 부를 수 있겠는가.

5 예루살렘이여! 만일 내가 당신을 잊는다면

　내 오른손이 시들어도 좋으리.

6 만일 내가 당신을 기억하지 않는다면

　내 혀가 입천장에 붙어버려라,

　예루살렘을 내 모든 것 위에 놓지 않는다면.

7 야훼여, 에돔의 자손들이 예루살렘의 날에

　한 일들을 기억하여 주소서,

　그들은 말했다, '허물어라, 허물어라 그 토대까지' 라고.

8 바벨의 딸아, 너 파괴자여.

　행복하여라, 네가 우리에게 끼친 행실을

　너에게 되갚는 이!

9 행복하여라, 네 어린 것들을 붙잡아

바위에다 메어치는 이!

이 시가 누구의 작품인지 알 길이 없다. 다만 시적(詩的)으로 강력하고 감성적인 이 시는 기원전 587년의 느브갓네살의 예루살렘 정복과 파괴의 괴로운 나날을 경험하고 바빌론에 포로된 사람들의 고난과 수난을 그 곳에서 체험한 사람의 시라는 것은 확실하다.

시인은 바빌론에서의 슬펐던 때를 절실히 회상하면서 이 시를 읊어 나간다. 바빌로니아의 권력자들이 시인과 그의 동포의 가장 신성한 종교적 감정을 거만한 경멸로써 상처 입힌 것을 생각할 때 그는 다시 한 번 격렬한 감정에 사로잡힌다. 그리하여 격노에 몸을 맡긴다(A. Weiser - 포로 살이에서 풀려나 조국에 돌아간 사람을 상상).

1절과 3절에 '그 곳에서'라는 말이 되풀이 되어 나오는 것으로 보아 시인이 지금은 바빌론에 없는 것을 알 수 있다. 또 예루살렘에 대한 격렬한 동경은 시인이 조국에 돌아간 사람이 아니라는 것을 상상케 한다. 조국을 떠나 아직 이국땅에 있으면서 바빌론에 있어서의 경험을 회고하면서 부른 노래인 듯하다.

그러면 처음부터 다시 읽어 보기로 한다.

1절. '우리들은 바빌론의 강가에서 시온을 생각하며 울었다'고 시인은 포로의 땅, 이교도의 땅에 있어서의 말없는 슬픔을 시적으로 표현한다. 시인은 동포와 함께 고향에서 멀리 떨어져 바빌론의 강가에 앉아 고향 시온을 몹시 그리워하여 눈물을 흘리며 고통 중에 있던 일을 회상한다. 그들을 괴롭혔던 것은 망향에 대한 아픔만은 아니었다. 아마도 하나님이 그들을 떠나가셨다는 생각일 것이다. 이전에는 그들은 성전에서 하나님의 임재를 확신하고 있었는데 지금은 그런 것이 불가능하게 된 것이다.

1절의 '바빌론의 강가'에서 '강가'라는 말은 원어에서 복수로 되어 있으며 운하를 말하는 듯하다. 1, 2절은 매우 서정적(敍情的)인 곳이다.

2, 3절. 그러나 그들은 이 슬픔에 홀로 젖어드는 것조차 못하게 된다. 그들은 목소리를 낮추어 탄식하고, 그들의 거문고를 버드나무에 건다. 그들을 괴롭히는 자들의 발이 가까이 왔기 때문이다. 힘을 과시하기 위하여 잔혹하게 냉소하면서 그들에게 시온의 노래를 부르도록 요청하는 것이다. 여기서 '우리를 포로로 잡아 옮긴 자', '우리를 괴롭힌 자'라는 것은 물론 바빌로니아인을 가리킨다.

4절. 포로(捕虜)의 백성이 바빌로니아인의 요구에 응하여 시온의 노래를 부를 수 없는 이유는 무엇일까. 시온의 노래라는 것은 예루살렘 내지 그 성전에 대한 이스라엘인의 찬미와 기쁨을 부른 노래이다. 4절의 '야훼의 노래'라는 것은 궁극적으로는 예루살렘 찬미이기보다는 그곳에 계시는 야훼에 대한 찬미였다. 이 노래를 이교의 땅에서 부를 수 없다고 말하는 것은 신성한 노래를 바빌로니아인이 단순히 자기들의 즐거움을 위해서 요구했다는 것이 첫째 이유일 것이다. 그리고 이 거절은 '거룩한 것은 개에게 던져 주지 않는다'는 뜻에서였을 것이다. 시온의 노래는 하나님을 찬미하기 위한 것이다. 산란한 마음으로 하나님을 찬미하는 것은 거짓이며, 위선이다.

5, 6절. 그러나 문제는 이것으로 끝나지 않는 듯하다. 도리어 5절 이하와의 관련에서 본다면 시인의 심정은 보다 복잡했을 것으로 생각된다. 이렇게 말하는 것은 시온의 노래는 시온의 찬미이며 시온에 대한 기쁨을 노래한 것이다. 그런데 포로로 있는 이스라엘인은 지금 그 찬미와 기쁨을 직접 가지고 있지 않다는 것이다. 하나님의 구원은 예루살렘의 멸망과 포로로 인하여 한번 단절된 것이다. 시인들이 서 있는 곳은 그러한 상황 하에 있

는 것이다. 시온의 노래를 예루살렘을 멸망시키고 자기들을 포로로서 잡아온 당사자인 바빌로니아인이 요구함에 시인의 마음은 이 역사의 단절(斷絶), 자신들에 대한 하나님의 심판을 생각하지 않을 수 없었다. 이 하나님의 심판을 다시 한 번 상기하여 '예루살렘'이란 문제를 새롭게 생각한 것이 5절 이후의 새로운 문제제기로 된 듯하다.

5절에서 돌연히 지금까지의 '우리들'에 대하여 '내'가 나온다. 따라서 작가의 개인적인 문제에 집중되어 온 것을 알 수 있다. '내 오른손이 시들어도 좋다' '내 혀가 입천장에 붙어 버려라'(6절)라고 말하는 것은 자신은 한시도 예루살렘을 잊은 일이 없다는 단언이다. 시인은 예루살렘을 자신의 모든 것 위에 놓으며 예루살렘이 최고의 기쁨이라 고백한다. 아름다운 비유이다. 3, 4절에서 예루살렘에 대한 하나님의 심판을 깊이 자각한 시인이 여기서 예루살렘에 대한 충정을 토로한 그 속에 우리들은 시인의 신앙을 보고 있다. 그것은 하나님의 심판을 거친 후에도 아직 예루살렘에 대한 하나님의 약속을 굳게 믿고 있는 시인의 태도 안에 다음 세대에 재차 예루살렘을 중심으로 한 새로운 유대교단이 시작된 근저를 보기 때문이다. 또한 시인은 심판의 깊은 속에 하나님의 약속, 하나님의 구원을 고집하고 있는 것을 알 수 있다. 이는 십자가의 신앙에 통하는 성서 신앙인 것이다.

7-9절. 7절 이하는 구약신앙의 이러한 강렬한 면을 보여주는 한편, 그 한계가 있는 것을 잘 나타내고 있다. 우리들은 그것을 그대로 긍정할 수 없다. 7절의 '예루살렘의 날'이란 예루살렘이 멸망한 날을 말하며, 그 때에 동족이었던 에돔인이 갈대아 편에 붙어 어부지리를 얻고자 했던 일에 대한 복수심을 말한다. 바빌로니아인에 대한 증오와 함께 에돔인에 대한 증오가 9절까지 계속된다. 물론 여기에는 하나님의 적에 대한 증오가 밑바닥에 깔려 있으며 단순한 인간적 증오로만 볼 수는 없다. 그러나 신약의 신앙에서 말한다면 비판 받아야할 일면이 있는 것은 부인할 수 없다.

138편 I 찬 미

다윗의 노래

1 나는 마음을 다하여 당신을 찬미하며,
  신들 앞에서 당신께 찬미노래 부릅니다.

2 당신의 거룩한 성전을 향하여 엎드려
  당신의 이름을 찬송합니다.
  당신은 그 이름을 여러 하늘보다 높이셨습니다.

3 내가 부르짖던 날에 내게 응답하시고,
  당신은 나의 영혼에 새로운 힘을 주셨습니다.

4 땅의 모든 왕들이 당신을 찬미합니다.
  그들이 당신의 말씀을 들었기 때문입니다.

5 그들은 야훼의 길을 찬송하나이다.
  야훼의 영광이 크기 때문입니다.

6 주께서는 높이 계시온데 비천한 이를 굽어보시고,
  교만한 자를 멀리서도 알아보십니다.

7 그리고 내가 비록 공경 속을 걸을 때에도 나를 살리시어,
  원수들의 분노를 대항하여 당신의 손을 뻗치시고
  옳은 손으로써 나를 구출하십니다.

8 야훼는 나를 위하여 이것을 이루시었습니다.
  야훼여, 당신의 자애는 영원하십니다.
  당신의 손이 행하시는 것을 멈추지 마소서.

이 시는 감사의 노래로서 시인이 성전의 건물을 바라보면서(2절), 성소
(聖所)에서 낭송된 것이다. 그리고 시인의 기도가 청허(聽許)된 것에 대한

감사와 그의 고양(高揚)된 찬미가 울려 퍼지고 있다(4-6절). 이것은 시인이 제의(祭儀)를 통하여 체험한 신앙을 고백한 것으로 이해된다. 그는 제의를 통한 신앙 체험에 의해 그의 기도가 하나님께 청허(聽許)되었다는 확신을 얻었으며, 따라서 하나님의 구원의 현실(現實)에 참여한 것이다. 그는 자신과 하나님의 만남의 체험을 한없이 높이 생각하며, 이를 통하여 구원의 확신을 얻고 찬미하고 있다. 그리고 시인이 백성의 지도자 또는 왕 자신일 것이라고 말하는 주해자도 있으나, 이 시의 4절 만으로서는 분명치 않다. 6절에 의하면 도리어 회중(會衆)의 한 사람인 듯하다.

따라서 이 시의 제작 연대를 결정하기는 어려울 듯하다.

1, 2절은 도입부로서 시인이 감사의 노래를 하나님께 바치는 상황을 내적, 외적 면에서 말하고 있다. 그는 성전의 앞뜰에서 성소를 바라보고 있는 듯하다. 그곳에서 그는 부복하여 하나님의 이름을 찬미하며 고백하고 있다. 즉 하나님께 진실을 고백하며 찬송한다. '부복'과 '하나님에 대한 고백'은 예배의 기본적 요소이다.

1절의 후반에서 '신들 앞에'라는 것에 대해서는 여러 가지 해석이 있다. 다윗 이후 야훼웨는 '지극히 높으신 하나님'이 되시고, 가나안의 신들의 위에 서신다는 배경이 있다. 다음 그리스어 역(譯)에서는 '신들'은 '천사'로 되어 있다. 셋째로 4절과의 관련 등에서 이 시를 제2이사야의 영향 하에서 만들어진 것으로 보아 여러 백성의 신들의 의미로 본다. 이 셋째 해석이 이 시의 전체로 보아 좋을 듯하다.

시인은 하나님께서 성소에 나타나시어 '그 이름'과 '은혜'와 '진실'을 보이시고, 하나님 현현(顯現)에 접하여 찬미하고 있다(2절). 시인은 회중과 더불어 성전에서 이에 참여하며, 하나님이 현존하는 앞에서 기도가 청허되어 구원이 주어짐을(7절) 확신하게 된다. 기도가 하나님께 받아들여지고 구원이 확신 하다는 개인의 체험을 통하여 그것은 일반적인 구원의 승인에 머무르지 않고, 이를 훨씬 넘어서 하나님의 이름을 하늘보다 높이셨다고 찬송한다.

3절은 시인이 하나님께 부르짖던 날에 내게 응답하시고, 더욱 큰 은혜로서 자신의 영혼에 새로운 활력을 부어 주신다고 찬송한다.

4-7절은 땅의 모든 왕들이 하나님의 말씀을 듣기 때문에 당신을 찬미한다고 시인은 말한다. 이 말은 종말론적으로, 메시아적으로 또는 모든 한계를 타파한 시인의 고양한 찬미의 표현으로 이해된다. 또한 이들 문장은 하나님의 영광(카-보-드)이 그 말씀과 행동에 있어서 나타난다는 것이다.

하나님께서는 지극히 높이 계시며 땅위의 뭇 왕들의 찬송 중에 계신데도 불구하고 낮고 낮은 비천한 나를 굽어보시고 구원의 손을 뻗으시어 원수들의 분노 중에서 구원해 주심을 찬송한다.

8절은 자신의 구원을 찬미하며, 하나님의 현현에 접하여 구원의 문제를 전세계로 확대하여 전 세계 구원으로 승화시킨다.

그리하여 이는 하나님의 영광의 계시임을 찬미한다.

시인은 하나님이여, 당신의 자애와 진실은 영원하시며 이는 한없이 계속된다고 찬송함으로 시를 맺는다.

139편 | 창조자의 전지(全知)와 편재(遍在)

　　그리스도 교회의 많은 찬송가에서 우리는 이 시의 큰 영향을 볼 수 있다. 이 시는 하나님의 편재(遍在), 전지, 전능이라는 개념을 고전적 방법으로 증거하고 있기 때문이다. 이 시의 구약성서적인 특색은 하나님에 대하여 신학적 사유(思惟)의 냉랭한 개념을 전개하는 것이 아니고, 하나님의 현실(現實)을 개인적 체험으로써 이야기를 전개하고 있는 점이다. 시인은 그의 생명전체가 하나님의 현실 안에 놓여있음을 본다. 그는 자신의 생각을 찬미와 기도의 독자적인 혼합형식을 가지고 표현하고 있다(A. Weiser). 시인은 추상적, 철학적인 전개를 하지 않고, 하나님 측에서 정하신 자신의 존재를 보며 생각함으로써 그의 말에 생생한 신선미를 우리들에게 준다.

　　내용의 단락을 보면 1-6절은 하나님의 전지(全知)에 관해 말한다. 7-12절은 하나님의 편재에 관하여, 13-16절은 하나님의 전능에 관해 말한다. 17, 18절은 하나님의 본질에 대한 내성(內省)이다. 인간이 하나님의 위대를 진실로 안다는 것은 불가능하다고 고백함으로써 마치고 있다. 19-22절은 하나님 없는 자를 멸하여 주소서 하고 소원한다. 23, 24절은 이 시를 맺는말로서 하나님의 시험과 인도를 노래하고 있다.

　　처음부터 읽어본다.

성가대의 지휘자에게, 다윗의 노래

1-6절. 하나님의 전지

1　야훼웨여, 당신은 나를 살피시고
　　나를 속속들이 아십니다.
2　당신께서는 내가 앉는 것도,

서는 것도 아시며,

멀리서도 내 생각을 알아차리십니다.

3 나의 걸음도 앉음(휴식)도 당신께선 헤아리시고,

나의 모든 길들을 잘 아시고 계십니다.

4 정녕, 내 혀의 한 마디까지도

야ㅎ웨여, 당신은 그것을 확실히 아십니다.

5 당신은 앞과 뒤에서 나를 에워싸고

내 위에 당신 손을 얹으십니다.

6 이러한 지식은 나에게는 너무 놀랍고

너무 높아서 파악할 수가 없습니다.

찬미의 기도로서 시작되는 시의 외형이 이미 시인의 마음 상태를 잘 나타내고 있다. 그것은 하나님의 측량할 수 없는 위대에 접하여 경외(敬畏)와 놀라움으로 시인은 하나님 신뢰를 노래하고 있다. 시인이 인생을 돌이켜볼 때 하나님의 살피시는 시선을 발견한다. 그 하나님의 눈빛 앞에 시인은 서며, 지금도 서 있다. 그가 어느 곳에 눈을 돌려도, 서 있어도 또는 가도, 앉아도 모든 곳에서 끊임없이 돌보시는 하나님의 예리한 시선을 만난다. 말하기 전에 그 말을 알며, 멀리서도 시인의 생각을 간파하신다. 시인은 이제 자신이 이미 자기 자신만의 것이 아니며, 인생은 모든 곳에서 그를 하나님의 현실과 결합시키는, 보이지 않는 굴레에 의해 묶여졌음을 발견한다. 모든 측면에서 하나님에게 포위되어 있으며 하나님의 무거운 손을 자신 위에 느낀다(5절).

6절에서 시인은 하나님의 지혜와 놀라운 숭고 앞에 경악을 표시한다. 하나님의 이러한 전혀 다른 현실의 불가사의를 인간은 알 수 없다고 고백한다. 그런데 인간 측에서는 하나님의 본질을 알 수 없는데도 불구하고, 하나님은 인간의 모든 것을 알고 계시다는 모순 속에 인간은 놓인다고 고백하지 않을 수 없다. 그러나 인간이 인생의 여러 가지 정황 속에서 하나님과 부딪치며, 되풀이하여 하나님을 의식할 때에 이러한 모순을 기반으로 해서 처음으로 진실한 신앙이 가능케 되는 것이다.

7-12절. 하나님의 편재

7 당신의 영을 피하여 어디로 가겠습니까?
　　당신의 얼굴을 피하여 어디로 달아나겠습니까?
8 내가 하늘에 올라가도 거기에 당신이 계시고,
　　음부에 잠자리를 펴도 당신은 거기에 계십니다.
9 내가 새벽의 날개를 달아
　　바다 맨 끝에 자리잡는다 해도,
10 거기에서도 당신 손이 나를 붙잡고,
　　당신의 오른손이 나를 포박합니다.
11 '어둠이 나를 뒤덮고,
　　내 주위의 빛이 밤이 되어라' 하고
　　내가 말해도
12 당신 앞에서는 어둠도 어둡지 않고
　　밤도 낮과 같이 밝습니다.

시인은 자신을 에워싸는 하나님의 현존을 체험한 것을 기반으로 해서 하나님의 편재를 생각한다. 시인이 여기서 깊이 숙고하는 것도 자신의 실존에 관계되는 하나님을 향한 구체적인 사고형식이다. '당신의 영을 피하여어디로 갈 수 있습니까' 라고 묻는 것 자체가 자신의 하나님 체험이 어떻게그의 생각을 규정하고 있는가를 표시하고 있다. 하나님의 현재에 대한 가공할 위압적인 인상이 너무나 강하므로 그는 하나님으로부터 도망치고자한다. 그는 하나님의 위대 앞에 두려워 떠는 인간이며, 이는 인간 본래의 반응이다. 시인은 하나님의 현실에서 도망칠 궁리를 하나, 그것이 있을 수 없는 일인 것이 분명해진다. 하나님은 영(靈)이시며(7절), 그러므로 장소에 의해 구속되지 않는다. 하늘 저 높은 곳에서도, 지하의 가장 깊은 곳에서도,새벽노을의 날개를 타고 바다 끝에 간다 해도 도처에서 하나님은 그를 붙잡고 체포하신다. 즉 하나님을 저편에 돌리고서 인간에게는 안전이 없다.그뿐이랴 만일 시인이 밤을 불러 어두움을 치고, 모습을 감춘다 해도 하나님께는 투시할 수 없는 암흑이란 존재치 않는다(11, 12절). 모든 것을 관통하시는 하나님의 현실 앞에 모든 인간적 가능성은 소멸된다.

이리하여 최대의 사고의 비약을 하여도 하나님의 힘의 한계에 달할 수는없고, 하나님의 본질을 규명하는 것은 불가능하다.

13-16절. 하나님의 전능

13 진정, 당신께서 내 신장을 만드시고
   내 어미 뱃속에서 나를 엮으셨습니다.
14 당신을 찬송하나이다, 내가 경이롭게 지어졌음을.
   당신의 일들은 경이로울 뿐,
   내 영혼이 이를 잘 압니다.

15 내가 은밀한 곳에서 지음을 받고
땅의 깊은 곳에서 기이하게 지음을 받았을 때에,
나의 뼈가 당신께 숨겨진 것은 없었습니다.
16 당신의 눈은 나의 생애를 내다보시며,
그것은 모두 당신 책에 쓰여졌습니다.
나의 나날은 내가 보기도 전에 형태가 만들어졌습니다.

하나님에게서 떠나고자 하는 시도가 실패한 후에, 시인은 반대로 창조신앙에 의해 하나님에게 인격적으로 접근하는 길을 걷는다. 이것은 부정에서 긍정으로의 길이다. 인간은 창조신앙에 있어서 모든 것을 포괄하는 전지의 하나님의 현실에 대하여 적극적인 관계를 갖게 된다. 그 이유는 모든 인간 존재는 자신의 것이 아니고, 전적으로 하나님의 것이라는 것이 창조신앙에서는 분명해지기 때문이다. 하나님은 처음부터 우리를 아시는 분일 뿐 아니라, 스스로 작용하시는 주인이시며, 제작자이시다. 동시에 인간에 대한 하나님의 활동에 눈을 돌릴 때에 하나님의 본질에 접근할 수 있다. 성서가 말하는 신앙문제는 곧 이스라엘의 구원의 역사이며 넓은 의미의 그들의 현실의 문제이고, 그것은 인생의 실제적 사실을 근거로 한다. 시인에게 있어서도 창조자의 전능 안에 하나님의 편재와 전지를 이해하는 열쇠가 있다. 하나님이 모든 것을 만드셨기 때문에 하나님은 모든 것을 아시는 것이다. 시인은 자신의 신체로서 체험한 창조신앙에 의해 하나님께 뛰어든다. 그가 '당신은 어미의 태내에서 나를 엮었나이다'라고 놀라운 비유로서 표현하듯이 자기 자신이 하나님의 기적 중에 넣어져 있는 것을 볼 때에 하나님을 찬미하게 된다. 경이로움에 찬미로서 하나님의 전능을 고백한다. 그것은 경외(敬畏)와 신뢰가 하나가 된 태도이다. 시인은 진실로 하나님의 피조물로서 창조자에 대한 무한한 거리를 느끼고 두려운 생각으로 하나님의 숭고한 신비 앞에 하나님을 찬송하며 고백할 수 있게 된다. 그러나 그는 하나님과의 격절(隔絶)만을 보는 것은 아니다. 그 자신의 존재가 창조라는 하나님의 기적 안에 엮어져 있다는 인식이 그를 하나님 가까이로 인도한다. 그의 생명은 하나님의 수중에 있고, 인생의 첫날부터 하나님 안에 숨겨져 있음을 알게 된다.

시의 처음(7-12절)에서 시인의 마음은 공포에 지배되고 있었으나 15, 16절에서 보면 이러한 공포는 사라지고 신뢰의 마음이 우세하게 된다. 신뢰하는 경우에도 숨어계신 하나님이 대상이다. 인간을 음밀한 곳에서 만드시고, '땅의 깊은 곳에서 지음을 받았을 때'에 하나님은 그곳에 계셨다. 그에게 있어 탄생은 하나님의 비밀 중에 싸여 있다. 그러나 그의 인생의 시작이 하나님의 밝은 빛 아래서 알려졌을 뿐 아니라, 그의 인생의 모든 날이 '생명의 책'에 쓰여 있다고 고백한다. 곧 그가 탄생하기 전에 하나님의 의지에 의해 정해져 있다(여기서 우리는 예정사상을 읽을 수 있다). 이러한 사상은 하나님 앞에서 인생의 현실을 총체적으로 내다보는 것을 가능케 하며, 그런 의미로서 인간의 생이 하나님 안에 숨겨져 있다고 표현한다. 신앙은 하나님의 비밀 안에 쫓기어 들어갈 수 없으며 또한 쫓기어 들어가고자 하지 않는다. 신앙은 외경과 신뢰를 가지고 그 앞에 부복하고, 하나님이 모습을 감추실 때에도 '예'로서 대답한다. 숨으신 하나님 안에 그의 생명의 원천인 힘을, 그의 인생을 결정하는 유일한 능력을 인정하는 것이다.

17 하나님이여, 당신의 생각이 내게 어찌

그리 보배로우신지요,

18 그것을 내가 세어 보자 하니
모래보다 많습니다.
내가 끝이다 생각할 때에도
당신은 여전히 나와 함께 있습니다.

그러므로 시인은 다시 침묵하고 하나님의 한량없는 위대와 셀 수 없는 무한 앞에 두려움과 놀라움을 가지고 선다. 만일 죽을힘을 다해서 그것을 세고자 해도 하나님에 대해서는 끝이 없다. 내가 이제 끝이다 자각할 때에도 하나님은 거기 계시어 새로운 처음과 같다.

19-22절. 하나님 없는 자(악인)를 멸하시길 원하는 소원

19 하나님이여, 정녕 당신이 악인을 죽이시옵소서.
피흘린 자들은 내게서 물러가라.

20 그들은 악의를 가지고 당신의 일을 말하며,
당신의 이름을 모독하고 남용(濫用)하는 자들입니다.

21 야ᄒᆞ웨여, 내가 당신을 미워하는 자를 미워하며,
당신께 거역하는 자를 내가 업신여기지 않을 수 있겠습니까?

22 내가 더할 수 없는 미움으로 그들을 미워하고,
그들을 나의 적으로 합니다.

우리들의 감각으로서는 좀 당돌하게 느껴지지만 여기서 하나님 없는 자들을 멸하도록 원하는 소원과 그들에 대한 증오의 표현이 계속된다. 이는 심판의 사상이 이스라엘의 제의전승(祭儀傳承)중에 뿌리를 내리고 있는 데에서 유래되는 듯하다. 또한 시인은 하나님의 전능을 믿고 있는데 무신론자, 악인의 존재는 그에게 있어 어려운 수수께끼였던 것도 사실일 것이다. 따라서 그들이 멸망됨으로써 실제로 해결되는 것으로 믿었던 것이다. 단순한 인간적 증오나 복수심에서가 아니고, 공동체 중의 나쁜 분자를 제거한다는 뜻에서 이러한 특이한 소원을 한 듯하다. 그러나 동기가 여하튼 우리 신약에 사는 입장에서는 구약의 한계를 이곳에서 본다. 시인은 구약성서의 전통의 틀 안에 머물고 있는 것이다. 만일 시인이 악인의 존재 안에 하나님의 한량없는 수수께끼를 보고 그 앞에 침묵하고 '우리 생각은 당신의 생각과 다르다'는 인식에 도달했더라면 다른 태도를 취했을 것이다. 또한 하나님께서 그들에게도 비를 내리시며 살려두시는 사실 중에 하나님의 관용과 긍휼을 볼 수 있었다면 달라졌을 것이다. 하나님의 은혜는 그 위대성과 같이 모든 인간의 척도를 넘고 있는 것이다. 예수의 십자가 위에서 나타내신 긍휼의 길은 아직 시인에게는 보이지 않았다.

23, 24절. 인도를 기원하다

23 하나님이여, 나를 살펴보시어 내 마음을 알아주소서,
   나를 실험하시어 내 생각을 알아주소서.
24 내가 악으로 향하지나 않는지 나를 살펴보아 주소서.
   그리하여 나를 영원한 길로 인도하소서.

시의 맺는 부분의 기도를 보면 시인은 자신의 한계를 느끼고 있는 듯이 보인다. 시인은 자신이 불완전하다는 인상에서 벗어나지 못한다. 그가 자신을 죄 없다고 생각하지 않으며, 하나님의 인도를 기도하고 있다. 하나님의 전지 안에 시인은 온전한 신뢰의 근거를 보고 있다. 그의 마음을 꿰뚫어 보시는 하나님께 생명의 길로 인도를 기도하고 있다. 그는 하나님이 시험해 주실 것을 신뢰를 가지고 원하고 있다.

하나님의 지혜와 그 역사하심에 몰입한다면, 인간에게는 하나님 앞에 자랑한다든지 안주(安住)한다든지 하는 자신의 업적은 없는 것이다. 그리고 최종 결정은 하나님의 손 안에 있는 고로, 전지, 편재, 전능의 하나님에 대한 인간의 유일의 태도는 신앙과 신뢰이다(A. Weiser).

140 편 | 중상(中傷)당한 자의 기도

성가대의 지휘자에게, 다윗의 노래

1 야훼여, 악인으로부터 나를 구원하소서.
  포악한 자로부터 나를 수호하소서.

2 그들은 마음속으로 악을 꾀하고
  날마다 분쟁을 일으킵니다.

3 그들의 혀는 뱀처럼 날카롭고,
  독사의 독이 그들의 입술 밑에 있습니다. 셀라

4 야훼여, 악인의 손에서 나를 지켜주시고,
  포악한 자로부터 나를 수호하소서.
  그들이 내 발걸음을 밀어뜨리려 꾀합니다.

5 거만한 자들이 나를 해치려고 내게 덫을 놓고,
  그들은 나의 길에 그물을 쳐놓고
  함정을 파놓았습니다.

6 내가 야훼께 말씀드린다, '당신은 나의 하나님' 이라고,
  야훼여, 내 애원의 소리에 귀기울이소서.

7 주님이신 야훼여, 나의 구원의 힘이시여,
  당신께서 전투의 날에 내 머리를 덮어 주셨습니다.

8 야훼여, 악인의 욕망을 이루어 주지 마시고,
  그의 음모가 성사되지 못하게 하소서.

9 나를 경시하는 자가 나의 주위에
  그 머리를 처드는 일이 없도록.
  그의 입술이 말하는 해악이 그들을 에워싸도록.

10 그들 위에 숯불을 내리고
  그들은 굴속에 떨어져 다시 나오지 못하도록.

11 구설(口舌)에 능한 자, 악을 행하는 자는

이 세상에 설 수 없게 되도록.

재난이 그들을 따라다니게 하소서.

12 나는 알았다, 야ㅎ웨는 가난한 자의 소송을 인도하며,

가난한 자의 정의를 채워 주시는 것을.

13 정녕 의로운 자는 당신의 이름을 찬송하고,

올바른 이들은 당신 앞에서 살리라.

이 시는 음험한 중상에 의해서 고통 받고 있는 사람이 하나님께 호소하여 적으로부터 보호받고 구원되길 기도하고 있다. 시의 연대 결정은 구체적인 특징이 없으므로 불가능하다고 학자들은 말한다. 후기 유대교 시대의 종교적 분파 분쟁이 이 시의 배후라고 하는 주장은 증명이 되지 않는다.

시인은 하나님께 두 번 구원을 갈구하는 호소를 한다(1, 4절). 그리고 이어서 적대자의 행동을 특색 짓는 탄식이 계속된다. 다음 2절과 7절에서 싸움의 비유로서 그들의 행동이 호전적이며, 책략적인 것을 묘사한다. 시인이 하나님의 수호를 기도하는 것은 이전에 하나님의 도움을 체험했기 때문이라(7절)말한다. 그러므로 그는 신앙을 가지고 신뢰하면서 기도할 수 있다. 그리고 이것은 그에게 특별한 힘을 주신다. 8절 이하에서 하나님의 구원을 간구한 다음에 적대자들에 대한 저주가 계속된다. 이것은 아마도 하나님이 그들의 거만과 폭력을 오래 참으시지 않으실 것이라는 확신에서 나온 것으로 보인다. 시인에 대한 그들의 저주는 도리어 그들 자신 위에 떨어질 것이라고(10절) 말한다. 11절은 구설에 능한 자, 악을 행하는 자는 이 세상에 설 수 없게 된다고 그는 결론짓는다. 이는 하나님의 심판을 생각하고

있는 것이다. 따라서 악인은 이스라엘 공동체에서 추방되며, 거룩한 토지의 소유 권한이 박탈당하는 것은 하나님의 심판에 의한 것이라고 말한다. 하나님의 심판이 악인에게 화를 가져온다면 반대로 의로운 사람, 경건한 사람에게 정의와 구원이 주어진다고 이 시를 맺고 있다(12, 13절). 야훼웨는 가난한 자, 약한 자의 정의를 채워 주시고, 그들이 하나님의 면전에서 살리라고 찬미하고 있다.

141 편 | 악에 저항하는 기도

다윗의 노래

1 야훼웨여, 내가 당신을 부릅니다.
내게로 서둘러 와 주십시오.
내가 당신께 부르짖을 때에
내 음성에 귀를 기울여 주십시오.

2 내 기도를 분향으로 받아 주시고,
손을 위로 들고서 드리는 기도는
저녁 제물로 받아 주십시오.

3 야훼웨여, 내 입 언저리에 파수꾼을 세우시고,
내 입술의 문을 지켜 주십시오.

4 내 마음이 악한 일에 기울어지지 않게 해주십시오.
악한 일을 하는 자들과 어울려서,
악한 일을 하지 않게 도와주십시오.
그들의 진수성찬을 먹지 않게 해주십시오.

5 의인이 사랑의 매로 나를 쳐도 좋습니다.
나를 징계해도 좋습니다.
악인의 기름이 내 머리에 부어지는 일이 없게 해주세요.
내 기도는 그들의 악에 저항하고 있기 때문입니다.

6 그들이 심판주의 손에 떨어질 때에,
야훼웨의 말씀의 오묘함을 들을 것이다.

7 지상에 나뭇가지나 돌덩이가 흩어지듯이,
그들의 뼈들이 음부 입구에 흩어질 것입니다(關根正雄 역).

8 내 주 야훼웨여, 내 눈이 당신을 우러러봅니다.
주께로 내가 피하오니 내 영혼을 벌거벗겨 두지 마소서.

이 시는 고대교회에서는 원래 저녁의 노래(2절)라 일컬었으나, 실제는 개인의 탄식의 기도이다. 본문의 중앙 부분이 심히 파손되어 있어 수복(修復)이 불가능한 상태여서 A.Weiser는 이곳의 주해를 포기하고 있다. 본인은 關根正雄 교수의 해독에 따랐다. 따라서 본 시는 강해하기가 대단히 어려운 시라고 할 수 있다.

이 시는 다음의 142편과 매우 대조적(對照的)이다. 142편이 극히 내면적, 정신적인 깊이가 있는 것에 반하여 이 시는 구체적인 것이 특색이라 할 수 있다. 1, 2절이 그것을 나타내고 있다. '부른다'는 것의 구체적 행동이 기도한다는 의미라는 것은 말할 필요도 없는데, 이것은 다른 시편에서도 보통 쓰이는 바이다. 그리고 1절의 '내게로 어서 와 주십시오'와 2절 전체가 대단히 구체적이다. 3절도 구체적인 표현이지만 이는 아마도 외전(外典)에 의한 것이라고 한다(關根正雄).

3-5절에 있어서 시인의 기도의 내용은 호화로운 생활을 하는 악인들이 시인에게 유혹과 시련이 되므로, 악인의 말과 행동으로 시인을 악으로 유인하는 것에서 지켜 달라고 기도하는 것이다.

6, 7절은 전술한 바와 같이 원문이 심히 파손되어 해독하기 곤란한 것으로 학자들이 주장하는 곳이다.

8-10절에서 시인은 하나님과의 기도로서 교제하는 중에 시련을 이길 것

을 소망하고 있다. 자신의 힘으로는 이길 수 없다고 생각되기 때문이다. 물론 그는 위험을 분명히 보고 있으며 악인들의 사치스런 대접으로 유혹하는 그 손에 떨어지기보다는 의인의 징계를 받아 경건에 떠받쳐지고 있다는 자각을 갖고자 원한다.

결미 부분에서 시인은 죽음에서 지켜질 수 있도록, 즉 하나님이 그의 영혼을 지켜주시어 악인의 함정에서 빠져 나올 것을 기도하면서 시를 맺고 있다. 시인은 하나님의 심판의 결정을 앙망하고 있는 듯하다.

142편 | 나의 상속분

　이 소박한 시는 홀로 버림받고 고통에 빠진 사람의 깊은 탄식의 기도이다. 자신보다 강한 사람에게 박해받고(6절), 그들의 악의에 찬 음모에 의해 절망 속에 있을 때, 그는 깊은 내외의 고난 중에서 하나님께 절실하고 마음을 치는 탄식을 말한다. 그의 친구조차 모두 떠나간 후, 혹은 박해자의 폭력에 의해 그에 대한 돌봄이 방해되었을 때도 하나님은 그의 유일한 피난처였다(4절).

　이 시의 특징은 그의 내적 고뇌와 태도에 있다. 우리는 이것을 비교적 확실하게 느낄 수 있다. 시인은 버림받은 자리에서 고통 중에서 떨리는 마음으로 어린이와 같은 신뢰에 찬 마음으로 그에게 유일하게 남겨진 지주이신 하나님을 향하여 손을 뻗친다. 고통 중에도 그는 하나님에게서 눈을 떼는 일은 없었다. 그는 기도 중에 하나님을 유일한 피난처라 고백한다. 하나님께 매달린다.

　그는 탄식 중에 하나님 앞에 마음을 쏟아 부어 고백하며 구원을 간구한다. 그리하여 하나님의 구원을 확신하며 그것을 대망한다. 이 시의 구성은 전형적 탄식의 노래의 구조에 따르고 있으며, 구조도 단순소박하다. 1-3절 전반은 부르짖음, 3절 후반-5절은 탄식, 6, 7절은 맺는 부분으로 미래에 눈을 돌리며 해방을 소원한다.

　표제의 다윗의 고사는 사무엘상 22장 1절을 참조 바란다.

　물론 이것은 후대에 삽입한 것으로 보인다.

　절을 따라 처음부터 읽어본다.

> 다윗의 마스킬의 노래. 그가 동굴에 있을 때의 기도

1 나는 소리 내어 야훼께 부르짖으며,
  소리 내어 야훼께 간구합니다.
2 나는 그분 앞에 내 근심을 쏟아 부으며
  내 고통을 그분 앞에 고백합니다.
3 내 혼이 내 안에서 쇠진하여 아득해질 때도
  당신은 나의 길을 아십니다.

추적을 받아 불안에 떠는 영혼이 하나님을 향하여 큰 소리로 부르짖는다. 추적당하는 고통, 운명의 불확실성에 고뇌하는 괴로움이 시인 위에 무겁게 짓누른다. 시인은 신음하여 외친다. 그에게는 고통을 호소할 상대조차 없어서 그는 하나님 앞에 자신의 탄식을 '쏟아 붓는다.' 여기서 '쏟아 붓는다'는 것은 하나님 앞에 고통과 번뇌를 모두 고백하고, 영혼이 있는 그대로를 내보인다는 뜻이다. 영혼을 그릇으로 비유하여, 그 안에 있는 것을 하나님 앞에 쏟아내서 그릇을 비운다는 표현으로 말하고 있다.

3절은 시인이 저항할 힘조차 소진하여 아득해 질 때에 하나님 앞에 발견한 것은 한 없이 겸손하고 친밀한 말씀이다. '당신은 내 길을 알고 계십니다'라는 말이다. 즉 하나님은 나를 아신다는 위로의 말이었다. 시인은 깊은 신뢰로서 자신의 운명을 모두 하나님께 맡긴다. 시인은 자신이 하나님의 보호 하에 있다는 것을 자각한다.

3b 저들은 나를 잡으려고 내가 다니는 길에 덫을 숨겨놓았습니다.
 4 나는 우편을 살펴보았으나

나에게 주목하는 자는 아무도 없었습니다.
나에게는 도망갈 곳이 없고
나에게 안부를 묻는 자도 없었습니다.
5 야훼여, 나는 당신께 부르짖습니다.
나는 말했다 '당신은 나의 피난처,
산 자의 땅에서의 나의 상속분입니다' 라고.

그 후에 시인의 시선은 그의 현재의 상태에 옮겨진다. 그것은 여전히 절망적이다. 보통 변호인이 서는 우측을 보아도 아무도 없고, 버려진 자신만이 남겨져 있다. 그를 받아들여 주는 자는 없다. 모든 도움에서 끊어진 그는 이제 친구조차 보이지 않는다.

5절은 다시 탄식의 부분이다. 시인이 이와 같이 내버려진 상태에 있을 때에 하나님은 그에게 있어 항상 유일의 피난처였었다. 한 번뿐 아니라 그는 기도할 때에 하나님께 신앙을 고백했다. 하나님만이 아무 위로도 없는 시인에게 유일한 재산이었다. 하나님과 하나님의 약속만이 그에게 주어진 유일한 것이었다. 이것이 '산 자의 땅에서의 상속분(相續分=嗣業)' 이라는 비유의 뜻이다.

6 나의 탄식의 소리를 들어주소서.
나는 너무나 허약하게 되었습니다.
뒤쫓는 자들에게서 구출하여 주소서.
그들은 나보다 강합니다.

> **7** 나를 감옥에서 **빼내** 주소서,
>   그러면 당신 이름을 찬송할 것입니다.
>   의인들이 나를 에워쌀 것입니다.

6, 7절은 최후의 소원의 부분이다. 시인은 꺼져 가는 최후의 힘을 다해서 하나님께 매달리어 자신의 무력을 고백하며 하나님의 긍휼을 소원한다. 1, 2절과 같이 여기서도 시인과 하나님의 대화의 밀접함이 잘 나타나 있다. 시인은 그의 적(敵)은 강력한 자임을 부각시킨다. 그러나 하나님은 인간들보다 위대한 능력의 하나님이심을 확신하고 하나님께 구원을 소원한다.

7절의 '감옥에서 빼내주소서' 라는 소원은 시편 88편 9절과 동일하게 고경(苦境)에서의 해방을 비유하고 있는 듯하다. 시인이 이 어법을 문자 그대로의 뜻으로 취한다면 시인이 수인(囚人)으로서의 처지가 더욱 뚜렷해지는 듯하다. 시인은 소원하는 중에도 해방의 때를 바라본다. 그때에 시인은 하나님의 이름을 고백할 것이라고 단언한다. 그러므로 이 부분은 맹서의 형식을 따르고 있다. 또한 시인의 운명에 관심을 갖는 자는 자기 자신뿐 아니라 '의로운 사람들' 도 그렇게 될 것이라 믿는다. 하나님이 시인에게 은혜를 베푸시면 그를 둘러싸고 있는 그들도 하나님을 찬송한다고 말한다. 이리하여 그들은 서로의 신앙을 더욱 깊게 한다.

143편 | 허덕임과 회개

다윗의 시

1 야하웨여,
   내 기도를 들어 주십시오,
   내 간구에 귀를 기울여 주십시오.
   당신의 진실과 의(義)로서
   나에게 대답하여 주십시오.

2 주의 종을 심판하지 말아 주십시오.
   살아 있는 어느 누구도 당신 앞에서는 의롭지 못하므로.

3 원수들이 내 목숨을 노리고 뒤쫓아와서,
   내 생명을 땅에 던져 쓰러뜨리고
   영원히 죽은 자 같이 나를 암흑에 던져 버렸습니다.

4 내 영(靈)이 나의 중심에서 쇠약해지고
   마음은 내 안에서 굳어 버렸습니다.

5 내가 옛날들을 기억하고
   당신이 행하신 모든 것을 회상하고
   당신 손의 행사를 생각합니다.

6 당신을 향하여 내 손을 펼치고
   내 영혼은 물을 갈구하는 메마른 땅처럼
   당신을 향하여 허덕입니다. 셀라[44)]

7 나에게 속히 대답해 주십시오, 야하웨여,
   내 영이 쇠진해 버릴 지경입니다.
   당신의 얼굴을 나에게 숨기지 말아 주십시오.

---

44) 당신을 구하나이다 - A. Weiser

내가 무덤으로 내려가는 자들처럼 될까 두렵습니다.

8 아침에는 당신의 은혜를 들려주십시오,

왜냐하면 나는 당신을 신뢰하므로.

내가 걸어야 할 길을 가르쳐 주십시오,

내 영혼을 당신을 향하여 들어올리오니.

9 원수들에게서 나를 건져 주십시오, 야훼웨여,

당신께 내가 피하오니.

10 당신의 뜻을 따라 행할 수 있도록

나를 가르쳐 주십시오,

실로 당신은 나의 하나님이시므로.

당신의 긍휼의 영이 나를 평탄한 길로 인도해 주십시오.

11 야훼웨여, 당신 이름을 위하여 나를 살려 주십시오[45].

당신의 의로써 내 영혼을 적들에게서 구출하여 주십시오[46].

12 당신의 은혜로써 원수를 멸하시고

내 영혼을 압박하는 모든 자를 멸망하여 주십시오,

나는 당신의 종이므로.

이 시는 시편 중에 있는 7개의 '회개의 시'(시편 6, 32, 38, 51, 102, 130, 143편) 중의 마지막 것이다. 이 시에서 하나님을 향한 허덕임(간구)은 신비주의자의 하나님 동경을 훨씬 넘는 긴박한 것임을 느끼게 한다. 또한 시인의 간구가 이미 하나님으로부터 받아들여져 하나님의 은혜가 그를 받치고

---

45) 나를 수호해 주십시오. - A. Weiser
46) 나의 고뇌에서 인도해 주세요. - A. Weiser

있음을 알 수 있다. 신앙이란 이런 것이다.

이 시는 대체로 다음과 같이 구분된다. 1, 2절은 하나님에 대한 외침, 3, 4절은 탄식과 호소, 5절은 과거의 은혜의 회고, 6, 12절은 소원의 서술이며, 개인의 탄원의 노래 유형에 속한다.

시인은 적의 공격으로 심한 영혼의 고통 중에 있다. 그래서 하나님께 호소하며, 대답을 구하고, 은혜를 간구하여 자기 영혼을 다 쏟아 부어 기도드린다. 그 '적(敵)', '원수'가 구체적으로 어떤 사람들이며 공격의 내용이 무엇인지는 알 수 없다. 그러나 이 시인은 이 공격을 자신의 영혼에 대한 공격으로 받아들이고 있다. 시인은 하나님에게서 떼어내 암흑에 던지는 힘으로 이 공격을 체험하여 하나님의 진실과 의에 처절하게 호소하며 매달린다.

처음부터 다시 읽어본다.

1, 2절. 하나님에 대한 외침

첫머리에 '야훼웨여 !' 하고, 하나님을 부른다. 이 외침은 대단히 중요하며, 이 말 중에 시인의 하나님을 향한 절실한 마음이 스며 있으며, 시인의 전부가 하나님께 바쳐져 있다. 이 사랑의 말로서 시인은 이미 하나님의 가슴속에 뛰어든 것이다. '내 기도를 들어 주십시오. 내 간구에 귀를 기울여 주십시오'라고 하나님께 외치는 시인은 이 기도로서 하나님의 진실과 의에 호소하고 있다. 하나님 앞에 의인이 없는 것을 아는 시인은 도리어 하나님의 진실과 하나님의 의(義)를 믿고 그 안에 뛰어들어, 인간을 구원하시고자 하는 하나님의 의지를 생각한다. 하나님의 진실과 의는 동의어(同義語)로서 하나님의 하나님다우심이다. 그 분이 하나님이시므로 문제없다고 시인은 영혼의 가장 깊은 곳에서 하나님을 신뢰하고, 이 하나님께 호소한다.

2절의 처음은 '당신, 당신의 종의 심판에 들어서지 마십시오'가 원문의 직역이다. 이 '심판'이 하나님의 심판을 뜻하는지, 또는 적의 공격 특히 구체적인 '재판'을 뜻하는지 분명치 않다. 전자로 보는 학자가 많은 듯하다. 시인은 그 이유로 인간의 죄의 깊은 뿌리를 생각하고 있다. 하나님 앞에 의롭다할 육체가 없다고 외치는 시인의 말은 바울의 로마서에서의 말씀을 회상시킨다. 시인은 모든 사람이 죄 아래 있고 자신의 힘으로는 그 곳에서 빠져나올 수 없음을 인식하고 있다(시편 130^{2,3}, 욥기 4^{17} 이하 참고). 그는 기도 중에 죄의 고백을 하고 있는 것이다. 그러므로 그는 하나님 앞에 간구하는 자로서 서 있다. 고난으로 괴로움 받고 있는 시인은 하나님의 진실과 의를 신뢰하면서 자기 기도가 청허(聽許)되길 하나님께 간구한다.

3, 4절. 탄식과 호소

시인은 처음으로 자신의 괴로움과 어려운 처지를 하나님께 호소한다. 적에게 박해 당하고 죽음으로 위협당하고 자신이 마치 죽은 자 같이 희망 없는 어두움에 싸여 있음을 본다. 당시의 민간 신앙에 의하면 죽은 자에게는 희망이 없는 것이었다.

5, 6절. 회고

시인은 절망의 깊은 늪에서 구원을 찾아서 생각에 잠긴다. 그리하여 최후의 실마리를 잡는다. 시인의 현재의 상황은 확실히 완전한 암흑 속에 있지만, 민족의 과거의 구원사(救援史)를 회고 할 때에, 유일의 한줄기 빛이 그에게 번쩍이고 있다.

5절에서 시인은 자신의 개인적인 고투에서 벗어나려고 민족의 과거를 회고한다. '옛날'이라는 원어의 의미에서 회고하고 있는 과거는 시인 개인의 과거가 아니고 민족의 과거이다. 시인은 자신의 일을 떠나서 자기 민족의 과거에 있어서의 하나님의 은혜, 그 구제사를 생각하여 한 줄기 광명의 빛을 얻고자 한다. 영적 고투의 한복판에서 하나님이 자기 민족에게 베푸신 구원의 일들을 생각할 때 깊은 위로와 희망을 얻는다. 그의 눈은 역사상의 사건이나 인물을 통하여 보여주신 하나님의 성업으로 향한다. 이렇게 하여 시인은 구약성서의 역사전통의 토대 위에 선다. 즉 구원사에 있어서 하나님이 임재하시는 것을 보며, 이 산 하나님에 대하여 증거한다. 이 시인은 단지 혼자서 구출되는 것이 아니고 선택된 민족의 한 사람이 되어서 구원되는 것을 알게 된다. 다른 많은 사람이 먼저 구원된 것은 장차 자신도 구원된다는 한 증거이기 때문이다.

6절에서 '당신을 향하여 내 손을 펼친다' 라는 것은 이스라엘인의 기도하는 자세이다. 하늘을 향하여 양손을 들고, 손바닥을 펴고, 위를 쳐다보며 기도한다. 이스라엘인의 기도의 자세는 위에 계시는 하나님으로부터 일체의 힘을 바라는 것이다. 다음 마른 땅이 물을 기다리듯이, 하나님을 갈구한다는 표현은 사막적 풍토를 모태로 한 이스라엘 종교에서 갈급한 간구를 잘 나타내며 비슷한 표현이 시편에 많이 보인다(42^1, 63^1). 시인은 비를 애타게 기다리는 마른 땅처럼 하나님 자신을 유일한 생명의 샘으로서 갈구한다.

7-12절. 소원

7절부터 실제적인 소원의 연속인데, 하나님의 구원을 구하는 시인의 갈급한 마음이 표면에 나온다. '속히 하여 주세요' 라는 한 구에 의해서도 구약신앙이 얼마나 구체적으로 하나님을 생각하고 있는가 하는 것을 엿볼 수 있다. '하나님의 얼굴' 이란 하나님의 인격을 말하는 것이며, 그것이 감추어지는 것은 하나님과의 산 교제가 두절되는 것을 뜻한다. '무덤에 내려간 자' 란 하나님과의 교제가 두절된 죽은 자를 말한다.

8절에서 하나님을 전적으로 신뢰하는 시인은 은혜의 소망을 아침에 빛 속에서 만난다. '아침에는 당신의 은혜를 들려주십시오' 라고 기도하며 확인한다. 아침빛이 비출 때가 은혜의 때이기 때문이다.

'내 영혼을 당신을 향하여 쳐들다'라고 말하는 것은 대단히 구약적이다. 구약의 하나님은 초월적이다. 사람은 이 하나님에 대하여 영혼을 쳐들어야 한다. 그를 우러러봄은 당연하다. 그러나 우러러보는 것만으로는 구원이 완성되지 않는다. 하나님이 내려오셔야 한다. 그리하여 하나님이 사람이 되시어 세상에 오신 신약의 복음이 주어진다.

9절에서 '당신께 내가 피하오니'라고 말할 때 이미 구약의 하나님이 초월 적인 하나님만은 아니고 깊이 사람을 돌보아 주시는 하나님이라는 것을 말한다. 시인은 이 은혜로운 하나님의 인도에 모든 신뢰를 건다.

소원의 제2부에 해당하는 10-12절도 비슷한 생각을 하면서 하나님의 은 혜로운 성령에 인도되길 기원한다(10절). 시인은 하나님의 뜻에 따라 행할 수 있도록 가르쳐주시길 기원하며 긍휼의 영이 시인을 평탄한 길로 인도해 주시길 기도한다. 여기서 '긍휼의 영'(문자대로는 선한 영)이라 말할 때 우리는 긴 구약의 역사를 통하여 보이시고 드디어 수육(受肉)하신 그리스도의 영으로서 인류에게 계시된 성령을 가리킨다고 읽어야 할 것이다. 이 시편은 물론이고 전 구약성서가 그리스도를 중심으로 하여 해석되어야 그 깊이를 이해할 수 있다(關根正雄).

11절에서 시인의 기원은 단순한 생명의 구출과 유지만이 아니고 하나님이 문제가 되어 있다. 하나님의 이름을 위하여, 하나님의 의 때문에 구원해 주시길 기도한다.

마지막으로 12절에서 하나님의 은혜에 의해, 시인을 압박하고 있는 원수의 멸망을 빈다. '적이 멸망되도록' 원하는 사상은 구약성서의 계약제의 전승에 그 뿌리를 갖고 있으며 이곳에 구약의 한계가 있다. 그러나 이것이 구약성서에 있어서의 적에 대한 태도의 최종적 발언은 아니라 한다. 더욱 참다운 회개와 진리인식의 싹이 여기에 있는 것도 잊어서는 안된다(A.Weiser).

144편 | 구 원

다윗의 시

1 나의 반석, 주님을 찬송하련다.
  그는 나의 손에 전쟁을 가르치고,
  나의 손가락에 전투를 가르쳤다.
2 나의 반석, 나의 요새, 나의 산성,
  나의 구원자, 나의 방패, 나의 피난처,
  내 백성을 나의 발아래에 굴복하게 하신 분.
3 주님, 사람이 무엇이기에
  그렇게 생각하여 주십니까?
  인생이 무엇이기에
  이토록 염려하여 주십니까?
4 사람은 한낱 숨결과 같고,
  그날은 기우는 그림자 같이 사라집니다.
5 주님, 하늘을 기울이시고 내려오소서.
  산들을 만지시어 산마다 연기를 뿜어내게 하십시오.
6 번개를 번쩍여서 그들을 흩으시고,
  화살을 쏘아서 그들을 혼란에 빠뜨려 주십시오.
7 높은 곳에서 주의 손을 내미셔서
  거센 물결에서 나를 구원하소서.
  외적의 손에서 나를 건져 주십시오.
8 그들의 입은 헛된 것을 말하며,
  그들의 오른손은 거짓으로 속이는 손입니다.
9 하나님이여,
  내가 당신께 새 노래를 부르며,

열 줄 거문고를 타면서

하나님을 찬양하겠습니다.

10 왕들에게 승리를 안겨 주신 주님께,

주의 종 다윗을 칼에서 건져 주신 주님께.

(재앙의 검으로부터

11 나를 구해주시고, 외국인의 손에서 나를 구출해 주소서.

그들의 입은 헛된 것을 말하며,

그 오른손은 거짓으로 속이는 손입니다.)

12 제발 우리들의 자식에게 행복을 주시고,

그 젊은 날에 풍성히 자라는 식물같이 되게 하소서.

우리들의 딸들은 궁전 모퉁이를

장식한 우아한 기둥처럼 되게 하소서.

13 우리의 곳간에는 온갖 곡식이 가득하고,

우리가 기르는 양 떼는 넓은 들판에서 수천 배, 수만 배나 늘어나며,

14 우리가 먹이는 소들은 살이 찌고,

낙태하는 일도 없고, 잃어버리는 일도 없으며,

우리의 거리에서 울부짖는 소리가 전혀 없을 것이다.

15 이렇게 취급되는 백성에게 행복 있으라.

주님을 하나님으로 섬기는 백성에게 행복 있으라.

이 시는 제18편과 같이 왕의 축의식문(祝儀式文)이라고 한다. 시편 등 구약성서의 여러 곳과 밀접하게 연결되고 있으나, 그것은 공통의 고정된 제의문의 전승에서 설명하여야 할 것이며, 보통 생각하듯이 문학적으로 차용한 것은 아니라고 한다(A. Weiser). 시편 18편에 비하여 2차적인 것이라 하

나, 왕의 감사의 노래에 속한다. 따라서 이 시는 왕의 제의의 제요소에서 출발하여 이해해야 한다고 한다.

그러면 본문을 절을 따라 읽어보기로 한다.

1, 2절. 시인은 하늘을 향하여 외치고 있다. 야훼를 찬미하고 있다. 시인은 하나님을 반석이시며, 요새가 되시며, 산성이신 구원의 하나님이라 칭송하면서 찬미하고 있다. 왕은 하나님의 힘에 의해서 백성을 지배하고 있다고 고백한다. 다윗의 노래에서 보는 고정된 문체를 발견한다고 주해자는 말하고 있다. '내가 있는 것은 하나님의 은혜에 의한다' 는 자랑과 겸허성이 그의 말에 나타나 있다.

3, 4절. 하나님과의 상봉(5, 6절)의 준비로서 다시 고정화된 형식에 의한 고백이 우리의 모든 자랑을 분쇄한다. 즉 왕까지 포함하는 모든 인간의 존엄은 하나님 앞에서는 무(無)로 화한다(이사야 6^5). 인간은 하나님의 배려의 대상이기 때문에 존엄을 가질 수 있게 된다.

5, 6절. 3, 4절의 인간의 한없는 유약성과 대조적으로 5, 6절에서는 하나님의 능력의 절대성을 찬미하고 있다. 하나님께 이러한 겸손한 태도만이 하나님이 하늘을 기울이시어 하강하시는 영광을 본다. 시인은 이것을 기원하고 있다.

7, 8절. 제의의 절정에서 나타나시는 하나님께 왕은 깊은 곤궁에서 구원해 주실 것을 기원한다. 그 곤궁은 계약과 맹세를 깨는 외적(外敵)에 의한 것이다.

9, 10절. 왕의 기도의 마지막에 그에게 승리를 안겨 주시고, 그를 칼에서 구원하신 하나님께 새노래로서 찬송을 드린다. 그것은 다윗 자신에게 시작되는, 그의 보좌의 모든 선인(先人)들의 승리와 구원은 하나님의 은혜라는 것을 말하고 있는 것이다.

10절의 마지막 부분과 11절은 7, 8절의 되풀이이므로 제외하는 편이 좋다고 많은 주해자들은 말한다.

12-15절. 이 시의 결미인 이 부분은 보통의 제의(祭儀)와는 관련 없이 다른 노래에서 흘러들어 온 부분이라고 보고 있다. 내용은 백성의 일반적인 구원의 고백이다. 이 고백은 '행복 있으라'는 틀 안에서(12, 15절) 전회중의 입에서 나오는 찬미의 형식을 취한다. 제의에 있어서는 왕의 번영과 백성의 번창은 깊은 관계가 있으며 양자는 동일하다고 할 수 있다. 생생하고 건장한 젊은이들, 풍요한 추수의 축복, 가축의 다산, 그리고 평화는 하나님의 은혜와 축복의 우리 눈에 보이는 증거들이다.

이 축복은 왕과 백성의 구원의 확실성을 하나로 결합하여 하나님께 찬미 드리도록 인도한다.

145편 | 찬 미

다윗의 찬미의 노래

1 왕이신 나의 하나님이시여,
　내가 당신을 높이며,
　당신의 이름을 영원토록 찬미합니다.

2 나날이 당신을 찬미하고
　당신 이름을 찬양합니다, 영원토록.

3 주님은 위대하시고 드높이 찬양 받으실 분,
　그 위대하심은 헤아릴 길 없어라.

4 한 세대가 다음 세대에 당신 업적을 기리고
　당신의 위업을 전하렵니다.

5 당신의 찬란한 영광을 그들이 이야기하고,
　기이한 업적을 내가 노래하렵니다.

6 그들은 주의 두려운 권능을 말하며,
　나는 주의 위대하심을 선포하렵니다.

7 당신의 크신 은혜의 계승(繼承)을 전파하며,
　당신의 의(義)에 대하여 기뻐 노래하리라.

8 주님은 은혜롭고 자비로우시며,
　노하시기를 더디 하시며,
　인자하심이 크시다.

9 주님은 모든 사람을 긍휼히 여기시며,
　그 자비는 당신의 모든 피조물들 위에 미칩니다.

10 주님, 당신께서 지으신 모든 피조물이 당신을 찬송하고,
　주의 성도들이 당신을 찬미합니다.

11 당신 나라의 영광을 그들이 말하고,

당신의 권능을 이야기합니다.

12 당신의 권능을 사람들에게 알리며,

당신 나라의 영광을 그들에게 알리기 위하여.

13 당신의 나라는 영원무궁한 나라,

당신의 지배는 모든 세대에 미칩니다.

14 주는 모든 넘어진 자를 붙드시고,

구부러진 자를 누구나 바로 세우십니다.

15 모든 사람의 눈이 당신을 대망합니다.

당신은 때를 따라 그들에게 먹을 것을 주십니다.

16 당신은 손을 벌리어

모든 생물에게 좋은 것으로 배부르게 하십니다.

17 주님은 그 모든 길에서 의로우시고,

모든 일에 있어서 은혜 깊으시다.

18 주님은 당신을 부르는 모든 이에게 가까이 계시다.

당신을 진실하게 부르는 모든 이에게.

19 당신을 경외하는 이들의 소원을 채워주시고,

그들의 외침을 들으시어 구해주신다.

20 주님은 당신을 사랑하는 모든 이들을 보호하시고,

죄인들은 모두 멸하신다.

21 내 입은 주님을 찬미한다.

모든 육체를 지닌 자는 그 거룩한 이름으로 찬미하여라, 영원토록.

이 시는 그 표제에 표시되어 있듯이 찬미의 노래이다. 처음부터 끝까지 하나님의 찬미로 차 있다. 이 시의 특색은 또한 '알파벳' 의 시라는 것이다.

즉 각 절의 행(行)의 첫 글자가 히브리어의 알파벳의 각 문자로서 시작되고 있다. 다만 14번째 절이 '눈' 자인데 이것이 빠지고 있다.

'알파벳의 노래'라는 이 시의 특색에서 생각하면 이 시에 제의적인 배경을 생각하는 것은 맞지 않는다고 關根正雄 교수는 주장한다. 이것이 학자들의 최근의 연구 경향이며, 알파벳의 노래는 공적인 장소에서 낭독한다든가 제의용(祭儀用)으로 쓰이기 위한 것이 아니고 개인적으로 읽기 위한 것이라 한다.

이와는 반대로 A. Weiser는 제의적인 배경을 산정하고 있으며, 이 노래는 이미 고대교회에서 점심식사의 노래로 쓰여졌을 뿐 아니라 매년 제사의 찬미로 쓰여진 것이라 주장하고 있다.

본인은 關根 선생의 의견을 따라 읽어보기로 한다. '알파벳의 노래'는 그 형식에 구애되어 기교적이며, 그 제작연도는 후대의 것이라 한다. 또 시의 내용상으로 보아도 그렇게 생각된다. 이 시의 한 중심은 '당신의 나라'라는 것으로 11-13절에서는 이 말이 되풀이되어 나온다. 이 말은 다니엘서 등에 나오는 후대의 것이다.

이 시는 문학유형으로는 '개인의 찬미의 노래'이다. 그러나 이 시는 유형적으로는 그다지 순수치 못하며, 찬미의 노래의 요소(要素)인 도입부와 주제(主題)가 몇 번 되풀이되고 있다. 1, 2절이 도입부이고 3절이 주제, 10-12절이 도입부이고 13, 14절이 주제이다. 대체로 도입부가 길고 내용상으로도 이것이 주제와 겹쳐있는 곳이 많다. 또 한 가지 특색은 '나'라는 1인칭 단수와 '그들'이라는 3인칭 복수가 나란히 나오는 것이다. 찬미는 개인의 일인 동시에 공동의 것이기도 하다. 성서의 하나님 찬미는 공동적(共同的)이며 또한 역사적, 계승적인 것이다. 대대의 성도와 더불어 하나님 나라의 역사에 관여되며, 종말의 날의 완성을 목표로 진행한다. 그것은 추상적인 것이 아니고, 2절에 있듯이 매일매일 성실히 하나님 찬미가 계속되어서 영원을 향하는 것이다.

3절은 주제이다. '주님은 위대하시고 드높이 찬양 받으실 분, 그 위대하심은 헤아릴 길 없다'고 찬미한다. 성서의 신관이 완전히 표현되어 있다. 주기도문 중에 '아버지의 이름이 거룩하게 여기심을 받으시옵소서'라는 것이 그것과 같은 뜻이다.

4-7절은 다시 도입부를 이루고 있다. 3절에서 이미 주제가 나왔는데 그 후 다시 긴 도입부가 나왔다는 것은 특별한 뜻이 있다고 한다. 4절의 '한 세대가 다음 세대에 당신 업적을 말하며' 하나님의 은혜의 증언을 계속해 가야 한다고 말한다. 우리들의 세대도 이 하나님 찬미와 증언을 중단시켜서는 안 된다.

8, 9절은 주제이며, 다시 하나님의 본질에 관해서 말하고 있다. '주님은 은혜로우시고, 자비로우시며, 노하시기를 더디하신다'고.

10-12절은 새로운 도입부이며 이에 대하여 13-20절이 긴 주제가 된다. 이 도입부는 그 도입부로서의 성격을 상당히 잃은 것이다(關根). 11절부터 13절까지에서 '당신의 나라'라는 말이 거듭해서 나오는데 이는 하나님의 지배를 뜻하며, 이 하나님이 이스라엘을 지배하고 세계를 지배한다는 사고는 오래전부터 있었으나 언어로서 술어화(術語化)되는 것은 후대에 이루어진다. 이 시도 그 예의 하나이다(다니엘서 4^3, 4^{34} 참고). 이것은 묵시문학을 통하여 예수의 선교에 있어서의 '하나님 나라'로 이어지며, 복음의 중심을 이룬다. 성서가 하나님 나라, 하나님의 지배라는 정치 세계의 용어를 써서 그 중심적인 문제를 말하고 있는 것은 주목을 요한다. 성서가 정치의 용어를 써서 그 중심에 쓰고 있는 것은, 우리들에게 지상의 정치문제를 종말 - 하나님 나라의 완성 - 의 빛에 의해서 끊임없이 기도의 대상으로 할 것을 요

구하고 있는 것이다.

18절의 '주님은 당신을 부르는 모든 이에게 가까이 계시다. 진실로 당신을 부르는 모든 이에게'라는 표현은 아름다운 말이며, 이는 하나님의 현재의 은혜를 노래한 것이다. 19절도 그러하나 20절이 말하는 것은 세상의 끝의 이야기인 듯하다. 이 시는 전체로서 현세적인 것과 종말적인 것이 혼합되어 있다. 하나님 찬미가 현세적인 것이며, 그것을 촉구하고 있다. 그런데 그 나라가 영원한 것이라 칭송한다.

21절은 다시 내용적인 것을 떠나서 도입부적인 형식으로 최후를 맺고 있다. '내 입은 주님을 찬미한다. 모든 육체는 그 거룩한 이름을 찬미하여라'라고 찬미의 촉구로 끝을 맺고 있다.

146편 | 내 영혼아 주를 찬미하라

1 할렐루야!
　내 영혼아, 주님을 찬양하여라.
2 내가 살아 있는 한 주님을 찬양하며,
　내가 생명이 있는 한 내 하나님을 찬미하리라.
3 너희는 고관을 믿지 말라,
　구원을 줄 수 없는 인간을.
4 그 숨이 끊어지면 그는 흙으로 돌아가고,
　그 날에 그의 계획은 사라지고 만다.
5 야곱의 하나님을 자신의 도움으로 삼고,
　그의 하나님이신 주님께 희망을 거는 사람은 복이 있다.
6 하나님은 하늘과 땅과 바다와 그 안에 있는 모든 것을 만드셨다.
　그 안에 있는 모든 것을 만드셨다.
　그는 영원히 진실을 지키며,
7 억눌린 사람을 위해 심판을 하시며,
　굶주린 이들에게 식물을 주신다.
　주님은 붙잡힌 이들을 풀어 주신다.
8 주님은 눈먼 이들을 눈을 뜨게 해주시고,
　낮은 곳에 있는 사람을 일으켜 세우시며, 주님은 의인을 사랑하신다.
9 주님은 이방인들을 보호하시며, 고아와 과부를 돌보신다.
　그러나 악인들의 길을 막으신다.
10 주님은 영원히 왕이시다.
　시온아, 네 하나님은 영원한 하나님이시다. 할렐루야.

시편 146-150편의 각 편은 '할렐루야'로 시작하고, 또한 같은 말로 끝나고 있다. 즉 '할렐루야 시편'으로서 정리되고 있다. 이 시는 그 첫 번째 것이다.

이 시는 소박(素朴)하고 인상 깊은 '신뢰의 노래'이다. 우리 찬송가(18장)의 '내 영혼아 곧 깨어'(P. Gerhardt 작사) 등 여러 찬송곡의 원형이 된 시다. 시인은 구약성서의 제의와 신앙의 전통을 따라 그 전통을 강한 찬미로 엮어 내고 있다.

시는 찬미의 도입으로 시작된다(1, 2절). 중심부에서는 잘못하여 인간에게 의뢰하는 일이 없도록 경고하며(3, 4절), 축복의 말씀의 형식으로 하나님께 바르게 신뢰할 것을 권고한다(5, 6절). 그 권고는 약한 자들에 대한 친절한 도움이 되시는 하나님께 대한 찬미의 말씀으로 기초를 만들고 있다(7-9절).

최후로 시인은 다시 한 번 찬미에 유래하는 동기를 잡아 모든 것을 야훼의 영원한 왕국이라는 사상으로 결말을 맺는다(10절).

본문을 처음부터 읽어본다.

1, 2절. 시인은 찬미의 형식으로서 하나님을 찬양하라고 스스로에게 요청함으로써 시를 시작한다. 그리하여 그의 영혼의 감동을 노래한다. 이제 시인은 하나님 품에 있는 기쁨을, 행복을 생명이 다하도록 찬미할 것을 노래한다. 찬미로써 하나님을 앙망하는 시인의 경건한 신앙을 엿볼 수 있다.

3, 4절. 여기서 시인은 일반적인 인간, 그리고 그의 무력을 말하고 있는 것으로, 관원들을 믿지 말고 의뢰하지 말라고 한다. 여기서 특정의 역사적 배경을 염두에 두고 있지는 않은 것 같다. 잘못 판단하여 인간을 신뢰해서는 안 된다고 경고하는 것은 인간의 허무와 무력을 알고 있기 때문이다.

5, 6절. 전 절에서 인간에게 잘못 신뢰하지 말라는 소극적인 경고가 나오고, 여기서 하나님께 대한 바른 신뢰의 축복이 나오는 것이 무의미하지는

않은 듯하다. 이는 인간적인 생의 뒷받침이 얼마나 허약한 것인가 하는 것을 알고 그것을 단념하는 것을 배우고 나서 비로소 하나님께 바른 신뢰가 가능한 상태에 이르기 때문이다. 하나님께 신뢰하는 것은 우리의 인간적인 모든 뒷받침을 버리고 하나님께 모든 것을 위임하는 것이기 때문이다. 진실로 도움을 주실 수 있는 분은 하나님뿐이기 때문이다. 따라서 하나님께만 모든 희망을 두는 모험을 감행하는 것이다. 시인은 아무 것에도 방해받지 않는 하나님에 대한 참 신뢰에 서서 이 행복감을 축복하면서 찬미로서 독특한 형식을 취하고 있다.

그가 신뢰하는 하나님은 '야곱의 하나님'이시며, 동시에 '그의 하나님'이시다. 경건한 자는 조상과 더불어 역사의 하나님에 대한 같은 신앙의 전통 중에 선다.

7-9절. 전 절에 계속하여서 같은 문장구성(文章構成)에 의해서 하나님의 속성이 장중하게 전개된다. 본문은 완전히 찬미의 형식에 따르고 있으며, 하나님 신뢰를 권고하는데 내적 이유를 두고 있다. 이는 진실한 하나님 신뢰의 고백이며, 신뢰를 더욱 새롭게 환기시킨다. 그것은 구약성서의 신앙이 하나님을 어떻게 보고 있는가, 어디에다 생(生)의 토대를 놓을 수 있는 하나님의 은혜와 힘을 보고 있는가 하는 것을 웅변하고 있다. 하나님의 영원한 진실이 선행한다. 그것은 하나님의 생각은 절대 믿을 수 있으며, 하나님의 지배는 불변하다는 것이다. 이 시는 찬미의 환호를 가지고 이것들을 찬양하고 있다.

10절. 기뻐하며 자랑스럽게 이 노래를 하나님에 의한 영원한 지배를 찬미하는 것으로 맺고 있다.

하나님께 대한 신뢰가 과거의 세대와 미래의 세대를 하나의 신앙 공동체에 결합시켜서 그 눈은 영원을 향하게 한다. 이 신뢰로부터 신약성서 신앙으로 길이 똑바로 연속되는 것이다.

147편 | 자연과 역사의 하나님

1 할렐루야

　우리 하나님께 찬양함이 좋기도 하여라.

　실로 찬미의 노래는 우리 하나님께 합당하다.

2 주님께서는 예루살렘을 세우시고

　이스라엘의 흩어진 이들을 모으신다.

3 마음이 상한 사람을 고치시고, 그 상처를 싸매어 주신다.

4 별들의 수를 세시고, 낱낱이 그 이름을 지어주신다.

5 우리 주님은 위대하시고 능력이 충만하시며,

　그 지혜는 헤아릴 길이 없다.

6 주님은 가난한 이들을 일으키시고,

　악인들을 땅바닥까지 낮추신다.

7 찬미를 가지고 주께 응답하고,

　비파로써 우리 하나님께 찬송하여라.

8 주님은 구름으로 하늘을 덮으시고,

　땅에 비를 마련하시어 산에 풀이 돋게 하시는 분.

9 들짐승에게 먹이를 주시고,

　우짖는 까마귀 새끼들에게도.

10 주님은 군마(軍馬)의 힘을 기뻐하지 않으시고,

　빠른 다리의 힘센 사람도 반기지 않으신다.

11 주님은 당신을 경외하는 이들을,

　당신의 사랑을 기다리는 사람을 좋아하신다.

12 예루살렘아, 주님을 찬미하라,

　시온아, 네 하나님을 찬양하여라.

13 주님은 네 문빗장을 견고히 하시고,

그 안에 있는 네 자녀에게 복을 내리셨다.

14 주님은 네 영토에 평화를 주시고,

풍부한 밀로서 배불리신다.

15 주님은 땅에 그 말씀을 보내신다.

그 말씀은 순식간에 퍼져나간다.

16 주님은 양털 같이 눈을 내리시고,

재를 뿌리듯 서리를 내리신다.

17 얼음을 빵 부스러기 같이 쏟으시니 누가 그 추위에 견디리오.

18 그러나 주님은 말씀을 보내시어 그것들을 녹이시고,

바람을 불게 하시니, 물이 흐른다.

19 주님은 야곱에게 말씀을 보내시고,

이스라엘에게 계명과 율법을 알려 주신다.

20 어느 다른 민족에게도 그와 같이 하신 일이 없으시니,

그들은 아무도 그 법도를 알지 못한다.

할렐루야.

이 시도 처음과 끝에 "할렐루야"가 붙어 있다. 문학유형(文學類型)으로는 찬미의 노래이며, 3부로 형성되어 있다. 또한 각부의 첫 절에는 각각 찬미를 촉구하는 말씀이 있다(1, 7, 12절). 즉 1-6절, 7-11절, 12-20절의 세부분으로 나누어진다. 70인 역에서는 12절 이하가 별도의 시로 되어 있다. 그러나 내용적으로 보아서 한 개의 시로 보는 학자가 많다.[47]

내용을 보면 다음과 같다.

---

47) 궁켈, 그라우스, 關根正雄

1-6절은 분명히 찬미의 노래의 형식을 갖추고 있다. 처음에 할렐루야라고 공동의 찬미를 촉구하고 곧이어 그 이유를 노래하고 있다. 이곳의 배경으로서는 2절로 미루어보아 느헤미야, 에스라 시대의 강제집주(強制集住)가 상기된다. 그들은 예루살렘성 구축에 동원됐으며, 하나님은 흩어진 그들을 모으셨던 것이다. 3절의 '마음이 상한 사람'도 도시빈민을 배경으로 하고 있는 듯하다. 또한 3절은 이사야 61장 1절과 관계가 있는 것이 명백하다. 4절의 '별들의 수를 헤아리시고, 그 이름을 지어주신다'는 것은 이사야 40장 26절과 관계가 깊다. 이상으로 보아서 이 시가 후대(後代)의 것임이 추정된다. 시편 제150편은 후에 보는 바와 같이 끝없는 찬미로서 '찬양하여라'가 되풀이되고 있는데, 이 시에서는 1절의 끝에 '찬미의 노래는 우리 하나님께 합당하다'는 반성의 빛이 보인다. 그것은 이 시의 배경인 시인의 상황이 그저 말로서 찬미, 찬미하는 형편이 아니었다는 것을 나타내는 듯하다. 시인은 많은 아픔과 상처를 가지고 있으며, 그런데도 불구하고 하나님께는 찬미가 합당하다고 말하고 있는 것이다. 6절의 '가난한 이들', '악인들'의 대립도 우리들이 상상하는 시대에 맞는 술어인 듯하다. 시인은 악한 자가 낮아지는 것을 믿고 하나님께 찬미하고 있다.

4절의 '별들의 이름을 지어주신다'는 것은 성서에 있어서는 그것을 지배하에 두신다는 뜻이다(창세기 2^{19} 참조). 따라서 그 하나님의 힘과 지혜는 무한한 것임을 알 수 있다(5절).

7-11절에서도 공동의 찬미를 촉구하는 것으로 시작한다(7절). 계속되는 8, 9절은 찬미의 이유를 간접적으로 말하고 있다. 또한 8절은 자연을 지배하시는 하나님을 말하며, 자연의 지배자는 바알신이 아니고 야훼 하나님이심을 강조하고 있다.

10절은 이사야 31장 1절 등에서 영향을 받은 것으로 추측된다.

11절의 '주님은 당신을 경외하는 이들을 좋아하신다'는 것은 하나님을 경외한다는 구약의 근본적인 신앙과 그 은혜를 대망한다는 표현을 나란히 놓은 특수한 표현이다. '대망한다'는 것이 제2이사야(이사야 40³¹)의 신앙의 중심임은 말할 것도 없거니와 7-11절은 포수기(捕囚期) 후의 시대적인 환경 중에서 하나님의 은혜를 대망한다고 강조한 것은 주목할 만하다. 시인도 제2이사야에 있어서와 같이 대망 중에 꾹 참고 있는 것이다.

12-20절은 이 시 중에서 제일 잘 정리된 찬미의 노래이다. 70인역 희랍어 성서에서는 이것을 독립된 시로 하고 있다는 것은 전술한 바와 같다. 형태적으로도 공동의 찬미를 예루살렘 시온에게 촉구한 다음 그 찬미해야 할 이유들을 노래하고 있다. 또한 '예루살렘, 시온'은 13절에서 '문지방을 견고히 하다'는 표현으로서 도시국가로서 독립이 강조되고 있으며, 14절에서는 그곳은 밀이 풍부한 지역이라 말하고 있다. 이 영역은 교단(敎團)국가의 중심 예루살렘에 속하는 유다의 지역이라 생각된다. 느헤미야, 에스라의 개혁 후의 역사적 상황과 잘 맞는다고 생각된다(關根正雄).

'주님은 그 땅에 말씀을 보내신다'고 노래한 15절 이하는 하나님의 말씀이 중심이다. 그것이 한편에서는 자연의 세계를 하나님이 지배하시는 수단으로 다른 편으로는 직접 교단의 중심에 서는 법(法)과 계명의 말씀으로서 나온다. 16-18절의 '눈, 서리, 얼음'은 팔레스타인 지방에서는 자연계의 기이한 일로 여겨져 왔다. 이는 하나님의 기적적인 힘의 반영이며, 하나님의 말씀이 지상을 빠르게 퍼져나간다는 것과 관계가 있는 듯하다(15절). 시인은 자연계에도 하나님의 계시를 보고 있다. 이것은 또한 말씀에 의해서 이스라엘에게 고해진 것이다(19절). 하나님의 계명을 받은 이스라엘은 이것을 지키고, 이것을 하나님 찬미의 기반으로 한다.

148편 | 전 세계여, 주님을 찬양하여라

1 할렐루야

하늘에서 주님을 찬양하여라.

높은 곳에서 주님을 찬양하여라.

주의 모든 천사들아,

2 주님을 찬양하여라.

주의 모든 군대야,

주님을 찬양하여라.

3 해와 달아, 주님을 찬양하여라.

빛나는 별들아, 모두 다 주님을 찬양하여라.

4 하늘 위의 하늘아, 주님을 찬양하여라.

하늘 위에 있는 물아, 주님을 찬양하여라.

5 너희가 주의 명을 따라서 창조되었으니,

너희는 그 이름을 찬양하여라.

6 주는 그들이 영원히 있을 자리를 정하여 주시고,

그들이 지켜야 할 법칙을 주셨다.

7 땅에서도 주님을 찬양하여라.

바다의 괴물들과 바다의 심연아,

8 불과 우박, 눈과 서리여,

말씀을 행하는 세찬 바람아,

9 모든 산과 언덕들아,

모든 과일나무와 백향목들아,

10 모든 들짐승과 가축들아,

기어다니는 것과 날아다니는 새들아,

11 세상의 모든 왕과 그 백성들아,

세상의 모든 고관과 재판관들아,

12 총각과 처녀, 노인과 아이들아,

13 모두 주의 이름을 찬양하여라.

실로 그 이름만이 홀로 높고,

그 위엄이 땅과 하늘에 가득하다.

14 주는 그 백성을 위하여 한 뿔을 높이 일으키셨다.

이것은 그를 공경하는 모든 자,

이스라엘 백성, 그에게 가까운 백성을 위한 찬미이다.

할렐루야!

이 시도 전후에 '할렐루야'가 있으며 찬미의 노래이다. 다만 그것뿐 아니라 자연의 사물을 차례차례로 말하고 있으므로 이는 오리엔트의 일종의 자연학(自然學)의 배경과 연결된다. 따라서 이 148편은 찬미의 노래와 자연의 지혜의 시의 혼합물이라 생각할 수 있다(關根正雄). 이 시는 147편에서 보았던 찬미의 시의 형태와는 조금 다르며, 찬미의 촉구 부분이 길고 그 후에 찬미의 이유가 짧게 붙어 있는 것이 특색이다.

이 시의 구성은 정연하고 1절의 '하늘에서'와 7절의 '땅에서'가 서로 응(應)하고 있으며, 문장도 같은 구조로 되어 있다. 전체가 하나님 찬미로 꽉 차 있는데 내용을 살펴보면 1절 이하에서 천상의 것들에게 '찬양하여라' 하고 찬미를 촉구하고, 5절에서 '너희는 그 이름을 찬양하여라'라고 매듭짓는다. 같은 구조로서 7절 이하에서 지상에 있는 것들에게 '찬양하여라'라고 찬미를 촉구하고, 13절에서 7절과 동일하게 '주의 이름을 찬양하여라'라고 맺고 있다. 그리고 찬미의 이유가 짧게 붙어 있다(5절 전반, 13절 후반).

찬미를 촉구하고 그것에 '주를 찬미하여라' 라고 붙어 있는 것이 특색인데 이는 제150편에서도 볼 수 있다. 여기서 찬미를 촉구 당하고 있는 것이 바로 자연의 것이므로, 아마도 자연 그대로가 하나님 찬미는 아닌 듯하다. 따라서 피조물은 모두 하나님을 찬미하여야 한다. 이는 자연이 그대로 하나님에게 직결한다면 하나님의 말씀이나 계명은 필요 없게 되므로 그러하다. '찬미하여라' 는 것은 자연 그대로 보다 이상을 말한다. 따라서 '찬미하여라' 라는 것으로 그것이 더욱 분명해지는 듯하다.

11-14절은 결미의 부분인데, 찬미가 인간에게 촉구되고 있다. 11절에서는 백성의 권력자에게, 12절에서는 모든 연대를 포함한 전 회중에게 구하여지고 있다.

13절과 14절은 찬미의 노래의 이유를 말하면서 내용을 나타낸다. 14절의 '주는 그 백성을 위하여 한 뿔을 높이 일으키셨다' 는 것이 구체적으로 무엇을 표시하는지 확실치 않다고 한다. 그러나 그것이 역사 중에 있어서 이스라엘을 위한 하나님의 구원의 성업을 가리키고 있다는 것은 확실하다. '뿔' 은 힘과 영광의 상징이기 때문이다.

149편 | 경건한 자의 노래

1 할렐루야.
  주님을 향하여 새 노래를 불러라,
  경건한 자들의 집회에서 찬미의 노래를.
2 이스라엘은 창조주를 기뻐하고,
  시온의 아들들은 그들의 왕에게 환호하며 노래하여라.
3 춤을 추며 그 이름을 찬양하며
  그를 향하여 노래하여라, 손북과 비파를 가지고.
4 주께서 그의 백성을 기뻐하고,
  눌림 받는 약한 자에게 구원의 관을 안겨 주심으로.
5 경건한 자는 영광 중에 기뻐 춤추며
  그의 잠자리에서 환호한다.
6 그의 입에는 하나님의 찬미 노래가 있으며
  그의 손에는 쌍날칼이 있다.
7 뭇 민족들에게 복수하며 뭇 족속들을 징벌하기 위하여.
8 그들의 왕들을 사슬로
  그들의 귀족들을 쇠고랑으로 묶기 위하여,
9 기록된 심판을 그들에게 행하기 위하여.
  그것은 모든 경건한 자의 영예이다.
  할렐루야.

이 시는 그 전후에 '할렐루야'가 있으나 찬미의 노래로서는 특수하다. 전
반은 하나님 찬미가 주제인데 후반은 하나님의 적에 대한 복수가 노래되어
있다. 많은 학자들이 이 시를 기원전 2세기의 마카베 전쟁의 배경에서 이해

하고자 하고 있다. 특히 '경건한 자' 라는 말이 1절, 5절에 있으며 이 원어는 '하시딤' 이라는 특수 용어로서 마카베 시대의 '하시몬' 가문의 운동이 정치운동화 했을 때 거기서 분리된 '경건파(敬虔派)' 를 가리키는 말이라 한다 (關根政雄). 경건파는 바리새파의 원류(源流)라고 한다. 우리 시편에서는 이 말이 두 번 나올 뿐 아니라, 1절에서는 '그들이 집회' 에 대한 것이 나오므로 마카베 시대의 배경에서 생각하는 것이 가능하고, 또한 자연스럽다고 생각된다.

1-5절이 절반인데 하나님 찬미로서 꽉 차 있다. '주님을 찬양하는 새 노래를 부르라' 고 경건한 자들에게 촉구하고 있다. 경건한 자들의 집회에서 악기에 맞추어 춤추며, 창조주이신 하나님의 '이름' 을 찬양하고(3절), 하나님의 백성에게 주어진 구원을 환호하도록 촉구하고 있다.

2절에서 하나님을 시온의 아들의 '왕' 이라고 하는 것은 후반인 8절의 '그들의 왕(王)' 과 대비되고 있다. 4절의 '눌림 받은 약한 자' 란 '경건한 자' 의 다른 표현이며, 정치적 군사적으로는 무력한 자의 상태를 생각하게 한다. 그러나 '구원' 이 주어지는 한 그것은 그들의 영광이며, 그들은 현실이 처참해도 그 영광을 기뻐하며 춤춘다고 한다(5절). 5절 후반의 '잠자리' 란 말은 학자들이 여러 가지로 개독하고 있으나 원문대로가 좋다고 생각한다(關根). 도리어 이 경건한 자들의 기쁨이 공적 생활에 있어서의 것이 아님을 나타내는 듯하다.

후반은 6절 이하인데 여기서 돌연히 상태가 급변해서 시가 전투적으로 되는 것이 문제가 된다. 그러나 후반을 잘 읽어보면 전반의 경건한 자들이 동시에 군사적으로 활동하고 있는 자들이라고는 느껴지지 않는다. 도리어 여기에는 하나님에 의한 복수가 노래되고 있다고 할 수 있다. 경건한 자들이 현재의 무력의 반면(反面)으로서 하나님에 의한 복수를 소원하고 있다고 보는 것이다. 그러므로 여기에는 역사적인 상황에 그대로 응한다기보다는 상상에 의한 상황을 그리고 있는 듯하다.

9절의 '기록된 심판'은 A.Weiser에 의하면 이교도에 대한 것이라고 추정하고 있으나 이 시 전체를 마카베 시대의 배경에서 본다면 이것을 모든 예언서에 기록되어 있는 하나님의 심판을 뜻하는 것이라 여겨도 좋을 듯하다.

150편 | 대 할렐루야

1 할렐루야!(야_하웨를 찬양하여라).

   그 성소에서 하나님을 찬양하여라.

   그 권능의 천공에서 그를 찬양하여라.

2 그 능하신 성업 연고로 그를 찬양하여라.

   그 지극히 광대하심 연고로 그를 찬양하여라.

3 나팔소리 울려 그를 찬양하여라.

   거문고와 수금을 타면서 그를 찬양하여라.

4 북치며 춤추어 그를 찬양하여라.

   현악과 피리로써 그를 찬양하여라.

5 요발 치며 그를 찬양하라.

   요발을 울려 퍼지게 하여 그를 찬양하여라.

6 모든 숨쉬는 자마다 야_하웨를 찬양하여라.

   할렐루야!

할렐루야라는 원어는 복수형 명령형으로 합성어이다.

할렐루(너희는 찬양하라)와 야(야_하웨를)가 합해져서 "할렐루야"가 된 것이다. 이는 히브리어 동사 '할랄'에서 유래했다. '할랄'이란(Piel 능동형) 강조동사로 '찬양하다', '찬미하다', '영광스럽다' 등의 뜻이 있다.

할렐루야 찬송은 완전무결한 하나님만이 받을 수가 있으며 또한 즐거움에서 우러나오는 찬송이 아니면 안 된다. 영혼의 희열에서 불러야 한다. 그것은 우리의 가슴에서 터져 나오는 것이다.

시편 중에는 '할렐루야' 즉 '하나님을 찬양하여라'는 말로 시작되는 시가 모두 11편이 있다(106, 111-113, 117, 135, 146-150편).

시편의 마지막 부분인 146편부터 150편까지는 시의 처음과 끝이 모두 "할렐루야"로 되어 있는 찬송이다. 이는 성전에서 주를 경배할 때 나오는 찬송이다. 할렐루야 찬송은 주를 높이는 마음으로 찬송해야 한다(시편 45^1).

할렐루야는 야훼웨께 감사하는 마음으로 찬송을 해야한다(역대상 25$^{1-3}$). 이는 야훼웨의 창조와 광대하심과 인자하심을 찬송하는 것이다.

할렐루야는 주의 말씀을 지킬 수 있도록 도와주시고 인도해 주신 주님의 은혜를 찬송하는 것이고 또한 하나님의 위대한 창조와 섭리의 역사 그리고 구원의 성업을 찬양하는 것이다.

할렐루야를 부를 수 있는 자들은 시편 1편으로 들어가 150편으로 나오는 자들이다.[48]

특히 이 150편은 시편 전체의 결미(結尾)로서 여기에 편찬된 것이 분명하다. 찬양의 노래가 계속되는 중, 이 대 할렐루야가 울려 퍼지면서 힘찬 종지 화음(終止和音)이 된다. 이 마지막 시는 하나님을 찬양하라는 호소만으로 (12회) 차 있으며, 땅과 하늘의 모든 소리가 성전 음악의 전 '오케스트라'의 장엄한 울림 중에 하나가 된다(1절).

1절의 '성소(聖所)'는 지상의 성전이라 생각된다. 이 시에 있어서의 찬양은 성전에 있어서의 찬양이 중심이 되어 있기 때문이다. 성전은 하늘과 땅의 중간에 있는 곳으로 이곳에서 서로 만난다. 이 시에 있어서도 1절에서는 하늘이, 6절에서는 땅의 일이 말하여지고 있다. 이전 제2성전의 찬송가집으로서 편찬된 '시편'의 최후에 이 시가 놓인 것과 서로 상응한다.

3절에서 5절까지 여러 악기들이 거명되어 있는데 이것으로 성전예배에 있어 제의(祭儀)의 일부인 것을 알 수 있다. 편집자는 이 시를 시편을 맺는

---

48) 이병렬 저 「구약성서의 지혜 언어 종교」 참조

말씀으로써 의도적으로 여기에 넣어서 끝부분에서 다시 한 번 빛을 비추고자 한다. 즉 하나님을 찬양함으로써 세계의 의미가 충만되는 것이며, 하나님의 위대하심을, 그 자비의 풍만하심을 찬미함으로써 하늘과 땅이 다 한 목소리로 화합하는 찬양으로 이끌어간다.

그 찬양에 회중(일반 신도)의 찬송이 합류한다. 회중에게는 구원의 실현이 내포돼 있는 하나님의 능하신 성업을 증거하도록 특별히 명령되어 있다.

끝으로 '숨 쉬는 모든 자'에게 하나님 찬미에 합창하도록 촉구함으로써 회중의 구원은 동시에 세계의 구원을 의미한다는 것을 말한다. 하나님은 세계의 주로서 찬양 받으시옵소서 하고 찬송한다.

이상과 같이 보면 이 150편은 시편 전체의 결미로서 아주 적절하다. 시편은 '기도의 책'이며, 기도는 찬양으로 그 극에 달한다. 그러나 시편은 구약의 시편으로 특히 그 편집 과정으로 결국은 성전과 그 제의로부터 완전히 자유롭지는 못했다. 하나님의 권능의 성업과 하나님의 지극히 광대하심 연고로 하나님 찬양을 촉구하고 있으나, 이 찬양은 최후에 가서 이스라엘의 긴 제의적 전통에서 떠나지는 못했다. 이러한 구약적 한계가 150편에 잘 드러나고 있다. 그러나 이 한계가 단지 한계로서 끝나고 있지 않은데 또한 구약적 의미가 있다(關根正雄 「시편주해(詩篇註解)」). 그것을 표시하는 것이 6절이다. '모든' 사람은 하나님을 찬양하여라. 이 찬양하는 것이 모든 사람에게 당연한 것으로 되기 위해서는 구약의 전통으로서의 율법과 제의가 신약의 복음에 의해 초극(超克)되지 않으면 안 되었다. 그러나 이 '찬양하여라'라는 것을 알고 있는 곳에 구약의 한계와 또한 이것을 초극하는 싹이 보인다.

"나의 찬양" (시편 150편을 읽고 나서)

할렐루야, 할렐루야 아멘!

성소에서 하나님 찬양이 울려 퍼지네.

해야, 달아, 춤추는 별들아 권능의 창공에서 하나님을 찬양하여라.

하늘의 천사들아, 주 하나님을 찬양하여라. 그 능하신 창조와 질서를.

그 지극히 광대하심과 인자하심을.

성도들이여, 이스라엘이여 나팔소리 울려 그를 찬양하여라.

거문고와 수금 타며 그를 찬양하여라.

북치며 춤추어 기쁨이 넘쳐 그를 찬양하여라.

요발을 울리며 네 마음과 열을 다하여 주를 찬양하여라.

오, 우렁찬 합창이여, 오케스트라여!

모든 인간들아 이제 함께 야훼를 찬양할지어다.

할렐루야!

시편 노우트 下 · 개정판 ·

2판 1쇄 인쇄 2007년 10월 15일
2판 1쇄 발행 2007년 10월 25일

지은이 석진우
펴낸곳 도서출판 **말글빛냄** · **인쇄** 삼화인쇄(주)
펴낸이 박승규 · **마케팅** 최윤석 · **편집** 김보미 · **디자인** 진미나
주소 서울시 마포구 동교동 203-4 함께 일하는 사회 빌딩 301호.
전화 325-5051 · **팩스** 325-5771
등록 2004년 3월 12일 제313-2004-000062호
ISBN 978-89-92114-22-6   04230
        978-89-92114-20-2   (전 2권)

가격 15,000원